"十二五"国家重点图书出版规划

行为和实验经济学经典译丛

实验经济学：反思规则

尼古拉斯·巴德斯利（Nicholas Bardsley）
罗宾·库彼特（Robin Cubitt）
格雷姆·鲁姆斯（Graham Loomes）　著
皮特·莫法德（Peter Moffatt）
克里斯·斯塔莫（Chris Starmer）
罗伯特·萨格登（Robert Sugden）

贺京同　柳　明　付婷婷　等 译
贺京同　　　　　　　　校

E xperimental Economics:
Rethinking the Rules

中国人民大学出版社
·北京·

行为和实验经济学经典译丛

编委会

叶 航　　韦 森　　王忠玉　　刘凤良

周业安　韩立岩　于 泽　　王湘红

唐寿宁　李 涛　　吴卫星　　陈彦斌

董志强　黄纯纯　那 艺　　陈叶烽

赵文哲　江 艇　　洪福海　　宋紫峰

顾晓波　陈宇峰　何浩然　　陆方文

杨晓兰　连洪泉　左聪颖

执行主编　汪丁丁　贺京同　周业安

策　　划　马学亮

总　序

　　经济学作为一门经世致用之学，从其诞生之日起，就与复杂的社会经济现实发生着持续的碰撞与融合，并不断实现着自我的内省与创新。尤其在进入 20 世纪后，经济学前期一百多年的发展，使得它此时已逐步具备了较为完整的逻辑体系和精湛的分析方法——一座宏伟而不失精妙的新古典经济学大厦灿然呈现于世人面前。这座美轮美奂的大厦，巧妙地构筑于经济理性与均衡分析两块假定基石之上，而经济学有赖于此，也正式步入了规范化的研究轨道，从而开创了它对现实世界进行解释与预测的新时代。

　　然而近几十年来，随着人类经济活动的日趋复杂与多样化，对经济世界认识的深化自然亦伴随其中，以新古典理论为核心的主流经济学正受到来自现实经济世界的各种冲击与挑战，并在对许多经济现象的分析上丧失了传统优势。这些"异象"的存在构成了对主流经济理论进行质疑的最初"标靶"。正是在这样的背景下，行为经济学应运而生，这也许是过去二十年内经济学领域最有意义的创新之一。

　　什么是行为经济学？人们往往喜欢从事物发展的本

源来对其进行定义。行为经济学最初的产生动机是为了满足解释异象的目的，即从心理学中借用若干成熟结论和概念来增强经济理论的解释力。因而一种流行的观点认为，与主流经济学相比，行为经济学不过是在经济学中引入心理学基本原理后的边缘学科或分支流派。然而，行为经济学近年来的一系列进展似乎正在昭示它与心理学的关系并不像人们初始所理解的那样。如果把它简单地定位为区别于主流理论的所谓"心理学的经济学"，则与它内在的深刻变化不相对应。为了能够对它与主流经济学的关系做出科学准确的判断，首先必须了解它是如何解决主流经济学所无法解答的问题的。

主流经济理论丧失优势的原因在于，它所基于的理性选择假定暗示着决策个体或群体具有行为的同质性（homogeneity）。这种假定由于忽略了真实世界普遍存在的事物之间的差异特征和不同条件下认识的差异性，导致了主流理论的适用性大打折扣，这也是它不能将"异象"纳入解释范围的根本原因。为了解决这个根本性的问题，行为经济学在历经二十多年的发展后，已逐渐明晰了它对主流经济学进行解构与重组的基本方向，那就是把个体行为的异质性（heterogeneity）纳入经济学的分析框架，并将理性假定下个体行为的同质性作为异质性行为的一种特例情形，从而在不失主流经济学基本分析范式的前提下，增强其对新问题和新现象的解释与预测能力。那么，行为经济学究竟是怎样定义行为的异质性的？根据凯莫勒（Colin F. Camerer）2006 年发表于《科学》杂志上的一篇文章中的观点，我们认为，行为经济学通过长期的探索，已经逐渐把行为的异质性浓缩为两个基本假定：其一，认为个体是有限理性（bounded rationality）的；其二，认为个体不完全是利己主义（self-regarding）的，还具有一定的利他主义（other-regarding）。前者是指，个体可能无法对外部事件与他人行为形成完全正确的信念，或可能无法做出与信念相一致的正确选择，而这将导致不同的个体或群体会形成异质的外部信念和行动；后者是指，个体在一定程度上会对他人的行为与行为结果进行评估，这意味着不同的个体或群体会对他人行为产生异质的价值判断。在这两个基本假定下，异质性行为可较好地被融入经济分析体系之中。但是，任何基本假定都不可能是无本之木，它必须具有一定的客观理论支持，而心理学恰恰为行为经济学实现其异质性行为分析提供了这种理论跳板。这里还要说明一点，心理学的成果是揭示异质经济行为较为成熟的理论与工具，但不是唯一的，我们也注意到神经科学、生态学等对经济学的渗透。

经济学家对行为心理的关注由来已久，早在斯密时代，就已注意到了人类心理在经济学研究中的重要性。在其《道德情操论》中，斯密描述了个体行为的心理学渊源，并且展示了对人类心理学的深刻思考。然而，其后的经济学研究虽然也宣称其理论对心理学存在依赖关系，但其对心理学原则的遵从却逐渐浓缩为抽象的经济理性，这就把所有个体都看成了具有同质心理特征的研究对象。而实际上心理学对人类异质心理的研究成果却更应是对经济行为异质性的良好佐证。因此，我们所看到的将心理学原理纳入经济学分析的现状，实际上是对开展异质经济行为分析的诉求。但需要留意的是，经济学对心理学更多的是思想性的借鉴，而不是对其理论的机械移植，并且经济学家也正不断淡化着行为经济理论的心理学色彩，因此不能简单地将行为经济学视为主流经济学与心理学的结合形式，也不能将行为经济学打上心理学的"标签"。心理学的引入不是目的，只是手段，它自始至终都是为主流经济学不断实现自我创新服务的。

我们还想着重强调的一点是，行为经济学对心理学原则的引入和采用与实验经济学的兴起和发展密不可分。在行为经济学的早期研究中，来自心理学的实验方法扮演了十分重要的角色，许多重大的理论发现均得益于对心理学实验的借鉴，甚至许多行为经济学家如卡尼曼（Daniel Kahneman）等人本身就是心理学家。然而，实验经济学与行为经济学在范畴上有着根本性的不同之处。罗文斯坦（George Loewenstein）认为，行为经济学家是方法论上的折中学派，他们并不强调基本研究工具的重要性，而是强调得自这些工具的研究成果在经济学上的应用。而实验经济学家却更强调对实验方法作为分析工具的认可和使用。类似于计量经济学可理解为经济计量学，实验经济学也可理解为经济实验学，它是经济学实验方法的总称，并且是行为经济学的重要实证基础来源。只有当来自实验经济学的实验结果被凝练为行为经济理论，才完成了经济研究从实验层面向理论层面的抽象与升华。与行为经济学相比，实验经济学似乎更接近经济学与心理学之间的边缘学科，它具有更为浓厚的工具性色彩。

现在，我们可以初步对行为经济学与主流经济学的相对关系做一评判了。纵观行为经济学的发展简史和其近年来的前沿动态，我们大胆地认为，近二十年来逐渐兴起的行为经济学不是区别于主流经济学的分支流派，而是对主流经济学的历史顺承与演进，是主流经济学在21世纪的前沿发展理论。行为经济学的产生、发展乃至日益成熟，正体现了它对主流经济学从内涵到外延上所作的量变调整与质变突破——它通过借鉴心理学的相关理论，并从实验经济学中获取实证支持，而将个体的异质性行为纳入了经济学的理论体系并涵盖了以往的同质性分析。同时，这也意味着行为经济学并未把主流经济学排除于它的理论体系之外而否定其理论逻辑，而是使主流经济理论退化为它的特例情形。故而凯莫勒曾畅言："行为经济学最终将不再需要'行为'一词的修饰。"然而，这并不意味着主流经济学将会退出历史舞台。事实上，新古典理论仍然是行为经济学重要的理论基础来源和方法论来源。以新古典理论为核心的主流经济学作为更广范畴下的行为经济学的一个特例，将成为经济学研究不可或缺的参照理论。

鉴于行为与实验经济学近年在国外的迅猛发展及其对经济学科的重要意义，以及国内该领域相对滞后的研究现状，我们为国内读者献上了这套经过慎重选译的丛书。这套丛书囊括了近年来国外长期从事行为与实验经济学研究的学者的主要论著，读者从中既可了解到行为经济学各种思想发端和演进的历史踪迹，又可获得翔实丰富的实验方法论述及其成果介绍。同时，我们还专门为读者遴选了一些反映行为与实验经济学最新前沿动态的著作——这些著作涉及了宏观经济学、微观经济学、金融学、博弈论、劳动经济学、制度经济学、产业组织理论等领域。它们由于经受验证的时间较短，也许并不成熟完善，但却能使我们的研究视野更具有前瞻性。我们衷心地希望海内外读者同仁能够不吝赐教，惠荐佳作，以使得我们的出版工作臻于完善。

贺京同　汪丁丁　周业安
2009 年仲夏

译者序

　　自从 20 世纪 80 年代以来，现代经济学的研究格局处于变动之中，经济学的方法发生了革命性的变化，实验方法在经济学中的应用显著增加，也挑战了人们对于过去一些所谓公认理论的理解，使得经济理论与政策都取得了令人振奋的发展，实验研究中的发现已经在实验室之外得到了广泛应用，并产生了重大影响。尽管如此，实验经济研究还没有被一个统一的、无争议的、清晰可辨的方法论所统领，学界很多人仍然对实验结果持怀疑态度，即使在提倡使用实验方法的人中间，在关于实验经济学的方法应当是什么、如何使用实验方法、什么情况下应该使用实验方法，以及从实验结果中可以学习到什么等问题上，也存在激烈的争论。这说明实验经济学的地位依然存有争议，辨析这些争议就是尼古拉斯·巴德斯利（Nicholas Bardsley）、罗宾·库彼特（Robin Cubitt）、格雷姆·鲁姆斯（Graham Loomes）、皮特·莫法德（Peter Moffatt）、克里斯·斯塔莫（Chris Starmer）、罗伯特·萨格登（Robert Sugden）六位经济学家共同著就本书的缘由。作者们运用了他们在实验经济学、经济理论、经济学方法论、科学哲学和

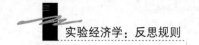

计量经济学中的经验与专长，在基于实验研究的主张的性质和可靠性方面提供了一个平衡和整合的视角。由普林斯顿大学出版社出版的这本书的目的就是坦诚详细地评价经济学中实验研究的作用、范围、迄今为止的成果以及未来可能的发展。

本书的中心论题是区别两种看待实验作用的角度：一种角度认为实验是用来检验理论的，另一种角度认为它是用来研究经验规律的。本书首先探讨了实验在科学中的经典作用——检验理论，关注实验室是否可以给经济理论提供合适的检验基础；然后介绍了一种新的观点，赋予了实验作为验证理论的工具之外的含义，从而扩展了本书的视角，讨论了实验在经济学中对归纳推理的贡献。关于经济学实验内部的因果机制，实验经济学已经形成了非常可靠的认识。作者们考察了经济学中实验的历史，描述了不同类型实验的例子，这些例子都是从实验数据中得出结论，并分析了这些结论的可靠性，证明了这些结论是高度稳健而且能复现的，说明了实验方法的广泛使用正在使经济学成为一门真正的实证科学。但是由于一些实验者不加鉴别地接纳那些关于实验应该如何进行的民间智慧，不承认不同的目的需要不同的实验设计方法，以及错误地假设那些在理论建模中实践良好的原则能够被直接不加变动地就应用到实验设计中来，因而阻碍了实验经济学的发展。《实验经济学：反思规则》讨论了如何去克服这些阻碍，并且这必然会引起实验经济学家、欲诠释实验研究的非实验经济学家和关注经济学中知识主张状况的科学哲学家们的兴趣。

实验方法已慢慢渗透到整个经济学科中，正如计量经济学方法已经做到的那样。实验经济学正在发展成为经济学中必不可少的一部分，而不是成为经济学的一门分支学科。实验经济学已逐步成为公认的，甚至是经济学的主流标准工具，正如计量经济学长期以来一样。经济学将行为因素引入到了学科之中。许多最近的经济学发展都是因为人们越来越认识到行为的重要方面可以被基于经验的心理学原理所解释，而不是被先验的理性原则所解释。尽管在当前实验经济学方法论的某些方面作者有所保留，但作者毫不犹豫地断言，实验研究对于经济行为的理解作出了巨大贡献。这也是为什么我们把《实验经济学：反思规则》一书收入《行为和实验经济学经典译丛》的缘故。

但是实验经济学与行为经济学还是有本质区别的：前者是理论体系，后者是方法和工具；前者笃信参与者的异质性，后者既服务前者也适用于经典理论。虽然实验经济学发端于崇尚理性和市场力量的淡水学派，但其成长却源于深信有限理性和市场力量有限的咸水学派，这两个学派的思想至今依然影响着英美和欧洲乃至世界的实验经济学者和非实验经济学者，因此也引起了认识上的一些混淆。实际上，2002年的两位诺贝尔经济学奖得主代表了两种非常不同的研究领域。人们把实验经济学这个词保留给了经济学家史密斯的研究（他开发出新的实验技术来研究关于市场机制的传统经济问题），以区别于心理学家卡尼曼研究的行为经济学（他使用心理学中已有的成熟实验方法挑战经济学家关于理性经济人的传统假设）。译者发现这样更自然一些：将经济学中一切形式的实验研究都定义为实验经济学，而使用行为经济学指代利用心理学理论解释和构建的异质经济参与人的经济学，且不论其是否进行了实验。虽然行为经济学可以被理解为对过去公认思想的一种挑战，但实验对经济学的贡献不仅仅在于检验正统理论。特别是，对不同市场制度的性质进行实验研究，通常已经成为对主流理论的发展或颠覆。

本书的翻译工作是由我主持完成的，译者主要包括南开经济学院教师、美国夏威夷大学经济学博士柳明和我的研究生。具体分工如下：前言、第 1 章由贺京同译；第 2 章由刘倩、付婷婷译；第 3 章由范若滢、付婷婷译；第 4 章由柳明、范若滢、付婷婷译；第 5 章由柳明、刘倩、付婷婷译；第 6 章由柳明、付婷婷译；第 7 章由付婷婷、贺京同译；第 8 章由贺京同、付婷婷译。最后由付婷婷协助我对全书的译文进行了全面审校。

在翻译出版过程中，我们得到了中国人民大学出版社的大力支持与帮助，在此表示由衷的谢意。

本书的翻译还得到了国家社科基金重大项目"经济稳定增长前提下优化投资与消费动态关系研究（项目批准号：12&ZD088）"、国家自然科学基金项目"全球金融危机背景下调整需求结构、转变经济增长方式的政策研究（项目批准号：70941015）"的支持，故本书亦属于上述科研项目的阶段性成果，在此一并表示感谢。

贺京同
2013 年 6 月于南开园

前　言

　　本书由六位经济学家共同著就，这六位经济学家对实验经济学有着丰富的研究经验，共同合作已有数十年的时间。这本书是我们在利华休姆信托（Leverhulme Trust）的资助下于 2002 年开始的名为"经济学中实验方法的作用"的研究项目的最终成果。现代经济学的研究格局正处于变动之中，并产生了两大令人瞩目的现象，进而催生了上述项目。第一个现象是对实验方法的运用显著增加，这是最近这些年的持续趋势。第二个现象是伴随着实验经济学的发展，关于实验经济学的争论也开始升温：学界很多人仍然对实验结果持怀疑态度；并且，即使在提倡使用实验方法的人中间，在关于如何使用实验方法、什么情况下应该使用实验方法，以及从实验结果中可以学习到什么的问题上，也存在激烈的争论。

　　经过审视，就会发现实验经济学的兴起激起了一定程度的方法论争论，这一事实并不令人惊讶。经济学的实验转向标志着对原来被人们接受的方法论理解的明显偏离，并且这种偏离发生得很迅速。这本书的目的就是坦诚、详细地评价经济学中实验研究的作用、范围、迄今为止的成果以及未来可能的发展。刚开始的时候必然是每位作者单独负责某一部分初稿的撰写，但是我们事先已就大概的主题和论题达成统一意见，且在最后定稿之前，反复地讨论和推敲了内容。最终对于共同署名的这本书中的观点，我们都一致赞同。

我们希望对不同的读者来说，本书都是有趣、有用的。本书的一大重要目标群体是实验经济学者，不仅包括已经使用过实验方法的学者，而且还包括刚刚或者潜在地使用实验方法的学者。希望本书同样有助于其他经济学家，尤其是那些需要借助实验经济学评估数据、理论或者政策建议的学者。更一般地，希望我们的工作能够帮助那些对哲学或科学史感兴趣的人，不管他们是经济学者，还是其他社会学科学者，抑或是对经济学方法感兴趣的职业哲学家。

由于我们对目标群体的定位相对宽泛，因而在写作内容时既力求让专业学者感到饶有兴趣又要使非专业人员觉得轻松易读。我们没有要求读者事先具有丰富的实验经济学知识，也没有假定读者已经专业地理解了书中偶尔引用的哲学文献。某些章节的部分内容以专栏的形式表示，这么做是为了简洁地归纳某些争论或技术。强烈建议读者不要跳过这些专栏，即使专栏标题看上去眼熟，因为专栏中的内容不仅仅陈述了定义或是介绍了已被认可的观点。专栏的使用更是为了评论或阐明在某一问题上的特定立场，此外，对于那些在章节内或不同章节间频频出现的概念，专栏的使用为初步讨论这些概念提供了便利的前后对照，以便读者相互参考。

我们要感谢普林斯顿大学出版社，尤其是要感谢 Richard Baggaley 对本项目的支持和鼓励。出版社委托的三位匿名评阅人为本书提供了很有帮助的建议，我们非常感激。同样感谢 T&T Productions Ltd 的 Sam Clark 和 Elizabeth Peters，感谢他们细心耐心的编辑工作。感谢利华休姆信托（award F/00204/K）以及经济和社会研究委员会（award RES 051 27 0146）给予的资金支持。

2003 年我们在诺丁汉大学组织的跨学科研讨会对本书的完成发挥了重要的作用。研讨会汇集了来自各国的专家学者，他们精于实验经济学、经济理论、心理学和科学哲学等领域。研讨会的部分成果发表在《经济方法论杂志》关于《实验经济学：反思规则》的特刊上。研讨会后，我们更加确定在完成本书对实验经济学的评价时需要关注的问题。我们要感谢 Francesco Guala 多年来的多次讨论。还要感谢很多人——包括东英吉利大学的同事、诺丁汉大学的同事（特别是 CeDEx 的成员），以及其他地方的同事；多场会议和研讨会的与会人员；其他实验学者；方法论学者；以及多位研究生（多年来，我们六个人和他们一起讨论了本书提到的各种问题）。帮助我们形成观点的人实在太多了，虽然无法在此一一致谢，但他们的集体影响是非常重要的。读者需要判断我们是否为引导正确的前行道路产生了积极的影响，如果没有产生积极影响，那么问题自然全在我们身上。最后，感谢我们所爱的人，感谢他们的鼓励和支持。

目 录

第*1*章 导 论

1.1 经济学中的实验

过去 30 年间，经济学的方法发生了革命性的变化。20 世纪的大部分时间，实验报告在文献中几乎闻所未闻。在经济学者以及专业方法论学者眼中，经济学一般被看做一门非实验性学科。米尔顿·弗里德曼写过一篇有关实证经济学方法论的著名论文，这篇论文深刻影响了经济学者在方法论上的自我认知，时间长于 30 年。弗里德曼在这篇论文的附论中概括了对经济学的理解。弗里德曼说道：

遗憾的是，在社会科学中很少利用那些明确旨在消除被认为是最强干扰影响的实验来验证特定预测。通常，我们必须依赖于由恰巧出现的"实验"累积而成的证据。

弗里德曼（Friedman，1953，10 页）

言外之意即是，经济学的方法是为了适应受控实验

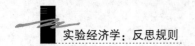

在实践上的不可行性，这与天文学（科学哲学中典型的非实验学科）类似。但是，自 20 世纪 80 年代起，经济学中对实验方法的运用出现了爆炸式的增长。最明显的标志是，现在人们已经接受这些方法作为该学科的一部分。世界上很多经济学家都在进行实验研究，研究结果定期在主要期刊上报告。2002 年，丹尼尔·卡尼曼和弗农·史密斯被授予诺贝尔经济学奖，以表彰他们在实验经济学方面的开创性工作。

即便如此，认为实验方法在经济学中已不再具有争议的想法仍是不正确的。实验学者在受邀向普通经济学听众报告研究论文时常常发现，大部分经济学家是不做实验的，并且很多经济学家仍不信服于实验的有用性。或许更重要的是，实验在经济学中具有正当性作用这一明显共识掩盖了人们在该作用是什么这一问题上的主要分歧。实验经济学并不是一个具有统一标准的研究项目。实际上，上述两位诺贝尔经济学奖得主代表了两条非常不同的研究路线：史密斯是一位经济学家，他开发出新的实验技术研究关于市场机制的传统经济问题；卡尼曼是一位心理学家，他使用心理学中已有的成熟实验方法挑战经济学家关于理性经济人的传统假设。一些评论认为上述两种研究方式有很大的差别，因此他们把"实验经济学"这个词保留给了史密斯的研究，以区别于卡尼曼研究的行为经济学。[1] 我们发现这样更自然一些：将经济学中一切形式的实验研究都定义为"实验经济学"，而使用"行为经济学"指代利用心理学假说解释经济行为的工作，不论这些工作是否进行了实验。然而，无法否认的是，不管使用哪种术语，史密斯和卡尼曼从事的研究项目都是从不同的预先假定和方法论出发的。

经济学家可以在自己的工作中使用某种实验方法而同时拒绝其他实验人员使用的不同方法，他们可以认同部分实验研究项目的价值而同时对其他项目持怀疑甚至敌对态度——这种情况在现实中确实存在。在一些问题上争论仍在继续：经济学应该从实验结果中学习到什么？经济理论是否可以（或在多大程度上可以）通过实验室实验得到验证？为符合实验结果，传统理论需要在何种程度上进行修正？

鉴于实验方法被接受的速度以及经济学中缺乏实验研究的传统，上述争论的存在也就不足为奇了。由于某种原因，完全清晰地辨明争论者们的争论内容并不总是简单的。上述争论可以被部分地看做关于如何理解最新发现的正常的科学分歧。此外，它们还部分地反映了关于实验方法的特征的分歧。但是在一些情况下，反对者的争吵是因为彼此之间误解了，他们没有意识到不同实验类型的目的不同，背后的方法论也不同。在另一些情况下，关于实验方法的外在歧见只是表面现象，它表明了在以下问题上更深层次的理解的差异：经济学是什么？它对知识的主张（claims to knowledge）从何而来？因为实验方法的广泛使用对于这门学科可以说是全新

---

① 例如，罗文斯坦（Loewenstein, 1999）"从行为经济学的角度出发"批评了"实验经济学"（他以此来称呼史密斯的研究）的某些特征。

的，所以专业方法论者刚刚开始着手修正对经济学方法的表述以将这种变化纳入考虑。行业中普遍的情况是，还没有哪种被大家认可的一般方法论原则可用于理顺这些争论。

这本书是我们一种观念的结果，这种观念就是经济学需要对知识的主张进行方法论上的评价，而这些对知识的主张都来源于当前正在被应用的各种实验。我们的目标是提供一种评价——对关于实验是否能帮助我们了解真实经济世界这个问题的不同立场，给予描述、评判以及在可能情况下做出裁定。通过这样做，我们希望可以丰富对实验经济学的实践和理解。

我们期待至少三类读者会对我们的作品感兴趣：处于争论一线的实验经济学家；试图确定如何解读（或决定是否关注）实验结果和实验学者就结果所提出的主张的非实验经济学家；希望检验经济学中给出的知识主张的状况，或是好奇那些曾经声称不适用实验方法的科学团体是如何适应实验方法的引入的科学哲学家。显然，上述可能阅读本书的读者群体，他们所具有的背景知识互不相同。本章余下部分会向我们不同类型的读者提供一些基本介绍。1.2 节简单回顾了经济学中实验的历史，提出了经济学何以长期以来都将自身视为非实验性科学的问题，随之引出对一些保留问题的讨论，这些保留问题不仅包括经济学家不断针对实验提出的问题，而且也包括持续进行的方法论争论中的特点。1.3 节提供了八项实验的概述，这些实验横跨整个实验经济学领域，具有广泛的代表性。本节是想使还不熟悉实验经济学的读者能够初步理解这种研究形式以及实验经济学者提出的各种主张都分别是什么。1.4 节使用这些例子阐释了本书其余部分要解决的主要问题。最后，1.5 节阐明了我们作为作者，作为实验经济学者，在写作我们亲身从事的学科分支的方法论时所持的立场。

1.2 经济学需要实验吗？

考虑到经济学家的普遍观点，受控实验对经济学有所贡献的想法已有很长历史这一点或许会令人感到惊讶。

在介绍实验经济学的历史时，埃尔文·罗斯（Alvin Roth，1995a）将丹尼尔·伯努利和尼古拉斯·伯努利对"圣彼得堡悖论"（Bernoulli，1738）的研究用做最早的例证。"圣彼得堡悖论"是一个关于风险型决策的假设性问题，指大多数人对合理选择的看法都违背了预期货币价值最大化原则。尼古拉斯·伯努利在一位知名数学家身上非正式地使用实验方法尝试了该决策问题，以检验自己对决策问题的直观判断。

我们提名大卫·休谟为实验经济学家名人堂的候选人之一。休谟的《人性论》现在一般被看做正宗的哲学著作，但也可以被视为实验心理学和决策及博弈论等领域的开创性著作。意味深长之处在于，休谟的书的副标题是"在精神科学中引入推理的实验方法的一个尝试"。休谟在前言中将他的著作描述为对"人类理解力的范围和力量……我们使用的观点的本质和我们推理时运行的机制的本质"的研究。他使用自然科学的方法论，通过"精心精确的实验和对源于其不同情境和环境的那些特定反应的观察"，研究了人类心理的运作（Hume，1739 - 1740，xv～xvii 页）。[1]休谟在书的正文中描述了一系列心理学实验的设计，并邀请读者在他们自己身上进行实验。他发现的结果当中有一部分在 20 世纪后期被实验心理学家和实验经济学家重新发现（即所谓的决策行为的异象）。[2]

新古典经济学——20 世纪大部分时间里这门学科的正统方法——在其诞生后的最初几年中就是基于实验研究的，这一点特别重要。新古典经济学的开创者受到了当时实验心理学的最新发现的显著影响。发起经济理论"边际革命"的斯坦利·尤文斯（Stanley Jevons，1871）和弗朗西斯·埃奇沃思（Francis Edgeworth，1881）对边际效用递减的分析就是建立在心理学关于激励和感受之间的关系的发现之上的。这些作者清醒地意识到了古斯塔夫·费希纳和威廉·冯特等心理物理学家的工作的重要性，认为它们为需求论提供了科学基础。在 20 世纪初期，通过维尔弗雷多·帕累托（Vilfredo Pareto，1906）发起的自我意识过程，新古典经济学才将自己从实验心理学中分离出来。[3]耐人寻味的是，尤文斯（Jevons，1870）或许是在科学杂志上发表受控经济学实验结果的第一人。尤文斯的相关文章发表在《自然》上，内容是关于他自己进行的一系列实验，研究了人类肌肉力量的疲劳和效果之间的关系。这件事具有重要的经济学意义，要知道当时主要的民间土木工程工作还要靠铲刀和手推车完成。尤文斯（Jevons，1871，213～216 页）[4] 告诉我们他开展这些实验的目的是阐明"形成经济学的物理基础的某些原则中蕴含的模式或许得到了确认"。正如人们对新古典经济学开创者的料想，尤文斯一直也对决定一支军队的最优行进速度和改变各种材料形状的铲刀的最佳尺寸等最大化问题感兴趣。[5]

然而，20 世纪大部分时间里，实验活动处于经济学的边缘，在大部分经济学家的意识里几乎没有它。事后来看，找出对实验经济学发展作出标志性贡献的文献（某些甚至还发表在主流经济学杂志上）还是有可能的；但令人惊讶的是，许多年来，基于这些孤立的文献人们所做的太少了。似乎这些文献的价值只是满足人们的猎奇心，而不被看做经济学实际内容的一个组成部分。

---

[1] 页码来自 1978 年版。

[2] 对休谟的这种理解由萨格登（Sugden，1986，2006）所主张。

[3] 关于经济史上这一事件，如果想了解更多，可参考马斯（Maas，2005）及布鲁尼和萨格登（Bruni and Sugden，2007）。

[4] 页码来自 1970 年版。

[5] 这项实验经济学的早期实践由哈罗·马斯向我们提出。马斯（Maas，2005）讨论了这些实验的历史及方法论的重要性。

比如，路易·瑟斯顿（Louis Thurstone, 1961）的一例实验现在已被看做经典之作。瑟斯顿的基地在芝加哥大学，他是他那个时代的顶尖心理物理学家。通过和他的同事亨利·舒尔茨（在需求函数的统计测度方面从事开创性工作的经济学家）的交流，瑟斯顿逐渐意识到经济理论中无差异曲线的概念不具有直接的经验基础。他试图从人们对二元选择问题的反应中导出个人的无差异曲线。此后 30 年，只有屈指可数的经济学家和决策理论家（Mosteller and Nogee, 1951；Allais, 1953；Davidson et al., 1957；Davidson and Marschak, 1959）致力于研究理论假定的偏好是否可以从实际选择行为中得出。莫里斯·阿莱在 20 世纪 50 年代早期发现了理论和行为间的系统性偏离（我们将在第 2 章进行讨论），但这在其后 20 年间并没有给经济学家造成多大麻烦。

类似地，爱德华·张伯伦（Edward Chamberlin, 1948）对实验性市场的价格决定的研究，或许可以被列入现代经济学著名实验的名单。张伯伦是一位优秀的产业经济学家，因垄断竞争理论而知名。他认识到价格理论尽管形式复杂，但却没有真正解释真实市场是如何达到均衡的，他的实验（我们将在第 4 章中讨论）正是受此激发而生的。他的结果似乎证实了他的猜想，其猜想在真实世界市场的典型条件下是无法达到均衡的。张伯伦的论文发表在《政治经济学》杂志上，但此后十多年几乎没有跟进的研究。对实验性市场的系统性研究在 20 世纪 50 年代末期才步入轨道（Sauermann and Selten, 1959；Siegel and Fouraker, 1960；Smith, 1962），但仍然是非常小众的观点。[1] 似乎大多数经济学者认为价格理论并不需要实验的支持。

尽管存在一些现在看似是标志性的研究，但是至少直到 20 世纪最后 20 年之前，大多数经济学者仍认为他们的学科本质上是非实验性的。对于在 1950 年至 1975 年间接受经济学训练的人来说，弗里德曼 1953 年发表的论文是他们唯一涉足的一篇研究经济学方法论的文献；弗里德曼对实验的附带评论在当时的介绍性教科书中也可以找到回声。比如，考虑以下引自理查德·利普西经典教材（1979 年版）[2] 的一段话：

诸如化学以及心理学的某些分支学科等实验科学之所以具有优势，是因为它们可以利用受控实验室实验取得相关证据，而其他诸如天文学和经济学等学科则做不到。[3]

利普西（Lipsey, 1979，8 页）

---

[1] 心理学家西德尼·西格尔（Sidney Siegel）在早期利用实验研究个人决策（按照如今所称的行为方法）及寡头垄断市场等过程中扮演了重要角色。伊若桑堤（Innocenti, 2008）评价了西格尔对实验经济学的贡献以及他的早逝所带来的损失。

[2] 到 1979 年，后来因实验经济学获得诺贝尔奖的弗农·史密斯和丹尼尔·卡尼曼都已经完成了如今已是他们最出名的文献的一部分。

[3] 顺便提一下，很有意思的是，我们注意到利普西严格区分了经济学和心理学，而现在这种区分似乎很难获得认同。但是关于实验经济学和实验心理学之间的关系存在激烈的争论：一些人指出经济学家们的技术可能具有优势，例如赫特维希和奥特曼（Hertwig and Ortmann, 2001）；而另一些人认为和更接近心理学传统的实验相比，（特定类型的）实验经济学的外部有效性更低，例如罗文斯坦（Loewenstein, 1999）。

即使现在，偶尔也会发现有严肃的学者支持弗里德曼的评论。比如，《科学哲学》最近刊登了一篇有关经济学方法论的论文，作者马塞尔·博曼斯（Marcel Boumans，2003，308 页）在摘要中断言："社会科学很难设定实验室条件，我们只能试图找出自然界自身已经进行了的那些实验。"博曼斯的论文展开讨论了在认定受控实验不可行的条件下，经济学如何在其研究领域发现类法则关系这一问题。

为什么经济学家这么长时间以来一直都接受其学科是非实验性的这一观点？偶尔有人指出，经济学中实验方法的广泛使用只是信息科技发展的结果。当然，如今很多常用的实验设计在几十年前可能难以实现，这是事实。经济学实验现在可以使用大众化的软件，比如乌尔斯·菲施巴赫尔（Urs Fischbacher，2007）研发的被广泛使用的 z-Tree 软件包极大地减少了运行计算机化的实验所必需的技术方面的投入。但是，正如历史脉络所阐明的，在 20 世纪的前 3/4 的时间里，可行且潜在的含有丰富信息的实验设计并不少见，但是人们缺乏运用这些实验的兴趣。即使在 20 世纪 80 年代——实验方法开始被经济学接受的 10 年，很多最重要的实验技术水平还停留在纸笔层面。需要解释的问题是，经济学家为何一直都认为这些实验产生的信息无用？

回顾一下弗里德曼的评论。他说，社会科学家很少能够在受控实验中验证特定预测。由于针对人类被试者进行受控实验显然是可行的，那么弗里德曼的评论必定等同于可行的那种实验不能用来验证经济学做出的预测。利普西使用"有关的"这一限定词表达了相近的观点。他们的主张应当结合 20 世纪中期经济学的两大特征来理解。首先，根据现代标准，经济学期望做出的预测的范围较窄。正如人们普遍把"价格理论"作为"微观经济学"的同义词使用，微观经济学的重点是解释和预测总体市场行为的统计值——特别是价格和总交易量。宏观经济学在更高的总体水平上运行。因而，人们认为要对在更高层次上运行的经济做出有效预测，直接的实验检验将是花费巨大的，甚至可能是缺乏道德的。其次，第二个特征是被普遍接受的也是得到弗里德曼（Friedman，1953）极力赞成的一种信念，即一个理论的"假设"并不是要断言世界是怎样的，而仅仅是在得出预测时正巧有用的"似乎"命题。尽管价格理论在推导过程中对个人的偏好做出了明显的约束性假设，但这些假设不应该被理解为理论必须遵循的经验假说。因而，企图"检验"假设的实验毫无意义。

对于在实验室或教室实验中人们的行为是否揭示出他们在"真实"经济环境中——或者使用实验主义者现在更常用的词，在实地中——的行为，有人持怀疑的态度，这是抵制实验的另外一个缘由所在。弗里德曼再次提供了一个例子。当他还是一位年轻的经济学者时，他与艾伦·沃利斯合作完成了一篇论文，内容是关于瑟斯顿的无差异曲线实验。沃利斯和弗里德曼认为就把这个实验结果可靠地移植到"经济环境"中而言，该实验过于"武断"。他们（Wallis and Friedman，1942，179~180 页）认为："被试者对真实的激励产生真实的反应，这对一个令人满意的

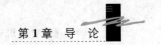

实验来说是非常关键的。”①

弗里德曼似乎认为一般来说，新古典价格理论只有被应用于其试图解释的“经济环境”中时才能成功地做出预测。但经济学者普遍地不顾证据对经济学核心理论的证伪，仍声称这些理论是有用的，这令人诧异。这种策略体现在如下共识上：建立在理想化假设基础之上的理论——比如完全竞争理论或者假设无限理性的经典博弈论——提供了理解真实世界的“基准”。意思是说，我们可以通过与理论进行比较，找出现实世界的“缺陷”，整理对现实世界的认识。如果以这种方式看待理论，那么验证理论的想法就整个地错位了。

尽管如今或许很少有经济学者公开不考虑实验方法，但上述（以及其他）反对实验有效性或认为实验无用的观点在经济学中仍占有一席之地。实际上，提出这些反对意见的常常正是实验者们本身，尤其是当他们批评其他人的研究时。为阐明有关实验方法实用性的基本问题在经济学中仍然充满争议，我们来看看有过实验研究经历的知名经济学家最近写的四篇论文。

在第一篇论文中，肯·宾默尔（Ken Binmore，1999）回应了沃利斯和弗里德曼对实验室结果重要性的保留意见。宾默尔的批评直指以卡尼曼的工作为代表的实验研究。宾默尔将卡尼曼研究提出的对正统经济学的质疑定性为“否认正统经济学逻辑的有效性”，他敦促经济学者不要“被牵着鼻子走”而接受卡尼曼的结论。宾默尔认可实验室实验中的个体行为常常系统性地不同于经济理论中的理性参与人的行为，但他不接受理论因此被证伪的结论。他认为，期望经济理论只适用于特定环境（比如，决策者既具有深思熟虑的动机，也有机会从经验中学习）是很合理的。宾默尔认为他所批评的实验不满足上述环境。因此他总结到，利用这些实验结果作为证据反对经济理论就如同根据在不洁净试管中混合试剂的实验驳斥化学原理。

在第二篇论文中，史蒂文·莱维特和约翰·李斯特（Steven Levitt and John List，2007）提供了判断实验室结果是否可用来推测实地行为的准则。宾默尔主要关心实验室环境是否满足经济理论预先假定的条件，而莱维特和李斯特关心的问题集中在实验室实验能在多大程度上捕获到实地做出经济决策时所处的情境的特征。他们尤其关心那些表现出经济主体按照“社会偏好”（比如偏好那些被解释为公平或值得信任的行动或者惩罚非公正及不值得信任的人的行动）行事的实验。尽管没有提议全盘拒绝任何特定的实验类别，但莱维特和李斯特确认了实验室的“人造性”产生的结果或许无法在实地环境中再现。例如，他们认为，实验室中的被试者通常意识到自己正在实验者的监视下行事，从而比实地实验中的被试者更倾向于遵循道德规范。与弗里德曼（Friedman，1953）的观点一致，莱维特和李斯特指出，

① 从现代实验经济学的角度来看，这涉及一个不合理的推论。例如，史密斯（Smith，1982a）认为实验经济学得到发展的关键一步就是接受了如下观点：被试者即使在人为情景中也可以面对和回应真实的经济激励。

在经济学家研究的很多环境中，决策者并不是一个群体的代表性样本，而是经历筛选过程变成决策者的人（比如，股票交易员为了保住自己的工作必须在交易中赚取利润）。这些过程可能系统性地淘汰掉按照社会偏好行事的人。相反，以招募志愿者参与实验的标准方法选定的人或许本就是倾向于合作或寻求社会认同的。

第三篇论文阐述了对实验的另外一种保留意见。作者阿里尔·鲁宾斯坦（Ariel Rubinstein，2001）曾短暂迂回到实验研究，后恢复纯理论学者的身份。他集中研究了决策和博弈论，认为"验证经济理论模型的预测是无望的，更重要地，也是没有意义的"（Rubinstein，2001，618页）。在鲁宾斯坦看来，理论模型无法预测特定情景中的具体行为，模型以一种简洁的形式表示了决策者或许（不是确实）存在的某些"考虑"或者"某种观点"。对模型现实性的检验是它的直觉感染力："我们的直觉提供了检验。如果一种现象显著，那么我们就能直观感受到它的有力。它引起了我们的共鸣。如果我们对自己诚实，那么我们就能感觉到它是真实的"（Rubinstein，2001，616页）。鲁宾斯坦说，他在迂回之前相信理论家能够可靠地信赖他们自己的直觉，因而认为实验是没有必要的。现在他承认实验的作用在于验证理论家的直觉对其他人而言是否"真实可靠"或"有意义"，而不在于验证理论的预测。另外，在论文结尾，他对如下问题还不是完全确定：实验是否比理论研究者的"直觉感受"更加可靠（Rubinstein，2001，627页）？他将这个疑问作为需要进一步讨论的问题。鲁宾斯坦之所以认为这个问题尚待讨论，是因为"实验研究的重要性严重依赖于我们的诚实性"，显然，他试图说明诚实靠不住（Rubinstein，2001，627页）。他还更明确地声称，实验经济学没有遵守良好科学方法的某些规则。他着重指出，很多实验经济学者进行的是"有问题的实践"，也就是"先筛选事后结果，即在结果被收集之后"（626页）再选取研究问题。这种批评似乎包含一个或许得不到某些实验学者认同的原则，即实验的功能只是检验而不是形成假说和直觉（后者似乎被假定为理论家的任务）。我们在此指出，对实验研究的科学标准的批评或许掩盖了更加根本性的分歧：对知识的主张是以什么为基础的？

第四篇论文是肯·宾默尔和阿夫纳·史克德（Ken Binmore and Avner Shaked，2007）的一篇论文，论文题目具有挑衅性："实验经济学：是科学还是什么？"与宾默尔1999年的那篇论文一样，批评仍然是针对行为经济学家从实验结果中得出的结论。然而，此次批评不是针对特定的实验设计类型，而是针对代表特定理论的那些主张（宾默尔和史克德认为这些主张言过其实）。他们指责一些实验经济学者为了支持他们青睐的理论而"有选择地"使用实验方法——特别是，在检验某个理论之前并没有事先详细说明该理论的应用范围；只把理论能够通过验证的那些实验作为支持性证据；对于理论参数的取值，允许其在拟合不同数据集时取不同的值。不管如何看待宾默尔和史克德关于行为经济学特定理论的观点，他们的论文引发了人们对实验经济学中重要的和未解的方法论上的疑问的关注。当实验证据显示出对以前公认理论的系统性偏离时，经济学家应该如何将那些发现融入新理论呢？可以在多大程度上将定义狭窄的实验类别推广至经济理论希望得到应用的全部案例范围呢？

就本章介绍性的目的而言，认识到经济学中实验方法的作用仍具有争议就足够了。这些争论是写作本书的理由，也为本书提供了背景。

1.3　实验经济学的实践

在开始讨论实验经济学之前，了解其包含的内容是重要的。由于我们没有假定所有读者都熟悉这一领域，所以我们首先说明实验人员做的一些事情。如今文献很丰富，想理智地全面综述实验经济学是不可能的。[①] 我们的替代策略是针对少数已发表的且代表了实验研究的部分主要派别的论文做评述。我们的目标是阐明经济学中激发实验人员兴趣的问题以及为解决这些问题所采取的方法。我们将介绍这些论文报告的部分主要结果，并指明作者的其他主张。这一节是严格描述性的，期待能够全面描述各派别的研究人员的研究、发现和成果，（暂时）避免加以评价。

实验经济学家现在做的很多事情非常近似于那些在实验心理学方面有深厚根基的工作。考虑到这一点，我们以阐释心理学家所进行的两项研究为例作为开始。第一项研究来自阿莫斯·特维斯基和丹尼尔·卡尼曼（Amos Tversky and Daniel Kahneman，1981），他们利用实验室实验研究了个人决策，重点关注风险因素存在时的决策。

例证 1　特维斯基和卡尼曼（Tversky and Kahneman，1981），《决策的框架和选择的心理学》（《科学》）　特维斯基和卡尼曼做了如下实验：决策问题中可选项表述方式的细微变动——显然这不会改变决策问题的逻辑结构——能否影响选择结果？特维斯基和卡尼曼随后给出了答案，他们发现决策问题的"框架"中看似无关紧要的变动对选择结果有着显著影响。下面是一个例子，他们比较了两组被试者的行为。一组由 152 名被试者组成的小组面临着如下选择问题。

假设美国正在应对一种罕见亚洲疾病的爆发，预计该疾病将夺取 600 条人命。人们提出了两种抗击该疾病的选择方案。假定对这两种方案的后果的确切科学估计如下：

如果采用 A 方案，那么可以挽救 200 个人的性命；

[①]　卡格尔和罗斯（Kagel and Roth，1995）著作中有八章对于直到他们生活的 20 世纪 90 年代中期的实验经济学的主要领域给出了信心十足的综合指南。但是，尽管当时许多章节的参考文献仅几页，但后续的文献的数量迅速增加，现在类似的整个实验经济学的综合记载已经有好几卷之多。例如，凯莫勒（Camerer，2003）已经著述五百多页来全面审视关于博弈论的实验文献，这一主题只占了卡格尔和罗斯（Kagel and Roth，1995）著作的三章。

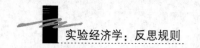

如果采用 B 方案，那么有 1/3 的概率挽救 600 条人命，有 2/3 的概率无人得救。

你更赞成哪种方案？

向另外一组包括 155 名被试者的小组提供的是相同的场景，只不过两种方案的结果是以丧失性命的人数（总人数为 600）而不是以获救的人数来表述的。这样，第二个小组面对的两种方案如下：

如果采用 C 方案，那么会有 400 个人丧命；

如果采用 D 方案，那么有 1/3 的概率无人丧命，2/3 的概率 600 人将死亡。

把它们放在一起比较，很容易看出向两个小组提供的选择在逻辑上是相等的。然而，特维斯基和卡尼曼报告称，两个小组的被试者的行为相差很大：第一个小组的大多数（72%）被试者更倾向于 A 方案，第二个小组的大多数（78%）被试者更倾向于 D 方案。

参与上述实验任务的决策者来自斯坦福大学或不列颠哥伦比亚大学，实验决策结果以在教室中进行问卷调查的形式呈现。尽管前述例子仅作为一个假设性选择向学生呈现，但在他们的研究中，被试者做出的其他选择涉及获得真实货币回报的可能。特维斯基和卡尼曼（Tversky and Kahneman，1981，453 页）在解释他们的证据时指出这些证据一方面证明了隐含在理性选择理论中的一致性原则被违背了，另一方面为找到"支配着对决策问题的理解和对选项的评价的心理学原理"提供了线索。

第二项研究来自詹姆斯·布莱恩和玛丽·安·特斯特（James Bryan and Mary Ann Test，1967），他们研究了个人在看到其他人做出利他行为后从事利他行为的可能性的变化。

例证 2　布莱恩和特斯特（Bryan and Test，1967），《榜样和帮助：助人行为中的自然主义研究》（《人格和社会心理学杂志》）　这篇论文报告了四个实验。其中之一比较了基准组和参照组的情况。在基准情况中，一位年轻的女性研究生被赋予了如下任务：站在洛杉矶的居民区的一辆瘪胎的汽车（1964 版福特野马）旁边。这样设置情景是为了让过路的司机更容易看到这位女性、瘪胎，还有斜靠着汽车的充气胎。基准实验在两个周六中午连续进行，每次进行的时间长度都足以允许恰好 1 000 辆汽车经过，实验者记录下停车给予帮助的司机人数。参照组中瘪胎的汽车（一辆奥斯莫比尔）和站其旁边的年轻女性的位置在车流上游 1/4 英里处，除此之外，其他情况与基准组完全一致。只是，汽车已经被千斤顶顶起，这位女性正在注视着一名男子更换轮胎。为"平衡"实验设计，这两个周六的两种情况的顺序是颠倒的。布莱恩和特斯特报告称，参照组停下来的汽车明显更多（2 000 辆汽车中有 58 辆停车，对比控制条件下 2 000 辆汽车中有 35 辆停车）。

布莱恩和特斯特的其他三个实验与救世军在繁华购物街募捐有关。其中一个实验里，一个人身着救世军制服带着一个募捐箱（或者一个"壶"）站在新泽西普林斯顿的一家大型百货商店的主要入口处。募捐者可以晃响铃铛向路人提醒他们的存在，但被要求既不能从口头上请求捐献，也不能对发生的捐献做出回应。在这样的背景下，实验人员随后以如下方式模拟了利他行为：每隔 60 秒钟，就有另外一位由实验人员雇用的人（装扮成白领员工的模样）从商店里走出，走向募捐者，捐入 5 美分，然后离开。如此，在总共 365 分钟内收集观测值。布莱恩和特斯特假设当实验帮手捐献时，经过募捐地点附近的人更有可能会捐献。为验证这个假设，他们将帮手捐献刚刚发生后的 20 秒窗口期（window）和随后的 20 秒窗口期两个时间段的捐款频率做了比较。根据他们的记录，在第一个窗口期共发生了 69 例捐献，在第二个窗口期只发生了 43 例捐献。这个差异在统计上是十分显著的。

布莱恩和特斯特认为他们的发现为"观察到别人的利他行动将增加观察者中的利他行为"（Bryan and Test，1967，403 页）这一假说提供了支持。他们全部四个实验的特点在于被观察的决策参与者只是过路人，实验人员有意使观察对象在决定援助与否时意识不到自己在参与一项实验。

第三个例证也是研究个人决策问题的，但是这个案例给出了一个由经济学家设计并完成的最近研究的实例。这项实验利用两种非常标准的方法收集了如下有关个人风险偏好的数据：要求个人直接在成对的赌博间做出选择；为不同的赌博设置卖价。收集这类数据有如下几方面的目的：某些情况下，兴趣点集中在对特定理论中偏好参数的度量上；另一些情况下，收集偏好数据是为了验证特定的偏好理论。[①]但是我们第三个例证的首要目的是验证一直以来被广泛运用的实验激励机制——二元彩券程序（the binary lottery procedure）——的可靠性。

二元彩券程序以如下方式运作。假定参与一项实验的被试者完成特定任务后能获得一定积分（比如参与策略博弈，得分就是源于参与者策略组合的收益。一种激励参与这项任务的方式就是按照一定比率将被试者赚取的得分换算成货币报酬）。然而，二元彩券程序则是将得分换算成在二元彩券（被试者要么获胜要么一无所获）中赢取一个已知大奖的概率。该方法的引人之处在于如果个人偏好满足某种条件，那么使用该程序的实验中的被试者应该会做出风险中性决策。通过甄别对风险的态度而获得的控制偏好的能力将会很有用，如果这样做确实有效的话。莱因哈德·泽尔腾等（Reinhard Selton et al.，1999）报告了一个为检验其有效性而设计的实验，其中提供了一个关于如何使用实验来研究其他实验中的设置的特性的例子。这种方式在自然科学中也是类似的，比如，在自然科学中有时会使用实验检验测量仪器的可靠性。

例证 3　泽尔腾等（Selton et al.，1999），《金钱并不会诱发风险中性行为，但是二元彩券就更加无法诱发》（《理论和决策》）　在这项实验中，每名被试者都要

---

①　霍尔特和劳里（Holt and Laury，2002）提供了第一种情况的一个实例，凯莫勒（Camerer，1989）给出了第二种情况的例子。凯莫勒（Camerer，1989）和斯塔莫（Starmer，2000）分别对此进行了综述。

在两种彩券之间做出 36 个成对的选择。他们还要对 14 只彩券指定最低卖价，之后，实验人员随机报价，以确定被试者是持有还是卖出彩券。被试者被随机地分配到两种实验条件下，其中一种实验条件包括了二元彩券程序。在两种实验条件下，完成每对任务（称之为一"局"）后，被试者会得到以积分表示的报酬，积分由他们在该局中的决策和彩券的开奖结果决定。在二元彩券这一实验条件下，从该局获得的积分报酬将决定赢取具有固定奖品的"大"奖彩券的概率。另外一种实验条件仅是以一定的换算比率将从该局得到的积分报酬换算为现金报酬（换算比率的设计要使两种条件下的预期收益相等）。面对这些条件的每一组被试者有权使用电脑化的计算器。这些计算器（如果要求）将报告包括赌局的预期值在内的测量值。

从波恩大学学生群体中招募的总共 144 位被试者参与了实验。实验过程持续了约 90 分钟，该时间段内被试者取得的积分在 DM15.50 和 DM39.50 之间。为了进行数据分析，作者构建了一个用来测量每个人的决策偏离预期价值最大化的程度的指标。他们得出了初步的结论，即在使用了二元彩券程序的实验条件下的被试者比直接得到现金报酬的被试者对预期价值最大化的偏离更为显著。因此，他们总结道："在实验中使用二元彩券形式的报酬产生了适得其反的效果"（Selton et al.，1999，225 页）。

实验经济学的另一主要研究流派重点关注程式化博弈中的策略行为。在这方面，我们将介绍三篇文献。第一篇来自雅各布·格瑞和夏尔·霍尔特（Jacob Goeree and Charle Holt，2001），其报告了多种博弈下的行为并总结到基于纳什均衡的预测在某些情况下有效，而在其他情况下则不是这样。

例证 4　格瑞和霍尔特（Goeree and Holt，2001），《博弈论的 10 个小宝贝，以及 10 个直觉的矛盾》（《美国经济评论》）　　这篇论文研究了 20 个两人博弈中的行为，并组成了 10 个配对的博弈：在每个这样的配对中，都可以观察到每个博弈的运行过程很好地符合了纳什均衡的预测（这些就是论文题目中所指的 10 个宝贝）；此外，对于另外一个博弈，研究人员预计（和发现）行为明显偏离上述预测（这些是"直觉矛盾"）。

参与者是从弗吉尼亚大学经济学课堂上招募的学生。被试者参加的实验局需要 10 个人。在论文提到的博弈中，被试者做出决策之前首先在随机配对的情况下进行了重复的两人博弈。此举部分是为了使参与者熟悉任务的大体环境，但是参与的博弈类型不同于此后的一次性任务。随后，被试者对一系列一次性博弈做出反应：这些博弈是论文中作为整体报告的成对宝贝/矛盾的一部分。实验局持续了两个小时，平均付给被试者 35 美元（包括作为出场费的 6 美元固定报酬）。

下面这个例子来自基于巴苏（Basu，1994）提出的"旅行者困境"博弈所做的研究。在这个博弈中，两位参与者在 180～300 的范围内同时选择一个整数。收益以如下方式确定：两位参与者将获得两个数值中的较低者，但是，除此之外，对于选择较小数值的参与者，他的收益还将增加一个"转移"数量 $T > 0$，T 从选择较高数值的参与者的收益中扣除。在 $T>0$ 的前提下，如果参与者成功地选择了一个恰好比自己对手小 1 的数值，那么他将实现自身收益的最大化。因此，如果参与这个博弈，预计另外一位参与者将选择 300，那么应该选择 299。但是如果他预计我选择 299，那么他应当选择 298。按照格瑞和霍尔特的解释，这种推理意味着博弈存在一个唯一的纳什均衡，即双方都将选择 180 这个数值。这个均衡预期 180 不依赖于 T 的值（给定 $T>0$），而作者提出行为或许依赖于 T，这是因为，由于 T 是出价不足的代价，那么当代价相对处于高位时，纳什均衡预测或许更加有效。他在两种实验条件下对 T 设置了不同的数值，一个较高（$T=180$），一个较低（$T=5$），通过观察不同实验条件下的博弈检验上述猜测。实验中，50 名被试者成对地分别参加了高—T 和低—T 这两个实验版本，并做出决策（两个博弈的进行顺序是随机的，两个博弈的间隔期间安排被试者为论文中报告的其他成对的宝贝/矛盾博弈做出决策），作者据此得到数据。作者报告了高—T 情况下与纳什预测的一致性较高（占比约 80% 的被试者选择了 180），而在低—T 情况下与纳什的一致性较低。在后者情形中，占比只有约 20% 的人采取了纳什策略。此外，相对于纳什预测，大多数被试者选择的数值位于策略空间的另外一端。

我们接下来给出的例子研究了对公共物品的贡献。与很多关于这一问题的实验类似，实验的设计围绕被称为自愿贡献机制的设置进行。在一个使用了该机制的实验中，小组中的每位被试者都要在私人物品和公共物品之间分配个人禀赋。每位被试者的报酬取决于所有小组成员的决策，具体方式如下：对于试图最大化个人货币收益的被试者而言，将自己所有的禀赋全部分配到私人物品是占优策略，如果所有人将全部禀赋分配到公共物品，那么小组所有成员的境况会更好。从很多使用了这个机制的研究中得出了一些典型发现：在有限重复博弈中，很多被试者在开始时将一半左右的禀赋贡献到公共物品上，但随着博弈不断重复，平均贡献渐渐下降并趋向于 0。恩斯特·费尔和西蒙·盖科特（Ernst Fehr and Simon Gächter，2000）以此为背景研究了参与者惩罚彼此的机会是否可以影响公共物品博弈中的贡献。

例证 5　费尔和盖科特（Fehr and Gächter，2000），《公共物品实验中的合作和惩罚》（《美国经济评论》）　在实验中，从人数更多的参与者群体中选出一些被试者，每四人组成一个小组进行多轮重复实验。一些小组每一轮都随机地从更大的参与者集合中选出，他们是在陌生人协议中参与实验；其他组别成员虽然最初也是被随机选出，但在每一轮中始终保持不变，这些人是在合作者协议中参与实验。被试者被告知自己处于哪一种条件之下，但是无论在哪种条件下，他们都通过计算机终端匿名地互动。被试者知道实验终了时他们将获得由个人最终持有的源于所有实验局的"代币"决定的现金收益。

费尔和盖科特引入了惩罚的可能，这是其设计的主要创新之处。两种协议下的被试者在惩罚机会存在及不存在的情形下各参与 10 局实验（为控制次序效应，这些条件的顺序是变化的）。在一个给定的实验局中，如果不存在惩罚的机会，那么被试者将进行如上所述的那种自愿贡献博弈。但是，当存在惩罚的机会时，在自愿贡献博弈阶段后紧跟着还有另外一个阶段，在这个阶段，被试者在被告知其小组同伴对公共物品的贡献之后可以针对同伴实施惩罚积分。每个惩罚积分将使受罚被试者在相应实验局的收益减少10%，但是惩罚对实施者来说也是有成本的。由于后一个特点的存在，所以标准的博弈理论认为，如果被试者只关心自身的货币收益，那么他们绝不会分配惩罚积分，因此分配惩罚积分的机会的存在不影响对公共物品的贡献。

非惩罚条件复制了自愿贡献机制实验发现的广为人知的结果：在前期阶段观察到了显著的贡献，但贡献随着实验局的进行而减少，在第10局时，接近于完全的搭便车。这可以作为一个基准与惩罚条件下的行为进行比较。尽管惩罚是有成本的，但即使在陌生人条件下也观察到了惩罚。惩罚机会显著影响了贡献行为，具体影响在陌生人和合作者两种条件下存在差异：在存在惩罚的陌生人设置中，贡献不会向搭便车方向收敛，行为明显发生了变化，"个人贡献没有出现稳定的行为规律"（Fehr and Gächter，2000，986页）。在存在惩罚的合作者设置中，行为倾向于收敛至帕累托有效（完全贡献）结果。

我们的第三个"博弈"例子是约翰·摩根等（John Morgan et al.，2006）的研究，其涉及博弈和市场两方面的文献。实验检验了如下一个特定博弈理论模型的预测：寡头垄断企业间定价行为的"票据交换所"模型。

例证6 约翰·摩根等（Morgan et al.，2006），《关于价格离散的实验研究》（《博弈和经济行为》） 论文首先建立了一个简单的票据交换所模型，该模型是在瓦里安（Varian，1980）的研究基础上的变型。模型中n家完全相同的企业（面临不变的边际成本）为出售一种同质产品而展开价格竞争。需求端有两类消费者：假定占比为λ的"信息全面"的消费者从设定最低价格的厂家处购买产品；其他消费者的需求在所有提供低于临界保留值的价格的厂家之间是平均分布的，从这个意义上说，他们是"忠实"的消费者。约翰·摩根等表明当企业是风险中性的利润最大化追求者时，博弈具有唯一一个对称混合策略均衡。另外，他们着重指出模型的两个比较静态含义对他们的检验尤为重要：随着λ的增加，两种类型的消费者面临的价格都将降低；n的增加会对两类消费者产生不同的影响（降低"信息全面"消费者的价格，提升"忠实"消费者的价格）。

实验的运行要连续经过多轮，每一轮的被试者都是诺丁汉大学的学生。每轮实验中，被试者坐在计算机终端前参与实验性市场，这种市场的构造模仿了理论模型的各种特征。参与者在市场中扮演卖家的角色，他们的任务就是在90个市场周期内设定价格。同一轮实验内每个市场中卖家的数量保持不变，但随轮次的变动而变化（有一半的轮次中每个市场有两个卖家，其他轮次有四个）。每个周期开始时，卖家进入市场时的分组是随机的（根据轮次不同，一个小组或是两个或是四个卖

家）。随后卖家同时从 0～100 选择一个数字作为他们的"价格"。市场的需求端的
消费者使用计算机来进行模拟。卖家了解每个周期有六名消费者，他们每人购买
12 单位的产品；比例已知的消费者（按照模型的说法是"信息全面"的）以最低
价格从卖家那购买产品，其他买家的需求对卖家是平均分配的，与卖家的价格无
关。每个周期结束后，每名参与者都能获知竞争性卖家设定的价格以及最终的销售
形式。他们赢得的点数等于自身销售水平与他们价格的乘积。将 90 个周期分为三
个阶段（stage），每个阶段包括 30 个周期，"信息全面"的买家的数量在三个阶段
之间有所变动：首尾两个阶段，买家中有一半拥有全面的信息；中间阶段，六分之
五的买家拥有全面的信息。实验所有轮次持续约 90 分钟，被试者获得一定的作为
出场费的固定报酬，此外，还有现金奖励，实验中被试者每取得 100 积分，其现金
奖励就增加 1 美分。

对于理论模型预测的成功性，作者给出了喜忧参半的报告。消极的一面是，对
价格分配的预测和观测结果之间差异显著，即与理论预测相比，观察价格在两卖家
实验条件下过高，在四卖家实验条件下过于分散。积极的一面是，有关卖家数量和
"信息全面"消费者所占比例这两者变动的比较静态预测在数据中得到了广泛的
支持。

在我们的下一个例证中，史密斯等（Smith et al.，1988）为研究投机泡沫的
发生建立了一个实验性的资产市场，观察了这个市场中的交易情况。金融市场的波
动能在多大程度上反映投机驱动的泡沫，即对"基本"资产值的背离，在经济学中
一直备受争议。通过分析实地数据对这些争议得出清晰结论的障碍是如下事实：在
实地数据中难以观察到部分基本信息。下面的研究创建了如下市场环境：市场中的
基本信息由实验人员控制（因而他们也掌握了这些信息），这样就解决了上述障碍。
从而，实验人员有望观察到价格和基本值之间的任何背离的程度和持续时间。

**例证 7　史密斯等（Smith et al.，1988），《实验现货资产市场中的泡沫，崩溃
和内生预期》（《计量经济学》）**　论文报告的 27 项实验研究了参与者有机会进行
"资产"交易的实验性市场。尽管不同实验之间的许多细节各不相同，但是这些实
验有一些相同的结构特征——这也是多数情况下我们的关注点。

实验开始时，每位参与者都被赋予了实验性"资产"和"现金"。然后，他们
参与了一系列的市场周期（通常是 15 个周期）实验，其中他们有机会用现金购买
资产或者卖出资产收回现金。市场组织形式是计算机化的双边拍卖。在一个市场周
期内的任何时刻，个人参与者都可以提交请求买入一个单位（通过设置一个他们乐
意付出的价钱）或是卖出一个单位（通过设置一个他们乐意接受的价钱）。所有的
竞标（bid）都遵从如下改进规则：任何买入（卖出）的竞标都必须高于（低于）
市场上当时的最高（最低）价格。当一位参与者接受了另外一位交易者公布的有效
要约（买入或卖出）时，资产即成交。在每个市场周期的末尾，每项资产都会产生
红利（dividend），当时的资产所有者获得该收益，并将收益增加到他的现金余额

中。这个红利值是随机决定的，服从已知的概率分布，分布的参数值对所有轮次（round）都是固定的。实验结束时，根据被试者的最终现金余额（包括所有报酬和来自交易的收入，加上累计的红利收益）付给他们真实货币报酬。

实验经济学中早期的研究考察了实验性市场中资产交易的某些方面，但是这项研究的设置的特征与之前的设计有两大区别。第一，资产是"长寿命的"，即资产能够在多个市场周期内产生连续红利流；第二，所有交易者的预期红利都是不变的。第二个特征意味着如果交易者是风险中性的（或者交易者拥有共同的风险态度）且以理性预期为基础采取行动，那么就没有动机发生任何资产交易。实验设计允许交易者跨越较长的周期进行交易以检验动态的交易量和价格，交易水平应当会显著地违背理论预测。变动实验条件可以考察多个问题，包括交易者的"经验"水平在多大程度上影响了市场行为与理论预测的一致性。

史密斯等得出如下结论：不仅交易发生了，而且他们的市场普遍表现出"泡沫"，即在持续的周期内，资产的交易价格显著高于其预期收益。这样的泡沫过后通常会发生市场崩盘，随着交易价格和数量的崩溃就接近决算期了。他们还认为交易者的经验倾向于缓解泡沫现象。

最后一个例证来自雪莉·鲍尔等（Sheryl Ball et al.，2001），其同样关注一个实验性市场。这个例子的兴趣点在于检验市场参与者的地位（status）能否影响有多重价格均衡的市场中盈余的分配。

例证8　雪莉·鲍尔等（Sheryl Ball et al.，2001），《市场中的地位》（《经济学季刊》）　这篇论文报告了一些实验性市场的结果。每个市场都活跃着 10 到 16 个参与者，这些参与者被随机地分为买者和卖者。在每一个市场周期，每个卖者都被赋予两单位的实验性商品，给定他们的私人成本，在实验中他们可以通过以高于自身成本的价格出售自己的物品而挣钱。对所有的个人买者给定一个保留值（reservation value），他们知道通过以低于保留值的价格购买物品可以赚取利润。每位被试者都只知道本人的成本或保留值，但实际上在给定的市场上，所有卖者的成本是相同的，所有买者的保留值也是相同的。由于设定成本低于保留值，所以原则上任何以成本—保留值区间的价格达成交易的买者—卖者搭档都可以共同获利。市场共运行 11 个周期，每个周期都有一个拍卖人，他或者随机选择一名买者邀请其出价或者随机选择一名卖者邀请其给出售价。第一个周期用于练习，但剩余 10 期的交易回报将被计入被试者最后的报酬（被试者平均赚取 17 美元，其中包括 5 美元的出场费）。

该研究的主要目标是检验"比起买者拥有更高地位的市场，在卖者地位更高的市场中均衡价格的分布更高"这一假说。为此，实验人员比较了配对的市场，成本和保留值是相同的，为了产生不同的地位，要事先对参与者进行操作，有两种方法可以做到。一种方法是"授予"地位法，要求被试者参加一项不具有确定答案的测验。实验人员对一半的被试者（高地位组）授予金星，其余人（低地位组）被要求旁听和鼓掌。目的在于使被试者认为那些人之所以得到金星是因为测验的成功，尽管实际上金星是随机分配的（通过一个为测验设置的不透明打分系统）。因而，授予的地位与知识或智力等个人特征没有关系。确定地位的第二种方法是"随机"地位法。相似地，选择一半的被试者，公开给予他们金星，但在这种情况下给予金星的程序就是有意使被试者明了指定地位的随机性。

鲍尔等报告了四种条件下市场中的行为：大约一半的市场中，买者（相对于卖者）是高地位组，并且每一种条件下都有成对的市场，根据地位是基于授予法还是随机法，市场会随之发生变化。他们报告称市场中地位较高的一方的平均收益往往显著更高。此外，即使以一种明显的随机方式授予地位，这种效应也似乎同样存在。在论文的结论中，作者评论道：

我们的结果表明在竞争性市场环境中，地位影响价格和资源的分配。连如此明显的地位设置都可以影响行为，这强化了我们的信念——地位在真实世界互动中具有重要的作用。

鲍尔等（Ball et al.，2000，181 页）

1.4 几点说明和本书的结构

1.3 节的实验展现了实验经济学家从事的很多活动，这使我们能够引出在接下来的章节中要讨论的主要问题。本书的中心论题是区别两种看待实验的角度：一种角度认为实验是用来检验理论的；另一种角度认为它是用来研究经验的规律（empirical regularity）的。这两种分类既不相互排斥，也没有包罗一切，但是，对于组织内容而言，它们的确是有用的，对此，我们稍后将做出解释。

第 2 章及第 3 章探讨了实验在科学中的经典作用，即检验理论。在我们的例子当中，摩根等（Morgan et al.，2006）、格瑞和霍尔特（Goeree and Holt，2001）的例证几乎明确地显示了他们研究的主要目的就是验证某项理论。其他几个例子把理论验证作为解读结果的一种方式，尽管正如我们稍后讨论的，这并不是唯一的方式。比如，有关选择的各种结果主义理论（consequentialist theory）隐含着一条原理，即认为一个决策问题的逻辑上相同的表述不会影响行为，特维斯基和卡尼曼（1981）对框架效应的研究可以被看做对上述原理的一个检验；费尔和盖科特（Fher and Gächter，2000）的研究可以被看做对博弈论预测结果——被试者在他们设置的情境中既不会作出贡献也不会实施惩罚——的检验；史密斯等（Smith et al.，1988）的研究可以被看做在实验室资本市场中对理论预言的交易不足的检验。

尽管检验理论在科学方法中居于突出位置，但经济学实验检验理论的功能并不是直截了当的。之所以如此，或许是因为经济理论化与经验主义的主张（empirical claims）之间的联系本身就是间接的。经济理论家的明确的行为（explicit activity）大多是推论式的，包括形式模型和定义的巧妙运用和分析。理论学者以这样一种方式来表现他们的研究成果，即给出假设，利用数学或逻辑推理从假设推导出结论。然后，结论被表示为定理，附带着条件陈述（conditional statement），大意是如果假设在现实世界中成立，那么结论同样成立。然而，如今理论学者或许更普遍地使用另外一种方式，即假定或构建一个模型化的世界，该世界由形式上（formal terms）限定的实体组成，然后针对模型化的世界推导无条件陈述的定理。这两种提出理论的方式存在差异，但是就目前而言，重点是二者共享一些相同点。对两种方式而言，如果认为理论所做论断仅仅包含定理，那么检验理论的余地就不存在了，理论检验应被认为是涉及经验观察的活动。对于第一种方式，无法进行检验是因为定理仅仅断言如果假设成立，那么结论就成立。由假设得出结论（假定理论家在形式论证中没有出错）是一个逻辑问题。对于第二种方式，无法进行检验是因为定理陈述的是模型化世界的性质，而不是真实世界的。

但是，我们认为大多数读者和大多数理论家都像我们一样，对以下这种经济理论观点不满意：经济理论的方法不仅与实验检验无关，而且与所有经验检验也没有关系。因此，我们的出发点是经济理论观点，该观点不把它的主张仅仅限定于那些可以利用非经验手段确定其正确性的定理。尽管在特定形式模型中进行的推论本身不服从经验检验，但如果模型想要帮助经济学成为一门科学，那就肯定要有一些与模型相关的经验主张。这些主张正是理论检验所要关注的，它们不仅源于正式的定理，而且源于那些性质由这些定理确立的模型的应用。

例如，摩根等（Morgan et al.，2006）的研究关注了一个特定的博弈理论模型。在他们的模型中，博弈可以被形式化地描述：参与者集合是抽象的，参与者的策略集是抽象的，支付函数（payoff function）被定义为策略集的笛卡尔乘积。根据上述形式描述，得到如下定理：博弈具有唯一的纳什均衡，该均衡具有一种由特定混合（即随机）策略构成的形式。为了满足检验的需要，应用模型时，必须将模型的"参与者"与部分真实参与人（agent）联系起来，将"策略"与这些参与人拥有的某些选择权联系起来，并且还必须承认博弈的解概念（solution concept）是预测。如果解概念是混合策略纳什均衡，那么有必要具体说明哪些观测结果可以被认为与混合策略均衡一致，哪些观测结果是与混合策略均衡不一致的。摩根等所做的间接应用将参与者与被试者联系起来，将策略与代表价格的数字联系起来，以选定的"价格"作为标志得到参与者的分布，或根据执行的混合策略纳什均衡得到参与者分布。[①]

理论在被检验之前就必须是可以应用的，这一要求引出了我们在本书中讨论的

---

① 混合策略纳什均衡的另外一项应用指的是重复博弈之后，观察到的每一位参与者的行为与随机化了（使用混合策略均衡指定的概率）自己纯策略的参与者行为是一致的。摩根等（Morgan et al.，2006，150～151页）考虑到了这一点，但他们的主要关注点是面对混合策略均衡的参与者的博弈分布的一致性。

许多问题，讨论从第 2 章和第 3 章开始。泛泛地说，这两章分别关注理论应用的范围及方式。

第 2 章关注实验室是否可以给经济理论提供合适的检验基础；如果可以，那么某些设计特征是否是理论的特定观点所要求的。上述两个问题中的任意一个都能被弗里德曼（Friedman，1953）推崇的工具主义方法论（instrumentalist methodology）的一个特定方面所激励。弗里德曼主张评判一个理论应该根据它在试图应用的那个领域中所做的预测成功与否来判断。举例来说，只要利润最大化厂商理论准确地预测出市场价格对条件的变动是如何反应的，那么即使理论不能很好地符合对管理人员更关注平均成本而不是边际成本的厂商的讨论，对弗里德曼来说也是无关紧要的。理论的目标范围是次要的，而在会议室讨论的内容才是第一位的。赞同这种观点的观察者或许会质疑在实验室中进行的对经济理论的检验。例如，摩根等（Morgan et al.，2006）打算检验价格离散理论，预期其适用于真实厂商和其顾客组成的市场。观察者或许问到，在由学生扮演厂商和由计算机模拟市场需求端这样的实验室环境中进行检验理论，这是合理的吗？

第 2 章所说的疑问与上述问题相似，只是表述方式更为一般。第一个议题是，理论范围是否把实验室排除在外，正如 20 世纪中期认为经济学是非实验性的传统观点那样。第二个议题是，即使像如今已被广泛接受的那样，经济理论可以在实验室中被合理地检验，那么理论范围的本质是否要求使用特定类型的实验设计。为解答上述问题，再次考虑宾默尔（Binmore，1999）对卡尼曼和特维斯基研究的讨论。宾默尔认为经济学实验应当遵循某些设计原则，其中包括任务简洁、激励和学习机会。为支持这一观点，他写道："在预期该命题无法得到合理应用的情况下检验这个经济理论命题毫无意义"（Binmore，1999）。他的这种看法将对经济理论的检验限定在一个特定的范围（domain）内。关于某种设计特征对于理论检验是否必要的一个问题是：如果理论在实验室中的表现系统性地依赖上述特征，那么应当就该理论做出什么结论？另一位著名实验经济学家查尔斯·普洛特在系统阐述发现偏好假说（Plott，1996）时考虑到了这个问题。普洛特的观点所揭示的理论范围的边界与宾默尔的设想一致。第 2 章提供了一个框架来评价这些立场。

第 3 章转向实证科学中一个基本问题——杜赫姆—奎恩问题（Duhem，1906；Quine，1951，1953）——对实验经济学的影响。问题如下：既然理论在被检验前必须是可应用的，那么单一的理论假说绝不能够孤立地被检验。当特定的理论假设与数据发生冲突时，人们通常会猜想这个冲突是否是由补充假设引起的。因此，如果数据不支持假设，那么可能是该特定假设本身不正确，也可能是部分补充的假设不成立，具体原因难以完全确定。例如，史密斯等（Smith et al.，1988）的实验可以被看做对一个源自资产市场理论的假说——对特定资产拥有相同禀赋、信息及偏好的参与人之间不会进行交易——的检验。如果在资产市场中观察到这种交易发生了，那么当然违背了交易不存在的命题（proposition）。但是这是否推翻了理论

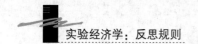

假说？或者可能因为被试者持有资产的理由不同？或者因为对待风险的态度不同？或者因为对其他被试者可能的交易行为有着不同的信念？或者一些被试者仅仅为了乐趣而交易？或者他们对实验人员关于资产收益报告真实性的看法不同？或者把实验禀赋和非实验财富综合考虑后导致了他们在禀赋上的不相同？提出这些问题，并不是为了批评史密斯等，而是为了阐明即便在一个控制良好的实验中，对于给定的观察结果可以想到的解释也不止一个。

第3章讨论了作为理论检验的实验这一观点的实际含义，尤其是检验那些深深植根于经济模型中的核心原则性的理论的实验。作为对后者的例证，考虑费尔和盖科特（Fehr and Gächter，2000）在实验中设置的惩罚机会。如果每个被试者只想着为自己积累货币，那么在根据这种实验设置建立的博弈理论模型中，唯一的子博弈精炼均衡既排除了惩罚也排除了对公共物品作出的贡献。如果如前所述观察到了贡献和惩罚，那么这说明与子博弈精炼的博弈理论概念相背吗？与关于参与者目标的特定假设相背吗？或者是在把博弈理论模型应用于具体情况时，与某些其他假设相背吗？因为此类问题不可能根据单个实验回答，所以我们需要制定和评价研究项目的原则。第3章恰恰讨论了对杜赫姆—奎恩问题回应的这种形态。

第4章介绍了一种新的观点，赋予了实验作为验证理论的工具之外的含义，扩展了本书的视角。正如前面提到的，另外一种阐释认为实验有助于对经验规律的调查研究。这种研究或许涉及"强化"规律，同时还有助于寻找对规律的解释。在我们给出的例子之中，最直接地与此种解读相符合的研究可能是布莱恩和特斯特（Bryan and Test，1967）和鲍尔等（Ball et al.，2001）的。他们的研究分别关注社会经历和慈善行为之间假设的关系以及地位和市场产出之间假设的关系。我们在理论验证作用部分讨论的那些研究之中有些也可以被看做对经验规律的调查研究（并且在某些情况下，作者强调的正是这种解读）。比如，费尔和盖科特（Fehr and Gächter，2000）的工作可以被解读为研究了部分惩罚机会在支持合作的社会规范中所起到的作用；特维斯基和卡尼曼（Tversky and Kahneman，1981）研究了表述方式对感知（perception）的影响；史密斯等（Smith et al.，1988）研究了资产价格泡沫的决定因素。受这些研究的激发而产生的后续研究遵循了两种解读方式。比如，费尔和盖科特（Fehr and Gächter，2000）的研究与另外很多涉及公共物品问题和其他博弈的实验报告一道引发了大量的理论文献的出现，发展了社会偏好模型。[①] 但是还有一部分重要实验研究项目（Camerer，2003）研究了面对文化情境、设计特征及其他因素的变动时行为规律的稳健性。其中的部分研究也可以被认为追随了特维斯基和卡尼曼（Tversky and Kahneman，1981），因为它们考虑了任务框架对集体决策问题中行为的影响。

---

① 更多研究参见博尔顿（Bolton，1998）、费尔和菲施巴赫尔（Fehr and Fischbacher，2002）、费尔和施密特（Fehr and Schmidt，2003）、凯莫勒（Camerer，2003，2.8节）、巴德斯利和萨格登（Bardsley and Sugden，2006）以及萨格登（forthcoming）的文章。

从经验规律研究的角度解读调查研究时，关于被试者行为中特定规律的实验研究项目的存续揭示了关于实验的一个关键点。他们的搜索不是盲目的，并不是怀着偶然碰上规律的希望去进行的。比如，由于史密斯等在股票和房地产交易的非实验室市场中形成了普遍感知（看法），所以他们能够在实验室资产市场中合理地推测出泡沫的形成。例如，布莱恩和特斯特可以根据慈善事业中使用拍卖作为筹款工具而推测出正面榜样激励捐款。但是众所周知，此类推测难以在实地研究中得到证实，因为有很多的潜在影响因素混杂其中。① 因此，实验还潜在地存在这样一种作用，即精炼对行为中存在的规律的理解。鉴于我们主张那些被解读为调查研究经验规律的实验并不是（或者至少不应该是）盲目的搜索，我们倾向于认为对实验的这种解读扮演了规律精炼或规律证实的角色，而不是毫无目标的规律搜寻。②

以这种方式利用实验时，实验可以扮演原本由理论模型担任的角色。例如，假定要求一个经济学者说明在某个市场中交易的价格和数量如何被环境中的某外生变动所影响，传统的回答将是使用某一被接受的经济理论（比如马歇尔或瓦尔拉斯的市场均衡）的组成部分建立一个市场的理论模型，以符合相关外生变动的方式控制模型。但是，如果已知某种类型的实验室市场设计产生了与真实世界市场中的观察结果相似的行为模式，那么调查研究的另一种策略就是可行的。经济学者试图回答的真实世界中的问题可以不通过理论模型的操控而通过实验设计中有选择的处理来表现；答案可以不通过解释一个数学上的定理而通过诠释一项实验发现而获得。换一种说法，实验在被当做模型使用，鲍尔等（Ball et al.，2001）的工作也可以被这样认为。假如所研究的问题是：地位差异是否影响市场中的交易条件？鲍尔等为了回答这个问题，使用实验研究中的标准组成部分（但为了模型的需要加入了新的设计特征）构建了一个实验性市场。

这项研究策略的一项重要应用是在新的市场机制被引入真实世界之前，利用实验作为"试验床"或"风洞"来研究新机制的可能性质。③ 如果该策略主张遵循了一定的通用设计原则，那么实验性市场中的行为往往与它们在真实世界中的对应行为相似，这是这项策略的出发点。如果经验支持该主张，那么新市场机制的实验性模型的表现就有理由被视为关于制度本身可能的表现的有用信息。第 4 章将介绍该"试验床"策略。

更一般地，第 4 章讨论了实验在经济学中对归纳推理的贡献。这里马上产生了一个问题：理论验证和上面概括的实验的规律精炼解读之间的关系。例如，我们先

---

① 关于著名的早期"泡沫"是否真是泡沫的争论就是一个这样的例子。例如，比较金德尔伯格（Kindleberger，1996）和加弗（Garver，2000）的文章。还可以参见刊登在《经济学视角杂志》1990 年春季刊上的"泡沫专辑"。

② 罗斯（Roth，1995a，22 页）认为在卓有成效的引导下，"寻找事实"是实验的一个作用，并且和我们一样，强调了活动的系统性本质，它使理论的公式化成为可能。

③ 史密斯（Smith，2008）研究的第二部分提供了最近此类实验研究的典范。

前所做的能达成一致吗？同一个实验是否可以用两种方式来解读？理论验证和规律精炼的准则不一样吗？经济学中精炼规律的合适的方法论准则是什么？另外，规律精炼和对因果机制或解释的识别之间的关系是什么？因为经济学家的方法论反思大部分集中在理论验证这方面，因此上述问题并不是无意义的。

尽管这样，经济学悠久的传统仍是通过构建理论来解释被认为是稳健的非实验性经验规律（通常用术语"程式化事实"）。第二次世界大战后，总消费支出理论在解释长期的边际消费倾向大于短期的边际消费倾向这个程式化事实方面的进展就是一个经典的例子；更新的例子是实际经济周期模型在解释关于第二次世界大战后经济波动普遍化方面的进展，诸如失业水平和实际工资率在整个周期并未呈反向变动。[①]

通常，为解释程式化事实构建的理论的含义已经超出了这些事实本身的正式表述。当实验承担了检验这些含义的任务时就引起了与以其他方式构建的理论实验检验相同的问题，因此我们在第 2 章及第 3 章的讨论也适用于检验那些被构造来解释程式化事实的理论。但第 4 章和第 5 章讨论了关于实验的更进一步的问题，尤其关系到解释程式化事实的理论的公式化。这个问题就是实验室能否提供值得解释的程式化事实。

实验提供的控制似乎能让他们很好地应对精炼规律任务。使用实地数据是很难完成这项任务的，因为程式化事实与实地数据都是模糊的。[②] 但是，与此相反，怀疑者或许会质疑实验距离理论的目标域过于遥远以致不能为它们提供有用的检验基础，同样地，他们也会质疑实验过于人为化以致人们预期产生的程式化事实在实验室外难以存在。

实验室中得到的发现能否可靠地指导人们推测出实验室外可能发生什么？这种关心有时被表述为质疑这些发现的外部有效性。基于一个领域的观察结果得到的结论能不能提供丰富的信息来预计另一个领域将要发生什么？这种质疑并不是实验所独有的，对任何实证研究来说这都是可能要考虑的。但是，可以说，实验室的人造性强化了对实验研究的质疑。

第 5 章在理论验证和规律精炼两种背景中考察了实验室人造性设置的不同意义并讨论了它们对外部有效性的含义。乍一看，1.3 节描述的那些例证性实验似乎人造性的程度差异相当大。例如，在布莱恩和特斯特的例子中，如果将实验室理解为一个服务于实验人员的实际场所，那么他们 1967 年论文中报告的实验就根本没有在实验室中进行。通过在自然产生的环境中以伪装的方式变相干预他们竭尽全力地

---

① 消费函数之谜激发出的持久收入和总消费的生命周期理论是第二次世界大战后大部分教科书的标准。关于其仍然承担着这种责任的内容，可以参见曼昆（Mankiw，2007，第 16 章）。有关实际经济周期理论的综述，可以参见普罗索（Plosser，1989）、斯塔德勒（Stadler，1994）以及金和雷贝洛（King and Rebelo，1999）的文献。

② 消费函数之谜和实际工资率的周期性说明了这一点。关于消费函数之谜，参见斯托克（Stock，1988）；关于测度实际工资率周期性的难度，参见亚伯拉罕和霍尔蒂万格（Abraham and Haltiwanger，1955）。

对参与者隐瞒他们是实验中的被试者这一事实。这是很久以后被哈里森和李斯特（Harrison and List，2004，1014页）称做"自然实地实验"的一个例子。尽管这种自然主义性质的实验可能平息对人造性的担心，但也可能引起其他担心。比如，布莱恩和特斯特是在洛杉矶的大街上进行瘪胎实验的，这样的环境导致他们除了实验设置外不可能保持一切不变。[①] 相反，鲍尔等（Ball et al.，2001）根据市场交易中的交易行为来研究地位对收益分配的影响，他们的实验是在实验室条件下进行的，或许他们有更足的底气宣称除了实验处理的操作本身之外一切都能够在整个处理中保持不变，因为他们是把被试者随机分配在不同的实验处理中（这在实验室实验中很常见）的。然而一些人，如巴德斯利（Bardsley，2005），质疑他们的操作是否真正给予了参与人在实地场合中所具有的地位。一种对比布莱恩和特斯特（Bryan and Test，1967）与鲍尔等（Ball et al.，2001）的可能观点是，它示范性地说明了自然性和外部有效性之间的一个权衡，在这方面布莱恩和特斯特做得更好，然而鲍尔等（Ball et al.，2001）在控制方面具备更高的程度。[②] 早期经济学实验强调控制的优点，但经济学中实地实验的最新潮流或许表现出一些人越来越重视外部有效性（Levitt and List，2007）。第5章考察了这种权衡的性质以及含义。

第5章还关注了实验经济学中普遍的实践，即使用的设计执行了特定理论模型的假设。关于在多大程度上遵循了这项实践，我们的例子之间的差异相当大。一方面，布莱恩和特斯特（Bryan and Test，1967）没有使用模型；另一方面，在格瑞和霍尔特（Goeree and Holt，2001）的实验中，如果被试者受到激励去最大化自己的货币收益，那么被试者参与的博弈不但在结构上而且在表现上都类似于博弈理论中某种抽象的博弈；而摩根等（Morgan et al.，2006）付出巨大的努力创造出一个设置，除了使用被试者代替厂商外，这个设置与设定价格的清算交换所模型的结构完全匹配。

在理论验证的情况中，一些人或许会认为理论模型只能被严格执行了理论假设的实验室实验合理地检验。这一立场声明了理论的适用范围，基于此，第5章构建于讨论了该问题的第2章所显示的框架基础之上。然而，在规律精炼的情况下，同样出现了设计是否应该执行模型假设的问题。它在此处呈现的形式略有不同：对于反映特定真实世界现象的某一理论模型而言，如果一个实验严格执行了它的假设，那么将实验发现解读为建立了关于该现象的程式化事实是不是合理的？这是一个关于外部有效性的问题，并且再次牵涉了实验室的某一类型的人造性。由于经济模型

---

① 然而，布莱恩和特斯特所能取得的控制水平是惊人的。比如，一个非受控变动的来源是司机有多么匆忙，因为这在一天之中会有所变化。正如前面提到的，布莱恩和特斯特在另一个周六重复实验且颠倒两个实验设置的时间点以试图消除这方面对他们结果的任何影响。但这种绝妙的主意仍然不能完全抵消这种可能性，即可能因为一些与实验无关的原因，司机在一个周六全天都很匆忙，而在另一个周六全天都不匆忙。

② 指出存在权衡关系不能被认为在暗示在自然性状态方面给定的增加总是伴随着相应的控制损失。我们积极地评论了布莱恩和特斯特（Bryan and Test，1967）能够取得的控制程度。

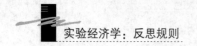

中的抽象，所以一个设计越贴切地实现一个形式模型，被它限定的实验环境就越人工化。

第 6 章和第 7 章转向实验者日常关心的两个问题：激励（incentive）以及对随机变异的数据的解释。我们认为实验经济学家在第一种情况下容易草率地因循守旧，在第二种情况下容易草率地多样化。当然，这两点指责不是针对所有实验经济学者。这里仅仅给出两篇与这些问题相关的论文，凯莫勒和贺加斯（Camerer and Hogarth，1999）讨论了激励，海伊和奥姆（Hey and Orme，1994）讨论了对源于选择实验的数据的随机模型化。

学者有时认为是激励问题将实验经济学和实验心理学区别开了（Hertwig and Ortman，2001）。与这种观点相对应，在我们的例子中，经济学家进行的所有实验呈现给被试者的情景都是这样的：根据实验人员预先设定的规则，他们获得的货币数量取决于自身对任务的反应以及其他被试者对任务的反应。于是对经济学家而言，实验设计的关键部分在于设定规则以确定与任务相关的货币回报，这是创建受控实验室环境过程的一部分。与之相反，心理学家特维斯基和卡尼曼并没有试图将他们对框架效应的研究限定于实际结果取决于他们的选择这种情况。特维斯基和卡尼曼（Tversky and Kahneman，1981）研究亚洲疾病问题时，只是要求被试者说出在想象的情境中他们会"偏爱"哪项选择。但是在布莱恩和特斯特（Bryan and Test，1967）报告的实验中，真实结果取决于无意识的被试者的行动（他们或者换了轮胎或者没有，他们或者向募捐箱内捐钱或者没有），实验人员只是简单地依赖于自然背景提供的激励。

然而，经济学家和心理学家使用的设计之间的差异可能并不总是像看上去那么大。在任何实验中，被试者都带着参与实验前就具有的动机参与实验并面对实验人员设置的决策问题。一般来讲，即使实验人员试图诱导部分被试者的特定偏好，他们仍然具有"与生俱来的"偏好，这一事实反映了在第 3 章讨论过的杜赫姆—奎恩问题。经济学理论是否只能被寄希望应用于诸如大量资金处于危险境地或利润动机居于主导地位等情形下，属于第 2 章讨论的理论的范围问题的一部分。但是第 6 章超越了这些较早的讨论，关注了特定问题的更多细节。

第一组问题关注的是良好的实践是否需要，或者在何时或在何种程度上需要（这样说更好一些）与任务相关的激励。第一组问题的答案也许部分地依赖于第二组问题，第二组问题是与任务相关的激励对实验室中被试者的行为实际上有什么影响以及原因何在。可以从例子中看到，在看待与任务相关的激励是否必须这一问题上，不同学科之间存在分歧。但是，关于激励的程度以及行为是否（或者说何时更好一些）对激励敏感，即使在实验经济学学科内部也存在分歧。更根本地，为什么在实验室中激励会影响行为？经济学家很自然地首先想到的是，被试者受到越强的激励刺激就越努力，因此表现也就越好。但是，正如第 6 章所讨论的，这种观点尽管成果丰硕，但仍引发了一些问题，而且，无论如何它也只是关于为什么激励对于实验经济学是重要的这一问题的多个视角之一。

第 6 章的第二部分还考虑了另外一组问题，这组问题之所以产生，是因为不能直接地针对实验人员打算呈现给被试者的特定任务施以激励。这是否意味着应该回避这类任务？一个实验经济学中有关的，但是或许更加平常的问题就出现了，因为对于很多任务，以这样或那样的方式将被试者的报酬与实验过程联系起来是直截了当的，但是这样做的更显然的方式不满足于正统经济学理论。然后，问题是，是否应当将正统理论认为的激励相容看成必要条件？

为了解决这一问题，考虑泽尔腾等（Selton et al.，1999）报告的研究，他们关注了二元彩券激励体系。正如前面提到的，试图研究博弈论的实验人员有时会使用该策略，然而这排除了他们观察到的行为是源于风险厌恶的这种可能性。初看之下，似乎通过支付给被试者一定数量的货币（货币数量与由被试者做出的特定选择组合形成的矩阵所具体确定的报酬成比例）就很容易完成特定博弈的报酬矩阵。然而，在冯·诺依曼和摩根斯坦看来，在正规博弈论对博弈的描述中，报酬通常是效用而不是货币数量，这些效用被认为能捕获参与者对风险的态度。期望效用理论（the expected utility theory）则明确指出只有当参与人对货币风险的态度是风险中性时，效用对货币才是线性的。所以，根据正统理论，如果被试者事实上是风险偏好或风险厌恶的，那么通过向被试者支付与给定报酬矩阵的报酬成比例的数量的货币并不能实现相关的博弈。根据期望效用理论，对于某给定数量的货币的赢取机会，被试者的期望效用是线性的，即使它对货币本身不是线性的。受此启发，作为绕开前述问题的努力，二元彩券体系产生了。但是泽尔腾等（Selten et al.，1999）的研究结果使得人们质疑这项技术的工作原理在实践中的有效性。他们提供了第 6 章中一个主题的早期例子，即根据传统经济理论"运行"的激励体系在实践中可能会产生意想不到的效果。虽然这并不意味着绝不应当使用这类体系，例如，在检验一项理论时，使用一个依据这一理论是有效的的激励体系是合理的，即便最后发现理论不成立，但是它提出了应该在多大程度上重视经济学家通常所理解的激励相容性的问题，并且表明一项实验的激励结构的问题无法在理论上得到解决。

我们给出的所有实例研究具有如下一个共同点：它们都是从实验数据中得出结论。于是如何评价这些结论的可靠性的问题就应运而生。广义上讲，本书几乎所有内容都与这个问题的某一方面有关。然而，还有一个进一步的问题，尽管它与第 2 章到第 6 章的主题相关，但并不是它们的主要关注点。这个问题就是许多非实验的应用经济学家很可能遇到的要在第 7 章讨论的随机设定问题。

对非实验实证经济学而言，随机设定问题和模型选择问题占据着重要的地位，但是这在实验经济学文献中却并不常见。这或许反映了实验经济学者的一种倾向，即认为给定一个良好控制的实验设计，数据本身便会说明一切。但是这总是正确的吗？或者能不能争辩说，正如很多 20 世纪中期的经济学家们错误地认为实证经济学方法是针对实验室技术的不可利用性的一种必要的适应，20 世纪后期的一些实

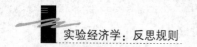

验经济学家一直错误地认为他们使用这些技术后就使得随机设定不再必需了？即便实验室技术消除了实地数据中随机扰动的部分来源，但它并没有消除所有的来源。

为解决这个与理论检验相关的问题，注意大多数经济理论本质上是确定性的。然而，随着计量经济学的早期发展[①]，应用经济学家已经认识到这些模型无法对我们通常所研究的这些数据的产生过程进行原本意义上的描述，因为相对于这种观点，数据中存在太高的可变性。对实验数据和实地数据来说，都是如此。实际上可以说，通过实验可以比实地看得更清楚，因为实验室可以给我们机会观察同样的被试者不止一次地进行着基本相同的任务，除了时间的变动之外，几乎一切都可以保持不变。

因此，使理论结合数据的部分过程中就涉及了模型的随机设定。如果有一个显然正确的、通用的随机设定方法可以应用于确定性理论，那么问题就不复存在了。但事实并不是这样，更糟的是，从一组给定的实验发现的结果出发，关于同一个特定的理论，不同的方法可能会得出不同的结论——这又是一个第3章讨论过的杜赫姆—奎恩问题的例证。另外，在分析实验数据时，不认真思考数据可变性的来源就使用常规的计量经济学技术对于分析是没有帮助的。我们在第7章中通过比较和评价针对选择和策略互动的经济理论的随机设定的不同类型，阐明和讨论了这些问题。在某种程度上，前面对这些理论验证结果的讨论是以后面的处理为条件的。第7章还讨论了在随机设定问题上实验经济学的不同分支之间是否可以相互学习一些东西，并扩展了第6章介绍的实验经济学家不应该对新形式的实验数据感到胆怯的观点。

最后，第8章结论汇总了本书的各主题，并据此指出关于实验经济学的一些流行妙策是错误的。

1.5 方法、方法论和科学哲学

在本章开始，我们称本书是从方法论上评价实验经济学的，这是什么意思呢？根据字典上的定义，"方法论"是对方法的系统性研究，推而广之，是以系统的方式进行思考的方法。这样，除了名字听起来更宏大以外，实验经济学的"方法论"比实验经济学家使用的方法本身还多些什么东西呢？

专业方法论学者有时这样区分"方法"和"方法论"，即将前者表述为一门学科常规实践的一部分，称后者是更高等级的反思沉淀。韦德·汉斯（Wade Hands，2001）最近在一篇有关经济学方法论的综述中这样定义"方法"："成功的经济学者在进行日常专业活动中运用的有实用价值的技巧。"他说：

[①] 关于计量经济学的历史，参见摩根（Morgan，1990）的文献。

在"方法"意义上的"方法论",对于取得专业上的成功是必不可少的。通常,它存在于具体经济学研究项目的实际工作当中:开始是在研究项目导师或论文指导教师的带领下,后来是通过与同僚、系主任和各种期刊的编辑的相互交流中潜移默化地学会的,或者,甚至是生搬硬套地获得的。它是对日常问题给出的解答之源泉,这些日常问题包括 R^2 的值这么小,对于这种模型是否合适?假设雅可比矩阵有这种奇异的符号模式合理吗?或者,删去 1929 年前两个季度的所有数据是合适的,对吗?这些疑问可能至关重要,[这种意义上的方法]不是大多数经济学家在使用经济学方法论一词时所意指的事情。在专门研究"方法论"的期刊《经济学与哲学》或《经济学方法论杂志》中通常也看不到这类讨论。然而,读者可能偶尔能见到诺贝尔奖获得者讨论这些话题,当他们写"方法论"时,这并不是他们要写的东西。

汉斯(Hands,2001,3 页)

这似乎是说,"方法"是一门学科内部一系列相对无争议的良好实践的规则,成熟的科学家对此心领神会,而新手则需被引入其中。"方法论"是专业方法论学者从事的更为严肃或抽象的活动(显而易见,诺贝尔奖获得者在他们更加反省性的著作中对此也有所反映)。

显然,被汉斯归类为"方法"的那些问题和专业方法论学者讨论的问题之间存在某种差异。按照汉斯的定义,我们应该将我们的主题归类为"方法"还是"方法论"目前还是一个难题。至少,就实验经济学而言,我们认为这种区分没有什么用处。

特别注意汉斯关于学习"方法"的过程的例子是如何影响科学家对其他科学家工作的科学质量的评判的。研究生的论文由指导教师或评审者评判;作者的研究论文由期刊编辑评判;学术岗位申请人的研究简历由系主任评判;某一领域的研究人员的立场由其同行评判。在上述所有的评判过程中,需要判断什么构成什么不构成良好的科学。而正是在这些"日常"过程中进行着决定一门科学中被认可的方法的进化方向的斗争。一种新的方法如果想确立合理性,那么支持它的科学家需要说服其他科学学家相信它的价值:研究生要使心存怀疑的导师或主考人信服,作者要使心存怀疑的评审人和编辑信服,岗位申请人要使心存怀疑的系主任信服,研究人员要使心存怀疑的同行信服。把实验方法引入到经济学中当然也是这样的:我们,这本书的作者,也都参与过这类斗争。

只有当支持这一新方法的日常评判被做出了很多次后,它才可能引起专业方法论学者的注意,或者它的开创者获得诺贝尔奖得主的地位。这些评判涉及的不只是获得认可的良好实践规则的常规应用,即便评判人和被评判人通常都不会明确求助于更高等级的科学哲学的原理。本书大部分内容都将关注此类评判。就是说我们将关注存在于经济学者之间的争论,即关于他们的学科的方法应当是什么。或者,由于我们是寻访经济学者的经济学者,所以可以说我们的学科的方法

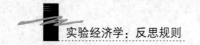

应当是什么。

我们坚持认为在对一门学科的某项新进展进行方法论评价时，必须结合"方法"问题，但也少不了更高级意义上的"方法论"（为专业方法论学者所实践的方法论）。这一小节的剩余部分解释了在解决问题时，方法论问题是如何牵涉其中的，从而使问题得到理解。首先我们简短地介绍一下方法论学者的工作内容。

传统上，方法论上的探索从科学哲学出发，或者更基本地，从认识论出发。认识论是哲学的分支，即研究知识（认识）和确证信念（justified belief）的性质。认识论主要解决以下这类问题：知识的限定条件（defining condition）是什么？知识的实质渊源（substantive source）是什么？它具有基础吗？如果有，那么这些基础是什么？人们认识的范围有极限吗？科学哲学工作的主流是研究科学知识的特质，并常常隐含地预先假定公认的自然科学理论对知识的地位有极强的主张。

20世纪的大部分时间里，科学哲学被寻找对知识的令人满意的经验主义者的解释所主宰：目的是辨识出知识能够从观察和实验中产生所凭借的一般原理。这些原理可能隐含于最"先进"的自然学科（特别是物理学）的最优实践中。识别了这些原理后就有可能区分科学和非科学，部分宣称是科学的学科可能被揭示仅仅是伪科学。

或许由于经济学家心中深藏着对"硬"学科专业研究人员地位的渴求，所以这项哲学研究项目对经济学有着特别重要的影响。它不仅影响这门学科中应用的方法，而且还影响经济学者对这些方法的解释。从应用经济学者的语言中仍可以看出这种影响。比如，概念上有类别的区分：一类为"描述性"（"实证性"）命题；另一类为"规范性"命题（或者"价值判断"）。而且，作为一门学科的经济学只关注前者，上述观点作为经验主义者科学哲学（empiricist philosophy of science）的特别流派进入了经济学。对下述观点来说也是如此：只有当一项理论得出的假说能够根据观察事实得到验证时，这个理论才有意义——这种观点使一代代经济学人在每次提出理论主张时都附加了一系列可以被验证的假设。经济学尤其受到了卡尔·波普尔（Karl Popper，1934）的经验主义哲学的影响，波普尔以其证伪主义而闻名，这一点我们将结合实验经济学于第3章进行讨论。波普尔的中心观点是科学知识包括一系列的假设，原则上这些假设能够被观察结果证伪，但实际上，科学界已经尽了最大的努力试图找到相背的证据。因此，科学的美德被认为一方面是大胆猜想，即提出假设，即使事先看来这些假设好像不太可信，而且这些假设本身存在被证伪的可能性；另一方面是严格检验，即针对假设进行检验，这些检验尤其有可能证伪这些假设。经过严格检验之后仍然成立的大胆猜想是能够信赖的。

过去的20年中，认识论的有关问题已经逐渐远离了科学哲学的中心。或许这表明出自杜赫姆—奎恩问题的经验主义问题和实证主义问题获得了认可，但这也可能仅仅是知识分子时尚（intellectual fashion）的转变。不管原因是什么，科学哲学的着重点已从认识论转移至本体论（本体论是研究存在的本质的哲学分支）。科学哲学家还特别提出和讨论了实在论（realism）的多种理论。按照传统经验主义者的说法，知识是基于观察的。最终地，知识是关于观察的。科学面对的问题是从过去的观察中找出能用来可信地预测未来观察的规律。而相反，按照实在论者的说法，观察可以让我们了解关于力量或能力或机制的信息。那些机制产生了我们观察到的规律，即使这些机制不能直接地被观察到。

实在论者的专题研究可以以不同方式进行。一些持实在论的哲学家，比如，理查德·博伊德（Richard Boyd，1983），从他们所采纳的事实——自然科学在预测世界的可观察特征方面以及向世人展示怎样操控世界以得到选定的结果方面极为成功——出发进行研究。这些预测和操控都以假定不可观察的机制的理论为基础。进而，他们指出对科学的成功最可信的解释是，它所假设的机制或者相类似的机制真实地存在着。这一流派的实在论者会问为了使科学如我们所知的那样成功，这个世界需要具备什么样的属性，然后从科学的成功中去推断那些属性的存在。另一种不同的方式并不以科学的成功为先决条件，而是会问世界的什么性质使得科学家对知识的主张在他们的术语环境下是言之有理的。如果我们只根据科学家们假定真实机制的存在就能理解那些主张的意思，那么我们可以得出结论说科学是致力于实在论的。南希·卡特赖特（Nancy Cartwright，1989）以物理学和经济学的实践发展了这一主张。[①] 托尼·劳森（Tony Lawson，1997）采用了第三种方式，将博伊德的"源自成功的论点"发挥得淋漓尽致。如果一门科学一直是不成功的，那么或许最可信的解释就是它所假设的机制根本不存在。因而，根据劳森的观点，着手重建不成功科学的一个方法是从本体论入手，针对待解释的现象背后真正操控的各种机制提出新的理念。劳森坚称"正统"经济学已经失败，并奉劝经济学者们以他所偏爱的"批判实在论"（critical realism）形式重新开始。

要解释我们这本书如何融入了方法论的宏大计划，作为第一步，我们声明从我们作为本书作者的角色出发，不试图捍卫任何特定的哲学立场，不管是认识论中的还是本体论中的。我们并不想寻找用来在实验经济学中构建良好实践准则的基本原则，我们也不关注对隐含于现行实践中的本体论假设的揭示。

为阐明我们对基本方法论问题的立场，回到实证主义者和实在论者关于科学知识的争论。在这场争论中，最激烈的是对"解释"和"因果关系"两个概念的阐释。对实在论者来说，在世界中观察到规律（regularity）和解释这一规律之间是有绝对区别的，"解释"需要求助于一个假定的因果机制，而观察仅仅是观察。相反，对实证主义者来说，科学只是在观察结果中发现规律，某种规律可以得到"解释"的唯一方法是表明这项规律是一项更普遍规律的一个实例。同样，讨论"因果

---

① 卡特赖特（Cartwright，1989，158 页）认为鉴于物理学的成功，物理学给出的特性"几乎没有被拒绝的"。但她对于经济学是否是成功的科学全然无知，只是认为经济学要致力于实在论。

关系"被理解为另外一种表述所观察到的规律的方式。[①] 但是即便方法论学者对科学家所说的"解释"和"因果关系"真正的意思或者应当具有的意思存在争论，科学家在实践中通常也有能力以相互之间可以理解的方式使用这些概念而不陷入本体论的争论。经济学的经验告诉我们这不是因为科学家都是实在论者或实证主义者，而是因为不论他们立场如何，他们实际上需要表述的"解释"和"因果关系"是完全相同的。在本书写作过程中，我们站在了实验经济学者的立场。我们默认的立场是即使不致力于本体论假设，我们也能够弄清楚"解释"和"因果关系"。在本书接下来的其他部分，只有当我们试图讨论的问题需要时，才会出现实证主义和实在论之间的区别。

更一般地说，我们对于方法论和方法之间关系的理解还可以用如下方式表达。虽然没有声称深刻洞察了科学哲学的抽象范围，但我们宣布我们赞同威拉德·凡·奥曼·奎恩（Willard Van Orman Quine，1951）的反基础的认识论。这样说并不是意味着我们提出论据支持奎恩的哲学，而只是说我们通向主题的方法在精神上大体是奎恩式的。对于奎恩来说，寻找科学知识的基础这个想法是误入歧途。没有任何形式的信念是完全可靠的，甚至在"原始"观察结果的真实性中或者数学和逻辑学中的所谓的"分析型"（即必定正确的）定理中也没有。奎恩提出了如下的关于信念网络的比喻：

> 从地理和历史中最偶然的事情到原子核物理学乃至纯数学和逻辑学中最深奥的定理，我们所谓的知识或信念的这个整体是一个人造的组织构架，沿边缘与经验发生撞击。或者变换一下描述方式，科学整体就像一个力场，经验就是它的边界条件。在周边与经验的冲突会引起该领域内部的再调整……整个力场都是这样由它的边界条件和经验所决定的，以致要根据任何单一的相反经验就决定哪个状态应该被重新评估会存在很大的选择范围。特定的经验与力场内部的任何特定状态都不存在关联，除非考虑到均衡而间接地影响作为一个整体的力场。

奎恩（Quine，1951，section 6）

奥托·诺伊拉特（Otto Neurath，1937）做了另一个生动的比喻，表达的意思和奎恩基本相同，比喻如下：

> 我们不具备一个定点可以作为撬动地球的支点；同样，我们也没有绝对坚实的地面可以作为基础去构筑科学。我们的实际情况是，我们仿佛在一艘航行于无边的海中的海船上，在航行的过程中我们还被要求去改变船的许多部分。

诺伊拉特（Neurath，1937，276 页）

---

① 对因果关系经典的实证主义描述来自休谟（Hume，1739-1740，参见 1978 年版本，155～172 页）。休谟认为，因果关系不是外部世界的性质，而是我们内心感知的性质。对因果关系的感知是对某些规律性的观察的心理反应。

　　上述这些比喻隐含的意义是科学知识的主体并不存在基础，它的每一部分都依赖其他部分的佐证。如果我们以这种方式思考对方法论的研究，那么我们必须承认比起我们从科学实践中能学到的，我们可以从科学哲学中学到的恰好只是"基础的"：方法论恰恰与方法一样基础。如果抽象的哲学推理（philosophical reasoning）能够产生关于知识本质的特定结论，并且如果这些结论意味着特定科学方法产生的知识比其他方法产生的知识更加可靠，那么由这种受偏爱的方法产生的知识主张——不管是哪种知识主张——都会获得一些支持。但是，反过来说，如果发现应用特定科学方法能进行成功的预测，并能协助我们控制世界，那么无论以什么哲学推理思路得出那些方法是可靠的的结论，也都会得到一些支持。

　　方法论和方法之间互相依存这个一般化概念与当前很多方法论实践相一致。特别是，它与许多现代方法论学者不情愿以波普尔的工作方式规定科学方法的规范原则相一致，并且与现代方法论学者研究知识主张——尤其是科学——实际上是如何建立以及它们之间是如何竞争的兴趣相一致。[①] 这种较弱的规范方法有时使方法论学者表现得得体谦逊。科学哲学家们声称要评判科学家所使用的那些方法的有效性，这难道不是自不量力？如果我们认可奎恩的信念网络的比喻，那很自然会提出下列问题：我们对这张网络的哪一部分更有信心？是已认可的科学理论的实质性主张，还是认识论学者的哲学主张？如果是前者，那么在回应两者间的冲突时，我们就不应该重新评估我们的认识论，而只是质疑科学家们使用的方法吗？

　　托马斯·库恩的著作中有一个关于此类争论的重要例证。库恩对"科学革命"的历史进行的研究深刻影响了方法论。按照库恩的说法，一个"范式"——一个连贯性的理论、问题和实践的集合，纵然面对之后出现的被证伪的大量证据，仍能继续保持对科学共同体的忠诚。抛弃范式是一个社会过程，它与科学方法准则的系统性应用是一样的社会过程（Kuhn，1962）。在一些批评者看来，库恩不加鉴别地接受这种未被证实的科学特性是不理性的并且是表现出了相对论者特征的。对于这些批评，库恩这样回应：

　　如果说在理论选择问题上，逻辑学和观察力的力量无法在原则上令人信服，那么这既不意味着要抛弃逻辑学和观察力，也不意味着没有好的理由支持一个理论优于另一个。在这些问题上说训练有素的科学家们是最高上诉法院，既不是要为暴民统治辩护，也不表明科学家们能够决定完全接受任何理论。

　　　　　　　　　　　　　　　　　　　　　　　　　　库恩（Kuhn，1970，234 页）

　　换句话说，库恩不是在否认好的科学方法有标准，而是在否认科学哲学有资格定义和管理那些标准。

　　库恩的观点是过去几十年实验经济学的发展与革命——或者，至少是未遂革

[①] 卡特赖特（Cartwright，1989）研究了计量经济学中对知识的主张。

命——有一些相似之处。关于适合这门学科的方法以及在相互竞争的理论中做出选择时所使用的标准，先前普遍被接受的观点现在正在被推翻。库恩论断的含义在于不应当期望让科学哲学提供元准则（根据这一元准则就能判定真正的科学起源是代表革命还是代表守旧）。科学必须是自我完善的。

虽然这一论断对那些从表面思考科学的人有吸引力，但它没办法为我们的研究提供所需的框架。按照库恩的观点，我们是训练有素的科学家。在经济学中的方法和理论选择问题上，我们属于库恩的最高上诉法院中的成员。本书不是要评论法庭的判决。我们这样说，并不是宣称我们拥有特别的权威。反而，上诉法院的这个比喻不是完全恰当的。司法法院的组织结构有严格的等级层级，只能从低级法院向高级法院上诉。与之相反，科学更多地具有一种自发秩序性质。一项经济学中的知识主张因众多小的判断行为的累积效应而被人们所接受。虽然存在主要参与者，但是既没有最高法院也没有重要人物组成的委员会能够集体地确认或驳回这个程序的结果。

这自然引出了如下问题：我们可以声称我们的判断处于怎样的地位呢？它们是基于什么的？读者如何检验它们的有效性？

在直接回答这些问题之前，我们先退一步。回想一下汉斯的"日常"情景的例子，在其中我们学到了方法，并且把哪种方法更适合该情景再次描述为潜在的竞争点，这些就是对知识的主张做出判断的情境。这些判断是如何被表达的呢？现在想象一下，一组评审人在审阅一篇学位论文，编辑和评阅人在审阅一篇文章，任命委员会在评判一位职位申请人，一组杰出的学者正在判定一项大奖。读者也许已经注意到了，每个例子中，我们都将汉斯例子中的单个裁判换做一组裁判。这种改动反映了科学机构的实际情况：集体判断才是规范的。如果一个小组中的成员意见不一，比如，如果一位评阅人认为某篇文章应当被发表，而另一位认为它应该被拒绝，那么我们可以预期每个人都将以一种允许讨论价值的方式给出自己判断的理由。即使小组成员的意见一致，通常也可以预期（例如在杂志社决定拒稿的情况下）会有一些具体理由来支持这个一致判断。根据审稿工作的惯例，仅仅这样说是不够的："我是一位训练有素的经济学者，能感觉到学科中心照不宣的规则。我感觉，虽然我无法用语言明确表达，但这篇文章不行。"

事实上，这些例子的意义在于科学实践不仅涉及在可供选择的方法和相互竞争的理论之间做出判断，而且还涉及给出理由，而且这些理由要能够被判断出是好还是坏、成立还是不成立、强还是弱。例如，如果编委会中有两位成员在某一篇论文是否适合发表的问题上存在分歧，那么每个人都可以挑战对方给出的理由的有效性或力度。并且同样，一方对另一方仅仅这样说是不够的："我是一位训练有素的经济学者，能感觉到学科内心照不宣的论证规则。我感觉虽然我无法用语言明确表达，但你的理由不行。"需要给出进一步的理由。

初看之下，似乎这一系列理由和超理由（metareasons）肯定要么指引向知识的根本基础（如果它存在的话），要么指引向说不出理由的主张，要么导致一个无限的回归。但是，当个人试图解决分歧时，他们就没有必要退回到比他们一致认同的那些命题更远之前，因为这些命题不存在争议，所以理由也就不需要了。在科学家之间的争论中，对理由的寻找往往恰好终止于职业方法论学者所触及的问题领域之前。比如，我们编委会的两位成员解决对论文价值的分歧时，并不曾意识到他们中有一个人信奉科学知识只是关于观察的，而另一个人相信科学能够发现真实但是不可观察的机制。不过，有时候日常意见不同的党派也许会发现他们争论的其实是关于科学哲学的问题。此外，与库恩的最高上诉法院这个比喻的含义相反，方法的问题可以通过求助于方法论原理获得解决，我们的方法允许这种可能性。我们既不会从专业的方法论或科学哲学开始研究，也不会回避它们（如果争端把我们引向那儿的话）。

现在我们可以回答我们在几段之前反问的问题了：作为这本书的作者，我们可以声称我们的判断处于何种地位呢？我们可以声称的是我们正遵循着我们相信的隐含在这些争议之后的交战规则来进行经济学中持续的辩论。我们的目标是通过使用读者能接受的前提假定（premises）以及给出读者能信服的理由来支持我们的判断。

第2章 理论检验和经济理论的范围

2.1 范围限定 (domain restriction)：经济理论与实验室

  我们从实验在科学中的经典功能——检验理论——开始讨论。正如在第 1 章中阐述的那样，必须在经验主张是源于理论的这个背景下来看待理论检验。尽管许多经济理论著作是由规范的演绎分析构成的，但这些经验主张仍然来源于对理论的应用。例如，把经验主张看做关于某类实际现象的信息表现或者对于某类实际现象的预测。在这一章中，我们考虑了在什么情况下应用理论才可以达到检验该理论的目的，或是将问题表述得稍有不同，即什么种类的证据能更合理地验证理论。在讨论中，我们将尽可能地先绕开某些问题——比如检验的联合性质（conjunctive nature of testing）、随机变量等，直到后面专门针对该问题的章节再进行讨论。就目前而言，我们要使自己只关注关于行为的证据，广义地说，就是忽略那些诸如神经影像和心理状态的证据形式。科林·凯莫勒等（Colin Camerer et al.，2004b，2005）认为这些类型的数据可能终有一天会为经济理论带来革命性的变化，但是利用这些数据检验经济理论的观点被其他人有力地拒绝了，例如法鲁克·古尔、沃尔夫冈·帕森道夫（Faruk Gul and Wolfgang Pesendorfer，2008）。[①] 因为绝大多数从实验经济学中得到的数据都是关于行为的证据，所以我们现在先将这个争论搁置一边。

什么种类的行为证据可以提供合理的检验？这是一个关于经济理论适用范围的问题。在实验经济学发展的不同阶段，关于经济学理论适用范围的不同观点一直处于争论的核心，这些争论既涉及实验在更广泛学科中所起的作用，也包括实验研究人员关于相互竞争的实验设计的争论。

基于可执行的实验室实验不能有效地评估经济理论，所以经济学在它大多数的历史中被看做非实验的。这一观点限制了理论的适用范围，把实验室排除在了可以对理论表现进行评价的领域之外。尽管许多现代实验经济学家认为经济学只关心在经济中自然出现的行为人的行为这个观念陈腐过时，但是直到现在该观念仍是传统的智慧，并且我们猜想它依旧是非实验研究者广泛持有的一种观点。事实上，我们同意史密斯（Smith，2002）的推测，即绝大部分经济学家仍然将经济学当做一门非实验科学，尽管他们意识到了实验经济学，但并不愿意去直接批评它，而是将实验经济学中得出的发现看做更类似于娱乐性的装饰而不是可以影响自己专业活动的严肃结论。

即使在运用实验的经济学家中，也存在这种反对的且常常是强烈的观点——某设计特征是否被经济学主题所需要。例如，尽管大多数实验经济学家同意实验应当提供与回答相关的货币报酬，但在其他相关问题上他们却很少达成一致，比如关于所需的报酬规模或结构、是否需要重复任务以及许多其他的设计特征。在这些问题上的不同观点反映了关于应用经济理论的现象的种类的分歧。因此，实验的设计特征也暗含了对理论的适用范围的限定。他们通过可能的实验集合给出了理论适用范围的一个边界。

在前两段中考虑的每一种争论都与经济理论的适用范围有关，一些人认可这种范围限定，但另一些人反对它们。在本章中，我们提出了一个评价这种范围限定的框架，在该框架内的范围限定与实验理论的检验相关。为了达到这个目的，我们对理论的起源保持中立。特别地，正如第 1 章中所讨论的，理论可能是从抽象理论化中发展而来，或是为了解释程式化的事实；在后一种情况中，这些程式化事实可能包含也可能不包含之前实验得到的观察结果。但是，我们假设理论的目的之一是通过超出任何构成它的程式化事实来预测世界。这一假设比工具论者

---

① 为了回应古尔和帕森道夫（Gul and Pesendorfer，2008），参见凯芙琳和斯格特（Caplin and Schotter，2008）文章的 II 部分。关于神经经济学的其他讨论，见伯恩海姆（Bernheim，2008）、凯莫勒（Camerer，2007）、鲁斯蒂奇尼（Rustichini，2005）、史密斯（Smith，2008），以及 2008 年 11 月出版的《经济与哲学》的特刊。

的观点要温和很多。工具论者的观点经常归因于米尔顿·弗里德曼（Milton Friedman, 1953），认为预测是独立存在的经济理论的唯一作用，我们将在下文中讨论工具论者的这种观点。对于弗里德曼（Friedman, 1953）提出的这个主张——用于构造一个假设的证据不能用于支持该假设，我们持中立意见，然而嘉兰（Guala, 2005）与梅奥（Mayo, 1991, 1996）极力反驳。但是，我们假设在一定适用范围内经济理论可以拥有经验内容，提出了适用范围是什么的问题。基于我们的目的，这个问题的关键方面如下：经济理论的适用范围可以在实验室中被合理地检验吗？如果可以，那么经济理论的适用范围是否可以指导设定恰当的实验设计呢？并且，如果不可以，那么应该是什么样的？[①]

应当对某特定理论提出这类问题，而不是对作为一个整体的经济理论提出这类问题。例如，消费者理论的适用范围与实验室相交，而国际贸易理论的适用范围却与实验室不相交。本章的目的不是否认这种可能性，而是提供和应用一个一般性框架来解决我们的问题（当讨论一个特定的经济理论时）。在 2.2 节到 2.5 节中，我们使用术语"理论"作为任何经济理论或模型的标准代称。[②] 在 2.6 或 2.7 节中，我们分别以个体选择理论（theories of individual choice）和行为均衡理论（theories of equilibrium behavior）作为示例。

在个体选择的例子中，乍一看会认为实验室中的检验结果不支持传统经济理论（Camerer, 1995；Starmer, 2000）。但是，尽管近年来行为经济学不断发展，标准的决策理论仍然是大多数经济研究的基础。[③] 这说明许多经济学家忽视了从选择实验中得到的不支持证据。这种忽视可能由以下两点原因造成：（1）这些经济学家从整体上忽视了经济学中的实验证据；（2）他们将那些最不支持标准决策理论的特定设计看做处于该理论的适用范围之外，或至少处于与他们目标相关的范围之外。查尔斯·普洛特（Charles Plott, 1996）、肯·宾默尔（Ken Binmore, 1999）和格伦·哈里森（Glenn Harrison, 1994）持第二种看法。2.6 节说明了在 2.4 节和 2.5 节中提出的框架是如何构建关于这些观点的评估的。2.7 节使用了相同的框架去考虑一个不同的范围问题——该问题仍然是从普洛特与宾默尔的

---

① 这些问题由库彼特（Cubitt, 2005）提出并讨论。2.2 节到 2.6 节的争论，以及库彼特等（Cubitt et al., 2001）和斯塔莫（Starmer, 1999a）正是以这篇文献为基础的。

② 对于当前的讨论，没有必要区分理论和模型的概念，并且我们使用的这两个术语是可以相互替代的。但是在第 5 章，我们将会区分它们。

③ 对"在实地"（in the wild）——这个词组由凯莫勒（Camerer, 2000）创造——的经济现象应用非标准决策理论及行为经济学中的其他要素的这个过程是在加快研究进程。最初的研究参见卡尼曼和特维斯基（Kahneman and Tversky, 2000）论文的第五部分。现在一个完整的精选文集可能包含了很多的文献，但我们怀疑其文献量不超过几百篇（相比常规应用标准决策理论的数千篇文献）。关于行为经济学的最近研究，参见戴蒙德与瓦泰尼（Diamond and Vartiainen, 2007），但是应当注意的是，并不是所有行为经济学的应用都涉及非标准个体决策理论（例如，行为人可能具有社会偏好（social preferences）并仍然最大化其期望效用）。

争论中提出的，即从均衡概念在经济理论的使用中提出。

本章的核心在于讨论两种必要条件——经济理论的一般性（generality）与实验研究的外部有效性（external validity）——的相互影响。我们从简单地单独讨论这些条件开始。

2.2　一般性与外部有效性

2.2.1　一般性的理论

假设在 21 世纪的第一天里有两个宏观经济学家进行讨论。他们的谈话致力于根据 20 世纪的增长路径设想亚洲主要经济体的未来。假设其中一个宏观经济学家提出了对于 20 世纪下半叶日本经济增长（在几十年的实际人均 GDP 快速增长之后，跟随着一段较慢的增长）的一种解释。这种解释如下：这种快速增长是因为日本的资本—劳动力比例在达到稳态值之前的提高，随着该比例稳定在稳态值，增长速度下降。而这个经济学家使用在 GDP 高速增长时期的末尾日本的资本—劳动力比例持续上升的证据而不是超过稳态值的证据来支持这一解释。为了便于举例，假设第二个经济学不辩驳这一证据，但是他认为在 21 世纪初的中国，几乎没有迹象表明该国惊人的增长将很快跟随一个长期的停滞。[①] 因此，批评者将日本经济的增速放缓归因于其在 20 世纪末采取了不适当的货币政策。此时，第一个宏观经济学家可以做出回应，他的主张是当日本的资本—劳动力比例达到稳态值时，经济的增速出现放缓，因此中国的快速增长与之并不矛盾，除非中国的资本—劳动力比例也已经达到稳态值了。即使批评者（使用某种方法）使得第一个宏观经济学家相信中国的资本—劳动力比例已经达到了稳态值，但第一个宏观经济学家仍然会列举出除日本外的很多国家，它们在第二次世界大战后的经历说明在经济的快速增长之后总会出现增速放缓的情况。这暗示了可以将中国与许多和日本一样的经济体区分开来的几点因素，例如取消无效率的中央计划经济体制后带来的经济增长余地。但是，第一个经济学家不能合理地回应他的批评者：他的解释只适用于 20 世纪下半叶的日本，并且因此不被其他国家或其他时期的证据支持。

这个例子说明任何合理的解释都需要某种一般性的成分。如果因果关系的归因需要事物之间的"恒定关联"（constant conjunction）（Hume，1739 - 1740，1748），

---

① 第二个宏观经济学家的观点是否是明智的？当读者读到这里的时候，可能会认为这种明智性取决于正在发生的事件，在 2008 年美国和欧洲的银行危机发生时，我们完成了终稿。但这种观点是 2000 年时的一种普遍观点，并一直持续到 2008 年。持有该观点的人认为即使主要出口市场的衰退暂时打断了中国经济的增长，但这也不能认为是长时间经济停滞的起点。

那么因果关系的解释必然要足以推广到充分相似的事件中。① 从经济理论旨在提供解释，尤其是提供因果关系的解释的角度上说，经济理论必须具有一般性。但是，该一般性的可用性并不取决于理论解释的目的，那些认为理论的基础功能是预测的人们也支持理论应该具备一般性。即使是弗里德曼（Friedman，1953）也支持理论应具备一般性。例如，在关于一棵树上的树叶分布的著名讨论中，他评价光照刺激有机物生长的理论优于树叶有意识地最大化光线照射的理论，因为它有潜力预测更多的现象（Friedman，1953，19～20 页）。

在理论的功能中，无论解释和预测的平衡点在哪里，最有用的理论在很广泛的环境中都能良好地运行。标准原则认为在其他条件相同的前提下，如果一种理论不仅能解释其他理论能解释的一切，而且还能解释更多，那么这种理论无疑是更好的。因此，在不了解可能面对的证据时，我们可以将理论解释为具有广泛的一般性。② 就一个科学家力图检验某些理论而言，这种观点可以被解释为赋予了一种权利去假定理论具有一般性，除非或直到存在一些合理的理由证实它，这是一种温和的主张。特别地，正如理论承认可能的合理化条件那样，理论最大化其一般性并不是无条件的要求，它需要一项进行假定的权利。而自然不需要这些，可以通过简单的一般性法则来描述自然的特征，当一般性的优点是从理论的认知功能中衍生出来，而不是从朴素的自然中衍生出来时，缺乏一般性的假定也是可以被容忍的。

关于我们的主张的更进一步的支持，可以从波普尔法则（Popperian principle）（Popper，1934）中获得，这是一种将理论置于严格检验下的法则（见专栏 3.2），在第 1 章中有解释并将在第 3 章中进一步讨论。该法则包含两个潜在的思想：一个是科学的理论不应被轻率地与检验隔离开来；另一个是理论检验应当针对理论的那些最令人惊奇的预测。第一个思想支持假设想要的一般性的权利，因为对于波普尔来说，他不愿承认经验检验是非科学行为的标志。③

2.2.2 实验室实验的外部有效性

严格来说，在一个特定实验室实验中观察到的所有结果就是实验中所发生的情况。实验者通常在一段较短时间内在一个特定的环境下观察被试者的行为。这些观

---

① 尽管休谟的"恒定关联"十分著名，但我们的主张确实不取决于这个进一步的论断——"恒定关联"是所有事件的起因。一个关于科学的更具现实性的观点认为因果关系的解释具有一般性，这是因为当同样的因果关系机制出现时，与其对应的"恒定关联"就会被观察到。

② 当然，这一观点并不意味着随意地将理论看做预测人们已经知道但并未证实的事件。我们的观点认为在保持其他条件不变的前提下，一般性是理论的优点，并且当其他条件不变时，把一般性归于一个理论是慷慨的。

③ 第 3 章将会讨论波普尔机制的简单形式，将一个科学理论与实证评价相互联系并不会破坏这一机制。

察到的行为是真实的行为①，它们也是人类行为科学主题的一部分（假设被试者是人类）。但是，就其本身而言，它不足以在科学中强调实验室主体行为的重要性，因为这些行为仅仅是该主题的一小部分。做一个类比，考虑一个基督教修道院群体。他们是真实的社会群体，他们所经历的也是社会科学主题的一部分。但是由于现在基督教修道院的数量非常少，该群体行为在社会中的占比也很小，所以关于他们的研究对于研究现代社会来说并不重要，除非（事实上非常可能）从对修道院的研究中可以学到一些关于修道院外的知识。实验室主体的行为对经济学的重要性依赖于它能否告诉我们一些关于实验室之外的经济信息，例如，外部有效性（见专栏 2.1）。

☞ **专栏 2.1**

内部有效性与外部有效性

经济学中关于实验方法的讨论经常区分内部有效性与外部有效性。内部有效性与外部有效性这两个词语可以使用于——并曾经使用于——多种不同的方式。但是，一个有用的概念是将它们中的每一个都看做实验设计与推断的联合性质。在特定设计许可特定推断的意义上，该联合性质被控制了。② 于是，内部有效性与外部有效性间的差异就是关于推断的本质。内部有效性被定义为实验设计许可的关于实验中行为的结论，而外部有效性被定义为实验设计许可的有关实验外行为的结论。

当一个实验的度量方法是不可靠的，或者更有意思地，当控制失效的时候，内部有效性会失效。考虑一个旨在研究某因素 X 对某些行为形式的影响的实验，在两次实验设置中，保持其他所有条件相同，控制 X 在实验中出现与不出现可以考察 X 对内部有效性产生的影响。但是，如果包含 X 的实验设置与不包含 X 的实验设置在其他重要方面存在不同，那么这种考察 X 影响的实验设计的效力就是值得质疑的。③ 应当注意的是，即使当实验发现是高度可复现的时候，它也可能不具备内部有效性。可复现性是指在不同的条件下（例，实验被试者不同）重复本质上相同的一个实验时，应该会产生本质上相同的实验结果。因此，在我们的定义中，可复现性与内部有效性是不同的概念，即使不可复现性通常意味着低内部有效性。

---

① 关于实验经济学创造真实经济系统的观点，例如在市场实验中的真实市场，在实验经济学的发展历程中是非常有影响力的。史密斯（Smith，1982a）与维尔德（Wilde，1980）宣称人们熟知的实验室经济系统的条件可以被当做真实的条件。我们主张所有真实发生的行为，无论是在实验室发生还是在其他场合发生的，都是真实的。但是这提出了一个问题，即史密斯—维尔德戒律（the Smith—Wilde precept）可能会控制实验室行为对经济学的重要性。我们将在第 3 章对史密斯的观点进行讨论。

② 其他人可能对内部有效性与外部有效性给予相似的定义，它们中每一个的性质可以通过一类实验设计和特定推断而被联合地控制。

③ 基于这个原因，当实验者希望研究两个因素 X 和 Y 对确定行为的影响时，通常引入一个 2×2 的设计，其中含有 "X—存在，X—不存在" 两种设置在 "Y 存在，Y 不存在" 两种条件下的组合。这使得每一种因素的影响都被纳入考察范围而保持其他因素不变，并能够考察它们的交互影响。

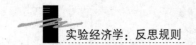

如果实验设计致使实验结果无法提供有关实验外的行为的信息，即便它是内部有效的，那么外部有效性也会失效。例如，在控制良好的实验中，实验设试者群体做出的反应与其他行为人不同时，一种普遍的观点是存在内部有效性与外部有效性之间的权衡取舍，在某种意义上，当实验设计有益于前者时（通常通过高度控制的方式），会对后者产生负面影响，这也许是由于实验室特征的人为设计因素被强化了。在第5章中，我们将在外部有效性问题被更广泛评估的背景下对这一观点进行讨论。另一个关于内部有效性与外部有效性的著名讨论参见嘉兰（Guala，2005a）。

对于社会科学范围中的实验，批评者通常对其外部有效性存有疑虑。即使是实验者，也会担忧一些实验结果——例如在独裁者博弈中的结果——是否可以被推广到实验室之外。① 至少在一定程度上，这些忧虑是可以被理解的。许多实验过程与大多数"正常生活"非常不同，以致这似乎要大幅延伸实验室中的行为才能推广得到经济学家们通常关心的行为。事实上，几乎正是由于这种担忧所产生的动摇成就了实地实验（field experiment）近期的普遍流行（Harrison and List，2004；List，2006；Levitt and List，2007）。但是，正如在第1章指出的那样，还不清楚是实地实验还是非实验实证方法存在一种规避失败的防御机制以应对类似于外部有效性的问题。

2.2.3　一般性与外部有效性的对立

将理论的一般性假设与实验结果的外部有效性分开讨论似乎并不稀奇。有意思的是指出在以下几种情况下它们两者会出现对立：如果我们假设理论的一般性越强，那么在任何情况下——包括在实验室中，如果我们这样选择的话——检验理论也就越合理；此外，我们越质疑实验结果的外部有效性，我们就越会觉得实验室中的理论检验不重要。在2.4节和2.5节，我们会在这两种考虑间做出调解。

2.3　归咎于理论的争论（the Blame-the-Theory Argument）

但是，在开始进行调解之前，我们先评论一个争论，缓和一下刚才在理论的一般性假设与实验室中理论检验的外部有效性之间的紧张关系。这种争论有时也被称为归咎于理论的争论（见专栏2.2）。

---

① 在一个独裁者博弈中，给予一个被试者一定数量的货币以区分该主体与其他主体，而该主体并不用做出决策。一个典型的结论是第一个主体分配一笔可观的货币给其他主体（Thaler，1988；Camerer and Thaler，1995）。批评者指出将一个人的财富大量地送给另一个完全陌生的人是不同寻常的，或者质疑这个结论的外部有效性（出于其他原因）。例如，不同观点参见巴德斯利（Bardsley，2008）、莱维特与李斯特（Levitt and List，2007）、萨缪尔森（Samuelson，2005，87~88页）、施拉姆（Schram，2005，233页），以及史密斯（Smith，2008，220~227页）。

☞专栏 2.2

归咎于理论的争论

归咎于理论的争论是对某些用于检验经济理论的实验设计的辩护，尤其是那些严格执行某些理论模型假设的实验。它可以应对这种指责——由于实验室环境过于简单或不真实，不能代表复杂的真实经济环境，因此此实验设计创造的实验室环境是不恰当的检验范围。归咎于理论的争论可以被以下的引文概括：

微观经济学理论是从众多人类活动中抽象而来的，假定它与人类经济行为是不相关的。实验室实验……由更丰富更复杂的环境集合构成，远超过我们理论中用参数表示的环境因素。由于实验室的抽象在数量级上小于经济理论中的抽象，所以实验室完全可以为伪造任何我们希望检验的理论提供充分的可能性。

史密斯（Smith，1982a，936 页）

对于任何特定的实验来说，与实验目的相关才是最重要的。如果实验目的是检验一个理论，那么我们询问实验中所谓的"非现实性"元素是否是理论中的特征因素就是合理的。如果"非现实性"不是理论的特征因素，那么"非现实性"批评就可以同等地被用于理论和实验。

史密斯（Smith，1982a，937 页）

一旦模型而不是经济理论变为研究朴素实验的研究核心……模型就会变得有价值。实验会在关于理论的教学过程中被评价，而不是依据其与何种性质被偶然创造的相似性被评价。

普洛特（Plott，1991，906 页）

在论证中内含四种不同的观点，也就是：（1）用于检验的实验室环境通常比其所检验的那个理论更为丰富；（2）当（1）成立时，它就使实验检验免于实验室环境过于简单的批评；（3）也就不能批评实验室环境因为太不真实而无法对理论提供合理的检验，除非这个批评和理论模型中的因素有关；（4）特别是在普洛特的构想中，实验的基本目标是用于理论教学而不是用于解释整个世界。

在这些观点中，我们很难不赞同观点（1）。这里用市场做一个说明：在一个市场的典型模型中，需求曲线和供给曲线要么是直接假定的，要么是从更为基础的要素（例如关于偏好和禀赋的假设）中衍生而来，并且均衡条件解出了预测的交易量与价格；但是通常，交易发生或达到均衡的机制并没有被明确说明。[①] 相反地，在

---

① 出现瓦尔拉斯拍卖者（Walrasian auctioneer）时是一个例外，拍卖者通过试错法（tatonnement）调整价格，直到达到均衡价格，并在此之前阻止交易发生。但是相比交易过程而言（例如包括公开叫价或计算机条件下的双向拍卖或发布市场报价等经常出现在市场实验中的交易过程），即使瓦尔拉斯拍卖者也是一个理想化的抽象。

· 41 ·

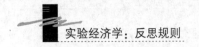

一个市场实验中，交易由主体进行，原则上，除了均衡时的理论决定因素之外，主体的行为还会受到其他因素的影响；而市场制度或规则集合控制交易如何进行，并且价格设置也是明确的。

但是，观点（2）～观点（4）却更富争议性。它们将是本章归咎于理论的争论的讨论的中心，并在第3～5章再次出现时也会成为讨论的中心。对此的其他讨论参见嘉兰（Guala，2005a，第7、9章）、施拉姆（Schram，2005）、斯塔莫（Starmer，1999a），以及上文中的引述来源。

归咎于理论的争论承认当一个实验设计严格执行一个理论模型中的许多假设时，这样做会使得实验室环境相比于理论应用的非实验室环境显得多余。它貌似有理地坚持认为实验室环境通常仍然要比理论模型丰富得多。但是它也认为当这一点成立时，就可以使实验免于被指责为（相对于外部世界）过于简单而不能作为一个合适的检验基础；只要所谓的非现实性没有在理论中被捕捉到，实验就可以免于被指责为非现实的。至少当假定这些免责性（immunity）的充分条件成立时，这些免责性主张就与2.4节讨论的弗里德曼（Friedman，1953）的工具论者的观点以及（或许很令人惊讶地在普洛特的论述中出现）2.6节中普洛特（Plott，1996）和宾默尔（Binmore，1999）的观点不一致。就现在来说，我们仅仅指出当理论只在有限的范围内被运行时，以及当这些范围比理论"更宽泛"时，理论就不能从比其更丰富的、丰富得足以成为一个合适的检验基础的实验室环境中产生，也意味着即使是捕获到理论表现出的因素的实验室环境也不能够捕获到理论期望运行的那个范围中的所有重要特征。所以归咎于理论的争论中的免责性主张是在捍卫关于理论范围问题的预先假定性答案，而不是说不再需要它们。

关于被指责的理论的争论还有另一个更深层的组成部分在普洛特（Plott，1991）的引文中被强调，也就是该争论似乎也缓和了理论的一般性与外部有效性要求之间的紧张对峙。特别地，基于理论的实验检验目标是报告理论而不是整个世界，那么引文的第二句话可以被解读为否认了对理论的实验检验结果的所有外部有效性担忧的合理性。我们发现这种否认非常强硬。至少在理论检验的情况下，人们寻求了解的是经济理论解释真实行为的能力。但是，只有当实验室中的行为本质上是令人关注的并独立于它所代表的外部世界行为时，研究理论的实验目的才将不涉及实验与"偶然产生的性质"之间的相似性。

正如我们在这一节中论述的那样，担忧外部有效性的怀疑者提出的合理化问题并不说明他们对实验检验理论有着不可克服的反对。本节的目标也并不是揭穿归咎于理论的争论的真面目，而仅仅是警告不要草率地接受完全充斥着外部有效性担忧的观点。在下一节中，我们在实验室检验经济理论的赞同者和因为这种担忧而批评检验的学者之间构建了一个判定框架。我们也会在以后的章节中讨论理论批评观点的其他方面。

2.4 范围的概念

范围的概念是本章的核心，现在就来讨论这一问题。这种讨论应当是必要的，但人们似乎会对此感到惊讶。我们可以理解一些人会认为一个经济理论的范围是显而易见的，难道这不正是理论想要说明的吗？但事实上，答案通常是经济理论的范围是不明显的。例如，国际贸易理论最初似乎被看做关于国家间物质商品的贸易，但是更新的视角表明理论中不存在明显的原因将无形商品或服务从该理论的"货物"范围中排除掉。从更基础的角度来说，国际贸易理论也没有清晰地说明为什么主体"国家"（countries）指的是国家（nation），而不是指村庄或甚至个人。与此类似地，有人可能说国际贸易理论实际上只是一种关于贸易的理论。但是如果贸易被看做是需要市场的，那么即使是以上描述也不可靠，因为市场的概念也不明确。例如，有人就认为理论在家庭的范围内提供了关于生产和资源分配的可能解释。这种关于理论可能应用范围的模糊提出了一个问题，即是否应该通过检验国家间的交易来检验理论，或同样合理地，通过检验实地中的家庭内部行为，或通过检验实验参与者的交易行为来检验该理论（或者，也许更好地，检验理论的一些组成部分，我们将在第 5 章提到这一点）。[①]

尽管理论范围的边界不是明确界定的，但我们也需要使用一些方法去讨论它。其中一种方法是从理论的正规目标（formal object）开始，正规目标存在于理论内部，在经济理论的案例中通常由数学概念组成。因此，不可避免地要用一些判断来描述正规目标所对应的真实世界现象。但是，这种困难也不应该被夸大，正因为判断是必需的，所以它才不总是有争议的。经济理论的正规目标通常是真实的，正规目标自身与描述、介绍它们的自然语言之间能够被识别出具有紧密的联系。[②] 例如，消费者选择理论，在其原始理论中存在被称做消费束（consumption bundle）的向量。规范地说，它们只是向量，但是用于描述它们的自然语言暗示了真实消费者商品的可计量集合与理论的消费束有紧密的联系。这里还可能存在其他模型实体（model entities），例如行为人，虽然不是正规目标但是自然地存在密切相关性，描述正规目标的语言可以自然地指导行为人。

理论的正规目标与其他模型实体之间的紧密关联显示了理论的基本范围，例如，与理论应用相关的可能的实际现象集合如果被确定，那么就是合理明确的。这个合理明确在这里指的是对于一个正常的观察者来说事情将会是怎样，这里的观察

---

① 参见努赛尔等（Noussair et al.，1995）文献中的一个旨在检验国际贸易理论的实验室实验。

② 梅基认为，尽管经济理论与常识的表达方式不同，但是经济理论描述的仍然是"人类世界的常识性结构"（Mäki，2002，95 页）。

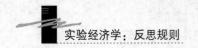

者熟悉理论，但对任何试图检验理论的结果并不熟悉。[①] 通常，基础的范围只由可能应用理论的现象集合中的一个小子集构成。

例如，期望效用理论归因于行为人对前景的偏好。这些正规目标是在定义明确的可能结果集合上的概率分布。期望效用理论实际应用于对许多项目的选择中，例如投资组合或职业选择，因为一些结果和概率是未知的，所以每个选择的前景都不相同。但是，通过从宾果笼（bingo cage，这里球的数量与每个球对应的金额是未知的）中随机取球而进行的货币赌博（monetary gambles）与前景紧密相关。同样地，用于描述正规目标的自然语言是非常重要的。形式上，对于可能结果的给定顺序的一张清单而言，一个前景仅仅是一张非负数的相应顺序清单，并且各个数值之和等于一个单位。事实上，这些数值被称做"概率"，因为从宾果笼中的一次抽取与一个前景紧密相关，所以在抽取中所做的选择可以合理地被当做在期望效用理论的基础范围内。

另外一个例子考虑公共物品理论（the theory of public good）。在这个理论中，纯公共物品在消费中具有非竞争性（即一个人消费该物品的同时不能减少他人的可得量）与非排他性（即向所有人提供一定数量的公共物品时，该群体中每人都有使用该数量公共物品的权力）。尽管公共物品理论通常被应用于与该描述近似的物品，例如道路空间，但是实验者设计了一种非常符合该理论概念的机制。这就是人们熟知的自愿贡献机制（voluntary-contributions mechanism）（见专栏 2.3）。

☞专栏 2.3

自愿贡献机制

在一个使用自愿贡献机制的实验处理中，被试者被分为若干个小组。每一个小组成员的禀赋都是筹码（token），并且将其分为两种互相排斥的用途——通常被称为私人账户和公共账户，我们在这里沿用此惯例。一个被试者的货币报酬与他获得的点数成比例，而点数反过来取决于他所在小组中所有被试者筹码的分配。一个被试者向自己的私人账户分配的每一个筹码都可以为他赢得一个点数（而不能为他人带来什么）；相反地，将任意小组成员分配给公共账户的每一个筹码乘以 m，然后平均分给所在小组的组员，这样，每一个小组成员将获得 m/n 个点数。这个比例被称做人均边际收益。因为在自愿贡献机制的常见形式中（在下文中进行假设），有 $n>m>1$，所以人均边际收益为正，且严格小于一个单位。

一个被试者分配给其私人账户的一个筹码会使他获得一个点数，然而分配给公

---

① 一旦这种尝试被实施，尤其是当产生不支持的结果时，重新解释理论概念与检验环境中的实体之间的一致性就通常是对结果的一个回应。这是在第 3 章将要讨论的杜赫姆—奎恩问题的一个实例。

共账户的同样一个筹码使他获得 $\frac{m}{n}<1$ 个点数。因此，对于其他小组成员的任何给定分配，每个被试者最大化其总点数的方法都是向私人账户分配其所有禀赋。但是，所有主体都这样做的结果是社会无效率，此时每个成员得到 T 个点数，而当所有成员将其全部禀赋贡献至公共账户时，每人将得到 mT 个点数。因为 $m>1$，此时的情况类似于一个有 n 个成员的囚徒困境。

雷亚德（Ledyard，1995）研究了使用自愿贡献机制的实验。一个独特的发现如下：最初，被试者平均贡献占比约 40% 的禀赋至公共账户，但是当博弈重复进行的时候，这个比例会减小。在这个基础设计上有许多种变形，其中包括费尔与盖科特（Fehr and Gächter，2000）研究的惩罚机会，这些惩罚机会在第 1 章讨论过，一些变形可以有效刺激对公共账户的贡献，并阻止该比例在重复博弈中的下降。然而，基础设计中得到的结果为博弈论提出了一个有关每个被试者都旨在最大化其货币支付的这个假设的难题。一种解释是用备择假设取代该假设，备择假设是假设一些被试者拥有社会偏好从而其首先进行贡献，随后当其他被试者并没有同样这样做时，他们将减少贡献；另一种解释是将贡献看做在早期回合中非均衡的行动，而且随后消失。

使用自愿贡献机制的实验拥有一个强硬的主张，即认为其自身处于公共物品理论的基本范围内。因为由一个被试者向公共账户分配筹码而带来的货币报酬对于其所在小组而言，严格地具有纯公共物品的性质（非竞争性与非排他性）。

一个理论的基础范围的重要性质需要紧密符合于相关的正规目标和理论实体的性质，而并不是在世界中自然发生的。即使宾果笼抽奖不是一个休闲产业，它在重要方面上也与前景一致；我们上文所述的自愿贡献机制在实地中很少见这一事实并不能阻止该机制存在于公共物品理论的基础范围之内，它与理论概念有着紧密的联系。

对理论的"范围"至少有两种更深入的认识，我们列举如下：

I—范围。理论的应用是以理解或预测现象为目标，这些现象所组成的现象集合。

T—范围。以检验理论为目标，可以合理应用理论的那些现象所组成的现象集合。

在基础范围中，I—范围与 T—范围的精确边界并不总是清晰的，但是关于理论"范围"的概念的区别允许我们仍能在下文中陈述重要主张。我们以两个主张作为下文延伸分析的基础。

普遍性（universal）和 T—范围 当一个理论在任何地方都可以应用时，它就具有普遍性。[①] 因此，任何认为特定理论可以应用的环境在理论的 T—范围之外的这种断言都与理论具有普遍性的合理主张不一致。例如，认为消费者行为理论不能通过检验儿童的支出模式被合理地检验，这或许是或许不是合理的。[②] 无论如何，这都意味着理论并不具有普遍性，因为（给定有关他们消费的数据）把该理论应用于儿童消费者和应用于成人消费者一样容易。相似地，主张可以应用某经济理论的实验或特定设计不是合理的检验基础就是承认了理论不具有普遍性。如果这样做，那么会引申出"理论的限制是什么"的问题。

我们并不是主张理论应当具备普遍性。[③] 这种主张比我们在 2.2 节中设定的一般性假设要强硬很多。我们也并不主张理论可以被应用的边界是无争议的。我们只是说，如果承认一个理论可以在特定环境 E 中被应用，那么否认 E 能够提供一个合理的检验就相当于否认理论具有普遍性。因此，且不管正确与否，对经济学中实验理论检验的外部有效性的批评通常都抛弃了经济理论的普遍性主张。他们通常不认为理论不能按照字面意思被应用于实验室环境，而仅仅认为理论不应该在实验室中被检验。

T—范围和 I—范围　一些读者可能会惊奇地发现我们将理论的 I—范围和 T—范围分开定义成不同的概念。但事实上，这并不是出人意料的。经济理论可以用于多种目标，例如报告政策干预或私营部门决策，而不是评估理论本身的"理论科学"（pure science）。目标的多样性会直接妨碍对 T—范围和 I—范围的识别。这就产生了一种可能性，即 T—范围被约束为 I—范围的一个子集，这种观点可能会吸引与弗里德曼（Friedman，1953）相关的工具主义支持者（见专栏 2.4）。

☞**专栏 2.4**

工具主义与弗里德曼的实证经济学方法论

最具影响力的将工具论者的科学信条介绍给经济学家的贡献是米尔顿·弗里德曼关于实证经济学方法论的经典文献（Friedman，1953）。但是，一些评论家，例如乌斯卡利·梅基（Uskali Mäki，2003），认为弗里德曼的文献实际上是工具主义与其他学说的令人兴奋的组合，并且在任何情况下，工具主义本身是不同学说的

[①]　一个普遍理论的概念需要满足如下两点要求：（1）某集合的元素被普遍量化；（2）给定理论应用的可能性，这些集合将最大化其外延。一些学者（Guala，2005a）将普遍性一词用于规范要求（1）。要求（2）的引入提出了一个关于理论在何处应用的问题。一种依靠理论自然语言的方式是，例如，当对于所有厂商都成立时，厂商理论就具有普遍性，当对所有消费者都成立时，消费者行为理论就具有普遍性。但是，基于本章的目的，对于该问题的明确回答是不必要的。

[②]　一些人会觉得用儿童的行为检验消费者理论是古怪的，但是其他一些人，例如哈堡等（Harbaugh et al.，2001a，2001b）显然不这么认为。消费者理论也被多种非人类行为所检验，诸如鸽子（Battalio et al.，1981）与蝙蝠（Kagel et al.，1981）。

[③]　嘉兰（Guala，2005a，第七章；2005b）反对这种观点。

集合。

在最一般的视角上,理论的工具主义观点认为理论是工具,只能相对于目的来评价理论。但是,工具主义的一般形式更为具体,就像理论的目标那样采用成功的预测,有时额外地询问一个理论是"正确的"或"错误的"是不合适的,而只应该询问预测成功与否。弗里德曼提出了这一观点的稳健形式:"假设有效性的唯一恰当检验是把它的预测结果与经验事实进行比较"(Friedman,1953,8~9 页)。事实上,弗里德曼的工具主义形式是更为具体的,如以下引文表述:

该理论被看做大量独立存在的假设,通过理论对想要"解释"的那类现象的预测能力来评价该理论。

(8 页)

假定该假设与现有证据相一致,更深入的检验包括从可观察到的但是以前不知道的新事实中进行推断,以及根据额外的经验证据检验推断而来的事实。为了使检验是相关的,推断事实必须是关于假设旨在解释的那类现象,并且推断事实必须被足够精确地定义,从而使得观察结果可以体现检验的错误。

(12~13 页)

上述引文说明了对于弗里德曼来说(尽管不是对于所有工具论者来说),理论的评估可以转变为仅在理论旨在应用的有限范围内考虑理论预测成功与否。将这一观点用我们的术语来表示,就是 T—范围是 I—范围的一个子集。

关于弗里德曼观点的更有争议的方面是他的主张,即如果将假设的真实性作为一个与理论的成功预测无关的独立标准,那么就不能根据理论假设的真实性对理论进行合理的评价,引文如下:

询问一个关于理论假设的问题,不是问假设描述得是否"真实"(由于它们绝不是真实的),而是问理论是否是现行目标的足够好的近似物。并且这个问题只能被理论是否有效所回答,这意味着理论是否能够给出足够精确的预测。所以,这两个看上去相互独立的检验可以被减少为一个检验。

(15 页)

这种观点允许以下主张:当理论在它的目标域(intended domain)内预测成功时,即使理论的假设并不真实也没有问题。换一种说法,理论家并不主张成立,而是主张在目标域之内,情况就犹如该假设成立时一样。这种主张可能是出于一些没有被理论捕获到的背景条件。

科学实在论者的观点是反对工具主义。它主张科学的目标不仅包括预测,而且还包括解释。科学通过发现实际运行中的因果机制来达到解释的目的;科学理论假定中的实体应该是实际存在的;用于描述如何构成重要因果机制的理论假设应该存在于这样一个世界中,该世界与不同形式的现实主义相联系。但是,科学实在论者的观点并不是唯一对弗里德曼工具主义进行批评的观点。另一个重要攻击来自丹尼尔·豪斯曼（Daniel Hausman，1992，第九章），他否认工具论者的"科学理论应当被它们的预测的成功与否所评估"的观点暗示了弗里德曼的主张。卡特维尔（Caldwell，1984，第八章）总结了围绕弗里德曼论文的争论的其他方面。关于现实主义、工具主义以及科学哲学中其他形式的非现实主义的讨论，读者可以参阅贝尔德（Bird，1998，第四章）与查尔默斯（Chalmers，1999，第十五章）。

理论可以被合理检验的范围受到旨在应用该理论的范围的限制，这一想法表面上是很有吸引力的。当理论在其他范围内运行时究竟会怎么样呢？为了看到这种想法的错误所在，我们考虑豪斯曼（Hausman，1992，第九章）用于批评弗里德曼（Friedman，1953）的一个例子。弗里德曼争论说，一个独立理论的检验方式是观察理论对一类现象预测的成功率，而这一类现象通常是理论旨在解释的现象。在一些解释中，他强调这是唯一合理的检验。豪斯曼反对后一种观点，即使他同意预测是理论的唯一作用这个假设（豪斯曼在其他场合争辩过这一假设）。豪斯曼设计了一个类比（我们现在采用），关于购买二手汽车。假设汽车的唯一目标用途是从城镇到工作地点的短途旅程。这不意味着在购买前检验汽车的唯一方式就是沿着那条特定的路线行驶。我们可以在其他路线上行驶检验，包括与特定路线不同的路段（例如高速公路），正如豪斯曼提出的那样，我们也可以让一名机械师查看引擎盖下方。但是，当我们确实只关心汽车在上班途中的表现时，为什么还采用上述那些检验方式呢？对于这个疑问至少有两种答案：首先，我们可能会怀疑目标也许会改变，此时汽车在其他路线上的表现更加重要；其次，如果我们肯定目标不可能发生改变，那么对引擎盖下方做机械检查有助于估计汽车未来在上班途中的表现，从而解决我们只能沿特定路线做少数几次实际试驾的问题。

将与这些观点类似的情况应用于理论检验：理论的 I—范围可能变化；在当前 I—范围之外的检验或许有助于引导这种变化，这与检验汽车的机械条件能够知道让汽车经历长途旅行是否明智的道理是一样的。即使这种检验是不可行的，在 I—范围外得到的检验结果也有助于理解或预测该理论在 I—范围中的未来表现。后一种观点与信念网络的奎恩比喻（Quinean metaphor）是一致的。如果科学信念和观察结果间的对立延伸至整个信念网络与所有观察结果间的对立，并且可以在原则上建议调整网络的任何部分，那么武断地限制用于评价网络给定部分的观察结果的类型就是不合适的。

尽管存在以上这些观点，在下一节中我们仍将概述一个立场，即强调一个理论的 T—范围与 I—范围之间仍然存在一种联系。至此，我们的主张仅仅是不存在强有力的一般原因去认为 T—范围等同于 I—范围，或将 T—范围限制在 I—范围之内。

2.5　实验室与范围的三个含义

　　仅有少数（如果存在的话）经济理论的应用主要是为了预测或理解实验被试者的行为。在经济学历史中的大多数时候，对于许多理论学家来说，解释实验结果甚至从来都不在他们的目标之中，但是正如将在第 4 章中讨论的那样，现在从实验中发展理论，从而解释程式化事实的情况非常普遍。即使这样，我们发现这些理论的支持者中几乎没有人主张这实际上是理论的主要目标。[①] 这一点没有阻止实验者企图在实验室中检验经济理论的原因在于相比理论的 I—范围中自然发生的环境，实验室提供了更好的控制前景。

　　对于许多经济理论而言，貌似有理地声称在特定理论的基础范围中的实验室环境可以被创造是因为实验室结构与理论的正规概念之间紧密一致的可能性。例如，检验期望效用理论的实验能够展现被试者在密切相关的前景中做出的真实的选择。相似地，正如罗斯（Roth，1995b）研究的那些检验有关人际交易理论的实验，该实验对主体间的相互作用施加影响，从而使其与交易理论所容许的行动一致。[②] 史密斯（Smith，1982a）主张实验室比自然经济环境更接近于经济理论，该主张或许是对被指责的理论的辩护中异议最小的部分，并且也鼓舞了试图在实验室中举例说明理论模型的一代后续实验者。[③] 在一个检验理论的环境中，它可被看做在相关理论的基础范围中发展实验室环境的尝试。

　　创建环境的可能性是实验室的一个主要优点，在该环境中理论的预测相对清楚。因此，尽管不是所有设计都被认为处于相关理论的基础范围中，但是那些可以被这样认为的设计提供了一个明显的出发点（由于他们趋向于提供相对清楚的检验）。这些实验设计可以被认为考虑了以下论述。

　　天真的实验主张（Naive experimental claim，NEC）　任何一个在理论基础范围中的实验室环境都在理论的 T—范围内。

　　NEC 强调在一个特定理论的基础范围中的实验室设计可以合理地检验理论。

---

　　① 一些文献，例如施拉姆（Schram，2005，234～235 页），也提出了相似的担心。

　　② 这些有关实验室构造与理论概念之间紧密一致的例子被用于描述个体行为人所面对的选择或环境。在这些情况中，理论行为人与被试者之间也是紧密一致的。至少在这个意义上来说，被试者是指一个独立的个人，并且术语描述的理论行为人也指的是一个独立的个人。当在理论中使用涉及不同自然类型实体的术语（例如"厂商"或"政府"）描述行为人时，实验被试者的一致性是否存在也是更加有疑问的，这也是我们要在第 5 章讨论的观点。

　　③ 这并不是说史密斯一定会赞同实验应该尽可能地与理论模型紧密联系。他的市场实验一般包含这些模型没有的特征（即精确的交易规则），或与这些模型不同的特征（即较少的交易者），在最近的著作（Smith，2008，50 页）中，他写道："……因此检验（理论或命题）的重要性并不仅仅从产生该命题的经济环境假设中体现，还从那些关于生态学理性的检验假设中体现。"

对于声称具有普遍性的理论来说，这是显而易见的。如果这样一个理论不能在其基础范围中被检验，那么就很难说它如何在任何环境下被检验。但是，当一个普遍性理论的概念属于理想类型的时候，不清楚是否存在确实支持这种普遍性的经济理论，并且，对于一个不支持普遍性的理论，NEC 可以很容易地被质疑。例如，一个批评者可能会强调一个实验环境 E 即使在某些理论的基础范围中，也不在这些理论的 T—范围中，除非可以证明 E 中的行为能够被推广到 I—范围中的环境。这个批评无须将 I—范围与 T—范围等价，或是强调前者是后者的子集，并且仍然与先前小节关于这些概念间关系的争论相一致。但是，正如刚刚明确表达的，由于它不太可能证实 E 中的行为是否能被推广到 I—范围的环境中去，所以这种批评需要更多的支持。鉴于资源的限制，对于所有类似环境进行总结性的检验是不可行的。更重要的是，在 I—范围中解释行为的困难通常首先在于解释为什么可以使用实验去检验理论。更进一步地，理论中的一般性假设使实验者有权力设计一个在理论基础范围中的实验以回应怀疑者，从而使解释的重担转换成其他方式。这种回应启发了对 NEC 的修正。

修正的实验主张（**Modified experimental claim，MEC**）　任何一个在理论基础范围内的实验室环境 E 都应该被假定为也在 T—范围内，除非当 E 与 I—范围之间存在区别时，这样才能合理地预期 I—范围中的行为显著地与理论更加一致。

值得注意的是，与 NEC 相似，MEC 并没有要求实验环境处于理论基础范围内的必要条件是实验环境必须处于理论的 T—范围内。MEC 强调了有限制的充分性假设。在本节的剩余部分，我们讨论了"博弈规则"（rules of the game），即强加于实验者、经济理论家与理论捍卫者的职责。

假设理论 t 被从实验环境 E 中得到的证据所否定，其中 E 存在于理论的基础范围内，而不存在于理论的 I—范围内。（为了简化，继续忽略这个推测中的杜赫姆—奎恩问题。）于是，t 的捍卫者能利用哪些可得证据来为其辩护呢？

MEC 驳斥了仅说明 E 在理论的 T—范围之外的这个辩护，因为 E 还在 I—范围之外。但是 MEC 接受对 t 的另一个辩护，即相比 E 中的行为，I—范围内的行为似乎与理论更加一致。尽管这个辩护有效地抛弃了任何认为 t 是一种普遍性理论的主张，但这也是 t 的捍卫者所必须付出的代价。但是即使如此，这种形式的辩护也不会令人信服，除非附加上一些解释——为什么相比 E 中的行为，预期 I—范围中的行为会与 t 更加一致？如此，MEC 潜在地将合理化的要求（rationalization requirement）强加给了 t 的辩护者。为了满足合理化的要求，t 的辩护者仅找出 E 与 I—范围的区别是远远不够的，还必须解释为什么它们被看做与 t 行为的一致性相关。这是一种非常温和的要求。这并不是说理论的辩护者必须在 I—范围中建立成功的理论，强加给 t 的辩护者的重担是一种解释，而不是一种证明。任何有效辩论的继续进行都需要解释。

鉴于合理化的要求，理论辩护者的争论通常需要可以被检验的更深入的经验假定，不管是以实验方式或其他方式进行检验。为了回应不支持的证据，理论的辩护者应当通过生成新的经验内容来发展这个理论——该观点是"科学研究规划的方法论"的重要组成部分，该方法论是由艾莫·拉卡托斯（Imre Lakatos，1970，1978）提出的，我们将在第3章讨论。

为了满足合理化的要求，t 的辩护者可能要对理论的 I—范围进行（显式或隐式的）限制，我们称其为 I—范围的一个收缩防御（contraction defense）（将在 2.6 节和 2.7 节中分别以选择理论与均衡理论作为例子进行讨论）。如果新提出的 I—范围的边界伴随着貌似可信的合理化要求，那么这就是一个合理的辩护策略，尽管会存在这种明显的危险——理论的 I—范围越收缩，该理论的用处就越小。

I—范围的收缩防御或多或少是具有说服力的。只有当重复的 I—范围收缩伴随着不相关的合理化时，批评者才有资格进行怀疑；或是后来的检验说明相关的合理化不足以令人相信时，批评者才有资格进行怀疑。这些批评中的一些内容和那些先进研究与退化研究项目的定义间的区别有共同之处（Lakatos，1970，1978），正如将在第3章讨论的那样。

作为例证，我们考虑弗里德曼（Friedman，1953）提出的一个例子。假设一个科学家要检验牛顿关于重力对物体的作用的理论，他以从一个高塔上扔下羽毛和铁球的方式进行检验。在正常的大气条件下，结果几乎肯定是不支持简单的牛顿预测，即所有的物体在重力作用下以相同速率加速。牛顿理论的辩护者通过指出羽毛和铁球所受的空气阻力的影响是不同的来使这一不支持证据合理化，提出了如下新的假定：（1）简单的牛顿预测在真空中比在标准大气条件下更加准确；（2）更精确地说，在标准大气条件下，简单的牛顿预测对于不同大小的铁球要比诸如羽毛与铁球一样的不同物体准确。（1）和（2）都是一种 I—范围中的收缩防御。预期在重力条件下空气阻力阻碍物体加速的现象越明晰，（1）和（2）越让人们信服，并且更新的假定也根据（1）和（2）被提出。例如，合理化可能暗示着利用空气阻力使得动力飞行成为可能，或者用于预测不同机翼设计的相对效力。这些预测的成功会使人们更相信原始理论的 I—范围收缩防御是科学进步的一部分。[1]

应当注意的是，尽管 MEC 允许理论的辩护者对显著的不支持证据进行合理化以及（或者）对理论的 I—范围进行收缩防御，但这两种处理都进一步（如果明显的话）加强了辩护者的职责。只有在新提议的 I—范围内提倡使用理论并且接受关于合理化的后续检验的推断，辩护才算成功。

现在我们考虑一种情况：在某些理论的基础范围中设计的实验可以得到与理论相一致的实验证据。这无疑是理论的一种成功。但是问题在于我们可以成功地外推

---

① 将（1）和（2）当做理论的 I—范围中的收缩防御，我们将理论看做在重力作用下，所有铁球下落时遵循同一速度。另一种观点认为理论应该坚持排除阻力因素。在这个观点中，在大气条件下所做的实验仅仅表明了阻力因素存在影响，而该理论并没有失败。但是，相对于无条件的情况，我们可以将这种形式的理论看做其自身的 I—范围收缩。我们将在以下的两节中给出关于 I—范围收缩防御的更进一步的例子。

到实验室之外的多大范围内。假如他们给出这样做的原因，那么在实验设计与理论的 I—范围的不同点的相关形式中，评论者可以合理地质疑该理论在其 I—范围中的可能成功率。实验结果的外部有效性担忧是把双刃剑，即从它可以应用于成功的理论的意义上说，它也可以应用于失败的理论。我们将在第 4 章、第 5 章中讨论有利结果的外推法。

最后，我们考虑实验者试图设计出一种理论检验的情况。因为 MEC 仅仅是一种有限制的充分性假设，所以在我们之前的论证中没有强迫实验者从理论的基础范围开始设计。但是，在基础范围上的实验设计通常能提供吸引人的、控制良好的检验。假设实验者确实沿袭该路径。即使理论未声称具有普遍性，当实验者考虑到理论的 I—范围与合理化（在预期能够影响行为和理论一致性的方式上，该合理化可能与基础范围不同）时，也可以回避 MEC 中的"除非……"条款。由此产生了如下两个问题：实验者将 I—范围看做什么？他们应该允许的合理化处理是什么？

人们可能会期望从对理论的原始叙述中辨认出 I—范围（并且导致后来的合理化是不相关的）。有时理论的原始构想伴随着关于其适用性范围的评论，但是，这些通常是不完整的。[①] 例如，当介绍一个理论时，理论旨在解释的一系列事实应该被给出，这是非常平常的。这一系列事实就表明了 I—范围，而不仅仅是模糊的暗示。无论如何，某些理论不具有权威的原始叙述。或许更重要地，经济学的近期历史清楚地说明最初旨在用于一个范围的理论也可能传播到其他范围：公共选择理论的发展就是一个例子——将经济范围的选择理论应用于政治范围。不承认理论的 I—范围的发展是科学进步的一部分是荒唐的。

另一种情况是使用理论进行解释、预测及给出政策建议的科学家们最近的实践提供了关于 I—范围的最好的指南。相关的合理化就是那些指出了当前理论使用区域与它的基础范围之间的潜在重要区别的合理化。

但是，在面对理论检验时，可能只会缓慢调整当前用法。所以，还有一种情况是相关合理化可以从有关理论检验的专业文献中被辨别出来。通过把之前表面上的驳斥证据合理化，这些文献都会显式地或是隐式地允许描述残余的 I—范围。这种情况就可能需要实验者在专业文献中考虑到合理化，即使合理化还没有反映在更广泛的科学实践中。

正如下文即将讨论的选择理论所证明的一样，使用者的实践与专业文献之间相互不一致的可能性很真实。如果实践者在范围 D_1 中使用理论，而专业学者主张在范围 D_2 中使用理论，其中 $D_1 \neq D_2$，那么对于实验者来说同时考虑 D_1 与 D_2 就似

---

① 嘉兰（Guala, 2005a，第七章；2005b）认为经济理论无法包含关于其适用性范围的完整描述。对于该观点，他的主要论据如下：不能阻止科学家把关于目标域的附加性描述附加在理论上，这种附加性描述不能用理论自身的术语来表达。但是很多对经济理论的原始描述在这一事件上往往是非常模糊的。有意思的是，在过去，波普尔的观点要求科学家详细说明能够推翻理论的可能观察结果。我们将在第 3 章中用波普尔的证伪主义（falsificationism）中的相关观点来讨论问题。

乎是合理的。考虑到这一点，一种可能的情况就是在 I—范围的处理中要注意多元化（pluralist）。在我们刚刚考虑的情况下，只需要温和形式的多元化去研究理论在充分类似于 D_1 或 D_2 的环境下的表现。

一种支持更广泛形式的多元化的观点如下：对检验理论的环境集合的约束越大，这个集合也就越被限制在事先期望理论不会失败的环境中，而理论获得令人惊讶的成功的概率也越小。作为一种非实验类比，我们考虑宏观经济学中的真实商业周期理论的发展。该理论的早期拥护者，例如弗林·凯拉德与爱德华·普利斯科特（Finn Kydland and Edward Prescott，1982）注重研究建模方法，这些方法之前通常被用于解释增长率的长期模式，进而也解释了商业周期频率中的经济波动。这些研究结果对现代商业周期理论产生了意义深远的影响。无论是好还是坏，如果增长理论应用范围的改变被限定为仅仅在遇到不支持证据时进行收缩，那么这些理论的发展是不可能出现的。这种限定也将限制波普尔批评在支持大胆猜测与严格检验时的应用。[①]

从多元论者的观点来看，实验的责任并不是保证其设计与理论范围的特定概念相一致，而是确保只有具有合理根据的结论才能从结果中获得（并且，因此，实验设计应使得结论被证明的过程尽可能地清晰）。尽管上文使用基础范围作为建立 MEC 的出发点，但是一个多元论者会使用其他范围作为出发点，特别是当它们满足一个类似于 MEC 中的"除非……"的条件时。例如，通常一个新理论的支持者倡导这个新理论部分是基于该理论可以解释一些现象——那些在某种实验环境 E 中被观察到的并且无法用更早的理论解释的现象。在这样做的过程中，支持者虽然接受了 E 与 I—范围之间的区别，但这并不说明新理论不适用于 E。另一个例子是一个试图以某种方式（也许是通过使用实地实验）移植实验经验的设计。这种移植可能会以损害理论基础范围中的更弱主张为代价，正如上文所指出的那样，MEC 和 NEC 都不会把"在基础范围内"作为一个在 T—范围内的必要条件。

2.6 选择理论的实验检验应用

在这一节中，我们应用上文讨论过的框架来分析标准的经济选择理论。这样做就意味着在确定性条件下使用效用最大化理论以及在不确定性条件下使用期望效用理论。

有时，人们认为标准的选择理论过于灵活以至于无法服从实验检验或任何其

[①] 哈特利等（Hartley et al.，1997）严谨地评论了凯拉德与普利斯科特在发展真实商业周期模型时的大胆的波普尔推测，总的来说，他们将这种推测视为被证据驳倒了。

他的经验检验。为了处理这个观点，出于现在的目的，从应用的理论中区分理论的一般形式就足够了。[①]当选择理论应用于经济模型中时，首先要假定所要研究的偏好的对象是什么。例如，在一般均衡理论中，偏好被定义在 n 维消费束之上；在真实商业周期模型中，偏好被定义在整个生命时期的消费、闲暇之上。一旦确定偏好被定义在什么之上，标准选择理论就将可检验的约束强加到对那些事情的选择上。如果不能确定偏好的定义基础，那么理论将不具备可证伪的含义，并且在应用中也将无所作为。所以，在继续前进之前明确选择的对象这方面，想要检验标准选择理论的实验者与想要在实地中应用理论的经济学家处于完全相同的位置。

☞专栏2.5

期望效用理论：传递性（transitivity）与独立性（independence）

为了用公式表达期望效用理论，我们首先确定非空的有限结果集合 $X=\{x_i, \cdots, x_n\}$ 与概率的概念。前景是关于 X 的概率分布；基于本专栏的目的，这类前景的集合的代表性元素被表示为 p、q、r。在前景 p 中将结果 x 的概率记为 π_{px}。对于任意前景 p、q，以及任意的 $\lambda \in [0, 1]$，我们用 $\lambda p + (1-\lambda)q$ 作为简单前景 r 的另一种表示形式，定义为对于所有的 $x \in X$，有 $\pi_{rx} = \lambda \pi_{px} + (1-\lambda)\pi_{qx}$。该理论假定决策者拥有关于前景的一个（二选一的）弱偏好（$\succ$）。[②]不同的理论公式在其细节上是不同的，但是有一点对于它们是共同的，即效用函数 $u(\cdot)$ 的存在为每一个结果分配了一个效用，以至于当且仅当前景 p 暗示的结果效用的概率加权总和至少与 q 暗示的结果效用的概率加权总和一样大时，决策者弱偏好 p 于 q，也就是说当且仅当 $\sum_{x \in X} \pi_{px} u(x) \geqslant \sum_{x \in X} \pi_{qx} u(x)$ 时，$p \succ q$ 成立。这种偏好的期望效用表示要追溯到伯努利（Bernoulli，1738），但是期望效用在经济学中的流行发生在更近的时间。这主要是由于规范结果，即期望效用表示定理（expected utility representation theorem）显示了如果决策者的偏好关系满足几个特定的公理，偏好的期望效用表达就成立。

各种各样的期望效用表示定理被学者证实，它们的区别在于不同的公理与规范框架（一些相关历史参见哈蒙德[Hammond，1998]）。但是对于我们的目的而言，这些区别是不重要的。我们主要关注两条法则，定义如下：

---

① 该观点与科学研究项目中的核心部分与保护带之间的拉卡托斯区别相似（Lakatos，1970，1978），我们将在第3章中讨论。核心部分与保护带都是假设集合的一个组成部分，可通过这些组成部分的组合来推导出可检验的假设。

② 当决策者同时弱偏好 p 于 q，以及弱偏好 q 于 p 时，他对 p 与 q 是无差异的。当行为人弱偏好 p 于 q，且对二者并非无差异时，他严格偏好 p 于 q。

传递性。对于所有简单前景 **p**、**q**、**r**，当 **p**＞**q** 与 **p**＞**r** 成立时，有 **p**＞**r**。

独立性。对于所有简单前景 **p**、**q**、**r**，对任意的 $\lambda \in [0, 1]$，当且仅当 $\lambda p +$ $(1-\lambda)r > \lambda q +(1-\lambda)r$ 成立时，**p**＞**q**。

这些条件是期望效用理论的基础，因为尽管在不同的表示定理使用的公理集合中有时精确包括有时不精确包括上述条件，但这些条件还是期望效用表示法陈述的含义。对于传递性来说，这些条件迅速地由传递性的弱不等式产生。对于独立性来说，这些条件由以下事实产生：对于任意前景 **p**、**q**、**r**，以及任意的 $\lambda \in [0, 1]$，$\sum_{x \in X} \lambda \pi_{px} u(x) \geqslant$ $\sum_{x \in X} \pi_{qx} u(x)$ 意味着（并且被意味着）

$$\sum_{x \in X} \lambda \pi_{px} u(x) + \sum_{x \in X} (1-\lambda) \pi_{rx} u(x)$$
$$\geqslant \sum_{x \in X} \lambda \pi_{qx} u(x) + \sum_{x \in X} (1-\lambda) \pi_{rx} u(x)$$

因此，当补充进一个原则（如果弱偏好 **p** 于 **q**，那么决策者会在成对的选择中选择 **p** 而不是 **q**）时，传递性与独立性意味着对于概率已知的期望效用理论的不同公式，关于选择的预测是共同的。

期望效用理论普遍应用于结果以货币表示的情况，此时 X 的元素可以依照金额的大小进行排序。在这种情况下，我们采取记数惯例 $x_1 > \cdots > x_n$。然后，合理地假设 $u(\cdot)$ 关于其货币自变量严格递增，以下同样是一个关于期望效用表述的推断。

一阶随机占优（First-Order Stochastic Dominance）：对于所有简单前景 **p**、**q**，对于所有 $i \in \{1, \cdots, n\}$，如果至少对于一个 i 来说不等式 $\pi_{px1} + \cdots + \pi_{pxi} \geqslant \pi_{qx1} + \cdots + \pi_{qxi}$ 严格成立，则 **p** 严格占优于 **q**。

对于关心最大化其货币报酬的行为人来说，一阶随机占优似乎是最低限度的理性偏好条件。

专栏 2.5 概述了期望效用理论的规范结构。给定一个结果的集合与显示性偏好法则（revealed preference principle），在任何二选一的选择中，只有当决策者（至少是弱）偏好于其中一个选项时，他才会选择该选项。理论的传递性、独立性与（当结果是以货币表示时）一阶随机占优条件表示施加于决策者可做的选择之上的约束。与一阶随机占优不同的是，传递性与独立性不会在任何一个单一决策问题上限制选择，它们只有在问题的某确定集合之间才会产生约束作用。这些跨问题的一致性条件已经被广泛研究了。① 例如，独立性排除了某确定问题对的特定选择模式。许多研究已经观察到了对这种预测的系统性违背。关于违背的反例的一个经典

---

① 一阶随机占优已经被充分研究了（最新案例参见蔡内斯等 [Charness et al., 2007]），我们将在第 7 章研究决策中的误差时继续讨论该问题。

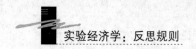

集合中包含了共同比率效应（the common ratio effect），该效应将在专栏 2.6 进行介绍。

☞专栏 2.6

共同比率效应

在对期望效用理论独立性要求的违背中，一个著名反例是莫里斯·阿莱（Maurice Allais，1953）提出的阿莱悖论（Allais paradoxes），它本质上是思维实验（thought experiment）。随后，这些反例也成为众多实验室研究的主题。我们关注这些研究中的一个分支，也就是共同比率效应。

为了介绍这种效应，我们介绍一个在卡尼曼和特维斯基（Kahneman and Tversky，1979）的著名实验中使用的例子。考虑以下四个赌博，每一个赌博都由一系列结果—概率对（consequence-probability pairs）表示（用分号隔开），并用以色列币计价[①]：

$$R_1 = (4\,000，0.8；0，0.2)，$$
$$S_1 = (3\,000，1)，$$
$$R_2 = (4\,000，0.2；0，0.8)，$$
$$S_2 = (3\,000，0.25；0，0.75)。$$

这些赌博可以被看做由两个二元决策问题组成，并通过脚注识别不同的决策问题。在每一个问题中，R 表示风险选项（riskier option），S 表示安全选项（safer option）。卡尼曼和特维斯基（Kahneman and Tversky，1979）报告在他们的被试者中占比 80% 的被试者选择了 S_1 而不是 R_1，占比 65% 的被试者选择了 R_2 而不是 S_2。如果个体选择与其偏好严格一致，那么选择的形式就与期望效用理论不一致，更确切地说，与在专栏 2.5 中描述的独立性公理不一致。

假设结果是货币奖励并且货币越多越好，与期望效用理论的不一致就很容易被说明了。通过混合两种结果的效用，期望效用理论允许效用函数任意地"按比例决定"，此时比起其他结果，这两种结果的偏好会被分配更高的效用。如果货币越多越好，那么我们可以通过设定 $u(4\,000)=1$ 与 $u(0)=0$ 来"按比例决定"效用函数。然后，若相对于 R_1 严格偏好 S_1，则需要满足 $u(3\,000)>0.8$，并且后一个不等式反过来意味着严格偏好 S_2 于 R_2。如此，$u(3000)$ 对于期望效用理论预测的 S_1 对 R_1、R_2 对 S_2 的严格偏好而言是没有价值的。

为了说明独立性公理的不一致性，我们对每个赌博 R_1、S_1、R_2、S_2 都定义了

---

① 例如，R_1 以 0.8 的概率提供 4 000 的货币奖励，并以 0.2 的概率获得零报酬；S_1 能够确定地提供 3 000的奖励。

如下的相应的前景：$r_1=(0.8,0,0.2)$，$s_1=(0,1,0)$，$r_2=(0.2,0,0.8)$，$s_2=(0,0.25,0.75)$。这里每个前景都被分别分配给结果 4 000、3 000 和 0 的概率向量所表示。如果 $p=(0,0,1)$，则有 $s_2=0.25s_1+0.75p$ 与 $r_2=0.25r_1+0.75p$。此时，当且仅当偏好 s_2 于 r_2 时，独立性要求偏好 s_1 于 r_1。

直观地，赌博 S_2 与 R_2 可以分别从 S_1 与 R_1 中获得，即通过分别将 S_1 与 R_1 中所有非零奖励的概率同乘 0.25 可得 S_2 与 R_2。这样，卡尼曼和特维斯基（Kahneman and Tversky，1979）观察到的现象就成为众所周知的共同比率效应的有力形式之一。这里的共同比率效应被定义为与期望效用理论相背，一种按比例缩小可以提高风险选项的相对吸引力的趋势。由阿莱提出的直觉表明尽管通过一个共同比率按比例缩小所有非零奖励的概率使得这些概率的比率不变，但它们的绝对水平的变化也是重要的——例如如果类似于 S_1 的确定性特别吸引行为人的话。这里还有几种其他的可能解释，其中一些我们将在第 4 章讨论。而第 7 章讨论了当个体行为存在随机性的时候关于共同比率效应的解释，并且考虑了期望效用理论的随机变量是否能够解释共同比率效应。

卡尼曼和特维斯基的实验使用了假设支付（hypothetical payoff）[1]，但是毕替与鲁姆斯（Beattie and Loomes，1997）提出了一个例子，即每个被试者仅面对一个问题并知道该问题是真实的。在他们的设计中，货币奖励以英镑体现，有两个小组（即第 3、5 小组）面临如下问题：一个小组在 $R_1=(15,0.8;0,0.2)$ 与 $S_1=(10,1)$ 中选择，占比 85% 的被试者会选择后者；另一个小组在 $R_2=(15,0.2;0,0.8)$ 与 $S_2=(10,0.25;0,0.75)$ 中选择，占比 54% 的被试者会选择前者。很容易发现 S_2 与 R_2 可以分别从 S_1 与 R_1 中获得，即分别在非零的奖励上同乘 0.25，这个结果表示形态上的偏好再次违背了期望效用理论。关于共同比率效应的其他研究以及关于独立性其他反例的研究参见凯莫勒（Camerer，1995）与斯塔莫（Starmer，2000）。

传递性排除了决策问题中的周期性选择（cyclical choices）。第 3 章将讨论对这种预测的检验（见专栏 3.5）。第 4 章记录了在选择实验中观察到的其他几类"异象"（anomalies），它们不能被标准选择理论简单解释。关于个体决策的更复杂的实验经济学研究文献，参见凯莫勒（Camerer，1995）与斯塔莫（Starmer，2000）。

在这一节中我们的目的仅仅是阐明在面对来自理论的基础范围内的不利证据时，我们提出的进行理论辩护的框架。出于这个目的，选择理论相关证据的细节和这一目的没有密切关系，所以我们不会对其进行进一步的讨论。我们现在面临的问题仅仅是尽管标准的选择理论为大多数当代经济学理论提供了核心的基础部分，但仍有许多实验驳斥其某些核心预测。因此，我们可以从中得到如下的重要启示：实

---

① 参见库彼特等（Cubitt et al.，2001）关于这种类型的独立任务、个体选择和设计的优点的讨论。

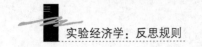

验证据会严重地破坏经济理论的基础吗？

这是一个很大的问题，该问题的许多方面不在本书的范围内。第一个问题是在不利证据的范围内的，读者可参见凯莫勒（Camerer，1995）和斯塔莫（Starmer，2000）的研究。第二个问题是根据数据中的可变性对不利证据进行解释，我们将它推迟到第 7 章讨论。第三个问题是经济学在多大程度上是基于精确的个体选择理论的。第四个问题是当诸如独立性或传递性等条件放宽时，选择理论的应用会有多大程度的不同？在这一节中，我们不是主要关注以上任意一个问题，而是关注在产生了表面看起来不利的证据的实验中检验选择理论是否合理。

关于这一点的争论是非常极端的，正如我们在第 1 章中提到的事实所显示的那样，然而 2002 年的诺贝尔经济学奖颁发给了选择实验的开拓者之一（丹尼尔·卡尼曼）。为了能够进行裁定，我们应用在之前小节中陈述的框架，有许多实验都在理论的基础范围中生成了不利证据，我们把这些实验中使用的实验室环境作为起点，因为至少当激励是真实的时候，实验室赌博与前景有紧密的联系。

如果来自这些环境中的证据不支持标准的选择理论，则 NEC 表示这清楚地反对理论，但 MEC 则允许辩护。我们主要关注两个候选辩护，一个由发现偏好假说（discovered preference hypothesis）提供（Plott，1996），另一个由关于市场的思考提供。值得注意的是，尽管相比于在消费束或彩券（狭义的）中的选择范围，选择理论现在的应用范围更广，但每一个辩护都意味着理论的 I—范围要收缩一点，最后甚至收缩到比传统应用范围更小。它们也是 I—范围收缩防御的基础例子。一个进一步的论据将在下文被更简明地论述，它是以平顶最高值批判（flat maximum critique，Harrison，1992，1994）为基础的，也可以被解释为一种 I—范围收缩防御。

为了为标准的选择理论辩护，根据 MEC 规定的博弈规则，给定来自理论基础范围的表面上不利的实验证据，人们需要使这个证据合理化，主要通过：（1）识别提议的理论的 I—范围与产生证据的实验设计之间的差异；（2）明确地表达关于为什么这些差异会影响行为和理论一致性的可检验假设。

发现偏好假说（Plott，1996）可以被看做以这种方式为标准选择理论辩护，其核心特征是容许显式的偏好与隐式的偏好间存在区别。

☞ 专栏 2.7

发现偏好假说

发现偏好假说是由普洛特（Plott，1996）明确提出的关于一个讨论的一部分，该讨论是关于为什么经济理论在一些实验中的表现比在另一些实验中更好的问题。根据普洛特的观点，个体拥有隐式偏好（underlying preferences），这种隐式偏好符合一致性，例如标准理论假设的传递性和独立性。但是，在普洛特的解释中隐式偏好并不是所有决策的基础，而是在隐式偏好能有效地控制选择之前，必须先通过深思熟虑或学习发现隐式偏好。

普洛特认为选择可被分成三个阶段。第一个阶段是"缺乏经验"与行为"冲动"时。在这一阶段，尽管行为可能表现出系统模式，但不能预期它是满足标准选择理论的假设的。第二个阶段是存在额外的机会进行深思熟虑、对激励做出反应以及可能学习到了相关经验时。在这一阶段，从标准理论的意义上来说，个体行为可以被认为是一致的，但是不同行为人之间关于彼此的信念并不聚合于现实。在第三个阶段，这些信念至少在"个体选择开始预期其他个体选择所反映的理性"的程度上开始聚合。

普洛特的关于发现的隐喻而不是结构的隐喻是经过深思熟虑的。发现偏好假说的一个重要特征是隐式偏好独立于它们被学习到的过程（Plott，1996，227～228页）。与之同样道理，尽管欧洲探索者必须在了解美洲是什么样之前发现美洲，但美洲的情况不取决于探险者发现它时是向东航行还是向西航行。

关于发现偏好假说的更进一步的讨论由库彼特等（Cubitt et al.，2001）以及布拉加和斯塔莫（Braga and Starmer，2005）给出。关于其他偏好的假说参见潘尼等（Payne et al.，1993）、斯洛维奇（Slovic，1995）与潘尼等（Payne et al.，1999）的例子。

如果标准选择理论旨在仅仅被应用于由隐式偏好决定的选择中，正如发现偏好假说定义的那样，那么它会收缩理论的 I—范围（相对于所有选择的范围）。这说明将理论隔离于使用某常见实验设计获得的不利证据是合理的，同时也说明了更进一步的假设应该被检验。因而，如果人们接受从合理化中被识别的 I—范围，那么发现偏好假说就应该拥有 MEC 所要求的精确形式以在面临某些显著的不利证据时为标准选择理论辩护。但是，仅仅拥有这种形式是不足以使辩护令人信服的。想要评价它就需要先评价其关于理论的 I—范围的详细描述以及它提供的合理化。

如果发现偏好假说描述的发现的后期阶段定义了标准选择理论的 I—范围，那么这一范围限于对面临的任务有经验的被试者的选择，这些被试者有足够的激励去深思熟虑他们的反应（对于个体选择理论，没有必要达到普洛特的"第三阶段"）。简单地说，结果的范围是有经验的被试者的重要任务（ITEA，important tasks for experienced agents）的范围。普洛特关于为什么被试者在他的三个阶段中行为不同的解释使得人们期望在 ITEA 与非 ITEA 环境之间存在一个区别以产生不支持标准选择理论的证据。鉴于这种观点，假如任何关于标准选择理论普遍性的主张都被抛弃，那么 MEC 将允许这种主张，即除非实验设计中创建了 ITEA 条件，否则它们就不在理论的 T—范围之中。

尽管不认同发现偏好假说，但宾默尔（Binmore，1999）详细说明了一系列条件，在这些条件下标准理论可以以一种相似的方式在实验室中被检验。特别地，宾

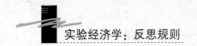

默尔（Binmore，1999）认为只有当任务简单、激励足够、反复试验调整的时间充足时，经济理论才能被期望在实验室中进行预测。尽管与标准选择理论的结果范围相似，但这种构想不同于发现偏好假说之处在于不使偏好在独立于学习过程的深思熟虑之后获得。

很明显，ITEA条件把许多经济学家通常应用标准选择理论的许多情况排除在外了，这一点被普洛特（Plott，1996，226页）与宾默尔（Binmore，1999）直率地承认了。许多对于个体而言非常重要的决定对于大多数人而言只会偶尔发生。然而，至少在他们大多数的非职业生涯中，个体经常面对的大多数决定都是低赌注的（例如，上班路线的选择）。尽管详细说明由ITEA条件构成的标准选择理论的I—范围是条理分明的，但这些详细说明并没有过多地反映在经济学教科书或应用研究当中。根据经济学家最近的现实实践结果，实验者可以合理地断言选择理论的I—范围比ITEA条件广泛得多，因此ITEA条件并不是合理检验理论所必需的。无论标准选择理论是否可以被合理应用于ITEA条件之外，至少在表面上它都符合一致性。但是仅因为没有使用ITEA条件就拒绝某种类别的实验是没有道理的。

相比交换I—范围上的标语，对发现偏好假说的一个更有建设性的回应是对它提出的新假说进行实证检验。这些可被概括地总结为：（1）当激励越强，被试者的经验越丰富时，标准选择理论的预测将越好；（2）发现偏好独立于发现的过程。

存在大量有关于（1）的证据，其中的一部分我们将在第6章讨论。例如，凯莫勒与贺加斯（Camerer and Hogarth，1999）回顾了许多关于实验激励影响的研究，而毕替与鲁姆斯（Beattie and Loomes，1997）以及库彼特等（Cubitt et al.，1998a）通过激励的可控制变量检验了共同比率效应。艾尔利等（Ariely et al.，2003）、布恩等（Bone et al.，1999）、布拉加等（Braga et al.，2009）、蔡内斯等（Charness et al.，2007）、库科斯与格雷瑟（Cox and Grether，1996）、库彼特与萨格登（Cubitt and Sugden，2001a）、海伊（Hey，2001）、萨姆菲尔（Humphrey，2006）、鲁姆斯等（Loomes et al.，2002，2003）、鲁姆斯与萨格登（Loomes and Sugden，1998）、玛雅科夫与普洛特（Myagkov and Plott，1997）、普洛特与蔡勒（Plott and Zeiler，2005），以及凡·迪·库勒与瓦克尔（van de Kuilen and Wakker，2006）都考虑了在标准选择理论的特定反例中不同种类的实验内经验的影响。李斯特（List，2002，2003，2004）研究了事先非实验室经验对偏好反转①与禀赋效应的影响，而后者也被马费罗蒂与萨托尼（Maffioletti and Santoni，2005）所讨论。该文献引出了一个有意思的主题，即存在许多不同种类的经验，当经验有时使对期望效用理论的违背显著减少时，经验的精确形式对此就

<hr />

① 关于非实验室经验对偏好反转的影响的研究已经有很长一段历史了，包括早期利希滕斯坦与斯洛维奇（Lichtenstein and Slovic，1973）复制拉斯维加斯赌场中赌徒行为的研究。

很重要，而违背也不总是能被消除的。

迄今为止，直接反驳（2）的证据较少，但还是存在一些证据，包括布拉加等（Braga et al.，2009）、尼奇等（Knetsch et al.，2001）与鲁姆斯等（Loomes et al.，2003）。还需要更多的相关研究。

或许现在给出一个对（1）、（2）的明确评价还为时过早（除了可能与激励相关的情况外，我们将在第 6 章讨论这种情况）。无论如何，我们当前的目的是先不这样做，而仅仅是提出方法论的观点，即对发现偏好假说的恰当回应是为了检验它提出的假说，并且通过这样做可以探索标准理论的成功表现与不成功表现的边界。它既不是要剔除类似之前发现的那种不相关的不利证据，也不是要坚持可能阻止研究者探索这些边界的狭窄实验协议。

与发现偏好假说相关的激励问题此时也值得评论一下，也就是众所周知的平顶最高值批判，并且尤其与哈里森（Harrison，1989，1992，1994）有关。哈里森并不过度关注激励的整体水平与不同行动导致了不同支付，或者，当支付是一个关于决策变量的连续、平滑的函数时，哈里森也不过度关注该函数在最大值附近的斜率。[①] 他最初将其论证表达为批评基于拍卖的实验研究，但随后将其推广到了其他实验，包括一些向标准理论提出质疑的实验。在这个背景下，他认为在这些实验中的一些任务里被试者可能对选项是无差异的，因此被试者不愿意应用认知努力去确认他们实际的偏好选项。我们将在第 6 章对这一观点进行更深入的论述。对于现在，我们只关注如果理论不适用于实验情况，选项吸引力的区别相对很小，平顶最高值批判被解释为否认标准选择理论实验检验的有效性，那么这就是理论的 I—范围的一个收缩防御。对于这种辩护的评价取决于对理论的 I—范围的详细描述以及伴随着合理化将理论限制在范围内。我们将在随后讨论这些问题。

事实上，只有当行为人最优行动的价值与其另一行动选择的价值之间的区别非常大的时候，我们才清楚经济学家应用标准选择理论的一般实践。就算给定经济学家通常使用的模型的类型，我们也不清楚如何系统阐述这样一个约束。在许多经济学模型中，关于决策变量的目标函数是平滑且连续的。在这些模型中，总存在一些最优选择附近的选择，它们产生稍低于最优点的值。[②] 因此，如果行为人的决策问题事实上可以被看做关于平滑、连续函数的最优化，那么就必定存在一些次优行动（suboptimal action），这些次优行动几乎与最优行动一样好。所以，在要求并不十分严格的时候，目标约束（intended restriction）不得不被解读为要求产生近似最

---

① 为简单起见，我们假设这里只有一个最大点。支付函数的斜率在最大点处为零。因此，问题是在决策变量处的斜率值虽然十分接近最优值，但不等于最优值。

② 由于期望效用理论允许效用函数的线性变换，所以当目标函数是期望效用函数时将会产生更进一步的困难。两个行动间的期望效用差异总是可以通过重新调节效用函数而变大或变小。为了克服这一困难，重新调节也必须被应用于努力的效用成本。

优报酬的决策的邻域不能"太大"。① 从概念上说，相比于要求一个理论只能在激励不"太小"时被应用，上述要求似乎看不出更多的问题。但是，这个要求或许是更难被执行的。例如，很清楚地，决定购买哪所房子通常包含高风险，因为购买价格是购买者年收入的数倍并且（如果购买者在该房子内居住的话）她将在该房子内度过她的大多数时间。但是这还远不足以说明在考虑所有因素后，购买者所偏好的那个选项的净收益是远超过其他选项的净收益的。

现在我们来看这样一个观点：只有当一项任务被预期会对结果的价值产生影响且该影响能充分弥补努力的成本时，个体才会对该任务付诸努力。虽然该观点拥有一种明显的初始吸引力，但由于深思熟虑的影响在深思熟虑前是不可知的，所以更精确地表达这个合理化也是困难的。② 或许该观点最可信的一个变形是一种假定，即行为人可以使用拇指规则（rules of thumb）形成关于哪个任务可能值得付出认知资源的粗略印象。但是，值得注意的是，在这个观点中，任务明显很少坚持那些倾向于否认认知资源的决定（与以下这种任务相反：在深思熟虑后，人们可以确定不存在最具吸引力的选项）。③ 当各赌博在所有重要方面都十分相似的时候，人们预期行为人不会投入太多的认知努力。但是，这也不一定使人们预期较少的努力，例如当赌博在不同方面的补偿方式不同但是产生了相似的期望效用水平时。平顶最高值批判所提出的关于标准决策理论的 I—范围约束的合理化的全面评价，除了需要对这些问题进行讨论之外，还需要关于被试者付出努力的决定因素的经验评价，以及后者对他们决定的影响的经验评价。我们将在第 6 章中深入讨论实验中的激励时继续讨论涉及这些问题的证据。

当标准选择理论面对表面上反对它的实验证据时，一个更进一步的候选辩护是市场规则假设（market discipline hypothesis）。它可以从联合主张中被提取，这里的联合主张认为产生了关于标准选择理论的明显不利证据的实验设计只是没用到市场，而经济理论在市场条件下会运行得更好。如果标准选择理论的 I—范围是市场，以及市场引出与理论的一致性，那么理论的辩护者将会争辩说非市场实验在理

---

① 除了在近似最优化行为的范围很小的情况下限制理论范围的方法之外，对经济学家来说，对平顶最高值论证的另外一个回应是研究在他们的模型中做出近似最优化选择的含义。阿克洛夫与耶伦（Akerlof and Yellen，1985a）提供了一些例子。从定义中看，在保持其他条件不变的情况下，当目标函数是平滑且连续的时候，近似最优的个体行为的成本也不太大。但是阿克洛夫与耶伦指出，对于每个个体而言，近似最优的行为的结果总体上是严重的。

② 有一个众人皆知的概念问题，关于每个决策问题 P，为了决定在解决问题 P 的任务中要应用多少认知资源，行为人根据解决 P 的价值与认知资源成本做出一个最优化决策。问题是这将使行为人陷入一个无穷回归。

③ 我们回到购买房子的例子，假设一个购买者考虑两所房子，二者在大多数方面都很相似，除了一所在西诺丁汉而另一所在迈普里尔公园之外。两所房子建房时间差不多，离市中心的距离也差不多，并且每一所房子都处于所在城市中较贫困的街区旁。但是，它们也存在不同（例如，交通环节、地区商店、学校等因素不同）。对于一个特定的购买者来说，坐落的位置可能没有太大区别；但是，同样地，也可能会产生很大的不同。在深思熟虑之前，我们不能清楚地知道到底是哪种情况。

论的 T—范围之外。就像发现偏好假说那样，这个争辩抛弃了关于决策理论的普遍性的主张。根据前面小节设定的标准对该争辩进行评价还需要先评价它的前提。

在概述这些评价如何进行之前，引入两组区别是有帮助的。第一组区别是市场实验两种可能作用之间的区别，即作为标准理论的检验基础以及作为研究市场进程或市场制度的工具。在这一节中，我们只考虑前者（我们将在下一节中简要地介绍后者的作用，即主要被市场实验者强调的作用，并在第 4 章中更加详细地讨论）。

第二组区别存在于两种不同主张之间：一种主张认为，市场通过引入不违背理论的个体或剔除违背理论的个体在个体层面上消除了选择理论的反例；另一种主张认为，由于市场总体结果（例如价格与交易量）都由不表现出反例的个体造成，所以市场会抑制标准选择理论的反例对市场产生影响。在这一节中，我们只考察在个体层面上排除反例的主张。[①]

如果由经济学家的一般实践决定，则选择理论的 I—范围不限于市场。经济学中的许多视角，例如关于公共物品、选举、犯罪以及家庭和厂商内部的活动区分，都是关于非市场活动的。从这个意义上说，经济学并不是排他地仅牵涉市场，值得注意的是，作为选择理论的检验基础，市场实验确实有一些缺点。一个问题是被试者根据市场结果决定其行为，不同被试者的反应之间可能会相互影响（Loomes et al.，2003；Braga et al.，2009）；另一个问题是被用于向被试者解释交易机制和交易对象的指示过于复杂。给定一个由经济学家一般实践定义的 I—范围，任何支持标准选择理论实验检验中的市场设计的推断都没有明显的支撑。

但是，在个体层面上，如果市场确实与标准选择理论一致，那么这将会使一些潜在的不支持证据合理化，并为被限制在市场范围内的理论提出一个残留的 I—范围。例如，有人可能说市场通过公断或者经验的"发人深省的效果"引起非理性行为。但是，我们不清楚市场规则是否能够引出与标准选择理论一致的结果。作为一个理论问题，库彼特与萨格登（Cubitt and Sugden，2001b）关于"货币泵"（money pump）的分析显示由违背标准理论的选择函数所控制的许多行为依然可以实现套利（Sugden，2004a；Mandler，2005）。乔治·罗文斯坦（George Loewenstein，1999）争辩说，一些种类的非理性行为不可能从市场中消失，甚至不可能减小非理性行为人在其中的作用。实验证据不能明确地说明市场提高了与标准选择理论的一致性。我们提到经验冲击时所用的一些文献与市场经验相关，这些文献认为经验效应是复杂的并且部分取决于经验的类型。其他两篇实验文献有时被看做认为市场引致了与标准理论的一致性。

其中一类文献，例如博格等（Berg et al.，1985）、朱（Chu，1990）、库科斯

---

① 然而，有意思的是，古德与桑德尔（Gode and Sunder，1993）认为市场总体结果符合标准预测，即使有时候交易者是有限理性的（Gjerstad and Shachat，2007），然而霍尔蒂万格与伍德曼（Haltiwanger and Waldman，1984）以及费尔与泰兰（Fehr and Tyran，2005）说明了在出现策略互补性时少数非理性个体是如何对总体结果产生很大的影响的。

与格雷瑟（Cox and Grether，1996）旨在表明在确定的市场环境下，一个特定异象（在这些情况下是偏好反转）发生的概率会减小。[①] 但是，正如鲁姆斯等（Loomes et al.，2003）与布拉加和斯塔莫（Braga and Starmer，2005）讨论的那样，这些结果也可被解释为不那么支持标准理论。情况也可能是尽管被试者学习去避免一个特定的异象，但是由于被试者使用与背景相关的惯例，因此还是出现了这个异象。如果是这样，他们的行为就不满足标准理论（与发现偏好假说）要求的与背景无关条件。关于其他异象也有类似的研究，其中一些提出了类似的解释。例如，伊万斯（Evans，1997）研究了期望效用理论中独立性公理的反例，这些反例被称为"中间态"（betweenness）。伊万斯报告了实验的结果，在实验中，通过在市场处理组与非市场处理组中使用定价任务引出偏好。尽管相比于在非市场处理组中的个体出价，市场处理组中的市场均衡价格表现出更低的违背率，但在两种处理组中个体反应的违背率之间并没有显著的区别。关于市场和标准理论违背率的进一步证据在布拉加与斯塔莫（Braga and Starmer，2005）的文献中被讨论了。

其他最初似乎也认为标准检验理论在市场环境下运行比在选择实验环境下运行更好的文献关注特定类型的实验市场中的有效性和均衡收敛。戴维斯和霍尔特（Davis and Holt，1993）研究了双边拍卖（double-auction）与公开报价（posted-offer）的市场实验，说明了前者表现出更强的有效性与收敛性质。但是，这些文献中报告的市场实验，包括诺贝尔经济学奖获得者弗农·史密斯的经典贡献在内，通常关心选择实验中经济理论做出的不同预测。选择实验研究了个体偏好的性质。市场实验通常用激励计划诱导被试者，使他们在好像拥有特定偏好的情况下实施行为。[②] 通过假定行为人拥有引致偏好（induced preferences），他们检验了市场的性质与市场中的个体行为。他们没有调查被试者实际具有的偏好特征。因此，在行为人的实际偏好是否满足标准选择理论的问题上，以下两种方法的结果是一致的，这两种方法分别为：在含有引致偏好的某类市场实验中，市场均衡理论通常运行得非常好；在某类选择实验中，标准选择理论预测得不够好。

与发现偏好假说相似，市场规则假设是标准决策理论的 I—范围的一个收缩防御，这里定义的理论范围比当前经济学中使用的范围要窄得多。然而，同样类似于发现偏好假说，市场规则假说规定了一个有价值的研究议程，这种研究议程的成果才刚刚出现。从之前的研究的角度看，无论研究成果是什么，这个研究议程都应该

---

① 尽管将博格等（Berg et al.，1985）以及朱（Chu，1990）定义的环境看做"市场"是很正常的，但他们缺少实地中大多数市场的一个最重要特征，即不交易的权利。

② 史密斯（Smith，1976）对引致价值方法做了权威的说明（见专栏 3.1），我们将在第 3 章中更细致地讨论。在使用这种方法的实验中，根据预先设置的时间表，允许被试者在实验交易时期末尾将他所持有的筹码卖出，以此来诱导被试者给这些筹码赋予特定价值。这使得引致边际价值在不同个体之间与同一个体持有的不同筹码之间不断改变，所以引出的需求曲线与供给曲线的形状是不一样的，唯一的条件是被试者希望最大化其货币所得。

被看做起到了补充作用，而不是过度证明。

2.7　均衡预测的实验检验应用

虽然个体行为理论对于传统经济建模非常重要，但该理论不会是故事的结尾，因为大多数经济活动包含个体之间的交互作用。更进一步说，普洛特的发现偏好假说的某些方面（特别地，发现的第三阶段）只有在一个交互环境中才是可以被理解的。[①]

绝大多数关于行为人之间交互作用的经济模型使用了均衡的概念，例如在竞争市场模型中的某些竞争均衡形式或博弈论模型中的纳什均衡（或精炼的纳什均衡）。市场模型与博弈是我们在这一节中所考虑的交互模型的两种形式。为了简便，我们将注意力集中在拥有唯一均衡的模型（模型种类不限）上。[②]

值得注意的还有在前文中提到的规范的、理论概念中的均衡概念。但是，如果研究交互作用的经济模型被解释为拥有实证内容，则这里的均衡概念必须是具有预测性的。均衡模型的预测有两种完全不一样的解读方式。一种方式被我们称做无条件解释（unconditional interpretation），即预测在某种情况下观察到的行为将与模型规定的均衡行为模式相符合；另一种方式被称做条件解释（conditional interpretation），即仅在满足均衡的条件下进行预测。在后一种解释中，均衡是定义有关交互的经济理论的 I—范围的条件之一。

为了弄清条件解释的意义，给定理论要被解释为包含实证内容，我们需要独立于理论均衡概念的一些"均衡"的实证概念，否则根据定义，均衡条件预测就是真的。但是，我们并不缺少填补该概念的候选概念。两种类型的候选概念是显著不同的：第一种，在过程方面被定义，由一些预先设定的潜在均衡过程运行之后的情况组成（例如，之前行动的二十次重复）；第二种，在结果方面被定义，由在特定意义上行为被稳定之后的情况组成。当在下文中需要避免模糊时，我们将把这些类型的均衡（过程定义下的或结果定义下的）称为 S—均衡，并且把理论模型的规范均衡称为 T—均衡。因此，均衡模型的解释条件拥有以下形式：一旦一个确定情况得出了一个给定类型的 S—均衡，那么该行为就会符合模型 T—均衡下的模式。

作为一个例子，考虑两个利润最大化的同质厂商之间的贝特朗双头垄断模型（the Bertrand model of duopoly），通过设置价格竞争使成本函数是线性的，每一家

---

① 宾默尔（Binmore，2007，1 页）重复了其在 1999 年（Binmore，1999）提出的三个条件。现在可以解答在什么种类的环境中交互博弈理论可以进行很好的预测了。他认为尽管在不是所有条件都被满足时该理论有时候也运行良好，但在所有条件都被满足时该理论也会面临预测失误。

② 当存在多个均衡的时候，这避免了该模型的预测是什么的问题。众所周知，这个问题是十分重要的，但与我们现在考虑的研究并不相关。

厂商不能观察到另一家厂商的价格但知道市场需求曲线，并且当任何一家厂商比另家厂商的定价严格更低时，整个市场将被更低价格的厂商占据。只要存在足够的需求支持这个市场，这个定价博弈（price-setting game）中的唯一纳什均衡就是每家厂商都在其边际成本处定价（Tirole，1988，第五章；Carlton and Perloff，2005，第六章）。我们现在考虑 T—均衡如何能转化成关于一个真实的双头垄断行业的预测。行业中的厂商拥有相同的成本。在无条件解释中，预测通常只是行业中的厂商将会在边际成本处定价。在条件解释中，预测是一旦达到 S—均衡，厂商将会在边际成本处定价。根据 S—均衡的概念，这或许意味着如果厂商拥有机会去修正价格，那么他们将会在边际成本处定价；或是如果价格确定在稳定水平，那么价格将等于边际成本。每一个条件预测都比无条件预测弱，但是根据定义，它们二者都是不真实的。

通常，经济行为的均衡理论对于被认为应该会带来均衡的均衡机制是不确定的（unspecific）。它或许是（不受时间影响的）纯粹的推理，正如在博弈论的经典解释中那样，或许是一些随时间延伸的进化过程，或许是一些价格调整机制，或许是套利。可能的清单取决于理论模型与 T—均衡概念以及其他因素。在某些情况下，这种确定性（specificity）的缺乏是无关紧要的。特别是，如果理论模型的预测是无条件的，那么就无须详细说明形成预测的一个均衡的过程。相反地，如果一个均衡模型的预测被解释为条件的，那么合适的检验就可能取决于条件，相应地，它还取决于设想的均衡机制。

均衡模型预测中的无条件解释与条件解释分别对应于检验市场理论的实验设计以及交互策略的实验设计的不同观点。无条件解释意味着由模型规定的 T—均衡行为产生了实验将要检验的预测，并且理论使得预测在 S—均衡上是无条件的。相反地，条件解释意味着 S—均衡是实验者应该获得控制的事情。这些要求是如何达到的可能取决于候选的均衡机制，例如，一个人可能会预期诸如任务重复这类设计特征被关于其他参与者的选择和/或报酬所补充。

如果任务重复的目的是引起如下一种情况：一些一步达到均衡的交互模型的预测可以被期望存在，那么就必须确保重复实验不会产生新的 T—均衡，例如在重复博弈中建立声誉的可能性。对这个问题，有许多解决和缓解的措施，例如陌生人和完美陌生人（perfect strangers）的实验设计。

☞ 专栏 2.8

合作者设计与陌生人设计

许多实验研究了博弈主体的行为。通常在这些实验中，主体并不是只进行一次博弈而是进行重复博弈。通常，在一个给定的实验局中，主体随机地、匿名地被配成对或组成小组，各组（对）之间各自进行博弈。随后，如果博弈在一系列回合中重复进行，那么主要存在两种类型的协议。在合作者设计中，同一小组内的主体在每个回合中共同进行博弈；在陌生人设计（有时也被称为随机再匹配设计）中，在每个回合中一起行动的组员都会被随机地、匿名地重新选择一次。后一个协议的主要目的是创造一种环境，在这种环境中，主体能够获得关于博弈的经验，但是他们的行动不受这种考虑——他们正在与相同的其他行动者一起进行重复博弈——的影响。根据是否对小组再选择的随机过程强加任何约束，陌生人协议的不同形式也在变化，小组再选择是为了强化给定回合中的主体行为与"它可能影响对手的未来决策"的考虑之间的分离。一些学者使用术语完美陌生人来表明这种强加的约束，即任何两个行动者再次一起进行博弈的概率为零。但是，原则上，这仍然留有余地，例如，行动者 i 在回合 t 中的选择可能受到影响，因为他考虑到了他的选择可能会影响行动者 j 在回合 $t+1$ 的选择，这可能反过来影响行动者 k 在回合 $t+2$ 的选择（当行动者 i 可能扮演 k 的角色时）。可以认为术语完美陌生人确实应当为以下情况保留：在每一回合中每个主体 i 与之前从未见过 i 的博弈主体，或是任何曾经见过 i 的博弈主体等进行博弈。对于在回合 t 中的行动者 i 来说，这消除了所有在随后的回合中其他人与 i 交互的情况，但是这比无约束任意再匹配更复杂、运作成本更大。

安德烈奥尼（Andreoni，1988）研究了关于合作者协议与陌生人协议的一个著名对比，尽管一些随后的研究发现了相当不同的结果（Keser and van Winden，2000）。第 1 章中讨论的费尔与盖科特（Fehr and Gächter，2000）的发现阐述了直觉上可信的观点，合作者协议或许比陌生人协议更有助于合作。

正如一个理论的基础范围是通过与理论概念的严格一致定义的那样，在一个博弈论模型的基础范围中具体指定一个实验设计通常是非常明确的，前提条件是假设货币报酬与效用一致（对该假设的需要是杜赫姆—奎恩问题的一个方面，我们将在第 3 章讨论）。当模型不能明确指定任何交易机制的时候（通常情况就是这样），很难清楚地说明什么是一个市场模型的基础范围。人们可能认为一个竞争均衡模型的基础范围需要许多交易者的存在，因为这是该模型的一个关键假设。出于这些原因，我们最好将市场实验看做在探索理论的成功应用，而不是试图在其基础范围内检验理论。[①] 然而，区分无条件解释与条件解释还是有意义的。当探索一个理论的竞争均衡的某些性质是否描述了一个拥有六个交易者的实验市场的实际交易时，人们可以询问 S—均衡中获得的是条件解释还是无条件解释。

如果理论模型的均衡预测被看做是无条件的，那么既会出现预测失败的情况（例如，在市场实验的初始交易时期中与使用自愿贡献机制的实验的初始回合中），也会出现运行得更好的情况（例如，在相似实验的较靠后的回合中，尤其是在双边

---

① 直到第 4 章我们才讨论市场实验最好被看做研究特定交易制度的性质，而不是研究理论的成功与否。

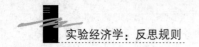

拍卖条件下的市场实验中）。① 我们该如何对待这种结果呢？

普洛特（Plott，1996）与宾默尔（Binmore，1999）② 的观点可被解读为通过将理论的预测重新解释为条件预测而不是无条件预测的方法，在面对表面上不支持的证据时为相关理论辩护。这样的行为符合 2.5 节中讨论的 MEC 暗示的"博弈规则"。当这种行为作为面对不支持证据时的辩护的一部分时，应使用评价I—范围收缩防御的标准来判断该行为，因为该行为就是 I—范围的收缩防御。正如之前指出的那样，这样的辩护也带来了一些义务，包括不使用在新提出的 I—范围之外的理论（在这种情况下，可以预期在这个范围内得到 S—均衡的一些概念）。普洛特和宾默尔接受了这种义务，但是，在缺乏精确确定的均衡过程或 S—均衡概念的时候，很难回答经济学家的一般实践是否能满足它。

正如前文所述，我们的观点是对于 I—范围收缩防御最具建设性的反应是在理论上与经验上研究理论限制的项目。在这种情况下，这样一个项目可以研究不同的候选均衡机制在引起均衡上的成功，以及在不同机制下这种成功所需要的时间量与反馈条件等。许多关于市场的现有实验研究可以被看做对这样一种项目的贡献。例如，许多市场实验研究了不同交易制度的性质，例如它们产生趋同的速度。到目前为止，结果似乎表明竞争均衡模型在某些方面比预期具有更大的成功范围（例如，在一些交易系统下，趋同通常很快，即使仅有几个交易者），尽管在其他方面有更小的成功范围（例如交易规则会影响趋同的速度，并且在某些规则下，趋同是缓慢的）。

然而，它在实验博弈中的地位还不是非常清楚。涉及重复进行一个给定博弈的这种设计非常常见，但是在分析数据时，往往主要集中于最后几个回合中的行为，或所有回合的平均行为，或其后出现稳定的行为模式的那些回合中的行为。当讨论所有回合的平均行为时，这种分析最容易被解释为一个无条件预测研究；当在其他两种情况下时，这种分析最容易被解释为一个 S—均衡条件的预测研究。而比较少见到把建立均衡的实际过程作为实验分析的中心——需要多少次重复才能使均衡出现，以及哪个重复交互结构，或哪个反馈条件，或哪个博弈以最快的速度产生均衡。但是，也有值得注意的例外，例如关于自愿贡献机制中贡献衰减的研究（Andreoni，1988，1995）、零和博弈的随机化（Binmore et al.，2001）、讨价还价博弈中的重复博弈和角色互换（Binmore et al.，1985）、模仿和反馈条件（Apesteguia et al.，2007），以及在策略环境中被试者的信息搜寻（Costa-Gomez et al.，2001；Crawford，2008）。③

---

① 最近的研究参见戴维斯与霍尔特（Davis and Holt，1993）与雷亚德（Ledyard，1995）。

② 同样参见宾默尔（Binmore，1994，184~186 页）与宾默尔（Binmore，2007，5~10 页）。

③ 有一些有关这个问题的理论研究，例如萨缪尔森（Samuelson，1997，2002），还有一些有关策略环境下学习行为的实验文献（Erev and Roth，1998；Camerer and Ho，1999；Camerer，2003）。迄今为止，后一种文献更加关注如何对主体在策略环境下的学习行为进行建模，而不是关注均衡收敛的条件，尽管这两个问题明显有关联。

在博弈论均衡的情况中还存在一个更加复杂的问题。许多著名理论都认同当博弈以某方式重复进行时，例如无限地由相同行动者重复，并不期望其结果与模型只进行一次时的均衡结果一致。博弈论的"民间定理"（folk theorems）意味着重复博弈的均衡结果会与构成它的单次博弈的均衡结果不一致。[1] 因此，除非（1）博弈论预测在达到 S—均衡时是条件的，并且（2）博弈是在合适的条件下重复，否则不能期望得到 S—均衡，由莫顿叉子捕捉到的单次博弈论的均衡预测结果是[2]：没有重复，并且也不满足 S—均衡的要求；错误的重复类型，只进行一次的 T—均衡不再是唯一的均衡。这个问题不再使理论的 I—范围收缩至零，但是，考虑到前提（1）与（2），该问题限制它仅发生在充分类似于完美陌生人设计下的重复交互范围中。世界中的许多博弈都在这样的条件下进行，例如三岔路口博弈；但是还有许多博弈不在该条件下进行，例如企业内部的谈判。因此，理论均衡预测的条件解释就存在一个成本，单期博弈论模型的潜在 I—范围的大小决定该成本。更宽广的无条件解释不能带来价格标签，因为此时均衡预测不以存在一个需要重复的机制为条件。

现在总结这一节中的方法论：无论关于交互行为作用的经济学模型的均衡预测被解释为无条件的还是条件的，它都既对理论的 I—范围有着重要意义，也对实验设计有着重要意义。如果预测是无条件的，那么实验者就没有必要主动检验预测以带来 S—均衡或证明他们已经这样做了。但是如果预测是条件的，那么 S—均衡就是实验者必须实施控制的事情。不能获得这种控制的实验设计在理论的 T—范围之外，因为它不能实现条件解释所认为的理论的 I—范围的一个关键特征：均衡本身。理论预测的条件解释与无条件解释之间的区别或许可以解释实验博弈论学者的实践之间的差异——一些博弈论学者坚持常规的任务重复博弈，而另一些博弈论学者更多地使用单次博弈。正如决策理论的情况一样，它提供了关于理论范围的不同解释如何产生不同的设计法则的例子。

2.8 结论

在这一章中，我们讨论的问题标志着重要的群体分割，即对那些支持与不支持"把实验视为检验经济理论的有效工具"这一观点的人进行分割，以及对主张实验设计的不同类型的人们进行分割。本章的这个问题与经济理论的适用范围有关。更具体地说，我们提出了一个框架来在如下两类人之间当裁判：一些人强调理论拥有

---

① 见奥斯博尼与鲁宾斯坦（Osborne and Rubinstein，1994，第八章）有关弗克定理的教科书式的解读。
② 卡迪尔·莫顿负责英国国王亨利七世的征税工作。莫顿认为，那些对国王最殷勤大方的人应该被课以重税，因为他们显然有花不完的钱；那些对国王只是适度殷勤的人也应该被课以重税，因为他们手上明显有些积蓄。

一般性这个必要条件，并且由此不愿意确定出理论可能被检验的明确边界；另一些人认为理论只拥有狭窄的指定应用范围，超过这个范围的理论表现就是不相关的。

我们认为，即使那些将经济理论看做只有一个狭窄应用范围的人也应该接受如下这一点：在该范围外的检验可能是合理的。我们已经描述了涉及实验的理论检验的"博弈规则"，其平衡了实验室结果的外部有效性与"在不利结果面前理论没有不合理地被保护"的要求这两者。这些规则拥有的权威来自一个初始的但是可重写的推测，该推测支持使用与理论概念紧密相关的设计进行实验室检验。这一初始的推测是以这种设计提供的控制为基础的。但是，由于条款被重写了，所以这种提议没有把一些实验检验是否合理的问题与理论应用目标范围的问题相分离。它开启了介于以下两种观点之间的中间路径：一种观点认为实验者只需关心理论模型的假设；另一种观点则是外部有效性怀疑论的极端形式。

中间路径提出了一个问题，即如何去辨别理论应用的目标范围？选择理论的例子说明了理论使用者的正常实践可能揭示一个与专业文献中显著的不利证据的合理化非常不同的应用范围。尽管人们关于标准选择理论只能够应用于有经验的主体所从事的重要任务中，或是只能应用于市场中的行为存在争论，但经济学家的一般实践仍然可以将其应用于非市场情况以及相对不重要或罕见的任务中。均衡理论提供了一个更进一步的例子，其可以容纳关于理论应用范围的不同解释。尽管有人认为源自竞争或博弈论均衡模型的预测被期望只有在经过调整阶段之后才有效，在非均衡初期预测无效不能被认做反对理论的证据，但经济学家的通常实践是一般不以这种方式限定其结论，而是直接应用均衡模型。

在这些例子中，那些支持理论检验范围狭窄的人们在应用中也被限制这样做，然而认为应用范围宽广的人们必须接受一个相应较大的检验集合中的结果。当某些理论的成功表现的范围被质疑时，进一步的研究可以阐明在一些范围中理论是否能够比在另一些范围中做得更好，并且如果是这样的话，那么它们的边界是什么。由于允许控制，所以实验者可能更合适于该研究。而如果他们想对此作出贡献的话，就需要像一个多元论者那样支持一系列实验设计，而不是狭隘地坚持任何单一的设计蓝图。

当理论面对不利的实验证据的时候，研究者接下来可能做的（通常是极具建设性的）不是直接把该理论扔进历史的垃圾箱，而是应该逐步调查设计特征的影响，对于理论将要应用的范围而言该设计特征下的范围似乎不典型，这也正是我们将在第3章说明的理论估计的动态视角的早期提示。相同地，受控实验的项目也有助于界定理论的成功表现与不成功表现的边界，这个观点将是对第4章讨论的理论检验与实证规律性精炼之间的关系的一个早期提示。本章提出的这一框架讨论了对在我们所谓的理论基础范围中使用实验设计进行检验的合理性的初始推断，在有限的程度上会使人联想起关于被指责的理论的观点。但是，与这一辩护不同，本章大体上允许这种挑战，即实验室环境在一些重要方面不同于理论应用的目标范围。我们评定这些挑战的标准是有理的、有启发性的，以及有关论据在经验上的成功，而不是这些挑战是否可以在原始理论中被公式推导出来。更进一步的问题是，是否对被指责的理论的辩护例行借助的所有设计都确实在相关理论的基础范围内？我们将在第 5 章研究这一问题。此外，我们将在第 6 章考察激励的问题，并在第 7 章对选择实验中的结果进行解释。

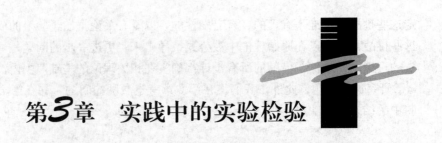

第*3*章　实践中的实验检验

3.1　前言

本章将继续讨论实验的理论检验作用。第 2 章回答了经济理论在何处能得到合理检验的问题，这一章回答（在给定范围内）检验包含什么内容和会得出什么结论的问题。本章的一个重要主题是实验检验（在经济学中的或者在其他地方的）总是相对复杂的，也正是由于实验检验的复杂性，因此它很难为个别假设提供严格的检验。因此，当判断一个特定假设能否经受实验检验时往往会夹杂着一些解释的成分。

如果证据并不能完全"为自己说话"，那么这一点就不那么令人惊讶，即对经济学实验检验中得出的特定观点存在争议。一方面，这些争议可能是科学发现的正常过程的一部分，反映了对证据合理但矛盾的理解；另一方面，鉴定这一过程中看似判断的元素时，会出现这样的问题，即一些解释是否比另一些更好以及是否能通过更多的检验使争论得到满意的解决。本章研究了上述及相关的问题，并针对其达成了自己的观点，该观点符合拉卡托斯（Lakatos，1970，1978）提出的"科学研究规划的方法论"的精神。我们认为虽然单个的实验并不能对个别假设做出完全决定性的检验，但实验经济学研究的扩展进程能够做出这样的检验并推动知识的进步。

3.2　实验检验和杜赫姆—奎恩理论（Duhem-Quine Thesis）

首先，考虑以下问题：理论检验实验中检验的是什么内容？答案应该是显而易见的：当然，如果理论检验实验的设定是合理的，那么其检验的是相关的理论。但是，这里有些细节需要我们注意。正如第 1 章所说的，考虑到（实验或非实验的）理论检验所涉及的内容，对经济模型的正规理论和与之相关的经验假设进行区分是很重要的。实验必须对后者进行检验，从正规模型到经验假设的过程需要运用有关的模型（我们将在第 5 章进行进一步的研究）。正如最后一章将讨论的，这为判断一个模型在特定应用中能否预测成功提供了一个良好检验（包括判断它被应用的这个范畴对它而言是否是一个合理的检验范围）。本章中，我们还要鉴别和思考对判断的另一方面的应用研究。皮埃尔·杜赫姆（Pierre Duhem，1906）和威拉德·凡·奥曼·奎恩（Willard Van Orman Quine，1951，1953）有一个被人们广泛认可的观点，即对于单个假设而言并没有权威的检验。这是因为所有的假设检验都涉及了很多的假设。我们将会参考杜赫姆—奎恩理论（简称 DQT）中的观点。虽然一些读者可能对这一观点很熟悉，但是由于 DQT 将会在本章中发挥重要作用，因此我们将在此处花一些时间在实验经济学背景下对其进行阐述。

为了解释 DQT 中的逻辑，想象一下如果要对经济学理论的某一方面构建一个可信的检验，那么实验设计中将要包含什么。为了便于论述，考虑一个旨在检验该假设的简单实验，即被试者在彩券中进行选择时是要最大化其期望效用。我们把它称为特定研究的目标假设。假设为了检验这一目标，正如很多已经做过的实验那样，我们的实验者通过给予被试者一系列报酬和彩券的成对选项来进行实验，使得期望效用理论可以允许特定的选择模式并排除其他模式。为了进一步补充这一例子，假设任务中还包括在成对的赌博（表示为 g^+ 和 g^-）间进行选择，其中 g^+（一阶随机地）占优于 g^-。由于在期望效用理论中偏好满足一阶随机占优（参见专栏 2.5），所以检验目标假设的一个方法是观察被试者在实验中是否如理论预期地那样选择 g^+ 这一选项。从表面看来，实验设计提供了一个极其简单的方法，通过期望效用理论的基本性质（并且事实上，很多其他有关风险偏好的理论都包括了相同的性质）来检验人类行为的一致性。

现在我们假设与目标假设相反，从该实验中得到的数据表明被试者选择 g^- 与选择 g^+ 的可能性是一样的。也就是说，并不能找到任何主导选择行为的系统性偏好。这对于推翻目标假设而言是否是一个可信的证据呢？关于实施实验的方式，我们也许想了解更多，即收集数据的条件。例如，为了使这作为一个证明被试者不遵循一阶随机占优的具有说服力的证据，我们至少会想确保被试者事实上知道不同选择（g^+，g^-）相应的概率和报酬。例如，想象一下被试者面对简单标着 g^+ 和 g^- 的选项，并被告知从中选择一个。如果这是事先设计好的，并且被试者并没被告知选项相应的概率和报酬等基本信息或者并没有机会去知道这些，那么，我们就不能认为目标假设是无效的，我们可能会更倾向于仅仅将实验结果解读为被试者无法猜中相应的概率和报酬的证据。倘若是这样，我们就可以合理地得出如下结论：该实验并不是对目标假设的一个良好的检验。

当我们企图检验目标假设时，"被试者知道相应的报酬和概率"的命题可以被理解为辅助假设，该辅助假设是被检验的假设集合中的一部分。原则上，被试者选择劣等选项（dominated options，g^-）的证据可能会被解释为目标假设的失效或者该辅助假设的失效（或是二者都失效）。在这种情况下，这将相对直观地得到更多的有关某辅助假设（称其为 a^1）是否合适的信息。例如，一个好的实验报告将会对此进行清楚的解释。然而，我们可以迅速地，也许是无限地扩展辅助假设的列表，为了我们能够清楚地解释由实验而来的数据，辅助假设是必要的。例如，我们可能不仅要求被试者被告知关于概率的信息，而且可能要求该信息以一种易懂的方式呈现给他们（称其为 a^2）；我们可能需要给予被试者一个激励让他们专心于实验任务并认真思考他们的决策（a^3）；我们可能需要给予被试者足够的时间去思考他们的决定（a^4）；等等。值得注意的是，虽然一些辅助假设（如 a^1）的有效性可能相对来说比较容易证实，然而，在其他情况下却可能存在一些问题。例如，在思考一个决策时，关于怎样才算是"足够的时间"或者"足够的动机"可能会存在一些模糊认识。因此，如果观察到这一点的话，应用所描述的设计（被试者选择劣等选项与占优选项的可能性是一样的）则可能会存在多种理解。这是因为实验是对假设集合（T，a^1，a^2，a^3，a^4，…，a^n）的联合检验，这包括目标（T）加上一定数量（可能很大）的辅助假设。被试者频繁地选择 g^- 的现象不符合整个假设集合同时成立的推断。然而，选择 g^- 的行为可以在逻辑上以很多方式解释：可以被解释为对 T 的拒绝；或者解释为对一个或多个辅助假设的拒绝；或者解释为对二者的同时拒绝。证据的共同点证实了 T，为了将这解释为支持 T 的明确证据，我们必须（至少在暗中）援用一系列辅助假设来排除各种与 T 明显不合的可能性。DQT 指向从任何一种假设检验形式中产生的一般问题：我们总是检验假设集合；因此，假设检验的结果总是需要解释。例如，在计量经济学检验中就存在类似的问题。考虑试图检验这样一个目标假设：对于特定数据集合，购买力平价成立。虽然研究者可能会报告在回归分析中具有特定系数值的单个统计检验，然而这一检验的有效性对于关于基础模型的有效性、函数形式的选择、随机设定等内容（Taylor，2003）的辅助假设而言是多余的。但是，我们的主要兴趣在于在实验经济学的背景下探索 DQT 的含义。与本书的抱负相比，这是尤其重要的进取心，因为（正如我们现在所阐述的）实验研究的一些关键方法显然是建立在特定辅助假设成立的基础上的。为了说明这一点，考虑所谓的引致价值方法论（IVM，induced-value methodology），该方法已经成为市场实验中试图实施特定偏好集合时使用的标准方法。为了介绍这一主题，回顾早期史密斯（Smith，1962）的文献，该文献能帮助我们理解该方法。[①]

☞ 专栏 3.1

在双边拍卖机制中引入供给和需求的经典市场实验

弗农·史密斯的文章《对于竞争市场行为的实验研究》（1962）描述了从张伯伦的第一个市场实验中提炼并扩展的一系列实验（见专栏 4.1）。作者之所以会进行这一研究，是因为在试图检验竞争均衡价格理论中的假设时受到了启发。史密斯将其看做（马歇尔）竞争价格理论的一个预测——在需求曲线向下倾斜、供给曲线向上倾斜的稳定环境中，观察到的价格和数量将会趋于需求曲线和供给曲线的交点。他的根本策略是建立一个实验市场，其中需求条件和供给条件对于实验者是已知的，并且在一系列市场周期中保持稳定。史密斯将需求和供给的稳定性看做真实市场的非典型事物，但为了检验特定的经济学假设（在稳定环境中行为将趋于均衡），他有意地将其放入他的实验环境中。接下来，他观察了当真实个体通过某一交易机制进行交易时与竞争均衡一致的行为是否确实出现了。

为了在史密斯的实验市场中实施特定的供需条件，被试者被随机地分为买者和卖者，他们接下来有机会在一个简单的市场上进行交易。通过给每个买者一张卡片规定他们对一单位实验商品所能支付的最高金额来引入价值，这些价值是私人信息且在买者间是不同的。类似地，也规定了每个卖者对于所卖出的每一单位实验商品的（私人的）最低价格。

实验涉及连续的市场周期，其中，买者和卖者有机会通过口头的双边拍卖机制签订双方的合同。在任何一个市场周期中，供给和需求计划表通过分配私人价值得到履行，接着买者能通过宣布他们对一单位商品愿意支付的价格（受他们的私人最高价制约）来投标。类似地，卖者能通过宣布他们对一单位商品愿意出售的价格（受他们的私人最低价制约）来招标。任何买者（或卖者）都有自由在不违背限制时接受已公布的开价（出价）。一旦接受开价（出价）就会导致有约束力的合同，买卖双方在接下来的市场周期退出市场。市场周期会持续（通常介于五分钟到十分

---

① 怎样算是一个辅助假设本身就可能是一个有不同理解的问题，并且可能与范围问题相联系。例如，考虑两个理论家，他们对于理论（T）的应用范围这一问题有着不同的观点。假设一个理论家认为 T 仅能应用在赌注足够高从而促使被试者做出谨慎决策的情况下，而另一个理论家主张 T 应用在与赌注无关的决策中。对于第一个理论家而言，赌注足够高的假设是一个和 T 一起被检验的辅助假设，但对于第二个理论家而言则不是。

钟之间）到出价和开价不能再导致合同的签订。在每一个周期内，合同签订者所得到的报酬都等于其私人价值和合同价格之间的绝对差额，同时被试者被要求努力使自身的总报酬最大化。随着相同的个体在相同的条件下参与多个市场周期，这一过程不停地重复。

综合来看，限制了特定买者的个体最大值决定了在每一可得价格下市场的最大可能需求。同样，强加于个体卖者身上的最低出售价格决定了在每一可得价格下市场的最大可能供给。因此，我们可能将一系列对于买者和卖者的（私人）限制看成在市场中引入的特定的供需条件。

史密斯认为尽管竞争均衡理论假定了一些消除多余需求或供给的设置（例如，瓦尔拉斯拍卖者），但是真实的人与人之间通过双边拍卖机制进行的交互作用可能会也可能不会产生对竞争均衡预测的趋近。因此，虽然执行需求和供给计划表制约了市场中会发生什么，但这些制约还不足以证明交易的确切模式。因此，这完全是有待解决的问题，即关于在该市场中将会发生什么，尤其是符合竞争均衡的市场行为是否会出现。例如，可以想象到与均衡预测相反，商品的不同单位可能会以不同的价格卖出，价格没有稳定下来的趋势；交易量将可能比均衡量更少，并且在这一情况下，所有单位商品都可能以非均衡价格卖出。因此，我们可将史密斯的实验看做检验特定实验交易机制（双边拍卖）的均衡特征。

史密斯观察到在不同的市场时期，价格在很大程度上会趋近于均衡预测。该文章也研究了机制的均衡趋势如何对供给和需求条件的变动和冲击做出反应。

我们的主要兴趣不在于史密斯的具体发现（虽然它们是开创性的），而在于他的实验所示范的更为一般的检验策略。该策略显示了实验检验中的一种关键的吸引力：控制环境的可能性。关于均衡是否适合于任何可能出现的市场，对其的检验是复杂的，这既是由于供给和需求条件必须从市场行为中推断出来，也是由于供给和需求可能并不是稳定的。相反，史密斯实验方法表明了实施特定的需求和供给条件以及在多个市场周期中保持这些条件不变的可能性。由供给和需求的交点得出的理论上的均衡可以从施加在实验中的条件中得出，这也就使得检验竞争价格理论成为可能。

然而，注意在史密斯的实验中，预想的供给和需求计划表是被引入的这一假设必须以有关实验被试者正在努力做的事情为前提。具体而言，它含蓄地假设了买者企图在其最大私人价值上或比其最大私人价值更低处购买商品，并且偏好于能够增加其盈余的交易；相似地，它也假设了卖者企图在其最小私人价值上或比其最小私人价值更高处出售商品，并且偏好于能够增加其盈余的交易。也就是说，实验者希望被试者的偏好与预想的供需条件相符合，或者他们至少表现得好像他们有这样的偏好。正是关于怎样达到这一目的的问题激励了我们对于 IVM 的讨论。

在史密斯（Smith，1962）所描述的实验中，参与者做出假定的决策，因此，从今天的标准来看，这应当不能被看做适合引入偏好的设计。然而，关于这样做需要些什么的传统观点大部分是来自史密斯（Smith，1976，1982a）的后续论文中提出的一系列条件（他称其为准则［precepts］），如果满足这些条件，则足以保证实验者引入其所想要的偏好集合。这一讨论以实验中的参与行为应有具体报酬（在实践中通常是货币）为前提。所有的准则都与实验的报酬结构有关，我们将跟随史密斯（Smith，1982a）的方法来对其进行讨论。

　　两条最基础的准则为非餍足性（nonsatiation）和显著性（saliency）。非餍足性要求指的是个体倾向于更多的报酬而不是更少，且在实验设置的报酬的可能范围内不会对报酬感到满足。显著性要求指的是报酬（以一种适当的方式）与实验中的决策有关。具体而言，报酬关于实验者企图引出的目标是单调递增的。在史密斯1962 年的实验的背景下，根据在个人交易中产生的私人盈余数量来支付被试者的报酬提高了显著性，因为被试者将会有动机去做实验者想让他们努力去做的事情，即最大化其盈余。相反，支付给被试者参与实验的固定参与费就不满足显著性这一准则。旨在排除其他会干扰报酬结构的重要动机因素的两条准则如下：占优①的要求是，其他成本（或收入），如交易成本，不能影响实验者所预想的报酬媒介所提供的动机；隐私性要求被试者仅知道他们自己的报酬，这是为了排除人际交往引起的动机，如利他或嫉妒。史密斯认为在四条准则都成立的实验背景中，我们有权利将被试者的行为理解为受到了最大化实验报酬的激励。由于实验者知道环境的结构（例如，商品的禀赋），所以实验者创造了该环境。如果实验者还知道被试者的目标函数，那么我们就有了可从竞争价格理论中得出均衡预测的基础。

　　由此，史密斯的观点可被理解为导致了一系列的条件，这些条件由实验报酬的结构定义，并且足够引致已知的偏好。但想在实验市场背景下得到均衡预测就必须知道偏好，间接地讲，准则便是实验中检验市场行为理论的条件。史密斯的分析具有非常大的影响且作为实验经济学方法论的正规方法受到了广泛的支持。例如，格伦·哈里森（Glenn Harrison，1994，223 页）将这些准则说成"对于有效受控的实验的广为接受的充分条件"②。

　　此处要指出与 DQT 的相关性是很容易的。在任何应用了 IVM 的特定研究中，我们都可以将史密斯的准则看做有关研究目标的辅助假设。如果理论的预测看起来是错误的，那么总是会有多种可能的解释：一种可能是研究目标是错的；另一种可

---

　　① 史密斯在引致价值方法论的背景下使用的占优一词与我们讨论期望效用理论时所用的一阶随机占优是完全不一样的概念。

　　② 这一观点由哈里森提出，它既较好地阐述了通常附属于史密斯准则的重要性，也反映了我们所猜测的可能是对方法的普遍误解。虽然普遍认为史密斯准则是有效实验设计的通常原则，但是其控制的程度仍反映着这些准则对于所有实验方法的使用而言也往往是并不尽如人意的。例如，一些实验明确旨在研究动机（例如，嫉妒或利他）的影响，史密斯准则的成功实施将控制这些动机。当实验的目的在于研究被试者实际上的动机是什么时，不可能会有一个强有力的普遍主张是要执行所有的 IVM 假设，因此，这样做对于一个设计良好的实验而言既不是充分的也不是必要的。

能是理论是正确的但某个辅助假设被违背了。为了判断哪一种可能是正确的，我们必须判断出辅助假设成立的可能性有多大。但这种判断也许并不是直接就能得到的。例如，为了判断占优假设是否成立，我们需要提出这样的问题，即实验中的报酬是否大到足以超过其他可能的影响。由于经济学理论并没有告诉我们提供适当动机需要多大的激励，因此实验者必须假设何种报酬是必要的。

史密斯很明显注意到了这一点并主张应用被判断为对于被试者群体而言较高的报酬（Smith，1982a，934 页）。然而，这些判断给反对观点留下了空间，并且正如我们将在后面看到的，为了激励特定实验任务中的被试者，激励水平问题是复杂且存在争论的（该问题详见第 6 章）。相似地，显著性和非餍足性准则要成立的话，则被试者对实验的合理理解是很重要的，尤其是对他们的行为如何与实验报酬相关的理解。但是，我们能确定被试者已经很"充分"地理解了实验设计吗？即使他们确实理解了实验者向他们描述的内容，仍有可能存在被试者是否信任实验者的问题，也就是说，被试者是否相信实验者告诉他们的内容。

与这些问题有关的怀疑是永远不可能被完全消除的，并且还为批评者质疑从实验调查的主要分支中得出的对结果的解释提供了一个潜在的立足点。例如，约翰·格劳斯（John Cross，1980，405 页）对从市场实验中所得的对证据的解释进行了怀疑性的评论，他指出，"假设在人工构造的'市场'博弈中的行为能帮助我们理解真实市场行为似乎过于乐观了"。下述便是他的批判中的一部分：

实验的情况通常反映出类似博弈的氛围，其中"被试者"可能将自己看成与实验者（博弈的设计者）"斗智斗勇"。即使有着相对很高的报酬，被试者仍可能从感知到的"胜利"中获得个人满足感，而这种感知到的"胜利"不一定与实验者使用的表现指数相关。

格劳斯（Cross，1980，404 页）

对于史密斯的准则能够被预期应用到实验市场设置下，格劳斯是持怀疑态度的。他提出了一些对被试者的可能激励，除了实验者意图提出的那些外，这些激励的存在将意味着被试者的偏好并不是实验者预先假设的。这些激励的存在将使对数据的解释变得混乱，且将使对理论预测——这取决于对被试者偏好的假设——的检验的尝试变得令人沮丧。

尽管我们并不赞同格劳斯关于对市场实验完全持怀疑态度的解释，但借助事后的认识可以指出这样的情况，即不受控制的激励很明显会使得它们的解释变得混乱。以维维安·雷等人（Vivian Lei et al.，2001）的研究为例，他们通过探究在史密斯等（Smith et al.，1988）所应用的资产市场类型中"泡沫"发生的原因扩展了关于第 1 章中例证 7 的文献。

史密斯等人的基础实验策略有两个关键的元素。第一，他们的目的在于建立一个市场，这个市场消除了通常内置于市场实验内的交易动机。先前的市场实验应用了引致价值技术来建立交易激励：通过使实验中的"商品"对不同的被试者有着不同的价值为低价值拥有者与高价值拥有者之间交换商品的互惠互利贸易提供了可能。史密斯等人的目的在于消除这些交易动机，通过市场运作使得商品的引致价值对于所有交易者而言都是相同的。[①] 第二，他们的设计允许每个交易者都以买者和卖者的身份进行交易，因此"启动"了投机交易的可能（例如，某被试者在某价格下买到资产是希望能接着在更高的价格下将资产卖出）。回忆史密斯等人（Smith et al.，1988）在市场崩溃之后多次观察到了泡沫（持续以高于基础价值的价格成交），他们将其诊断为理性被试者在对其他被试者的行为并不确定的情况下追求投机收益的结果（Smith et al.，1988）。

然而，雷等（Lei et al.，2001）进行的实验提出了一种非常不同的解释。他们的研究复制了与史密斯等人（Smith et al.，1988）进行的实验相似的环境中的泡沫，但是随后探究了设计中两个变动所带来的影响。第一个是通过限制交易者仅能为买者或卖者中的一种角色来消除投机的可能性。在这一情况下，引致价值结构和投机都无法提供交易的动机。尽管这减少了市场泡沫，但仍不能将其完全消除。因此，雷等人（Lei et al.，2001）得出结论，认为交易和市场泡沫在某种程度上必须得到动机的支撑，该动机独立于商品的内在价值和任何投机动机。他们提出了如下关于主动参与（active participation）的假设：

假设市场中的一部分交易量是与进入资本市场是被试者唯一可进行的活动这一事实相关联的，也是与实验协议鼓励他们以某种方式进入资本市场这一事实相关联的。

雷等（Lei et al.，2001，847 页）

为了检验这一假设，他们运行了更深一层的资产市场，正如他们之前的那个一样，但不同的是，被试者除了参与资产市场外有了从事另一活动的选择。他们向被试者强调完全由他们自己决定希望参与这两个活动的程度。与主动参与假设一致的是，他们发现伴随着这些变化，市场泡沫变少了，这意味着史密斯等人（Smith et al.，1988）和其他人报告的某些市场泡沫可能是实验资产市场典型的但是特有的设计特征导致的。

受限个体在单个活动中产生的额外的资产交易可能源于无聊（被试者企图做些事情去充实他们在实验中的时间），或者源于被试者认为他们应该参与到实验者为他们设置的活动中去，在这种情况下，我们会将这一资产交易看成需求效应（demand effect）的一种形式（详见第 5 章）。但是无论从何种解释来看，这都是无法满足史密斯的占优准则的例证，也就是说，对于这些实验中的被试者来说，如果他们认为主动参与假设是正确的，则实验报酬显然不会占优于他们做事情的心理

---

① 尽管这是以被试者是风险中性的这一假设为基础的。

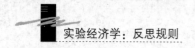

报酬。

然而，该事例的重要性远不止在于它是史密斯的准则无效的简单例证。注意，在这种情况下，准则无效是与决策背景的特征有关的，之前我们已经假设过绝大多数研究者都将其看成是无关的（也就是，无论如何，被试者都将有另一个活动可以参与）。与 IVM 相关的是，这种情况表明史密斯的准则并不是定义明确的辅助假设，也就是它们不能让研究者很容易地了解该如何履行和检查。相反，它们有着开放式原则的特征，需要通过猜测来判断履行这些原则需要什么。例如，在思考是否满足占优的过程中，我们必须去猜想除了最大化货币回报以外被试者所能拥有的其他的动机。更为一般的是，上述例子表明了 DQT 问题上更为深层的方面：决定哪个辅助假设与涉及想象和猜测的特定检验有关，同时对实验检验的特定解释可能依赖于实验者们（或那些利用其结论的人）没有设置的辅助假设。

3.3 DQT 对于检验的重要性

DQT 意味着检验往往包含一系列的假设，因此，得出关于这些假设表明了什么的结论需要判断出哪个辅助假设可能与检验相关以及这些辅助假设是否成立。虽然这让我们更清楚地知道了实验检验包含的内容，但我们仍然不知道如何解释 DQT 在对实验经济学的检验方面比在对经济学其他分支的检验方面表现得更差。事实上，有人认为这种解释更容易在实验研究中得到解决，而不是在经济学经验观察的其他形式中得到解决（Smith，1994）。这一观点存在一些可取之处。在受控实验这一概念中，维持其他变量不变时操控一个变量隐含着检查特定实验结果对于具体辅助假设的敏感性的理想手段。除此之外，与实地研究（其中对辅助假设的检查可能受到收集到的或能得到的数据集的限制）相比，实验者们可以在实验室中通过设计旨在调查实验结果对于任意辅助假设的变动的可靠性（这在之前是没有探究过的）的实验来创建新的数据。从这一角度来看，我们可能会将实验看成一种手段来研究特定数据的相互矛盾的解释并且抓住 DQT 设置的问题。于是与之相关的问题是实验如何有效地做到这些。

对于一系列实验可将 DQT 设置的解释问题解决到什么程度，这其中存在一个逻辑上的问题。假设我们进行一个实验来反驳（T，a^1，a^2，a^3，a^4，$\cdots$，a^n）这一集合。接下来，我们必须决定这些假设中的哪个子集受到了反驳。但我们能通过进行更多的实验来再次解决这一问题吗？我们并不能得出明确的回答，这是因为任何新实验也都必须对许多假设进行联合检验，这些假设对于所观察到的结果都有着许多不同的可能解释。因此，更多的实验如何可以帮助我们确定那个对于某原始实验而言是正确的解释呢？这一问题已经由伊利·扎哈尔（Elie Zahar，1983）和莫滕·索伯格（Morten Søberg，2005）进行了正式的分析。他们的观点大致如下。

假设某特定实验导致观察 O 与一某目标假设 T 和某单个辅助假设 a^1 的组合并不一致。现在想象我们进行另一个实验，其中组合（T, a^2）意味着非 O，并且另一个实验中组合（T, a^3）也意味着非 O，依此类推到一连串的替代组合 a^i。扎哈尔和索伯格认为如果反对 O 是经常可观察到的，那么 T 从不可信这一角度来说应当被看成是"被反驳的"。

虽然扎哈尔和索伯格的观点从逻辑的角度来看是具有吸引力的，但它预先假定了一系列高度标准化的实验检验并且有理由怀疑常规实验实践是否能符合这一理想状态。这与实验者是否能够在实践中创建对应的一系列环境的问题相关，在这一系列环境中，预测取决于目标与辅助假设的组合，然后替换成其他辅助假设再重复进行，与此同时保持预测内容不变。即便我们可以创建一系列正确的实验，仍然有人怀疑是否存在好的激励去执行它们。例如，鲁宾斯坦（Rubinstein，2001）就提出了这样的怀疑，即学科激励是否真正支持目的是在持续时间过程中检查、挑战以及调查实验结果的实验。

然而，另一些人显得更为乐观。例如，史密斯（Smith，2008，304～306 页）认为检查辅助假设的工作对于实验经济学而言是非常正常的，并且存在检查的激励很强的情况，比如当实验结果被认为在提出一个重要的理论挑战时。[1] 除此之外，我们还可轻易指出在实验经济学中的这类情况，即有大量的有关对特定辅助假设进行检验的文献。事实上，很多例子在本章接下来的部分以及随后的章节中都会讨论到。问题在于对于辅助假设的反驳是否倾向于以令人满意的方式进行或者得出合理的结论。注意到这一问题预先假设了某一规范观点的存在，从这一观点中可知反驳假设的进程是否"令人满意"或者得出的结论是否"合理"。我们认为它考虑到了这个问题，即我们发现了 DQT 的真正缺陷所在。

☞ 专栏 3.2

波普尔和证伪主义方法论

波普尔的绝大部分工作都与识别规范的科学实践原则直接相关，着眼于剔除不好的科学（或者事实上仅是伪装为科学的"伪科学"）。波普尔设定了一条清晰而坚定的规范路径，它以有关理论检验的一系列关键问题为基础，包括什么才算合理的理论，什么才算对理论可信的检验，以及在理论不能经受检验时科学家该如何应对等问题。

波普尔方法的核心在于他基于可证伪性这一概念对科学和非科学的区分（或者说是"划分"）。根据波普尔的观点，如果一个假设要被认为是科学的一部分的话，

---

① 例如，史密斯（Smith，306 页）认为："无论何时，当消极的实验结果威胁观察到的重要的新理论时，对结论的争辩都会激励实验者寻找不同的或者更好的对实验的检验，从而检查原始结果的稳健性。"

那么它必须产生可证伪的论述。也就是说，它必须识别出（如果被观察到了）能证明假设有错误的可得到的世界状态。这一划分的动机部分源自波普尔的信念，即智力资源在开发理论框架的过程中被浪费掉了，只存在很少的具有预测性的内容（Popper，1963）。他认为通过构建表达模糊的假设创建表面上符合实际的理论相对来说是比较容易的。但是如果这一符合是由于这些假设设立得如此模糊使得它们事实上可以符合这一兴趣领域的任一事件情况，那么这些假设就不存在科学内容且缺乏解释力。因此，如果一个理论要被认为是科学论述的一部分的话，那么它必须通过第一个标准检验，即它必须是可被证伪的。

波普尔提倡将证伪主义作为推进科学知识前进的策略。其基本的观点是提出的任何假设都是合理的科学推测，只要它们是可证伪的并且到目前为止未被证伪。然而，这一责任应当由提出科学假设的拥护者来承担，他们应该事先思考在什么条件下他们的假设会被拒绝。科学组织的成员应当将注意力集中在对所提出的假设进行证伪的检验上。

对波普尔来说，在证实证据和证伪证据间的相对区分能力在逻辑上是不对称的，证伪的导向就需要这种不对称。具体来说，即使有再多的证实证据可以证明某一假设是正确的（这反映了休谟著名的归纳问题），但原则上，一个单一的否定结果就能表明一个假设是错的。正如波普尔所说的那样：

真正的支持仅能从作为检验（通过"试图反驳"的检验）的观察结果中获得，并且出于这一目的，反驳的标准必须事先确定，它必须与可观察的状况相符合，如果实际观察到了，则意味着理论被反驳了。

波普尔（Karl Popper，1963，38页）

因此，根据波普尔的观点，证伪主义为知识的增长提供了方法。这是由于尽管归纳的问题意味着无法得到被证明正确的理论，但是我们可以通过证伪主义方法达到拒绝错误理论的目的。

根据波普尔的观点，科学的进步受到了大胆提出理论以及对理论进行严苛的检验（例如，通过进行检验我们可能会预测这些理论是经不住考验的而不是可以通过考验的）这二者的推动。

面对那些拒绝现有理论的证据，波普尔提出了统筹新假设发展的规则。这包括需要一个新的理论，该理论不仅能够解释其所替代的理论之前的成功，而且更为关键的在于新颖的内容。也就是说，新的理论应该产生新的预测。这些要求都是为了通过扩展而不是收缩内容来促进理论的发展，对于为什么它们是必需的，拉卡托斯通过如下例子给出了好的直觉：

给出一个非常简单的例子，假设你提出所有的天鹅都是白的这一观点，而接着又出现一只黑天鹅，那么你就必须拒绝所有的天鹅都是白的的观点。让我们将这只黑天鹅称为皮特。根据波普尔的观点，你是不能提出这样的新理论的，即"所有除皮特以外的天鹅都是白的"，因为这是一个特别的策略，且这种例外的限制是不允许的。

拉卡托斯（Lakatos，1973）

波普尔提出的证伪主义方面的经典作品涉及波普尔在 1934 年和 1963 年的工作。而对证伪主义的批判，至少是以纯正的形式进行的，包括拉卡托斯（Lakatos，1970）、费耶拉本德（Feyerabend，1975）和麦克洛斯基（McCloskey，1983）。对于证伪主义的一般讨论和对此的批判可见布劳格（Blaug，1992）、豪斯曼（Hausman，1992）和汉斯（Hands，2001）。

在 20 世纪下半叶，很多经济学家都在其专著和教科书中对波普尔的方法论持明确赞同的态度（Friedman，1953；Lipsey，1979；Blaug，1992），并且明显的波普尔的论调常常遍及经济学的方法论著作，即便其并没有明确提及波普尔。一个最近的充满了波普尔思想的例子是萨缪尔森（Samuelson，2005）的论文，其检查了经济学中理论与实验间的关系。波普尔的精神在很多篇章中都得到了印证，包括萨缪尔森（Samuelson，2005，100 页）极力主张理论学家找出潜在的证伪行为："去找出理论不能解释的行为，这对于理论而言是有用的，在这一意义上说，观察工作将会迫使理论学家进行重新思考。"

即便如此，波普尔式的方法仍受到了科学哲学家和经济学方法论者的严厉批评，他们指出了当中的很多困难。或许证伪主义——或者至少是其未精炼的版本——面对的最为重要的问题是 DQT。正如我们注意到的那样，推荐证伪主义的一个重要原因是理论可以被证伪但不能被证实，在证实证据和证伪证据间存在逻辑的非对称性。但 DQT 意味着不可能孤立单个（目标）假设并明确地将其证伪。为了使证据能被理解为支持或反对某一特定目标，总会需要提出其他的假设。因此，并不存在对理论"严苛"的检验，因为面对任何证据，无论是证实的证据还是证伪的证据，在逻辑上总是可能通过允许目标假设成立或失效来调整一些辅助假设（进一步的讨论见海塞［Hesse，1970］）。

很多人都将 DQT 看做对证伪主义而言的一个严重的问题，或者至少是其幼稚的构想的一个严重的问题，同时，一些人将这解释为反映了存在更深层、最终无法克服的难题，这些难题内生于任何建立规范的或者以准则为基础的科学方法论的努力中（Feyerabend，1975；McCloskey，1983）。然而，另一些人试图建立波普尔式的基础以挽救对理性理论评价原则的寻找。这其中最为突出的是拉卡托斯（Lakatos，1973）提出的科学研究规划的方法论（MSRP，methodology of scientific research programmes）。① 我们认为 MSRP 的一些方面为 DQT 设置的问题提

---

① 我们承认当代经济学家（如萨缪尔森［Samuelson，2005］）的权威，他们赞同不同的波普尔式观点似乎包含了 MSPR 的思想。

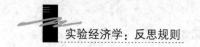

供了有用的观点，并且考虑到这一点，我们现在对其显著特征进行大概的描述。

MSRP通常被认为是"复杂的证伪主义"的一种形式（Lakatos，1970），但在托马斯·库恩的工作中看来它也并没有波普尔式的基础。库恩式观点的一个关键元素反映出MSRP是对经验主义过分简单版本的拒绝，而该版本中"简单明了的事实"在理论的发展中起着决定性的作用。库恩（Kuhn，1962）认为科学上的社会学观点突出了范式（paradigms）在知识进化中的作用。范式这一概念指的是一般实践做法和背景信念的复杂结构，这在每个研究组织中形成了知识的进化。库恩认为范式通过影响问题在科学知识的进化中起重要的作用。

从库恩的一些著作中我们可知，日常的科学实践（或者是库恩所谓的规范科学）的目的在于让挑战现有信念的观察现象与现有范式一致。对于波普尔的拥护者而言，这一过程听起来像涉及对证据的武断的拒绝，但相反的是，库恩将范式的存在和范式的塑造作用看做任何运行正常的科学的先决条件。然而，在库恩和拉卡托斯的方法仍存在很大的不同之处：或许它们中最为重要的是库恩主要观察的是描述性分析，而MSRP旨在成为规范评估的框架。然而，为了解释这一问题，首先必须设置描述性框架的一些关键特征。

在MSRP的描述性功能中，它是被用做帮助理解或重建特定研究领域的历史事件的概念框架的。分析的过程就是研究规划——一个由许多不断进化的理论（假设、方法、预测等）以及管理科学活动的原则和准则组成的复杂实体。相关的经验现象并没有被规划（"异象"）充分地组织起来，由此提供了未来发展的推动力。在任何规划中，管理行为的关键原则在于其"消极的直觉推断"，即，其会根据某一具体观点或某一特定的假设来做出管理行为的习惯，也即中坚核心（hard cores）的观点。中坚核心的观点（由于研究者的选择和行为）有效地隔离了反驳的可能性。也就是说，研究者试图通过在规划的其他地方进行调整（调整拉卡托斯所谓的对假设的"保护带"）来解决规划和经验证据间的不匹配。其他的惯例（拉卡托斯将其总称为"积极的直觉推断"）形成规划中的活动，例如，通过描述规划要解决的问题以及解决这些问题的适当方法等。应用MSRP则涉及使相关领域内的事件历史适应于MSRP的概念框架，也就是说，尝试着识别或提炼中坚核心、积极的直觉推断等。

与它的规范层面相关的是，有关波普尔的一个关键步骤就在于将注意力由评估特定假设的成功或失败转移到评价研究规划随着时间的表现。对于拉卡托斯而言，对某个中坚核心的长期坚持是站得住脚的，但从科学的观点来看，仅在该中坚核心推动了进程时才是这样的。拉卡托斯识别了进程的两个层面。对于一个规划，如果精炼导致了新的版本则称该规划取得了理论上的进步。其新的版本为：（1）包括了以前版本中不可反驳的内容；（2）通过扩展预测的内容至以前版本无法解释的现象以吸收与以前版本相关的异象；（3）产生了对新现象的预测。① 当研究规划新的预测内容中至少有一部分被证实了的时候，该研究规划则证明了经验上的进步。对于拉卡托斯的拥护者而言，一个运行良好的研究规划必须带来上述三方面的进步。

对于拥护者而言，MSRP 可提供在两种水平上的规范性指导。一方面，它将报告有关哪个研究规划是最值得投资的决策（比如向个体研究者、大学系所，或基金会组织报告）。另一方面，在规划的日常研究中，我们可将 MSRP 的规范信息看成要求研究者通过推动理论上和经验上的进程来发展和检验新理论。在这一水平上，拉卡托斯式的框架会与波普尔式的方法产生相当大的共鸣。这需要个体科学家以扩展解释能力为意图提出并检验新的假设，解释能力是检验能否带来成功的新预测的关键。

虽然我们认为拉卡托斯在提炼科学进步的概念上仅有这两个维度可能走得太远，但我们仍认为他的事先假设——认为经验科学家（包括经济学家）应当以扩展他们理论的经验内容作为目标②——以及新预测的成功是成功的一个有意义的指示这个观点都是很有吸引力的。因此，虽然我们并不认为 MSRP 明确陈述了科学真正的进步所在，但是它确实提供了一些明显有吸引力的规范方向。在本章中更为重要的是，我们认为 MSRP 大致描述了科学的表述性和规范性观点以及其中检验所发挥的作用，这比之前的波普尔主义更为可信。在 MSRP 中，由 DQT 所提出的问题可通过允许一些假设被看做中坚核心（借以减少给定检验中辅助假设的数量）以及（更为重要的是）通过将理论评价的注意力从单一检验转移到规划的时间剖面的方法得到部分解决。DQT 使得波普尔的方案严重受损，这是由于 DQT 削弱了原本以为可以促进科学发现的东西的力量（明确证伪的可能性）。拉卡托斯的主张的大意是所有的理论都将在许多的异象中产生又在许多的异象中消亡。因此，科学工作并不能剔除那些明显伪造的理论。相反，科学家应在长时间内努力完善他们有处理权的不完美的理论。从这一层面来看，这是对证据的长期的积累。因此，虽然所有的个体检验都是难免会有错误的（由于 DQT），但由于在波普尔的方案中单个检验不再起到关键的作用，因此在 MSRP 背景下由 DQT 带来的打击就相应地减少了。

当然，我们应当承认 MSRP 有其自身的局限。一些批判指出 MSRP 的哲学基础存在问题（详细讨论见汉斯［Hands，2001］），同时，其他一些批判认为在将 MSRP 应用到经济学的研究规划时会出现困难（De Marchi and Blaug，1991）。但是起码有一些针对 MSRP 的批判在实验经济学的研究背景下似乎是完全不合适的。例如，德·马奇（De Marchi，1991，5 页）指出，一些经济学家对 MSRP 在经济

---

① 拉卡托斯（Lakatos，1970，118 页）将这一创新定义为对现象的预测，这一现象似乎"根据之前的知识，是不大可能或者甚至不可能的"。在后续的文献中，拉卡托斯提出了其他他更不严苛的创新的标准。如果这种预测是在尝试解释其他现象时意外得出的结果，那么该预测可以被看做创新。

② 这并不是说任何内容上的扩展都是事后令人满意的，因为可能在复杂性和适应性间有所权衡取舍。

学上的适用性有所怀疑，这是因为"在经济学里进行实验的困难以及经济数据和环境的不可重复性"。相似地，德·马奇（De Marchi，1991，9页）认为，一些经济学家对 MSRP 的相关性有争议，这是因为 MSRP 是一个框架，在这个框架中检验扮演了重要的角色，然而，当考虑经验经济学时他指出"没必要去对其进行检验"。这些批判只是融入了实验经济学中有关理论检验的争议：如果批判观点认为，由于经济学是不可实验的且并不涉及检验，因此 MSRP 是不适用的，那么，带着事后认知的好处，关于实验经济学研究，我们现在可以认为它们是错误的。实验经济学的发展已经改变了理论检验的范围，同时也表明经济学是可以被实验的。

然而，我们的目标并不是为整个 MSRP 机制辩护。相反，我们只是希望指出 MSRP 的某些元素有助于理解实验经济学中的检验涉及什么。在我们企图借用和运用的拉卡托斯式的框架中，存在三个主要方面。第一个方面在本质上是库恩式的主张：为了理解研究活动，有必要理解在任何研究规划中运行的背景假设。我们认为这一观点很明显被应用于实验检验的背景下，同时，若要尝试通过特定检验进程去实现实验者的目的，则需考虑运行的（有时是默认的）背景假设。第二个方面，我们认为在对经济研究的规划进行调查时，有可能识别出类似拉卡托斯式的中坚核心的操作，即假设参与这些规划的研究者有与数据相关的特权。我们认为，中坚核心的承诺在实验研究的许多层面都是很明显的，并且对这种研究的发展也起了重要作用。第三个方面，我们认为，虽然中坚核心的附着是对适当的科学行动的保障，但对它们的长期依附将会通过经验进程的一些形式被证明是合理的。我们认为，这些概念的应用将阐明在"检验"理论时实验经济学家企图做什么，同时我们还使用从博弈论和选择理论中得来的例子进行了阐述。

3.4 检验博弈论

许多的实验经济学家都在这样的策略背景下研究可观测的行为，其中被试者决策的报酬部分地取决于其他被试者的行为。在有关这一实践的论述中，研究者通常用博弈论的工具去获得"预测"，并且报告这些实验中的行为来作为对它们的检验。本部分的目的在于探究问题的更多细节，即这些实践中到底包含些什么内容，更具体地讲，能否合理地将这些实践理解为博弈论检验。正如我们将看到的，这一问题很快就与 DQT 联系在了一起，这是由于所谓的桥接原则（bridge principles）在这些活动中所起的必要作用。

为了解决这一问题，通过区分对正规博弈的陈述和分析来考虑博弈论如何工作是有益的。对正规博弈的陈述包括对博弈结构特征的具体描述（例如，有多少被试者；他们可选择的策略是什么；博弈是只进行一次的还是重复的），以及在可能的博弈"结果"中对被试者偏好的具体描述。出于这一阐述的目的，我们将注意力集中在以扩展形式出现的博弈（例如，博弈树）上。在这种情况下，将偏好具体化则相当于给各被试者分配效用数值，也相当于通过博弈树给各被试者指明他们的路径，这样，对于每个被试者而言，在考虑了所有因素后，根据其自身的效用数值反映其自身对于这些结果的偏好，从而给这些路径进行排序。这一状态下的博弈是正式或者精确的构造，我们将其称为抽象博弈。对抽象博弈的标准分析包含了对解概念的应用（例如纳什均衡或对其的某种精炼），其中解概念能挑选出一些结果作为均衡结果。

现在考虑在进行对预测（从博弈中获得预测）的实验检验时所包含的内容。一种经典的方法是进行一些与某抽象博弈类似的实验。在该实验博弈中——我们将其称为履行博弈（implemented game），用实验室中的实体代替理论中的抽象概念：用真实的人代替理论上的被试者，用实物报酬（如货币）代替效用等。假设履行博弈中包含必要的相关因素，通过应用关于兴趣的某一解概念、使用履行博弈的具体特征作为投入，我们可以得出预测。这些预测和履行博弈所观察到的行为之间的一致程度形成了实验检验的基础。但是通过这一实践能确切地检验什么内容？很明显，这一检验是对解概念与任何连接抽象博弈和履行博弈的假设的联合检验。而后者则包括科学哲学家所谓的桥接原则（Guala，2006）。[①] 出于现有的目的，我们可能将桥接原则看做关于什么是博弈论概念的令人满意的实验室相似物的假设。虽然在很多时候这一桥接假设是模糊而非清晰的，但理论与实验间的联系仍然需要这类假设（Hausman，2005；Grüne-Yanoff and Schweinzer，2008）。

桥接假设的充分性对于解释检验结果是很重要的。我们通过对博弈报酬的讨论来阐述这一点。在博弈论中，通常将抽象博弈中的效用理解为充分展示了被试者对博弈树上的各路径的排序。另外，实验者还通过具体的报酬（通常是货币）来激励被试者[②]，并且，他们经常通过用货币报酬代替效用来理解博弈论中的预测。也就是说，将货币报酬看成效用的对等物，而这里的效用是被广泛用于博弈论检验的桥接原则的意义上的。我们称其为标准报酬桥接原则或仅以标准桥接作为简称。根据将"其他有关"激励看做人们决策的考虑因素的事实证据，从经验观点来看，标准桥接是不可靠的。

在解释博弈论的实验检验结果时，"关注他人"（other-regarding）的动机的可能性产生了杜赫姆－奎恩难题。在立即兑现货币报酬的履行博弈中，博弈论预测间的任何观察到的矛盾都至少存在两种解释：其一，"拒绝"博弈论中会引致预测的某一组成部分（如解概念）；其二，由于存在"关注他人"的动机，实验

[①]　当然，存在其他的与任何这种检验相关的辅助假设，例如，"被试者理解指示说明"、"数据记录合理"等。在本节，我们将其看成从这些其他辅助假设中抽象出来的理解，以将注意力集中在与桥接原则相关的问题上。

[②]　我们将在第 6 章讨论激励被试者的其他方式，包括二元彩券机制，其中，近似的报酬是通过赢得一个固定博彩奖品的概率来衡量的。

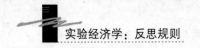

者无法完成预计的博弈。作为对这一普通观点的一个更具体的阐述，考虑最后通牒博弈。

☞专栏 3.3

最后通牒博弈

最后通牒博弈是由沃纳·居特等人（Werner Güth et al.，1982）提出的。在该博弈的标准版本中，两个被试者（"提议者"和"回应者"）进行连续的行动，并对某固定货币量（如 10 英磅）的分配进行讨价还价。讨价还价是有结构地进行的，提议者先行动，向回应者提供一部分馅饼（如提议者得到 8 份而回应者得到 2 份）。接着，回应者有两种选择：要么"接受"，在这一情况下执行提议者所提议的分配计划；要么"拒绝"，在这一情况下两个被试者都得不到任何东西。如果每个被试者的动机都只是最大化他们自身的货币报酬，则任何分配都可能成为博弈的纳什均衡，但是存在唯一的子博弈完美均衡，在该均衡中提议者向回应者提供数值为正的最少的货币报酬（例如，1 便士）并且回应者选择接受。

子博弈完美均衡可通过倒推法（在一个连续博弈中识别最优行为的运算法则）得到。在最后通牒博弈的背景下，这包括首先识别出回应者的最优决策（在任何提议的条件下），然后倒回去识别最优提议。假设回应者仅仅关心他们自身的货币报酬，那么这将使得他们可以接受任何给予他们正的报酬的提议。如果提议者要最大化他们自身的货币报酬（并相信这也是回应者的激励），那么这将使得他们应当提供一个预期中最小的可能数量，使得提议可被接受。

大量的文献表明，行为以可预知的方式偏离子博弈完美均衡：回应者通常会拒绝"低"的提议，并且接近均分的提议是较为常见的（通常是形式上的）。对经验证据的研究可参见泰勒（Thaler，1988）、居特和蒂茨（Güth and Tietz，1990）、戴维斯和霍尔特（Davis and Holt，1993），以及凯莫勒（Camerer，2003）。

对在最后通牒博弈中的行为的一种可能解释是，它反映了个人没有应用倒推法推理。宾默尔等人（Binmore et al.，2002）的文章中有这样的实验去为这一解释提供经验证据。但"关注他人"的动机的可能性表明了存在很多其他可能的解释。在最近几年，融入了"关注他人"的动机的许多不同的新博弈论模型已经发展起来，这部分地回应了在这些实验博弈和其他实验博弈中已观察到的行为。在这些模型中，被试者对于最后报酬的分布有着偏好。包含这一精神的理论部分来自费尔和施密特（Fehr and Schmidt，1999）以及博尔顿和奥肯菲尔斯（Bolton and Ocken-fels，2000）的不公平厌恶模型。其他理论则通过对积极或消极的互惠措施的倾向（也就是说，倾向于奖励善良的行为或惩罚刻薄的行为）来捕捉"关注他人"的动机。包含这一精神的模型有拉宾（Rabin，1993）以及登弗伯格和卡斯托夫可奇斯特杰（Dufwenberg and Kirchsteiger，2004）的模型。原则上，每一种类型的模型都可为上述的基础事实提供解释。在第4章我们将进一步研究怎样用实验去调查最后通牒博弈中的行为产生的原因。

"关注他人"的动机的可能性是标准报酬桥接原则的不确定性的起因。正如最后通牒博弈例子中所表明的，这使得对试图检验博弈论的实验的解释更为复杂。如果行为偏离了理论的预测，那我们要将其看做理论的错误还是要质疑我们是否实施了正确的博弈？

如果关于"被试者正在进行的是哪个博弈"的不确定性的程度受到限制，那么这将缓和解释实验检验的问题。例如，如果货币报酬合理地接近效用，并且（或者）差距是很小的或至少在已知范围内是有限的，则这一不确定性的存在将不会成为检验的一般阻碍。然而，至少一些评论者判断不确定性是影响深远的，并且这个问题——至少是现在——对检验博弈论原则来说是严重的阻碍。以豪斯曼（Hausman，2005）为例，他认为：

然而，在决定实验中被试者的报酬或偏好的过程中存在很大的困难。这些报酬必须是为了博弈论做出有关实验行为的重大预测而决定的。直到偏好被确定，实验者才了解"博弈形式"而不是博弈。决定被试者的偏好可能看上去没有那么困难。如果实验者确定被试者是完全匿名的——因此消除所有额外的激励，则首先近似地将实验中被试者对结果的偏好看做追寻着他或她将获得的货币报酬应该是合理的。但在我阅读了文献之后，这又变得不令人满意了，即便作为首先的近似。事实上，要知道在经济学的实验中被试者受什么激励是非常困难的。

豪斯曼（Hausman，2005，216页）

虽然有关社会偏好的文献表明有大量的激励会影响行为，超越了最大化自身货币报酬的狭窄要求，但人们仍会产生这样的疑虑，即相同的文献是否能允许我们合理地推断货币报酬如何转变成效用，至少在一些基本博弈中。然而，考虑到现有文献的观点，这方面的前景并不乐观。虽然有理论模型明确地提出了这样的规划（Rabin，1993；Fehr and Schmidt，1999），但这些文献本身就是一种进步发展，并且现有的竞争模型的预测仅在相对受限的应用范围内获得了部分的支持。此处，被试者的动机的异质性的证据使困难加大了。一些研究指出了实验博弈中不同被试者类型的存在（Brandts and Schram，2001；Park，2000；van Dijk et al.，2002；Bardsley and Moffatt，2007）。例如，在对自愿贡献的研究中（见专栏2.3），可将一些个体归类为有条件的合作者，而将其他个体归类为固执的搭便车者（Fischbacher and Gachter，2006）。这表明，如果不过滤掉一些个体水平上的特征，我们就不能成功地对具体报酬和效用进行映射。这个问题进一步深化，"关注他人"的动机多大程度上影响被试者行为有时取决于决策环境的关联性维度（Hoffman et al.，1994，2000；Cookson，2000；Levitt and List，2007）。然而其他研究指向了

"关注他人"行为中的重要文化元素（Henrich et al.，2001）。我们认为，综合来看，在目前的知识水平下，这些考虑使得人们难以相信研究者能够根据具体报酬（甚至是在相当基础的实验博弈中）可靠地建立对效用的良好映射。因此，如果存在有关物质收入映射到效用的严重不确定性，那么这对于以检验博弈论为目标的实验的范围、实施和解释来说意味着什么呢？接下来，我们考虑三种可能的回答。

一种可能的回答认为，考虑到从具体实验报酬映射到效用的不确定性，试图检验（已声明的）博弈论的预测是没有意义的。如果实验者并不了解博弈是什么，那么在大多数情况下[①]，他们不会要求知道特定的解概念（例如子博弈完美）在博弈中关于行为的预测。如果他们不知道实验室中理论预测的是什么，则他们也无法对其进行检验。另外，由于博弈论关于什么才算桥接原则有可调节性，考虑到标准报酬桥接原则，一些看起来有违常规的被试者可能会被适当修改的分配所吸引。因此，在缺少对于特定的报酬桥接原则的承诺的情况下，我们完全不清楚什么才算是反对博弈论的证据。

注意到，寻找一个可行的报酬桥接原则这个问题，并不是仅在对博弈论的实验应用中才出现的。在任何企图将博弈论应用于预测经验现象的过程中都必然会出现这一问题，这些经验现象包括在寡头垄断市场上的真实企业的行为，或者政府谈判贸易协定的行为，或者你可以想到的任何其他策略设置。这把我们带回到现在很熟悉的一个观点：为了让博弈论可以对真实世界进行描述，必须应用博弈论模型，这又必须包括对如何从理论结构映射到真实策略设置这一问题做假设。例如，我们必须要会识别被试者和他们可选择的策略，以及至关重要的是，我们必须对不同的策略组合如何转换为效用这一问题做假设。只有这样，我们才能真正地应用某个被选择的解概念。虽然作为经济学家，我们可能在每天的思考中都会相对比较迅速且隐含地应用博弈论的逻辑，但无论何时我们试图将博弈论的逻辑应用到真实的被试者（他们可能是在实验室或别的地方）身上，我们都应当进行这些步骤。因此，除非有某种原因让我们认为在实验应用中做出好的报酬桥接假设比在其他非实验应用中更难——并且我们并不认为事实是这样的（实际上，很大的可能是，与此相反的观点才是正确的），否则会使得博弈论不能对真实世界中的行为做出实质性的预测。也就是说，这会导致对博弈论的解释成为完全非经验的。

当然，在纯粹的博弈论中存在智力上有趣且重要的工作，而纯粹的博弈论在这种非经验的理解上能很容易地成立。例如，探索有关理想理性行为的智力问题的概念分析（例如，Harsanyi 和 Selten［1988］发展起来的均衡筛选理论），以及博弈的数学性质（如存在性定理）。探究这些问题的研究者可能将他们的分析理解为没有预期的经验内容，因此认为他们的分析无法对他们模型以外的世界做出预测。原

---

① 在一些情况下，这有可能过于强势了。假设除了有一个规划给所有被试者 10 英镑之外，所有其他的策略规划给予每个被试者的报酬都为 0（在货币上），那么，适度的报酬限制意味着唯一的严格纳什均衡。

则上，那些将自己限制在这种独立理论世界中的研究者们，完全避免了有关如何将抽象的博弈论模型映射到现实策略设置中的真实被试者的世界中的难题。但是，如果有人想应用博弈论对模型外的真实世界中的行为做预测的话，他必然会遇到有关如何应用它们的问题，这包括应当用什么桥接假设将具体报酬映射到效用的问题。因此，既然我们的兴趣在于理解博弈论如何能作为经验工具那样应用，那么我们就反对第一种回应方式。

第二种可能的回答是接受对有关物质报酬和效用报酬间关系的模糊，承认该模糊会混淆博弈论的实验检验，但认为通过实验方法的发展可以解决该问题，其中实验方法是设计用来检验预期博弈是否得到了适当的实施（也就是说，在履行博弈中被试者的实物报酬排序是否符合抽象博弈中计划的排序）的。若实验者追求该策略并且希望澄清特定履行博弈中对行为的解释，那么他需要确立在博弈中各种可能结果所对应的被试者的排序。我们会认为发现了这一点的实验者已经成功地对博弈进行了识别。

乍一看，我们可能会提出疑问，即博弈识别是否可以通过某种相对直接的程序来实现（Farquhar，1984）。如果可以的话，那么有关被试者真正执行的是哪个博弈的问题也许可以通过应用某标准检验程序得到解决。若进行仔细观察，那么又会认为可通过该方法成功地解决问题似乎是不可信的。

为了解释原因，考虑有关在相对简单迷你的最后通牒博弈（如图 3—1 所示）中引出偏好的困难。这描述了一个简化版本的标准最后通牒博弈。先行动者有一个二项选择，要么选择提议对馅饼进行平分（这种情况下，博弈以这一分配结束），要么选择留下 90％ 的馅饼（这种情况下，第二个被试者可以选择接受或拒绝这一提议）。这个博弈树上的任何不同路径，从 A 开始到 $(w_1, \cdots, w_3)$ 中任一终结点结束，我们可以将其称为该博弈的一种行动。因此，在该博弈中，其实存在三种行为。馅饼的大小决定了每个结点的实物报酬，并也完成了对我们所谓的博弈框架的描述。

到目前为止，我们并没有对被试者在这一博弈框架中的行动偏好做出任何评论。事实上，我们的目标是寻找可以鉴别出每个被试者对行动的排序的方法。也就是说，对于每个被试者来说，我们希望知道，对每个可能的行动组合 (w_i, w_j)，他们是偏好 w_i 发生还是偏好 w_j 发生。我们怎样来建立这种方法呢？

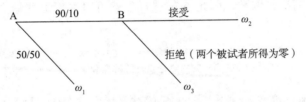

图 3—1 简化的最后通牒博弈的博弈形式

我们并不能根据被试者在博弈中的行为来直接提炼出被试者的行动排序，这是因为要从博弈行动中找出偏好来，需要对被试者的理性和（或）他们的信念做额外的假设。例如，对于 A 的 50/50 的行动，存在多种解释：这可能是有着平等偏好（即相比于 w_2 和 w_3，他更偏好 w_1）的被试者的理性行动；或者是自我报酬最大化的 A——相比于 w_1，他偏好 w_2，但他却因为害怕被可能不理性的 B 拒绝选择了 w_1——的理性行动。但是，如果博弈中的行为无法鉴别这个，那我们应该怎么做呢？

一种可能的方法就是，让每个被试者口头上表达他们对行动的排序。例如，被试者可能会被要求对一些问题做（私下的）回答，即，对大概形式为（w_i，w_j）的每一组选择，你更偏好 w_i 发生还是 w_j 发生？[①] 人们可能忽视这一方法，仅仅因为它是基于被试者报告其关于行动的偏好排序的假想的。[②] 即便不考虑这一点，我们认为口头引出偏好的方法也会产生更深层的解释问题，这些解释问题与我们试图要解决的问题类似。为了更好地说明这一点，考虑一个理性人在面对两种行动选择时将会如何解释这一要求，即要求他告诉我们他更偏好哪个行动发生。这似乎有多种可能性。其中之一是被试者仅报告选择能给予他们最高实物报酬的行动。这是有可能发生的，即使他们在实际博弈行动中可能会在其他考虑——例如公平——的影响下发生变动。相比于平衡框架中的其他考虑因素，识别出那个可以给予"你"最高实物报酬的行动可能对认知的要求更低一些。可能更重要的是，"告诉我们你更偏好哪个行动发生"这一要求并没有表达清楚在对该任务进行回应时应当考虑公平等因素，即使它们在对应的决策中可能与回应者的行动相关。注意到这一要求在回应者如何想象即将发生的行动这方面比较模糊，即他们应当将自己看做随着特定行动而来的各种实物报酬的被动接受者，还是将自己看做能带来那些实物报酬的主动行动者？在何种情况下公平问题可能会变得更显著？例如，如果我比我邻居更富有，则我可能会更倾向于这一点，但我可能没做好准备将其从我邻居那里窃取过来，即使我确定我可以将其拿过来。

如果口头引出偏好不起作用，那通过观察被试者在更为简单但相关的博弈中的选择可以识别图 3—1 中的博弈吗？例如，我们可以通过观察在独裁者博弈——被试者 A 面对和 B 一起分享 50/50 的馅饼，或者取得 90％的馅饼（留 10％给 B）的二项选择——中被试者 A 的行为来建立 A 对于 w_1 和 w_2 的排序吗？注意到由于在这一决定中并没有决策因素，因此 A 的选择显然可以直接地解释为揭示出了 A 对

---

① 我们从耶尔根·威伯尔的讨论文章中借鉴了关于这一进程的观点。该文章的更新的一个版本，参见威伯尔（Weibull，2004）。然而，对这些机制的讨论在有关博弈和决策理论的文献中有着更古老的基础（Guala，2006）。

② 虽然我们可能不打算构造一种反对假想回应有效性的情况（我们将在第 6 章对此进行更详细的讨论），但是仍然有特定原因让我们怀疑此例中的假想回应。例如，如果被试者最终进行了博弈，则他们可能会有动机去改变他们的偏好顺序。

均分与取得 90％ 份额的偏好排序。由于也存在与图 3—1 中行动 w_1 和 w_2 分别相关的实物结果，因此我们可以认为 A 在该独裁者博弈中的选择反映了其在迷你最后通牒博弈中相应行动的排序吗？如果可以的话，那我们可以以相似的方式来建立图 3—1 中各被试者对所有行动组的排序吗？

如果对行动组的偏好仅取决于那些行动的终结点上的结果的分布，则这一方法会是有效的。然而，有大量的证据——其中大部分都与互惠主义方面的研究有关——表明有相同分布结果时的行动偏好会取决于它所在的博弈树的其他特征（Charness and Rabin，2002；Falk et al.，2003；Cox，2004）。为了进一步阐述，考虑下面由加里·蔡内斯和马修·拉宾（Gary Charness and Matthew Rabin，2002）提出的例子。他们比较了图 3—2（a）的博弈中的行为与稍微复杂的图 3—2（b）的博弈树中所包含的博弈中的行为。在这两个博弈中，存在两个被试者（A 和 B），并且代表报酬（以美元为单位）的括号里的数字与每个行为是相关的（A 的收益在左侧）。

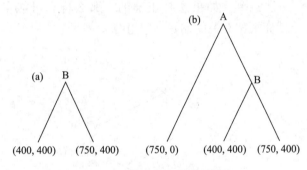

图 3—2　蔡内斯和拉宾的博弈

在图 3—2（a）的博弈中，被试者 B 是独裁者，他决定了在两种配置间的选择：其一是均分；另一是帕累托最优分配，即给予 A 更高的报酬。在这一博弈中，蔡内斯和拉宾发现，虽然大部分独裁者选择了帕累托最优分配，但仍有约三分之一（31％）的独裁者选择了均等收益。在 3—2（b）的博弈中，如果被试者 A 选择右边的路径，则对于被试者 B 而言余下的子博弈与图 3—2（a）的博弈是一样的。然而，在这种情况下，几乎所有的被试者 B（94％）都选择了帕累托最优分配。对于在这些博弈中所观察到的不同行动的一种理解是，图 3—2（a）的博弈表明被试者 B 不愿意获得更少的分配，但在图 3—2（b）的博弈中这一动机又不足以起到决定性的作用。事实上，在 A 增加 B 的报酬后却不能增加 A 自己的收益，这是违反常理的信任行为。但是无论正确的解释是什么，这一例子对许多实验文献支持的一个重要的一般结论提供了一个清晰的解释：对某些子博弈中行动的偏好可能取决于包含这些子博弈的更大的博弈结构（Samuelson，2005；Guala，2006）。这个程式化事实通常被解释为互惠主义的证据，并且反驳了通过任何涉及观察不同博弈中的选择的过程来识别博弈的一

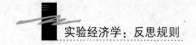

般可能性。

有人将互惠主义的证据解释为代表了对博弈论的一个严峻的挑战，因为它产生了有关假设的一致性的问题，假设博弈结果可通过传统先决条件的博弈论的方法进行排序。或者，换一种说法，它产生了有关博弈论中先决条件的效用是否可以假定真的存在的概念性问题（Sugden，1991；Guala，2006）。为了进一步解释这一激进的想法，考虑由威伯尔（Weibull，2004）所提出的例子。

在威伯尔的博弈中，自然先行动并选择是由 A 还是 B 决定在有两种选择的类独裁者博弈中的分配。博弈树末端的报酬可理解为实物报酬（通常 A 的报酬写在前面）。无论自然选谁作为独裁者，接下来都要在"上"（向每个被试者支付 50 单位的实物报酬）和"下"（向独裁者支付 70 而向其他人支付 30）之间做选择。威伯尔认为，由此可想象该博弈的被试者有相互影响的偏好，例如，如果 B 在他的选择点上偏好"上"的话，那么 A 在他的选择点上偏好"上"，但如果 B 在他的选择点上偏好"下"的话，那么 A 也会在他的选择点上偏好"下"。这一推测看起来似乎是可信的。但是注意到，如果这是正确的，那么将有可能存在不止一个与图 3—3 所示的单个博弈框架有关的偏好顺序组合。

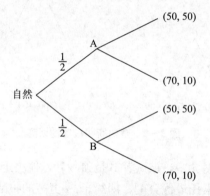

图 3—3　威伯尔博弈

该例子说明，博弈识别的问题可能比我们本章所讨论的要更深刻，并且为谨慎地对待"核对博弈"（check the game）对于抽象博弈和履行博弈间关系的不确定性问题的回应提供了新的原因。该回应预先假定知道在实验中正在进行哪个博弈这个问题实质上是衡量的问题。它假定对最终结果的唯一偏好是存在的，并且问题在于如何得出和衡量它们。但上个例子所提出的一个更为有趣的可能性是，一些可实施的博弈框架可能与博弈论所假设或需要的偏好种类无关。也就是说，可能存在定义清楚的可实施的博弈框架并没有与之相关的唯一抽象博弈这一情况。在这一情况下，可能更应当执行的是哪个博弈，是博弈论中的一个概念性问题，并且不仅仅是衡量的问题。因此，我们既有实践的原因又有理论的原因认为"核对博弈"的回应令人不满意。

　　以到目前为止的讨论为基础，我们可以合理地得出这样的结论，即我们有可能消除关于"被试者正在进行的是什么博弈"的不确定性。我们认为，这里存在我们通过更多的检验和检查通常都不能解决的杜赫姆－奎恩问题。在这一情况下，我们应当进行怎样的实验去检验博弈论呢？我们认为，类拉卡托斯式的观点可以对这方面有所帮助。考虑到人们将理论检验行为设想成以抓住基础理论概念为主要目标，辅助假设（如，报酬桥接原则）似乎很令人沮丧地是一个障碍。然而，MSRP 的框架则提供了一种不同的且可能有用的方式去构建理论检验的本质。这是我们的第三种也是首选的回答方式。从这一观点来看，在给定规划中进行检验并不完全是试图以阐述核心检验原则为目标。相反，它认为研究发展是规划的一部分。与规划相关的研究者应当以扩展规划对现实世界中现象的解释能力为目标，并且在证实规划是否成功的过程中，检验起了关键的作用。在该方案中，理所当然的是，个体主张永远不会单独地面对"经验的裁决"。相反，预测来源于其他相对复杂的理论框架，并且这些预测形成了奎恩式的信念网络的一部分，即最终我们不能一点一点地拆分（见第 1 章）。

　　这一观点帮助我们理解了并可能合理化了当今关于博弈的实验研究的各种实践证据。起初，这使得我们认为与博弈有关的经验研究包含了与复合假设（composite hypotheses）相关的工作（例如解概念和桥接原则等）。之后，这又引导我们以新的方式理解这方面的文献。为了提出对现有研究中 MSRP 的解释机制，我们将寻找不同的研究规划，这些规划部分地根据它们中的哪些部分可以作为中坚核心（正如给定的规划目标）以及哪些部分是要修正和改变的可能目标来定义。

　　以这一方式来查阅研究文献，我们认为要区别出一些明显不同的实验博弈研究是可能的。例如，偏好精炼规划（preference refinement program）将有关哪个解概念是有预测性的观点看做其中坚核心，并将有关报酬的假设看做可修正的。我们将把关于社会偏好的大部分研究都解释为带有这一偏好精炼规划，包括第 1 章中的例证 5（Fehr and Gachter，2000）。相反，应用博弈论规划将与报酬有关的假设看做其中坚核心的一部分，并将有关特定解概念的预测成功的观点看做可调查和修正的。我们可将第 1 章中的例证 4 和例证 6（Goeree and Holt，2001；Morgan et al.，2006）看做这类例子。

　　在第二个规划中，通过将被试者可获得的货币报酬看做他们效用的有效代替物得到对实验博弈中行为的均衡预测，这已成为标准。也就是说，该规划将标准桥接作为其中坚核心的一部分。（天真的）批评者可能会抱怨这一研究是建立在看起来（从对"关注他人"的偏好的研究来看）可疑的假设之上的。那么，他们有根据拒绝任何涉及标准桥接的特定研究发现的重要性吗？支持该研究的观点可能认为，一般来讲，该研究将主要的精力用于博弈的分类上，且在这些博弈中货币报酬是效用的一个合理的代理变量。考虑到我们已经讨论过的有关识别博弈的实践障碍，虽然至少对相关研究的一个子集（Morgan et al.，2006）而言这是正确的，但我们认为

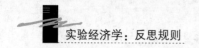

很难建立对标准桥接的大范围应用的有力支持。此外，我们认为从 MSRP 中借用的概念为我们提供了运用标准桥接的合理化研究方法。

此处需要的 MSRP 的一个重要方面是在评价其在规划中——而不是其中的个人观点——的预测表现的假设，该假设构成了适当水平的评估。为了把握强调这一变动的重要性，假设（在应用的博弈论规划中进行的）某实验的结果表明行为并没有被规划中目前规范使用的某均衡概念良好地组织起来。当然，从 MSRP 的观点来看，我们也不认为这构成了对该概念的直接反对，在理解规划当前解释力的限制时需要考虑这一证据。但是，这样的预测"失败"也同样可以推动未来的规划改进，可能使得某个更为成功的解概念得以发展。如果这些规划改进最终使惊人的预测得到支持，则这些规划改进应当被看做规划的经验成功和进步的证据。因此，虽然我们不能期望可以明确地追踪规划中特定组成部分的某些预测的成功或失败，但我们可以提出这样有意义的问题，即随着时间的推移规划中进行的研究是否如扩展经验内容所衡量的那样带来了进步。因此，虽然正确的判断是特定的检验结果不能被明确地固定在理论（涉及产生被检验的预测的理论）的特定组成部分上，但是有一种与之一致的观点，即规划可以使用实验检验策略来研究特定理论框架对现实世界的解释能力。

本节的观点还表明了看待"博弈论是否能被检验"这一问题的特定角度。我们对该问题的观点是，博弈论不能独立于它的假设被单独检验，虽然该假设与博弈论的中心逻辑无关，但这些假设是博弈论作为实验室中或其他地方中的一门应用理论的应用基础。并且，虽然使博弈论开始运转的假设（例如，假设货币报酬等同于效用）得到了最佳的逼近，但是经济学家们必须勇敢地面对这样的事实，即如果没有这样的使博弈论运转的假设，则博弈论并不能真正地为他们提供有关现实世界的行为理论。应用博弈论必须包含概念工具和有关现实世界的假设。因此，我们想要寻找可以增强解释现实世界中行为的能力的实证博弈论，在这个意义上来说，这不可能是对于实验室预测失败（即认为基本理论没有被检验）的令人满意的辩护。相反，这些失败应当被看做向我们改进实证理论设置了挑战。

3.5　中坚核心、进程（progress）和实验

在实验经济学中，事后辨认出类似拉卡托斯式的中坚核心（在各种研究分支的背景下运行）是相对简单的。我们认为，中坚核心承诺在实验经济学研究中起了重要的组织作用，并以理论面对证据裁决的方式施加了重要影响。因此，我们认为中坚核心在理论评估过程中有着重要的调解作用，并且对这一作用的理解构成了理解"在运用实验时检验规划实际包含了什么"的重要步骤。我们通过对风险偏好理论的发展的讨论来进行阐述。

虽然期望效用理论自 19 世纪 50 年代以来就已成为风险偏好的标准模型，但是仍有很多的备选理论被提出来试图对期望效用理论的描述性失败进行解释，这包括阿莱（Allais，1953）发现的著名反例，这些反例的其中之一——共同比率效应——在专栏 2.6 有所阐述。从当前的目的来看，这些异象的细节远没有经济学家们如何应对这些异象重要。回顾这一研究，斯塔莫（Starmer，2000）认为，某特定类型的解释的主要目的就是解释异象证据，并且他将这一类型的理论看做"传统的"理论。为了容纳已知的对公理的违背（如阿莱的例子），遵循这一路径的理论放松了期望效用理论的独立性公理，但是这些理论又保留了标准模型中的常见结构元素。具体来说，假设偏好可由特定函数来表示，该函数使任何前景都与唯一的价值联系在一起，并且该函数也"表现很好"。这一假设表明，偏好符合标准条件，例如，完备性、传递性和一阶随机占优性。这一类型的理论包括一般化期望效用理论（Machina，1982）、失望理论（Loomes and Sugden，1986）、依赖排序的期望效用理论（Quiggin，1982）和累积前景理论（Tversky and Kahneman，1992）。虽然斯塔莫（Starmer，2000）并没有使用这一语言，但是我们认为要将这些传统理论理解为带有中坚核心承诺（要建立表现良好的偏好的模型）的研究规划的一部分还是很自然的。[①]

虽然已经有很多学者都把目光集中到了解释类似阿莱的例子的现象上，但是经济学家们仍没有兴趣去解释其他同样记录完好的对期望效用理论的偏离。例如，存在大量的证据表明，在选项的陈述或"框架"中的微小变化都会对决策产生巨大的影响，并且第 1 章中由特维斯基和卡尼曼（Tversky and Kahneman，1981）提出的例证 1 提供了一个经典的例子（Camerer，1995；Starmer，2000）。从表面上看，自从框架效应挑战了传统理论中暗含的原则之后，框架效应看起来像是与传统理论评估有关的重要经验现象：具体而言，描述不变性原则要求选项不应当仅因为重新描述了备选项就受到系统性影响，且备选项的重新描述并不会影响决策问题的逻辑结构。然而，与在解释类似阿莱的例子的现象上付出的努力相比，经济学家们仅用了极其少的精力去解释框架效应。

我们可以对一阶随机占优原则（由专栏 2.5 定义）发表相似的观点。虽然大量的证据表明存在对这一原则的违背（Tversky and Kahneman，1986；Loomes et al.，1992；Birnbaum and Thompson，1996；Bateman et al.，2007），但是经济学家们仍没有很急着去对其进行解释。[②] 事实上，情况却是相反的，这是因为允许出现这些违背的理论是易受到强烈批判的。这方面的例子包含通过将简单的决策权重附在概率上来扩展期望效用理论，如前景理论的第一个版本一样（Kahneman and Tversky，1979）。他们认为，阿莱的例子可通过非线性决策权重来解释，但是用

---

① 当然，存在一些著名的期望效用理论的替代理论，这些理论并不遵循这一传统的路径，包括前景理论（Kahneman and Tversky，1979）和后悔理论（Loomes and Sugden，1982），因此，从对研究的这一理解来看，这些理论应当被理解为超出了传统研究规划。

② 在第 7 章中还会对随机占优的违背进行更深层的讨论。

于适应阿莱的例子的策略具有负效应，即偏好会违背一阶随机占优性。一般来说，我们将这看成致命的缺陷，并足以对这一类型的理论产生威胁。有关这一效应的观点是由菲什伯恩（Fishburn，1978）、马基纳（Machina，1982）和奎根（Quiggin，1982）提出的，他们每个人在选择理论的领域中都是重量级的人物，毫无疑问，他们意识到了这些潜在的批判。卡尼曼和特维斯基（Kahneman and Tversky，1979）认为个体会采用直觉推断（或心理捷径）来排除劣等选项，只要这些选项被发现了。但是在选择中引入一阶随机占优的策略已经受到了一些经济学家们更深层的批评。例如，奎根（Quiggin，1982）从两点批评了这一方法。第一，他认为通过对偏好函数的适当说明，该理论的直觉推断因素会显得多余。第二，他批评了直觉推断策略强行设定一阶随机占优性这一做法，因为这产生了进一步的分拆效应，即该理论承认了对传递性的违背。奎根（Quiggin，1982，327 页）将这描述为"不受欢迎的结果"。

上述观点的基础是什么？我们不能从感觉上将它理解为对经验证据的直接呼吁。对于在前景理论（Kahneman and Tversky，1979）中强行设定一阶随机占优，至少是有一些支持的。具体地，证据表明个体在一个选择集合中选择劣等选项的可能性依赖于识别占优关系的容易程度。这一依赖关系暗含前景理论的（非传统的）直觉推断方法，并且反对占优选项的普遍偏好这一传统预测。此外，存在根基稳固的证据表明周期选择是稳定且合理的普遍现象。特维斯基（Tversky，1969）提出了一些早期的证据，并且我们将在专栏 3.4 中提出更多的现代例子。可以这样说，前景理论所预测的周期选择的类型是并不常见的类型，并与在前景理论提出后已知的非传递性的形式有所区别。然而，这为我们检验前景理论的新含义提供了机会，并且可以为这一预测的检验找到强有力的支持（Starmer，1999c）。

尽管有这一证据，但是经济学研究仍受这样的模型的主导，即模型中假设描述不变性、一阶随机占优性和传递性。我们认为，可以从感觉上将其理解为这一研究工作的中坚核心承诺的证据，偏好理论是建立在效用最大化的基础上的，因此表明大部分研究者采用的特定理论选择原则是最大化理论的结构基础。这一承诺反过来将某些问题划定为有趣的问题（即根据预先假设，那些看起来至少有可能解决的问题），并将另一些问题划定为至少现在看来无趣的问题（即研究者们预期那些不能被处理的问题）。因此，采用这一中坚核心的影响在于将与之相关的理论和驳斥的证据的特殊形式隔离。

但是，除了阐明这一隔离功能以外，中坚核心承诺还引导研究者们解释特定的检验结果。也就是说，面对对于数据的相互矛盾的解释，与特定规划相关的研究者们更倾向于追寻更有利于他们中坚核心假设的对证据的解释方式。因此，在实践中，中坚核心假设在某种程度上调节了与 DQT 有关的问题。作为对此的说明，考虑与偏好反转现象相关的研究。

☞专栏 3.4

偏好反转现象

　　偏好反转是一种行为倾向,对一组选项的显示性偏好顺序以可预测的方式取决于实验者用以引出该倾向的过程。很多的经验研究都有与成组的简单赌博相关的考核细化决策,其中一个赌博(赌博 P)提供了相对较大的机会去赢得适当的奖励(除此以外则是没有奖励或小额亏损),而另一个赌博(赌博 $\$$)则提供了相对较小的机会去赢得更大的奖励。在经典的偏好反转实验中,被试者被要求在一组赌博中做出直接的选择,并对它们分别做出估值(通常用货币)。

　　传统的经济学理论认为,被选中的赌博的估值要大于或等于被拒绝的赌博的估值。但是,尽管很多个体是符合这一观点的,但仍有很大一部分个体并不是这样。这一不一致的存在,从其自身来看并不是很令人惊讶的。例如,人们可能会在一个或多个任务中犯错,这就导致在某一水平上不符合排序。对偏好反转的兴趣很大程度上源自这样的事实,即所观测到的不一致倾向于以系统的方式形成模式:通常的结论为,被试者常常选择赌博 P 且对赌博 $\$$ 的估值更高(我们称其为标准反转),但是很少出现相反的反转(选择赌博 $\$$ 且对赌博 P 的估值更高)。显示排序间的不一致的这种不对称模式,是建立在选择和估值的基础上的,而选择和估值又组成了有趣的偏好反转现象。

　　偏好反转是心理学家利希滕斯坦和斯洛维奇(Lichtenstein and Slovic, 1971)以及林德曼(Lindman, 1971)首先发现的。之后则引起了经济学家格雷瑟和普洛特(Grether and Plott, 1979)的注意,他们在下文中描述了偏好反转在经济学中的潜在影响:

　　从表面来看,数据与偏好理论只是简单地不一致,并且对经济学中的研究重点有着广泛的意义……这表明,即使是最简单的人类选择,其背后都没有任何种类的最优化原则在起作用。

格雷瑟和普洛特(Grether and Plott, 1979,623 页)

　　为了明确地解释偏好反转对传统偏好理论的挑战,我们用 P 和 $\$$ 代表两个赌博,用 $M^\$$ 和 M^P 代表它们引出的金钱估值。若在选择任务中个体认为标准的反转显示 $P \succ \$$,则在估值任务中记 $M^\$ \succ M^P$。假设该个体偏好获得更多的金钱,我们则可写为 $M^\$ \succ M^P$;并且,如果估值任务正确地引出了确定性等价估值,则我们可以写为 $M^\$ \sim \$$ 和 $M^P \sim P$。把这些放一起,对偏好反转的观察则包含了如下不可传递的偏好集合: $P \succ \$ \sim M^\$ \succ M^P \sim P$。

　　因此,假设被试者有着唯一的偏好集合支配他们在选择中的行为,并且这些偏好是被正确引出的,则偏好反转的发生是不可传递偏好的证据。虽然有人支持这一

解释（Loomes et al.，1989，1991），但仍存在其他的可能性。其中之一便是认为在选择和估值任务中有着不同的偏好控制决策。从这一解释来看，偏好反转是不变性过程（即偏好相对于引出它们的方法来说应当是独立的）的失灵。特维斯基等（Tversky et al.，1990）提出了对这一解释的证据。但另一可能的解释则是，认为行为完全不受偏好的影响（Lichtenstein and Slovic，2006），他们将偏好反转解释为表明了偏好是人类决策"构造"的，而不是揭示了人类决策。虽然每一种解释都与传统偏好理论的某一基本方面存在冲突（通过否认传递性、唯一性或者偏好的存在），但是也有其他的解释，这些解释给经济理论带来的挑战小得多。例如，有的解释会挑战关于发现偏好反转的实验是否准确地引出了偏好。事实上，正如我们下面要讨论的一样，关于偏好反转是否可根据有偏差的引出进程（尤其是在引出估值上存在偏差）被解释，涌现出了大量相关的研究。

现在关于偏好反转有着大量的理论上和实证上的研究，它们探索了上述和其他对偏好反转的解释。我们将在本书第4、6、7章中进一步讨论这一问题，更多的回顾可见豪斯曼（Hausman，1992，第13章）、塞德尔（Seidl，2002）和库彼特等（Cubitt et al.，2004a）。

在该研究的早期，对偏好反转进行研究的心理学家们倾向于将其看成反对传统偏好理论的证据，因此，将偏好反转看成需要通过一类说明人类决策过程中的能力和局限性的理论来解释的一个程式化事实（Tversky et al.，1988）。与之相反，经济学家们有关偏好反转的大部分研究，都在寻找保留传统偏好假设的同时又可以解释偏好反转的方法。大部分这一类的经济学研究在提出辅助假设上都是一致的，认为这些辅助假设的失效可以解释偏好反转而无须放弃传统理论的中坚核心。在这一宗旨下的研究检验了偏好反转能否被解释为偏差的产物，这里的偏差是由用以引出偏好的实验过程的限制引起的。例如，这一类型的早期研究（Grether and Plott，1979；Reilly，1982；Pommerehne et al.，1982）调查了这样一些问题，如偏好反转是否是被试者无法理解他们面对的任务的结果，或者是否是被试者没有足够的动机去认真对待任务的结果。

我们随后将会在本书中对该研究进行更为详细的检验（见本书第4、6、7章）。然而，从当前的目的来看，该例子的影响在于它给风险选择经济理论背后的中坚核心的存在和功能带来的线索。为什么与心理学家比起来，经济学家会认为付出这么多的努力用于探索和检查传统偏好理论表面上的失效是否可以用某种其他方式进行解释是必要且值得的？一种可能的理解是，经济学家应用了比心理学家更为严谨的科学标准；另一种——我们认为更有可能的——理解是，认为对这一检查付出的努力至少部分受到了预先提出的假设的激励，而这一假设受到了偏好反转数据的挑战。在这个意义上，后一种解释是正确的，我们并不认为该解释本身揭露了对部分经济学家的令人不悦的偏见。相反，我们认为它证明了中坚核心假设在调节 DQT

问题上的作用。

　　但是，如果经济学家们坚守那些可证明为比其他假设更顽强的假设，那么就回避了一个规范的问题，即这一顽强是否是可被证明的。我们认同拉卡托斯式的观点，即使特定假设可能由于科学原因在研究的特定分支实施中是得到特许的（即被认为是中坚核心），但是对特定中坚核心的长期依附则需要某种实证"进步"作为回报。虽然我们并不希望墨守成规地应用拉卡托斯式检验来取得进步，但是我们认为经济学中的实验检验的进步确实记录了相比其他经济研究领域而言很可观的实质成功。除此之外，正如我们现在所认为的那样，在刺激和促进某些可论证的进步形式方面，实验方法的应用已经成了关键因素。

　　实验研究的一个基本作用是产生了异常证据，这在初期促进了广泛而长期的进步。对异象的论证通常只是新研究的第一步，这一新研究推动了解释这些异象的替代理论的发展。风险研究就属于这种情况，在 19 世纪 70 年代和 80 年代见证了以解释异常证据为目标的一波理论活动。除此之外，很重要的是，该研究规划并没有停止新理论的发展，相反却进入了以评估新理论的表现为目标的检验的第二阶段。通过假设具体的机制来解释异象（例如，前景理论中的非线性决策权重），我们可以描述期望效用理论的替代理论的特征。理论可通过调整这些机制以吸收异象，预测推动理论发展的具体偏离（例如，将前景理论中的特定非线性权重函数具体化，使其与阿莱的例子相一致）。但是这一调整的结果是，那些机制会暗含着在其他情况下对传统理论的很多偏离。也就是说，这些理论解释通过假定更为普遍的对标准理论的偏离模式来解释具体的异象。然后这些预测到的模式提供检验互相竞争的理论的新含义的基础。

　　在有关检验期望效用理论的替代理论方面存在大量的研究（Starmer，2000），同时这也显示了新一代理论的混合预测的成功。一方面，这一研究虽然没有令人信服的支持期望效用理论的任何替代理论所预测到的违背的普遍形式，但是已经出现了明显优于期望效用理论的理论（Starmer，1992，2000；Hey and Orme，1994）；另一方面，考虑到在吝啬和适度间的明智的权衡，有证据表明一些替代理论在特定的应用范围内优于期望效用理论（Harless and Camerer，1994）。因此，很多经济学家现在接受了这些新理论的子集的有用之处，用以对一系列的经济现象进行建模，在建模中其所包含的机制可能是非常相关的。例如，通过将注意力集中于拥有更广泛经济含义的大量工作，损失厌恶和概率权重这两个在前景理论中有着不同形式特征的概念，正在逐渐变成当前研究的日常内容的一部分。①

　　实验经济学研究的另一个引人注目的成果是对新经验现象的发现，这些现象是发展特定理论之前所未预料到的。选择理论背景下的一个这方面的例子，与后悔理论所预测的选择周期的发现有关。

－－－－－－－

　　① 关于这一研究的一些例子可详见凯莫勒等（Camerer et al.，2004c）的第二部分。

☞专栏 3.5

后悔理论和选择周期的新预测

后悔理论（Regret theory）是大卫·贝尔（David Bell，1982）、皮特·菲什伯恩（Peter Fishburn，1982）、格雷姆·鲁姆斯和罗伯特·萨格登（Graham Loomes and Robert Sugden，1982）同时提出的。在鲁姆斯和萨格登的版本中，他们将偏好定义在一组行为上，其中每个行为都是从现实世界的状态映射到（货币的）结果。用 A_i 和 A_j 代表两个可能的行为，其各自在现实世界的状态 s 中所得到的结果分别为 x_{is} 和 x_{js}。当现实世界的状态 s 发生时，与选择行为 A_i 相关的效用可由函数 $M(x_{is}, x_{js})$ 来定义。该函数关于其第一个参数递增；并且该函数允许 x_{is} 的基本效用在 $x_{is} < x_{js}$ 时由于"后悔"而降低，或者当 $x_{is} > x_{js}$ 时通过"欣喜"而提高。后悔理论假设个体行为遵循最大化预期的修正效用 $\sum p_s M(x_{is}, x_{js})$，其中，$p_s$ 代表状态 s 发生的概率。这是一个非传统的模型（因为这并不意味着价值函数定义在个体的前景上），在特定情况下——当 $M(x_{is}, x_{js}) = u(x_{is})$ 且 $u(\cdot)$ 为冯·诺依曼—摩根斯坦效用函数时，它会简化为一个期望效用理论模型。

鲁姆斯和萨格登（Loomes and Sugden，1982，1987）认为，如果该理论中的偏好满足特定的限制，那么后悔理论则为我们解释一些著名的对期望效用理论的违背（包括阿莱的例子和偏好反转现象）提供了可能。这些限制的最重要之处是所谓的后悔厌恶的特征（Loomes and Sugden，1987）。我们可将其称为对更深层函数 $\Psi(x_{is}, x_{js}) = M(x_{is}, x_{js}) - M(x_{js}, x_{is})$ 的限制，其中，$x > y > z$，$\Psi(x, z) > \Psi(x, y) + \Psi(y, z)$。这一特征为模型提供了与之前所观察到的行为一致的经验内容，从初步的直觉来看，对此的一种解释是"净后悔"的增长与被试者所得到的和他们做出不同选择时应得到的结果间的差别是不成比例的。

后悔理论（伴随后悔厌恶）产生了一些特征，这包括对成对的选择的不可传递周期的预测。我们将注意力集中于后悔理论的含义，将其看成新理论内容的一个例子。为了了解这一预测是如何产生的，考虑由下面的矩阵所描述的三种行为（A_1，A_2，A_3）。它们被定义在现实世界的三种状态（s_1，s_2，s_3）下，并且矩阵中的数字代表了货币结果。

	s_1	s_2	s_3
A_1	5	0	0
A_2	3	3	0
A_3	2	2	2

　　后悔理论允许被试者在这些行为中进行选择，但这一框架是不可传递的。如果偏好是后悔厌恶的，则任何周期都将在特定的方向上选择：A_1 和 A_2 间选 A_2，A_3 和 A_2 间选 A_3，A_1 和 A_3 间选 A_1。后悔理论的这一性质在鲁姆斯等（Loomes et al.，1991）的研究中可找到更详细的解释，但为了了解为什么受后悔的激励可能会导致这一结果，假设后悔厌恶的一种极端形式以成对的偏好为结果，这组偏好受现实世界状态的驱使，其中对任何给定的一组行为，其报酬间的差别都是最大的。对于 A_1 和 A_2 的比较，这是在状态 s_2 下发生的（其中报酬差别为 3）并且选择 A_2；对于 A_2 和 A_3 的比较，这是在状态 s_3 下发生的（其中报酬差别为 2）并且选择 A_3；对于 A_1 和 A_3 的比较，这是在状态 s_1 下发生的（其中报酬差别为 1）并且选择 A_1。这表明了在充分简化的形式中为什么后悔理论会预测非传递性：这并不是普遍的，而是针对特定情况和方向的。

　　该预测已经被广泛检验过了，并且一些实验（Loomes et al.，1991；Steven Humphrey，2001）对后悔理论所预测的非传递性的具体模式进行了观察。为了提供对周期性行为的重要性的理解，在汉弗莱的研究中，典型的三个一组的模式是，占比 10% 到 20% 的被试者表现出偏好周期，而该方向上的大部分都被后悔理论预测到了。

　　虽然累积的证据对可复制的周期现象的存在提供了强有力的支撑，但关于这一现象的起源和理论含义的解释仍存在争议。

　　这样的例子阐明了与拉卡托斯式直觉中的实证进步类似的可能性，拉卡托斯式直觉是与包含了实验的经济研究规划相关的。也就是说，对于后悔周期的相关研究，有着一个有趣的结局。一些检验表明，避免后悔的这个动机（至少如后悔理论中目前所形成的那样）并不是这些周期的主要原因（Starmer and Sugden，1998）。因此，虽然这一周期是新颖有趣的现象，但是仍有可能不能被发现该现象的理论最终解释。这一分支研究的结果在于产生了新的不能得到满意解释的现象。这类例子提出了这样有趣的问题，即相比于由实验证据产生的异象的发展，经济理论是否是以令人满意的速度在发展？例如，我们在风险选择研究中所指出的新工具的发展成功，是否基本上都被来自实验的富有挑战的数据的洪流淹没了？

　　我们认为这些是有趣的开放性问题。但在经济学吸收异象方面无论得出何种结论，风险研究的例子都为我们良好地阐释了实验可以并已经在研究规划中起到的重要作用。第一，它阐明了通过对所需解释的"异象"的界定，实验如何刺激研究分支。第二，它阐明了实验在探索证据和筛选存在争议的解释上所起的作用。第三，它阐明了我们应如何整理实验，从而为相互竞争的理论假设提供直接的比较性检验，这有助于选择新的应用工具。第四，它阐明了实验研究如何发现关于世界的真正令人惊讶的新事实。

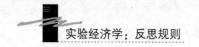

3.6 结语

本章中，通过实验方法（包括实践），我们将注意力集中放在了对经济理论的检验上。检验结果往往可有多种解释，这给关于数据所表达的意思的争论留下了空间。科学研究的这个情况为我们采用规范的方法论提供了明显的动力，因为这使得我们质疑一些解释是否比另一些解释更好。

此外，推动这一案例走向规范标准的问题也削弱了为科学提供规范基础的最著名的尝试，即波普尔证伪主义。我们认为，虽然 DQT 是有时被称为"天真"波普尔主义的一个基本问题，但是在由拉卡托斯提供的波普尔主义的重订或"复杂"版本中，这一问题明显不那么成问题了。本章中，我们描述了拉卡托斯框架的各个方面，这样，我们就描述了更为准确和有帮助的解释，解释何为实验检验以及涉及实验检验的研究该如何评价。

一个至高无上的主题在于理解检验所包含的内容的描述性目标，随着时间的推移，在研究者组织中构想出这一描述性目标是很有帮助的，这些研究者坚持（可能是含蓄的）惯例和背景假设。我们关于检验博弈论的讨论表明，实验研究包含（在别的事情之中）对基础的概念机制的附属（例如，标准解概念）以及要求与现实世界的机制关联的各种假设（例如，假设货币报酬可被理解为效用）。我们认为，如果没有这样的关联假设，那么博弈论就会变成不可检验且缺乏经验内容的。因此，例如，虽然有关具体报酬如何映射成个体效用的假设对于抽象的概念机制而言是外生的，但是如果理论在实验室或别的地方得到了以经验为主的运用，则这些假设就是没有选择的了。或许，我们应该更多地去思考将这些关联假设作为我们应用理论的基础组成部分，而这些应用理论在决定我们的理论对现实世界的预测上起着重要作用。这样来看，它们是应用理论的一个不可缺少的组成部分。

我们所借用的 MSRP 的第二个关键特征是，假设研究者在特定领域的工作将会给予很多假设和方法以特权。就好像在给定规划中工作的研究者们，正准备在异象的海洋里起航，带着仅装着他们自己特有的工具的包，由此事先承诺主要使用他们在离家前所收拾的这些工具对他们在旅行中的发现进行解释。在我们对风险规划的讨论中，我们认为，研究者们可以在工作中发现各种事先承诺的证据，并形成研究行动的演变。从 MSRP 的观点来看，一些这样的事先承诺是运行良好的科学的必要组成部分。此外，如果科学共同体想要避免从科学逐渐没落到偏见，那么对通过特定的承诺所获得的结果的批判是基本的。拉卡托斯提出的重要检验是，研究规划应当通过理论发展的分支方式来产生进步，而理论发展则是内容的扩展并会导致新经验现象的发现。虽然我们倾向于将进步概念理解得比拉卡托斯更广，但是仍依附于研究规划的需求应以带有经验组成部分的可证实的进步为前提，这似乎是我们完全赞同的一个合理目标。关于风险选择的研究，我们认为，实验在促进理论发展方面起了重要的作用。并且，虽然我们对于相关理论目前的进步程度持保留意见，但是我们估计对实验方法的应用会起到有效的作用，不仅挑战现有理论而且丰富了判断理论的证据。我们将此看做经济学中所有主要的实验研究规划的普遍且正面的特征。

　　本章的讨论改进了关于检验是什么的这一问题，与这一问题相比 DQT 似乎没有那么棘手。虽然我们同意 DQT 的力量可以告诉我们并不存在具有决定意义的检验，但是其重要意义通过剔除关于检验的观点而被冲淡了，该观点将检验看做进行不断敲打的锤子。就检验对于有关兴趣的问题提供了强有力的回答来说，这有可能只在长期中通过持久的研究规划才能达到。那么，或许将检验看做与提出很多形式粗糙的问题有关会更好，如果我们如此这般地看待它，那么我们可以得到什么结论？虽然这些问题可能会受到特定理论框架的激发，但是单个回答（如果有的话）很少是具有决定性的。但是，有希望的是，作为对很多这样问题的回答的观察结果，我们逐渐修正了我们对于现实世界的看法。将事情以这一方式来处理，暗示着对于检验在知识增长中所起作用的归纳法的解释。在这一阶段，虽然只有一个暗示，但是却为下一章的主题确定了方向。

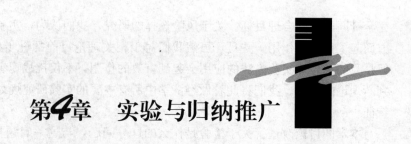

第4章 实验与归纳推广

4.1 前言

前两章已经讨论了用实验对理论进行检验的应用情况。当实验经济学兴起时，大部分实践者都把自己的工作当做对理论的检验。但是，随着实验方法在经济学中的逐步确立，实践的方式也在发生相应的转变。实验更多地是理论建立过程的一部分，而不是仅仅用于检验既有的理论，并且有时甚至代替理论作为一种理解世界的方法。本章将着重介绍实验的这些用途。[①]

认为实验就是用来检验理论的观点，与经济学中一种普遍的观点紧密相关，即理论是经济学的中心，而建立理论化则是推断性的工作。更确切地说，大家之所以会普遍相信这一观点，主要是因为两个心照不宣的假设：其一是经济学知识基本上都表现为一系列的理论，以及这些理论成功通过实证的检验；其二是建立有效的

---

① 本章的理论最早在萨格登（Sugden，2005，2008）的研究中有论述。

经济学理论的方法，通常是以一组尽量可信的假设为开端的，这或许是因为这些假设来自一组标准无争议的理论假设，又或许是因为这些假设与共同经验或常识直觉相一致，由此我们可以推断出一些显著并且可能是有违直觉的结论，这些结论是可以应用到真实经济生活中的某一领域中去的。相反，我们本章所要讨论的实验越新鲜，它所伴随的以理论为中心的经济学观点就越少。在以理论为中心的经济学观点中，经济学知识可以被表示为非理论化的规律或者"程序化的事实"；同时，理论建设的重点也放在了如何组织之前发现的规律上。从这一点来看，我们认为，实验方法的发展是经济学方法论重大转变的一部分。在本书中，我们试图解释这种转变，并对这种转变对实验经济学实践的意义进行了重点描述和系统整理。

4.2 演绎法与归纳法

至少直到 20 世纪 80 年代，演绎法（deductive）还是经济学的主流阐释方式。演绎法从普遍性的命题——"公理"、"法则"、"假定"或"臆测"——出发，这些命题被认为（或者被假设）是正确的。这些假设又与得出推论或解释所需的具体的环境假设相结合，再通过一系列逻辑推理得出结论。在最传统的演绎方式中，推理一般从一些毋庸置疑的法则出发。一直以来，这种方法都受到广大经济学方法论者的支持，包括最早的约翰·斯图尔特·密尔（John Stuart Mill，1843），以及之后的莱昂内尔·罗宾斯。后者的多部作品都被认为是对 20 世纪经济学研究方法最有影响力的著作。他写道：

> 与所有的科学理论一样，经济理论的命题显然也是通过一系列的假设演绎而来的。其中大部分假设在一定程度上都是简单且无可争议的经验事实，就如商品短缺始终是经济科学的主题一样，这些经验事实真实地反映了现实世界的情况……这些假设在现实中基本不会引起太大的争议。我们不需要通过受控实验来证明这些假设的正确性，因为它们很多都来自日常生活中的经验，一经提出就会被认为是理所当然的。

罗宾斯（Robbins，1935，78～79 页）

在罗宾斯写下这段话之后的几十年当中，经济学家们已经更不愿意去了解"类似真理"的命题（他们的演绎是基于这些命题的）的真实性了。相反，这些命题被看做临时假设。演绎法的这种变形就是方法论者所周知的假说演绎法（hypothetico-deductive method）。这种方法的重要特征是，理论命题的建立并不需要直接依赖于对世界的观察，它是需要被现实世界证据证实的理论推理的结果，而不是前提。如果推理得出的结论不能被证实，那么其中一个或几个前提就一定需要修改。因此，假说演绎法可以被看做对理论假说的追求，而该假说的推论与观察到的证据

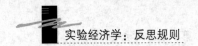

是一致的；最后结论性的理论又被认为是对证据的解释。然而，在实践中，经济学家们总是专注于一系列关于理性的假设，并且通常将其描述为对个人偏好和信仰的特殊限制。直到最近，根据一些新发现的规律，认为那些假设可能需要修订的观点仍没有被严肃对待。因此，经济理论依然保留了早期先验分析的诸多特点。

这并不意味着建立模型完全不用参考实际证据。即使核心的理性假说具有支配性的地位，从观察规律到得出结论，再到实证检验的过程仍是可行的——这是因为建立任何对应于具体情况的模型都有可操作的空间。比如在 20 世纪 70 年代，有一个经济学研究项目非常有名，即理性选择理论在公共选择中的应用。在这个项目中，有一个至今都还悬而未决的特别棘手的问题，就是如何解释公众为何会在选举中投票。[1]

尽管大多数解释投票问题的理论都是在理性选择理论的框架下建立起来的，但仍有很多不同的关于投票者偏好的观点被提了出来，从不同角度解释投票行为。在这些备选解释中做选择时，理论学家对一些事实也做出了回应，包括在现实的选举中投票参与度如何随着投票者的受教育程度、收入水平、预期与投票结果的相近程度，以及投票者的自我责任感和投票成本等因素的不同而变化。理性选择理论正好可以解释这些事实。比如，我们可以将所观察到的参与度与受教育程度间的正相关关系解释为投票行为受获取有关结果的信息的成本所影响（人们的受教育程度越高，该成本就越低）；或者，也可将其解释为投票行为受投票者的公民责任感的影响（人们的受教育程度越高，公民责任感就越强）。

但就算假说演绎法允许理论前提根据证据而修正，该方法论的提倡者也没有过多评论关于科学家依据观察结果构造假设的方法，不管是描述性地叙述还是规范性地表达。因为问题的重点在于，这些假设在建立起来之后应如何被检验，以及从检验结果中所能得出的最终推断会是怎样的。

用科学哲学的话来表达，直接通过对现实世界的具体观察推出普遍理论命题的方法叫做归纳法（induction）。从传统意义上说，归纳法和演绎法完全相反。归纳法首先要观察到现实世界中存在的规律，然后通过进一步观察，准确描述出该规律是如何得出的，最后再对描述的内容进行提炼（或者，用经验主义者的话说，进行整理），以此解释我们发现的现象。科学哲学的一个大问题是，归纳推理法是否存在可以应用于科学发现的"归纳推理"的合理原则，有些类似于演绎方法的逻辑。[2]一些哲学家认为理性原则存在并试图对其进行明确阐释，其中包括密尔

---

① 问题是这样的，对于每一个投票者来说，投票这一行为似乎有很大的成本；但在一场大选中，若从全国范围来看参与度，每位公民所投的一票能影响结果的可能性微乎其微。想要了解公共选择理论学家是如何解释投票行为的，请参考米勒的著作（Mueller, 2003）。

② 正如我们解释的，归纳法不能靠贝叶斯概率的原则来准确地呈现，尽管有一种观点认为这些原则支持归纳法的逻辑。在贝叶斯逻辑中，先前对于一般命题真实性的主观推测需要依据具体的证据进行修正，但这并不意味着仅靠观察现实就能发现关于世界的真正的新命题。

（Mill，1843）。尽管密尔把经济学看做演绎科学，但也不反对归纳科学的观点。然而，一种在 20 世纪风靡一时且对经济学有着较大影响的观点认为，与演绎推理法和假说检验法不同，归纳法并不遵循理性或逻辑的规则。如果有人接受这一关于归纳的观点，并且如果有人将方法论的目的看做建立科学方法或者科学知识的"逻辑"（像卡尔·波普尔的著作名称所蕴含的含义一样），则会将科学的归纳的一面置于尴尬的境地。他将必然像波普尔（Popper，1934）一样做出结论，即认为假设的建立跟这种逻辑毫无关系。

米尔顿·弗里德曼曾在一篇有关经济学方法论的著名论文中明确表示，归纳法绝不算是方法论的一种。他说：

> 新假设的构建并无什么正式规格可言。构建假设只是一种灵感的、直觉指导的、发明的创造性行为，其本质是旧题材的一个新版本。该过程应该被算做心理学而不是逻辑学的范畴；应该是在自传或列传中而不是在有关科学方法的论文中进行研究；应该通过格言或实例而非三段论或定理来扩展。
>
> 弗里德曼（Friedman，1953，42～43 页）

同样反对归纳法的还有丹尼尔·豪斯曼（Daniel Hausman，1992）。在上文发表 40 年之后，豪斯曼在一篇颇具影响力的经济学方法评论中曾表示并不认可归纳法。豪斯曼认为，经济学研究使用了假说演绎法的一种形式（他将其称为"经济学家的演绎法"）。虽然豪斯曼并不完全赞同弗里德曼的观点，并指出作为演绎法前提的假设可能来源于归纳的"发现逻辑"（Hausman，302 页），但他并不追求探究清楚这种逻辑是什么。他的书几乎不涉及归纳法在经济学中的应用。本章的主要目的之一就是想要说明系统的归纳探询法在实验经济学中正在逐渐展开。

4.3　归纳研究如何运作

让我们先来看一个以归纳法为主要方法的研究项目。[①] 我们有意识地选择了经济学领域之外的一个非实验性研究项目，这样我们就可以在提出实验经济学的一些特定问题之前强调归纳研究的一些基本特征。我们并不是相关领域（比如传染病学）的专家，我们借助的是业内非常著名的研究员迈克尔·马默特（Michael Marmot，2004）发表的一篇有名的论文。我们主要关注他所遵从的方法论策略，而不是他研究所得出的推论是否正确。

从 1967 年开始，马默特和他的助手们开展了大型的有关英国公务员健康状况

[①] 这个例子借鉴了萨格登的研究，他在南希·卡特赖特的一个讲座中听到了这个例子。但随后对这个例子的分析是我们进行的，并不来自卡特赖特的讲座。

的纵向研究，研究结果从 1978 年开始公布。该项研究最初关注的是男性的心脏疾病；之所以选择公务员作为研究对象，是因为研究需要大量的参与者，而且在公务员系统中选择同一机构的职工作为调查对象也相对容易一些。结果，最令人吃惊的一个发现是，公务员的死亡率呈现出非常陡峭的"社会梯度"（social gradient）：随着公务员级别的上升，死亡率逐步下降。在 40 岁至 64 岁的男性中，最底层（办公室助理）的公务员的死亡率是最顶层（管理层）的公务员的死亡率的四倍。这种差异在退休之后都仍然一直存在：在 70 岁至 89 岁的男性中，最底层的公务员死亡率仍是最顶层的公务员的死亡率的两倍。这种结果相当令人震惊。因为不同阶层公务员的工作环境中似乎没有明显的与健康相关的差异（公务员们都在办公室上班）。尽管薪酬可能因职位的不同而有所差异，但即使是最底层的工作人员也有工作保障，并不会过着贫穷的生活。

从表面上看，这一结果表明低层的职位可能是引起不良健康状况的原因。然而，其他解释可能会更合理一些。例如，众所周知，吸烟和不健康的饮食在低层社会阶级更为常见。因此这一差距的原因可能是各阶层不同的生活方式，而不是阶层本身。另外，因为孩子会继承父母的社会地位，所以较高等级公务员的孩子一般会更加富裕，而童年环境也可能对他之后的健康状况产生影响。高级公务员的待遇更好，他们支付得起更高质量的医疗服务。因此，低层职位也许并不会引起疾病，但至少它会影响医疗服务的质量。马默特通过统计控制法来研究这些可能的解释。比如，在研究心脏病所致的死亡时，他将一些普遍认可的危险因子固定起来：吸烟、高血压、高胆固醇、高血糖和低身高这些因子确实本身存在社会梯度（即便是身高也和社会等级呈正相关关系）；但在控制所有这些因子之后，死亡率的很大一部分社会梯度依然存在。疾病发病率的社会梯度与死亡率一致，因此，死亡率的社会梯度并不会受更好的卫生保健的影响。

另一种试图解释这个结果的方法是研究职业地位与健康之间的关系是否在其他群体中也存在。针对这些公务员，马默特研究了一些疾病的死亡率是否有社会梯度而其他疾病则没有这个问题；但研究的结果是大部分疾病都存在这个问题。同时，他又调查了其他种群中是否存在类似的社会梯度。结果，他在非人类的灵长类动物中发现了类似的梯度。例如，在对一群实验室中的猴子的研究中，调查人员发现，尽管所有猴子的饮食都没有差异，但地位较高的猴子更不易患心脏病。在一个受控条件下的实验中，通过打乱分组，猴子的社会地位被人为改变了。实验结果表明，一旦猴子的社会地位以这种方法改变了，它的健康状况也会相应地改变。这就说明，对猴子而言，它的社会地位和健康状况间有着直接的因果关系。因为有推论认为相似的结果是由相似的原因引起的，所以这些结果使得以下这个假设更为可靠：人类的社会地位和健康状况间有着直接的因果关系，而这种因果机制在猴群和人类中都是很常见的。

这种因果机制可能是什么呢？马默特对多种实验结果进行了研究，推测这种机制可能与压力有关。例如，在对野生狒狒的实验研究中，他发现狒狒的健康状况存在与地位相关的梯度现象，而且其地位与生物压力指标存在负相关关系。对于人类而言，压力被认为是使人掌控自己生活的一个消极因素，优质的工作可使人们更大程度地掌控生活。在生物学里，压力是对威胁的反应，包括生理机制的反应（像心跳加速、血压升高、特定激素分泌、肠胃血液分流等），这些反应都与心脏病和糖尿病密切相关。公务员的职业地位对健康起着因果关系上的作用——该假设乍一听起来觉得牵强，但现在看来却觉得有几分可信。

请注意，马默特的研究是从发现一个惊人的需要解释的经验规律开始的，而不是从一个惊人的需要被验证的理论假设开始的。这并不是说，规律只是一系列"粗糙的"或者"未理论化的"观察结果，只是说其要描述的概念框架并没有对其提供解释。比如，马默特的实验项目最初的规律是依据公务员的等级梯度形成的。对于那些20世纪60年代与英国公务员共事的人们来说，这一概念结构是很突出的，但是公务员等级并不是所观察到的简单事实。同样，死亡率概念的理解范围也仅限于统计理论的框架之内。要想理解马默特的发现，我们需要在一个特定的框架下对世界进行观察。但目前仍有惊人的未被解释的规律需要我们去研究探讨。

研究的主要策略就是努力得到更精确、更有用、更具有启发性的关于某一规律的详细说明。从这一角度出发，一些最初看似合理的解释最后都被排除了，规律也因此变得更加简洁和明晰。此外，研究也会探索规律可能的一般性。我们会逐步从明显武断和孤立的观察（在英国的男性公务员中，较高阶层的公务员的死亡率较低）发展到更为合理的解释理论的命题（在控制了生活方式和成长环境的影响后，实验仍发现死亡率和职位阶层呈负相关关系；在一些灵长类动物中，死亡率和社会地位也呈负相关关系）。为了得出更具体的说明，研究人员运用了他们已有的相关理论知识和实践经验。（吸烟跟社会阶层有关系且易引起死亡的事实表明，在研究社会阶层和死亡率的关系时，控制吸烟这一变量是有用的；灵长类动物之间有很多相同的生理和行为特征，这表明，研究人体健康的社会梯度在其他灵长类动物中是否也存在也是有用的。）随着规律中的具体细节逐渐精确，合理解释的范围也随之缩小，因此发现潜在因果机制的可能性也相应提高。但是在无任何关于规律解释的明确假设的情况下，想要具体说明某一规律可能要经过较长的过程。

随着研究的深入，关于可能的因果机制的观点也在不断出现，这些都将会为后续工作提供指导。马默特的记录暗示，在他实验的较早阶段，他就预感到社会地位和健康可能存在一些直接的因果联系，尽管当时他对这一联系的本质并不清楚。深入研究之后，这一联系可能源自压力的观点开始变得可信。但即使他的著作在2004年出版了，这依然只是个可信度较高的推测。一些研究报告对这一观点有所支撑，有关的新研究也在继续进行，但它终究不是一种正式的理论，不能像正式的理论那样可以得出精确的启示并通过检验。

这样看来，马默特关于压力的假设一点都不像为假说演绎法的讨论提供了经典例子的假设。比如，爱因斯坦的广义相对论预测在地球上的一个观察者看来，光线经过太阳表面时会发生 1.7 秒的偏转。这个惊人的预测是一个定义明确的理论的精确推测，同时它也为检验理论提供了方法。事实上，当 1919 年太阳出现日全食并与星光交汇时，亚瑟·艾丁顿才真正验证了这一预测，也让爱因斯坦的预测得到了确定。[1] 波普尔的大胆假设和严谨验证与这一点非常符合（见专栏 3.2）。很难想象有比爱因斯坦的理论更胆大的推测，它挑战了牛顿在物理学中长期占据的神圣的地位。自该理论提出后，同时期再没人预测到 1.7 秒的偏差，而艾丁顿的验证实验也算是很严谨的了。相比之下，关于因果机制这种非理论化的推测，比如马默特关于压力的推测，就难以被严格验证了。

并不是说标准的假说验证在归纳研究中毫无作用，事实恰恰相反。区别在于，在归纳研究项目中，需要检验的假说基本上都不是来自定义明确的理论的具体推断的。相反，它们基本上是根据经验规律构造的命题。比如，马默特最基本的经验主张是：英国的公务员中，较低阶层的死亡率偏高。要想使这一表述有意义的话，它就必须适用于全英国的公务员而不仅仅是调研的那部分。无论何时，只要是从样本中得出的推断，就有可能存在抽样误差：样本中观察到的特性并不一定适用于总体。解决这一问题的一种标准方法就是列举出无效的、可替代的假设。就这个例子来说，一个明显的无效假设就是，在总人口中，死亡率对所有阶层都是一样的。而一个简单的可替代的假设是，最高的两个阶层的公务员的死亡率和最低的两个阶层的公务员的死亡率是不同的。然后我们就可以问如下统计学的问题：假如那个无效假设为真的话，那么这种情况——随机样本（跟之前人数相同）表明高低阶层的死亡率差异至少跟实际所观察到的差距一样大——的发生概率有多大？如果概率很小的话，那么我们可以推断那个可替代的假设很有可能是真实的。[2]

检验假说对任何实证研究来说都是很重要的，不管目的是检验从理论得来的假说，还是发现未知的规律。我们认为，尽管无效的或者可替代的假说需要明确的解释说明，但并不需要任何的理论支撑。对于大胆的猜测也没必要进行严格的检验。以模糊的方式表达则是，在研究预感的脆弱性时，归纳询问法可以使用正式的统计学方法。

很多科学哲学家认为，归纳法从事实推出一般命题的过程需要正式的原则做指导。有人怀疑这些原则能否经得起验证，即我们在 4.2 节提到的对归纳法是否存在逻辑性的质疑。例如，波普尔通过对科学理论的阐释来避免这一问题。他在阐释中说，没有一个理论是彻底正确的，最多只能说这一理论目前还无法被证明不成立。另有一些人认为，归纳法所得到的命题应该被看做主观信念的表述。进一步地说，

---

① 梅奥（Mayo, 1996, 278～293 页）对这次实验有着系统的方法论阐述。她指出，很多有关解释实验数据的问题都涉及从噪声数据中做出相对理性的统计推断。鉴于观察的误差范围和可能的混淆效应，在日全食时如何得出光线的实际偏离的问题和我们在第 7 章中讨论的问题有类似之处。

② 就如马默特的研究项目，当时抽样调查人数为 18 000 人。

归纳法应该以贝叶斯统计的原则为依据，即一些主观可信度被表示为概率，这些概率再随着新证据的出现进行修正。我们认为，归纳法实验研究从特定事实到得出一般命题的过程中不需要根据原则去进行。大家思考一下，在马默特的研究项目中，事实是如何被收集、整理、核对和运用的？当然，当马默特在解释这个实验中的事实现象时，他加入了自己主观的评论，集中表现在贝叶斯统计中——比如，他认为通过某种与压力相关的机制，社会地位和健康有直接的因果联系。但是具体事实是在正式统计检验中被收集的，并没有太多主观的东西。（以上一段讨论的高阶层的公务员死亡率比低阶层低的命题为例。从马默特样本的证据中我们可以推断这一命题很可能是正确的。"很可能"并不是对之前猜测进行更新后的可信度，而是陈述由一个特定的零假设得出这种实验结果的频率。）归纳法研究的基本构成不包括主观判断，重点在观察事实后所得出的普遍规律。[①]

4.4 作为检验的实验

如果你以经济学科以外的思维来研究经济学的内容，那么归纳研究法似乎明显更有效，受控实验法可能对这类研究也很有帮助。但当 20 世纪 80 年代实验法开始广泛运用于经济学时，它的主要作用仅仅是理论检验。为什么会是这样呢？我们认为这主要是由当时经济学主要的研究方法决定的。相反地，也正是因为研究方法的转变，才使对实验的归纳应用成为可能。

正如我们在 4.2 节提到过的那样，在实验研究法兴起之前，假说演绎法是经济学中流行的方法论。其重点在于建立、检验、估计经济学中的行为模型，而这些模型需要建立在一系列核心理性假设的框架下。虽然在现实中观察所得的规律（回忆公共选择理论的例子）可以用理论来解释，但传统上并不会用实验证据来指导构造假设。为了相信实验观察到的规律与经济学是相关的，我们必须对实验的外部有效性有信心（见专栏 2.1），但经济学家似乎并没有那样的信心。

如果实验可作为对理论——从表面上来看，这些理论同时适用于实验室行为和实际生活行为——的检验，则实验的相关性会不自动么有争议。20 世纪的经济学总因其一般性而自豪。直到 20 世纪 80 年代，经济学的主要趋势都是理性选择模型范围的扩展。理性选择理论最早是为了解释确定情况下的消费者选择的，后来又被延伸到非确定性的消费者选择、公共产品选择、集体选择、家庭选择等问题。以理性假设为基础的理论，如理性预期理论和搜索理论，就被用来为宏观经济理论建立"微观基础"，那些宏观理论之前是基于有心理倾向的假说的。博弈论被认为是分析对自身理性具有共同认识的参与者之间的互动的理论，这种"精炼程序"很有可能

---

① 梅奥（Mayo，1996）描述了一种与这种说法一致的科学方法。

解决完全理性框架下的均衡选择问题。在对理性选择理论前景如此乐观（而非傲慢）的情况下，一个有先见的预测产生了，即无论人们在何时何地做出何种选择，这一理论的核心内容基本上都是适用的。如果这一理论可以解释大选时公民的投票行为、赌场里赌徒的下赌注行为、向慈善机构捐赠的行为、失业者找工作的行为，甚至人们选择配偶等行为，那是否也能解释受控实验中作为参与者的大学生获取真实报酬的行为？在第 2 章当中，我们讨论过理性选择是在特殊环境下的一种凸显特征，这一观点直到行为学方法和演化方法在经济学中逐步得到应用后才获得普遍认可。①

因此，在经济学中，有一个领域是专门用实验来检验一些重要的经济学理论的。早期的很多实验都是以这类检验的形式出现的，其中实验控制代替了回归分析中更常见的统计控制。实验策略可以简述如下：从经济学核心内容中提取出已存在的理论；设定实验环境，可以在众多方面都复制理论的抽象，但是允许被试者像在实地中一样有适当的行动自由；接下来就用实验结果检验理论预测是否成立。就像我们现在简述的这样，这一实验方法在最早的两个持续性实验经济学研究项目中很常见。

第一个例子是关于决定市场价格的实验研究。这个项目从研究经济学中一个最基本的理论假设开始，即在一个有着很多买方和卖方的市场中，价格由供求关系的均衡点所决定。这个例子的第一个实验如今已成为经典——爱德华·张伯伦的市场实验（见专栏 4.1）。张伯伦设计了一个实验室（或教室）市场，其中所有的参与者都要依据供求关系行动，而这一供求关系是由实验操纵者调整的。实验检验的是，参与者间的双边贸易是否是在理论预测到的那个价格和数量下发生的。张伯伦的实验为之后市场模拟研究提供了样板。作为张伯伦的学生，弗农·史密斯（Vernon Smith，1962）既参与了这次实验，也是较早应用市场实验进行研究的经济学家之一。史密斯早期的实验对他老师的设计进行了细微的改进，他还研究了当同样的市场状况反复发生时会发生什么情况。他最著名的实验研究如专栏 3.1 所示。之后，这种研究方式被扩展应用到各种市场制度的研究中。第 1 章中关于资产市场的泡沫及其破裂的例证 7 就是一个典型例子。

☞ 专栏 4.1

张伯伦的市场实验

依据经济理论，在一个有着很多买方和卖方的市场中，当价格和数量出现竞争

---

① 当理性选择理论最早被引入经济学中，从而代替依据心理学建立的理论时，大家都认为理性选择理论的适用范围可能有限。特别是理性选择理论奠基人之一的帕累托还提出了发现偏好假设的新版本，参见布鲁尼和萨格登（Bruni and Sugden，2007）。

均衡时，交易就会进行。尽管对于如何达到均衡没有一个普遍认可的解释，但这一理论在新古典经济学中运用得仍然相当普遍。关于均衡的经典理论分析明显依托于不现实的虚拟机制，其中最著名的就是瓦尔拉斯拍卖者。瓦尔拉斯拍卖者先报出一组临时价格，各交易参与人都假设这组价格是固定的和最终的。当市场需求大于供给时（以交易参与人的出价为信号），拍卖人就提高市场价格，反之则降低价格。这就保证了新的价格比原来的价格更接近于均衡价格。如果新报出的价格仍然不是均衡价格，则重复上述过程，直到找出均衡价格为止。微观经济学中一个潜在的观点就是，在真实的分散化市场中，追逐利润或者效用最大化的商人之间的互动，会产生和瓦尔拉斯拍卖案例相同的结果。

张伯伦（Chamberlin，1948）意识到这一假设可以通过实验得到检验。他的策略就是建立实验市场，其中被试者扮演买方和卖方。给予每个卖方一单位商品（所有卖方所拿的商品都相同），并指导卖方试着以可能的最多的钱卖出商品，至少不能低于给定的保留价。而对于每一个买方，则是指导他们试着以可能的最少的钱买入商品，不能高于给定的保留价。不同的被试者有不同的保留价，但他们都只知道自己的保留价。买方和卖方的这组保留价格为实验者建立供需函数提供了条件，从而可以发现竞争均衡。但与瓦尔拉斯拍卖不同，张伯伦把参与人员都集中在一个房间内，允许他们双方相互沟通以及讨价还价。当一个交易达成时，价格就会被写在黑板上，其他的参与者都能看到。这种方式可以被理解为对现实中分散市场交易（比如二手车的私人买卖）的简单模拟（都是真实的人参与，而非数据）。

瓦尔拉斯的理论清楚预测了交易达成时的价格和数量，而张伯伦实验中的被试者可以自由地按照双方达成的任何价格完成交易。因此，通过实验来验证理论是可能的。事实上，张伯伦从瓦尔拉斯的预测中发现了一个系统性的偏差；平均说来，在他的实验中，市场以更低的价格交易了比预计更多数量的商品。

第二个例子是对于个人决策行为的调查。此处，公认的理论是，行为人按其偏好行事，而其偏好则满足理性一致的标准条件。在消费者选择理论中，偏好被定义为关于商品组合的，并且假定偏好满足一些条件，例如完全性、传递性、非餍足性和凸性。建立在这个概念性的架构下的一个假设是偏好独立（即偏好并不随着个人现有的禀赋或期望改变而改变）。在存在不确定性的选择理论中，偏好是关于期望（一个关于结果及其相应概率的矩阵）或者行为（给不确定的事件分配结果）的，它们被假定为已经满足期望效用理论公理（见专栏 2.5）。这些理论贯穿于整个经济学中，但是关于为什么它们会发挥作用（如果它们确实发挥了作用的话），却没有一种可以被普遍接受的解释。经济学家曾经并不愿意承认人们"真地"是有限理性的，而且经常把理性作为一种假设。例如，在关于经济学方法论的一篇论文里，弗里德曼（Friedman，1953）否认了询问理论的假定是否现实这一问题具有实用性（见专栏 2.4）。真正重要的是，理论的预测是否可靠。

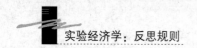

许多早期的实验都被用来检验这些以理性为基础的关于个人选择的理论。其中两个经典实验是由莫里斯·阿莱（Maurice Allais，1953）和丹尼尔·艾斯伯格（Daniel Ellsberg，1961）做出的；实验发现的结果如专栏2.6和专栏4.2所示。上述研究项目以及丹尼尔·卡尼曼和阿莫斯·特维斯基（Daniel Kahneman and Amos Tversky，1979）的成果在经济学里蓬勃发展起来。在这个项目的实验中，被试者面临简单、定义明确的决策问题。例如，在期望效用理论的实验中，被试者需要在一对彩券中做出选择，其结果用货币来描述，风险用明确的数字概率或者完全确定的随机机制来描述，例如扔骰子或者从盒子里摸球。该实验通过构建决策问题来检验这个理论中的假设。

☞专栏4.2

艾斯伯格悖论

该效用是由艾斯伯格（Ellsberg，1961）发现的。如下是一个典型的例子。被试者要从装有90个球的壶里摸出一个球，其中30个已知是红色的，其他60个是黑色的或者黄色的，事先并不知道两个颜色的球具体各有多少。被试者会被问及是愿意抽到红球得到50美元（赌博一），还是愿意抽到黑球得到50美元（赌博二）。然后他会被问及是愿意抽到"红球或黄球"就得到50美元（赌博三），还是愿意抽到"黑球或黄球"就得到50美元（赌博四）。根据期望效用理论，被试者有一定的概率抽到红球、黑球和黄球。这些概率之和为1，可以分别被定义为 $p(R)$，$p(B)$ 和 $p(Y)$。该理论表明，当且仅当 $p(R) > p(B)$ 时，与赌博二相比，被试者会更偏向于选择赌博一；当且仅当 $p(R) + p(Y) > p(B) + p(Y)$ 时，与赌博四相比，被试者会更偏向于赌博三。这两个不等式是等价的，被试者更偏好赌博二而不是赌博一，意味着相对于赌博三来说，被试者会更加偏好于赌博四。事实上，典型的情况是，人们一般会选择赌博一和赌博四。

在以上每一研究进程中，实验环境的表面上的简单性大多都是通过复制被检验理论的抽象化实现的。在市场实验中，对于每个交易者都只有一种同质商品。对于这个商品，每一个交易者都有一个给定的保留价格。这些是标准的市场理论模型所具有的特征，但我们并不确定这些是否是真实市场所具有的特征。例如，在一个真实的二手车市场中，每一辆汽车都有不同的特征。交易者也不一定具有明确的偏好以得出其各自的保留价格。在决策实验中，选择的二元性反映了偏好关系的二元结构，而后者是理性选择理论得以建立的基础。在彩券实验中，被试者选择的彩券被用来模拟期望效用理论的前景或行为。前景和行为是不确定性条件下选择理论模型的两个特性，而不是被模型化的现实。例如，考虑一个投资者选择购买哪只股票。在有关资本市场的传统理论中，股票被模型化为前景，其中的行为人具有预期效用偏好。但是对于投资者而言，股票并不能提供一系列可供选择的金钱收益和与之相关的数字概率。这些实验设计以牺牲"现实"（也就是与现实中经济问题的相似点）为代价，来使已被接受的理论可以接受严苛的检验。

然而，这种实验的设计者对可能出现的批评（如实验室环境不现实、实验室的实验缺乏外部有效性等）已经准备好了应对措施。这就是"被指责的理论"的主张：尽管实验可能是不现实的，但这一不现实的特征同样也是正在被检验的理论的属性（见专栏 2.2）。这种主张在实验经济学的早期研究中被广泛使用。与现在相比，以前这种主张更为强硬，这是因为，正如我们已经指出来的那样，那个时代的经济学家们经常雄心勃勃地声明他们理论的应用范围。通过将他们的方法陈述为一个理论检验方法，实验者就能够回避外部有效性的挑战，同时确保其在经济学中能够占据一定的地位。直到后来，实验归纳法才被经济学家们广泛接受。

4.5 展示（exhibits）

在实验经济学累积了许多我们称为展示的东西（沿袭萨格登［Sugden，2005］的说法）之后，它才开始扩展到理论检验之外的领域。展示是一个可以被复制的实验设计，这个设计可以可靠地产生一些有趣的结果。

理解展示的一个方法是，想象在准备一个关于实验经济学的展示，该展示将面对一大群有怀疑精神的观众。假设你有机会让观众参加一个实验，并让一个助手很快地分析这个实验的结果。你想要一个实验，通过这个实验可以产生一个让观众非常惊讶和印象深刻的结果。除非你很擅长即时思考，否则你需要在事先就非常确定结果会是怎样的。你会选择什么实验？你在寻找的是一个有效的展示。

如果你在向一群经济学家发表演说，那么你可能想要选择一个能够产生异常现象的实验，也就是产生一个与已经得到确认的理论相矛盾的行为。现在我们列举几个这种可靠的展示，这些展示在本章的余下部分会被用做示例。

其中的一个展示是在专栏 4.2 里面描述过的艾斯伯格悖论。还有三个展示已经在前面的章节里描述过了，它们可简要概括如下。

共同比率效应（The common ratio effect） 该实验包含四种彩券。S_1 代表确定可以获得一定金额的钱（如 3 000 美元）。R_1 代表以一个相对较高的概率（如 0.8）赢得更多金额的钱（如 4 000 美元）。这样设定这两种彩券的参数，是为了这使两种彩券中的任何一种都不会明显比另一种更吸引人。R_2 和 S_2 来源于 R_1 和 S_1，分别通过"按比例地缩小"赢的概率（例如，变到原来概率的四分之一，也就是 S_2 有 0.25 的概率赢得 3 000 美元，而 R_2 有 0.2 的概率赢得 4 000 美元）得到。被试者要在 R_1 和 S_1 之间做选择，也要在 R_2 和 S_2 中做选择。期望效用理论告诉我们，一个比起 S_1 来更偏好 R_1 的人，也会在 R_2 和 S_2 中更加偏好 R_2。

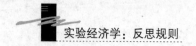

同时，如果一个人比起 R_1 来更加喜欢 S_1，那么比起 R_2 来，他将更加喜欢 S_2。事实上，这里存在这样一个趋势，即在按比例地增大的问题中，人们会选择 S_1；而当按比例地缩小时，人们会转而选择 R_2。你可以在专栏 2.6 里找到更多的细节。

偏好反转（Preference reversal）　这个实验包括两种彩券，即赌博 P 和赌博 $\$$，它们在期望价值上几乎相等。赌博 P 可以以一个较大的概率赢得一笔较小的奖金，而赌博 $\$$ 则可以以一个较小的概率赢得一笔较大的奖金。在实验的其中一个部分，被试者会被问到他们会选择哪一种彩券。在实验的另一个部分，会要求他们说出如果他们分别拥有这两种彩券，那么他们分别愿意以最低多少钱出售该彩券。根据传统的经济理论，选择和估值提供了得出被试者对这两种彩券的偏好的不同方式：例如，某人比起赌博 P 来更喜欢赌博 $\$$，那么在选择任务中，他会选择赌博 $\$$；同时在估值任务中，他也会给赌博 $\$$ 更高的价值。事实上，存在这样一种趋势，即在选择的时候人们偏向于选择赌博 P 而不是赌博 $\$$，但在估值的时候，却会给赌博 $\$$ 一个更高的货币估值。你可以在专栏 3.4 中看到更多的细节。

最后通牒博弈（The ultimatum game）　两个被试者有机会在两人中间分享一定金额的钱，例如 10 美元。一个人作为提议者提供分钱的方案，另一个人作为回应者可以选择是否接受分配方案。如果接受的话，则每个人获得该提议方案中的钱；而如果不接受的话，则每个人都不能得到钱。假定每个人都是自利的，传统的博弈理论预言提议者会提出给他自己 9.99 美元的方案，同时回应者也会接受这个方案。事实上，提议者倾向于提供更大的份额给回应者。而当提议者提供一个很小的份额给回应者时，回应者会倾向于拒绝该提议。你可以在专栏 3.3 中找到更多的细节。

余下的三个展示是关于禀赋效应、信任博弈和焦点的，分别如专栏 4.3、专栏 4.4 和专栏 4.5 所示。

☞ 专栏 4.3

禀赋效应以及支付意愿和接受意愿之间的不一致

我们在这里描述的实验设计是以杰克·尼奇（Jack Knetsch，1989）第一次使用的实验为基础的。被试者被随机分成两组。每一个被试者都被给予了一件小礼物，但是两个组的礼物不同，例如一组的礼物是咖啡杯，另一组是巧克力。不久之后，实验者给每个被试者与另一组交换礼物的权利。如果偏好是独立于禀赋的，那么两组中表示出相对巧克力更偏好咖啡杯的被试者所占的比例应该是一样的（抽样变异除外）。事实上，在被给予杯子的一组中这个比例偏高一些。可以通过下面的实验设计总结出一个相关的效应（贝特曼等［Bateman et al.，1997］就曾用过）。在一组被试者中，每一个人都被给予一些东西，例如咖啡杯，同时被要求给出他愿

意接受（WTA，willingness-to-accept）的杯子的价格。也就是让他觉得卖掉它或者拥有它没有差异的价格。另一组被试者刚开始都没有被给予任何东西（在某些变异的实验中，给了他们一些钱）。每一个人都被要求给出一个他对第一组所给的咖啡杯所愿意支付（WTP，willingness-to-pay）的价格，即让他感到买杯子和不买杯子没有差异的价格。如果偏好是独立于禀赋的，那么两组给出的价格分布应该是几乎相同的，当然抽样变异除外[①]。事实上，接受意愿价格通常比支付意愿价格更高。这就是支付意愿和接受意愿的不一致性。

☞专栏 4.4

信任博弈（The trust game）

我们描述的这个实验设计最先是由乔伊斯·博格、约翰·迪克哈特和凯文·麦凯布（Joyce Berg，John Dickhaut and Kevin McCabe，1995）使用的。该实验是一个包含两个参与者的博弈，其中一个是发送者，另一个是回应者。发送者被给予了一笔钱，例如 50 美元。他将选择给自己留多少。实验者将会把发送者剩下的钱翻三倍，然后给回应者。回应者再选择给自己留多少。实验者再把剩下的（没有再翻三倍）还给发送者。假设参与者都是自利的。传统的博弈理论预计，回应者会留下她被给予的所有的钱。考虑到这一点，发送者会保留全部的 50 美元给自己，也就是没有信任行为。事实上，发送者通常将一半给予回应者。而关于回应者还回去的金额有很多种结果，但是平均来说，回应者大约会将收到的三分之一金额还给发送者，因此发送者会收回大约与他起初发送出去的差不多的金额，而回应者则是拿到了相当多的收入。

☞专栏 4.5

焦点（Focal points）

焦点这一概念来自托马斯·谢林（Thomas Schelling，1960）。谢林报告了一些非正式的实验，在这些实验中，一组被试者中的每一个成员与其他成员组成一队，但是都不知道队友是谁。每一个人都会被问到同样的问题，并试图努力给出和他的同伴一样的答案。例如，"写下任意一个正数"。在传统的博弈理论中，这是一个有很多个纳什均衡的协调博弈（coordination game）。从理论上来看，所有的均衡都是难以区分的。事实上，谢林实验的被试者之间在这类任务中的协调是相当成

---

① 如果不把钱给那些需要报出支付意愿估值的人，那么传统的经济理论将预测，由于收入效应的存在，接受意愿将会比支付意愿略高。但是这种预测的效应太小，远并不能解释所观测到的支付意愿和接受意愿的不一致性（Sugden，1999；Horowitz and McConnell，2003）。

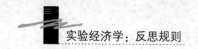

功的（最常见的回答是数字 1）。谢林认为，人们能够通过共识——存在一个均衡在某方面特别突出（后来的理论学家用了显著［salient］这个词）——来解决这一协调问题。一个有着这种突出形式的均衡就是一个焦点。此后，研究者们多次重复了谢林的实验，都得出了类似的结果。现在，这种激励机制和控制方法已经成为实验经济学的标准方法（Mehta et al.，1994）。

通过揭示传统经济理论无法解释的行为，我们描述过的这些展示多少有些令人惊讶——至少对一个传统的经济学家而言是这样的。但是如果你的观众不是由经济学家组成的，那么你可能更喜欢通过一个能表明经济理论是成功的实验来使这些观众觉得惊讶。下面就是一个显而易见的选择（已经在前面的章节介绍过）。

史密斯双边拍卖（Smith's double auction） 这是张伯伦市场实验的一个变形，之前在专栏 4.1 中描述过。实验者可以在实验中引出需求和供给函数。这个市场被组织为双边拍卖，即在这个市场中，所有交易者提供的卖价和买价对每个人都是公开的。此后，在同样的市场中，同样的被试者以同样的保留价格重复进行这个实验数次。使用这种设计的时候，竞争均衡并不是马上就出现了（就像在张伯伦的非重复实验中没有达到竞争均衡一样）。但是随着实验的重复进行，交易产生的价格和数量向均衡的价格和数量收敛。就像我们稍后会解释的那样，这个结果能够在只有几个买家和卖家的市场中产生。你可以在专栏 3.3 中找到更多的细节。

最后，我们举一个介于明显异常和成功之间的展示。

对公共物品的自愿贡献（Voluntary contributions to public goods） 几个被试者结成一个组。每一个被试者都被给予了一定禀赋，并被要求把这个禀赋分配到一个私人账户和一个公共账户中。放在公共账户里的钱都会被乘以一个大于 1 且小于该组成员数的因子，然后公共账户里的钱会被等额分配给每个组员。个人存在私人账户里的钱都会属于他自己。假定被试者都是自利的，传统的博弈论认为，没人会把钱存到公共账户里。但事实上，很多被试者都把他们禀赋中的很大一部分放到了公共账户里。然而，如果实验在同样的成员里重复一次，那么人们投到公共账户里的钱就会减少。你可以在专栏 2.3 中找到更多的细节。

通过重新理解这些事例，我们认识到了展示在经济学研究项目中的作用。

4.6 为什么会对展示感兴趣？

在 4.5 节的开始部分，我们将展示定义为"一个可以被复制的实验设计，这个设计可以可靠地产生一些有趣的结果"。但是，是什么使一个结果有趣呢？一个展示可以被看做一种机制，它可以在人类行为中引出一些特定的规律（效应或现象）。卡尼曼在一次非正式的讲解中说，展示是一个瓶装现象，其中的规律已经被设计捕捉到了。我们的问题都可以重新表述为：是什么使一个规律有趣呢？

通常，一个展示由于它所揭示的规律违反了一些已被广泛认可的理论，或者至少还没有得到已被认可的经济学理论的充分解释，因此它才是有趣的。正如我们已经解释过的那样，这对如下现象而言都是正确的：共同比率效应、艾斯伯格悖论、偏好反转现象、禀赋效应、焦点、最后通牒博弈中对积极提议的拒绝、信任博弈中的报答行为，以及自愿贡献实验中对公共物品的积极贡献。对任何已经被认可的理论进行实验检验的进程，都必然产生一个展示，而只有在重复进行相同的检验得出相同的否定性结论时，我们才可以称理论为真正意义上的未通过检验。而且，如果出现了这种情况，那么会有一个可复制的实验设计，它将产生一个与现有理论相背的规律，这就是一个展示。因此，早期的理论检验实验提供了丰富的展示来源。

能证实已被认可的理论的展示又会是怎样的呢？乍一看，似乎这些展示没有任何特殊的价值，因为一个更普遍的规律本身就包含在这个理论当中。例如，如果我们确信瓦尔拉斯理论的市场预测是正确的，那么，它对同质商品双边拍卖市场能做出正确的预测这一命题似乎就不存在额外的信息。类似地，考虑一下曾经证实了爱因斯坦相对论的艾丁顿日食实验。这个实验在说服物理学家相信爱因斯坦的理论方面发挥了重要作用。虽然这些理论已经被认可了，但是它也只是具有历史上的意义。然而，至少有两个原因可以表明证实理论的展示为何有趣，并且可以独立地对已被认可的理论提供支持。

首先，如果一种理论通过了一些检验，但是没通过其他的检验，则记录这两类实验都是非常重要的。例如，现在我们知道瓦尔拉斯均衡理论可以很好地解释重复的双边拍卖市场的后期阶段，但是在最初阶段，该理论就不那么管用了。理论本身不能预测这种观察的组合。因此，实验证据揭示了一种经验的规律（即促使市场向均衡收敛的规律）。被认可的理论则不能对此提供任何解释。

其次，被认可的理论可能比以前预期的更好。正如史密斯（Smith，1962，1982）指出的，多数经济学家将瓦尔拉斯理论理解成了一种完全竞争的理论，适用于交易者数量很多的市场，以至于他们中谁也不会对价格有明显的影响。出于可操作性方面的原因，很多实验者从交易者数量相对较少的市场开始研究。在史密斯的第一次实验中，他使用了一些交易者（通常，在每个市场中有 20 至 40 名交易者），他称其为"真实市场的复制品"。这明显不同于完全竞争理论中假设的不确定的、数量众多的交易者（1962，115 页）。这些较少数量的被试者足以促使市场收敛到均衡。实际上，用更少数量的交易者也可以发现相同的结果。在后续文章中的一些实验中，史密斯在仅有四个买主和四个卖主的市场中就发现了收敛现象。他有充分证据说："这些实验的先验结论在直观上还没有被认为是合理的"（1982，177 页）。这个展示跟证明理论不成立的展示所揭示的异常现象一样让人吃惊。

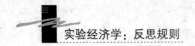

从已被认可的理论观点来看，似乎我们描述的所有展示都是令人惊讶的。也就是说，所获取的规律都应该被认为是在已被认可的理论的基本应用范围内的，但是不会被那些仅知道该理论的人预测到。

在某些情况下，当我们直观地进行考虑而不是根据现有理论的观点考虑时，一个展示所揭示的规律并不令人惊讶。确实，很多早期的展示一开始就作为深思熟虑的实验出现。呈现给读者们的展示，不是一个实际上进行的受控实验报告，而是一个实验设计。每位读者都被要求想象参与这种实验，实验者会报告他所预计的读者将会做的事情，他确信这个预言将会被证实。当实际证据被摆出来的时候，该过程会以非正式的形式进行——通常使用明确的关于科学尊严的免责声明。[①] 共同比率效应、艾斯伯格悖论和焦点效应都是通过这种方法进行介绍的。由于这种已经经过深思熟虑了的实验引起了读者直觉性的注意，因此实验的结果就不会非常令人惊讶了。这种类型的展示可能正是阿里尔·鲁宾斯坦（Ariel Rubinstein, 2001）所构思的，他认为，强烈的现象就其本身而言单靠直觉就可以被识别出来，因此，纯理论家也许能将他们的直觉替换为受控实验。

如果一个人按照"大胆假设、严格求证"原则来思考科学问题，那么"显而易见"的展示的科学价值似乎就很低了。从波普尔式的角度来看，这样一个展示是否被理解为对被认可理论的驳斥，或是否可作为现实世界中可以被发现的特定规律或机制的积极证据，是至关重要的。以艾斯伯格悖论为例。如果我们将艾斯伯格的实验理解为对期望效用理论的检验，那么这明显满足波普尔式要求，因为有这样一个强烈的直觉预期，即理论不能经受住检验。但是如果使用这种解释，那么从艾斯伯格悖论中可以得出结论，悖论不是任何积极事物的展示。在本章中，我们的关注点并不是对被认可的理论的检验，而是使用展示来揭示现实世界的特殊规律。艾斯伯格悖论通常被理解为个人厌恶模糊性（即概率的不确定性，它可以与风险进行了对比理解，后者是根据给定的概率来定义的）的证据。由此而论，推崇波普尔理论的人可能有理由说，对直观看来很明显的事物不存在大胆之举。与此不同，可以认为，即使艾斯伯格悖论本身是明显的，模糊厌恶的一般假设对决策行为的一些方面也有着令人惊讶的含义。但是这样一来波普尔理论就可以这样回答：这些证据能证实那些令人惊讶的含义中的一个，并且这就产生了一个更可信的展示。

尽管如此，我们想说，大胆和惊奇对于一个展示的价值而言并不是必要的。即使一个展示所揭示的规律看起来是很明显的，该展示也可以有一项重要的功能。卡尼曼隐喻的瓶装现象表述了这项功能。展示在一张表格中记载了这种现象的存在，其他科学家可以验证或提出挑战，并且他们可以使用这些作为后续工作中的一个定

---

① 例如，谢林（Schelling, 1960, 55 页）报告了一些结果，该结果尝试将他的问题应用于无科学知识的被试者样本上；艾斯伯格（Ellsberg, 1961, 651 页）对"绝对非实验条件下的大量回应（收集到的）"给出了一个非常简短的定性总结。

点。展示为规律构造了一种结构，该规律不能仅仅由众所周知的直觉所产生。

相反，存在这样一些展示，它们的规律来自有争议的理论中真正令人惊讶的含义。专栏 3.5 就描述了这样一种展示。后悔理论的最令人惊讶的含义是，在有着三种彩券的某种集合中，存在一种个人偏好在特定方向上循环变化的倾向。当这种理论首先由大卫·贝尔（David Bell，1982）、彼得·菲什伯恩（Peter Fishburn，1982）、鲁姆斯和萨格登（Loomes and Sugden，1982）提出的时候，并没有找到这种循环的证据；该理论作为对以前建立的展示的一种解释而被提了出来。然而，对后悔理论的后续检验，导致了确实能产生这种循环的实验设计的发展（Loomes et al.，1991；Humphrey，2001）。在这类情况下，发现一个展示的过程被看做一个有着大胆猜想的波普尔式检验。

也存在这样的展示，其规律是完全没有预计到的，即便是对首先发现它们的研究人员来说也是如此。例如，莎拉·利希滕斯坦和保罗·斯洛维奇（Sarah Lichtenstein and Paul Slovic，1971）发现了偏好反转现象，而这种现象是作为一项调查的副产品被发现的，他们当时研究的是不同的彩券评估模式是如何受彩券特征影响的。他们发现，报酬属性能够最好地解释货币价值，同时概率属性能够最好地解释对吸引力的判断。[①] 在该发现之后，他们猜测，人们对彩券的选择可能与对吸引力的判断一样，受到相同的心理过程控制。值得注意的是，这种展示后来也被鲁宾斯坦（Rubinstein，2001）所发现，他将这种展示视为"事后筛选结果"（sifting results expost）的可疑实践。这是否减损了它们作为展示的价值？

鲁宾斯坦在批判实验经济学家宽松的科学标准时提出了这种反对意见。他认为实验者应该维持一种协议，也就是说，其他研究者能够获得每个实验过程的系统记录。他的反对意见如下：

> 很明显，如果从无数的可能性中得出的某些行为模式在事后的数据中被发现，那么其结果就更加不具有信息性（相比在事先确定假设的情况）。在缺乏维持研究协议规则的情况下，一个人就不能检查该结果是在获取结果之前还是在之后被推测出来的。

> 鲁宾斯坦（Rubinstein，2001，626 页）

我们同意，在解释单个实验的结果时，实验之前提出的假设和按照结果构建的假设之间存在重要的区别。如果进行一项实验以检验先前的一个单一假设，并且通过假设可以预测出一个规律，但相关的原假设为真就会导致该规律几乎不可能出现，那么，该假设的提出者就有资格声称它已经通过了一次严格的检验。但是，正如鲁宾斯坦所说，可能会有很多潜在的规律；在结果中发现这种规律（事先没有被明确指定）的先验概率可能会相当高。对实验者而言，总有一种诱惑促使他们给未

---

① 斯洛维奇和利希滕斯坦（Slovic and Lichtenstein，1968）报告了这项更早的调查。

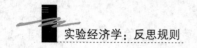

预料到的规律更大的权重，而给他们能预料到的规律更小的权重，从而过度诠释他们的结果。然而，这个论点并不能被用来低估"首次被事后筛选数据"发现的展示的重要性。

一个展示，顾名思义，是一个能可靠地产生特殊结果的可复制的实验设计。鲁宾斯坦的论点警告我们，大部分明显的被事后筛选所发现的规律是不可复制的。非结构化筛选作为发现展示的一种方式，我们有理由怀疑它的效率。然而，如果这种方法引导我们发现一个有趣的规律，且该规律被证明是可复制的，那么我们就有了一个展示。它作为一个展示的地位与我们如何发现它无关。

即使一个展示所揭示的规律起初是我们所没有预料到的，展示通常也可以凭借其所宣称的对某些特定因果机制（已被认可的理论没有将这种机制考虑在内）的效应的证明来吸引大家的注意力。然而，所宣称的解释性因素通常只是在粗略的条款中被提及。一个常用的修辞策略是，关注已被认可的理论的局限性，表明其没有能力将某个因果机制考虑在内，然后依赖于更加非正式的和直觉的论点以使主张——该因素可能是已展示出的规律的原因——变得看似合理。

例如，艾斯伯格（Ellsberg，1961）认为，主观期望效用理论不能区分风险和模糊性，并据此论点提出了他的悖论。悖论被用来说明理性人以被认可的理论所不能容纳的方式来反对模糊性。虽然艾斯伯格的论文在最后提出了一个在模糊性下非常简单的正式决策模型，但它只是作为理论可能性的一个证明，而不是一个他坚定主张的假设。后来其他的理论家才发现有关不确定条件下的选择的综合理论，这种综合理论能区分风险和模糊性。[①]

同样，博格等人（Berg et al.，1995）提出了他们的信任博弈实验，称"经济学中的一个基本假设就是个人是自利的"。该假设与"信任是经济的基元"的假说形成了对比。也就是说，经济行为人具有直接的动机去相信他人，并对他人对自己的信任提供报酬。他们参考了大量由不同经济学家提出并发展的对信任的理论解释，例如由马修·拉宾（Matthew Rabin，1993）提出的公平理论，但是他们并没有把这些理论应用于信任博弈本身，并且他们没有将所得到的结果解释为对任何特定理论预测的证实。总结他们的研究结果，他们指出了定义明确的否定的结论——对利己假说的拒绝。对于他们所发现的规律的本质，他们讲得不够具体。他们只是将这个实验描述为"为人们……愿意奖励适当的行为提供了证据"，以及"为将互惠融入标准的博弈理论之中进行的努力……提供强有力的支持"。

虽然首先提出展示的研究者通常会为该展示所揭示的规律提供解释，但该展示会比这些解释存在的时间更长。对行为经济学的一些最重要的展示而言，经济学家们提出了许多可选的解释。例如，阿莱（Allais，1979）使用共同比率效应和与其

---

① 这些理论可在萨格登（Sugden，2004b）中查阅。

联系密切的共同结果效应[1]解释现实世界中相互排斥的状态所产生的各种结果间的互补性（粗略地说，就是如果不同状态下的结果共同形成了一种确定性，那么这些结果相互之间就是互补的）。这让人想起了非预期效用理论的精髓。马克·马基纳（Mark Machina，1982）在其一般化预期效用理论中进一步发展了该理论。然而，卡尼曼和特维斯基（Kahneman and Tversky，1979）根据从概率到决策加权的主观转换的特征对相同的效应进行了解释——该解释体现在他们的前景理论和等级依赖理论中。后悔理论将这些效应解释为个人对更大的遗憾不成比例地规避的结果。

偏好反转提供了另一个例子。在陈述这个展示的时候，利希滕斯坦和斯洛维奇（Lichtenstein and Slovic，1971）将它解释为选择任务中和估值任务中使用的认知过程不同。鲁姆斯和萨格登（Loomes and Sugden，1983）将其解释为后悔理论预测的成对选择循环的例子。最近，萨格登（Sugden，2003）说明了损失规避可以引出偏好反转，同时巴特勒和鲁姆斯（Butler and Loomes，2007）认为人们偏好的不准确性可以引出偏好反转。

我们想强调的重点是，展示的科学地位独立于用来解释其所揭示的规律的任何特定理论（无论该理论是由该展示的创造者还是其他任何人提出的）。一些展示是一些相互对立的（或互补的）解释的对象。对其他展示，经济学家们仅提供了一种解释；而对另一些展示，甚至没有提供任何解释。普遍认可的解释可能是完全特定的理论或仅仅是直觉。通常，这些理论或直觉呈现出了展示所揭示的特定规律，如证明宣称存在的某种因果机制（或者，正如一些经验主义者可能更习惯说的，一些更普遍的规律）一样。然而，在考虑一个展示的时候，不合并特定的规律和因果机制是重要的。前者已经被论证了，后者还仅仅是一个假设。不论将如何解释，这些特定规律都存在。能可靠地产生特定规律的实验设计就是这个事实的证据。

4.7　展示需要被解释吗？

由于大部分实验研究最初都以检验理论为目的，经济学因此已经积累了大量的展示以及与之相关的规律。这些规律是很令人吃惊的，因为它们或者与已被接受的理论相抵触，或者没有被已被接受的理论所解释。可以很自然地想到，它们还需要被解释，它们也指出了现有理论中的瑕疵，如果去掉这些瑕疵，那么这些理论将会

---

[1]　下面是一个共同结果效应的示例。彩券 R_1 有 0.1 的概率获得 200 美元，有 0.85 的概率获得 50 美元，有 0.05 的概率一无所获。S_1 表示 50 美元的确定收益。彩券 R_2 有 0.1 的概率获得 200 美元，有 0.9 的概率一无所获。彩券 S_2 有 0.15 的概率获得 200 美元，有 0.85 的概率一无所获。被试者在 R_1 和 S_1 之间、R_2 和 S_2 之间选择。注意到 R_2 和 S_2 与 R_1 和 S_1 的不同，期望效用理论意味着喜欢 R_1 胜于 S_1 的人也会喜欢 R_2 胜于 S_2，同样，喜欢 S_1 胜于 R_1 的人也会喜欢 S_2 胜于 R_2。实际上，人们倾向于在第一个问题中选择 S_1，在第二个问题中选择 R_2。

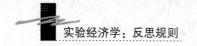

更加完善。

即便如此，当一门学科开始将实验观察看做需要被解释的材料的一部分时，便会采用一个重要的方法论步骤。我们认为，经济学家之所以长期反对实验方法是因为他们不愿意采取这个步骤（如4.3节所示）。因此，让我们暂停一下，考虑展示是否一定需要解释。当然，这意味着我们也必须重新考虑相应的实验是否可以合理地检验被认可的理论。

约翰·海伊（John Hey，2005）提出了一个可能的相反论点，该论点包含在"所有理论都有错误"的口号中。该论点是，经济学中没有任何理论考虑到了在相关环境中影响被试者行为的所有因素；因此，也就没有理论可以通过所有的检验。表达这个想法的一种方法是，将经济学中的理论理解为描述特定倾向或某种机制（该机制与没有被考虑在内的其他机制一起运行）的尝试。[1] 传统上，这种观点被表示为一个公式，即理论预测以"其他情况不变"为前提，没有明确说明其他事情应该是怎样的（或者其他情况不变或变化对它们而言意味着什么）。其他这些机制的运行，在某些情况下会使理论预测出现系统性偏差。（因此，理性选择理论应该被理解为在描述决策行为方面的尝试。这些决策行为来自对行为结果的合理推理。同样可以认为，实际决策也会受到各种引起推理错误的心理机制的影响。发现偏好假说就是这种论点的一个例子。）从只注重实际的波普尔主义（与杜赫姆—奎恩命题相反，波普尔主义意味着来自证据的单个致命打击将可以毁掉一个理论）角度来考虑理论检验，如果忽略了"其他情况不变"这一限制条件，那么在存在其他机制时检验理论，该理论就很容易失败。检验的统计证据越强，那些证明该理论不成立的其他机制就越弱。由于这是所有经济理论的特征，因此，声称任何理论（在统计意义上）没有通过其中一个检验则表明该理论失败是虚无主义的。

海伊得出结论，认为经济学家应该关注的是估计而不是检验。我们应该寻找能够将简约性和预测力结合得很好的理论，很好应该被解释为相关的理论能够很好地被应用。通过以参数化形式来表达对立的理论并对相关的参数值进行估计，我们可以发现各种理论在多大程度上适用于我们有兴趣对其进行解释的数据种类，然后，我们以预测力和简单性的相对重要性为基础，选择一个"最佳理论"。从这一观点来看，预测和观察之间的系统偏差并不是让我们担忧的原因——除非偏差足够大和足够频繁以致影响了理论的实用性。实验展示只是显示了偏差的存在，它们并不能告诉我们这些偏差是否具有实际的重要意义。

我们也承认，关于理论有效性的问题并不能通过研究展示来解决。虽然给"最佳理论"这一概念一个精确的公式是很困难的，但寻找在广泛的应用范围中运行良

---

[1] 卡特赖特（Cartwright，1989）、豪斯曼（Hausman，1992）、真希（Maki，1992）用不同的方法发展了这一观点。

好的理论的想法仍然具有深刻的意义。（需要考虑的一个问题是需要定义一组案例，它们代表对理论的刻意应用，与此相对，可以评估出对立案例的表现。另一个问题——我们将在第 7 章中讨论——是，为了估计一个理论的参数，我们必须指定一个错误机制，有关"哪一个理论是最好的"的问题难以从"哪种错误机制应该是首选的"的问题中分离出来。）尽管如此，我们仍主张，如果一种被认可的经济理论被系统性地违背了，那么这种现象就需要解释。说到需要解释，我们不是说任何一个特定的经济学家有义务去解释任何特定的异常现象。我们的意思是，一个被认可的经济理论被违背了，却没有得到合理的解释，这在经济学上是一个问题：它属于研究问题的纪律问题，它是某些机制尚未得到解释却仍在该理论领域中被运用的一个信号。不可能提前知道对某种机制的调查是否会产生有价值的新知识，但是它应该是可能的。

仅仅因为异常现象"较小"就认为引起该异常现象的机制不重要这种观点是错的。考虑天文学历史的一个例子。早期的天文学家假设行星在圆形轨道上运行。后来才发现它们的轨道事实上是椭圆形的，但是有关将它们视为圆形的错误是非常小的，并且圆形比椭圆形更简单。从这层意义上说，行星的非圆形轨道是很小的异常。尽管如此，但对这种异常的发现产生了牛顿的物理学。意义深远的是，它揭示了彗星不是神秘的例外（对正常的天文学定律而言）：它们也是太阳的卫星，也沿着椭圆形的轨道运行。这个特别的例子要说的就是，被接受的理论的范围并不必然与将代替它的未知理论的范围相同。被接受的理论的范围很可能已经被该理论的预测力所界定，排除了那些从另一个观点来看是明显的异常现象的案例（在本例中指彗星的运动）。

举一个经济学的例子，在不确定性存在的情况下，考虑与选择理论有关的赌博行为。在实验经济学家们开始研究共同比率效应和相关展示之前，我们大家都知道期望效用理论不能充分解释赌博行为。（该理论可以解释风险偏好者的所有决策问题，但它不能可信地解释在生活的各个方面都表现为风险规避的人们为什么会去购买彩券和其他赌博产品。）这当然不是一个小的异常现象：赌博是一个庞大的产业。然而，通过将赌博概念化为一种娱乐形式，而不是在不确定性下的选择，经济学家们能够将它从期望效用理论的范围中排除，这样就避免了完全将它视为一个异常现象。但是对实验异常现象解释的研究，可以促使一些能够解释赌博行为的理论的发展。例如，前景理论假定对小概率的"过分重视"。这在解释从赌博之外的世界里观察到的期望效用理论的偏差方面具有很重要的意义，但它也意味着存在这样一种趋势，即与精算的等价确定性相比，人们更偏好赌本少、收益多的赌博（Kahneman and Tversky, 1979）。在后悔理论中，从个人对巨大遗憾表现出不成比例的规避的假设中也可以引出同样的倾向（Loomes and Sugden, 1982）。

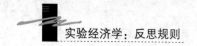

4.8 多重因果性（multiple causation）

我们已经指出了行为经济学的一些著名展示所引发的对立的解释（如 4.6 节所示）。这在一定程度上反映了我们所认为的"著名"的东西：正如定义所言，一个著名的展示是关注的中心，并且拥有对立的解释是该展示被关注的一种表现形式。这是科学群体的激励结构的产物的一部分：一种展示越是广为人知，为它发现一种新解释所获取的名声就越大。但是，我们认为更深层次的原因也在起作用：正是在挑选一个实验能否成为一个展示时所依据的标准，使得可以有不止一种方法来解释该展示。

下面来考虑一个好的展示的特征——从值得纪念的、感兴趣的、有影响的意义上看是好的。鉴于展示所揭示的规律性是对已被认可的理论的违背，展示越强（即对已被认可的理论偏离越大）、越稳定（即对实验设计或被试者群体中的微小变化的敏感度越低），就越可能吸引注意力。在其他因素不变的情况下，规律性越强，在一个给定被试者数量的实验中被认定为具有统计显著性的可能性就越大。稳健性越稳定，其他调查者重复进行的可能性就越大。

想象一下，在整个可能的实验范围中，有许多独立的因果机制，每个机制都容易引起对已被接受的理论的系统性偏离。在任何一个特定的决策情况下，有些机制可能在一个方面起作用，而有些机制则可能在另一方面起作用。在某些情况下，它们倾向于互相抵消；在另外的情况下，它们则是互相加强的。一些人可能更容易受到导致某种机制的因素的影响，而其他人则更容易受到导致另一种机制的因素的影响。一些实验设计使一个因素更突出，而其他的实验设计会使另外的因素更突出。很明显，对标准理论的最强和最稳定的偏离将在这样的决策环境中被找到，即这些独立的因果机制碰巧一致了，每个都引起相同方向上的偏离。因此，如果是为了强力性和稳健性而选择展示，那么被最好的展示所揭示的规律通常倾向于具有多重原因。

偏好反转提供了一个很好的例子。我们已指出了偏好反转已经吸引了若干不同的解释。我们对多重因果性的猜测表明，偏好反转可能位于不止一个因果机制的交叉处。如果是这样，那么很显然，偏好反转的对立性解释可能事实上是互补的：因为每一种解释都描述了一个机制，这些机制可以促成我们观察到的现象的出现。实际上，有证据可以很好地证明偏好反转是若干因果机制的结果。由于利希滕斯坦和斯洛维奇（Lichtenstein and Slovic，1971）提出的神经处理机制已经在这样的实验设计——不包含彩券，且损失规避和非传递性偏好并没有产生任何效应——中被发现（Tversky et al.，1990），我们有足够的理由相信偏好反转的主要原因是通过神经过程起作用的。现在看来，似乎不止一种神经处理机制导致了偏好反转（Slovic et al.，1990；Cubitt et al.，2004a)。与此同时，萨格登（Sugden，2003）将偏好反转解释为一种损失规避的形式，这种解释是基于密切相关的前景理论的，而前景理论又是具有大量证据支撑的，相对于偏好反转具有很强的独立性。在剔除了利希滕斯坦和斯洛维奇的机制的设计中发现了周期性的成对选择（与偏好反转现象类似）(Loomes et al.，1991；Humphrey，2001)。因为偏好反转存在实证支持，所以对偏好反转做出的可信的解释还有很多，这里不一一列出。

如果存在对好的展示有多种解释的系统性趋势，那么我们已经提出的规则得到了加强：研究人员应该对接受一个展示成为展示的初始考虑持谨慎态度。在介绍这些展示的时候，研究人员通常声称他们所发现的不仅是一个被复制的实验设计，而且是一些更为普遍的现象或潜在的因果机制。设计所揭示的规律（据称）只是对这一现象或机制的一个特别明显的说明。作为这些报告的读者，我们应该将证据和假设区分开来。

当一个展示事实上揭示了两个或两个以上机制的联合效应，而首先提出这个展示的实验者在呈现这种展示时只将其作为一种机制的证据时，人们就可能会认为这个实验者在某种程度上出现了错误。当然，人们可能会希望实验者考虑因果机制，而不是他所偏好的那种解释，并希望他提醒读者注意他所展示的规律还有其他可靠的替代性解释。但我们不能指望他告诉我们所有可能的机制，包括那些目前还没有人提出的机制。正常的情况是，如果一个研究者对某个特定的机制很感兴趣的话，那么他会倾向于观察该机制到底如何运行。与要求一个展示的研究者为了他所偏好的解释而否认其他所有的替代性解释相比，更具建设性的是承认展示本身是什么：它是独立于任何所谓解释的真实性和错误性而存在的一种规律。

多因果关系假设更进一步的含义是，异常展示所积累的证据可能会夸大已被接受的理论的真正局限性。人们根据展示引起的与被接受的理论的强烈而稳定的偏差来挑选出最广为人知且被研究得最多的展示，并可能由此将其放在可能的实验空间中的那几种不同的机制将引起相同偏差的点上。这种想法对约翰·海伊反对将展示用做检验已被接受的理论的无用性的说法提供了进一步的支持。然而，我们仍坚持我们在 4.7 节中的立场：对已被接受的理论的系统性的违背并不表明这一理论是无用的，但这些违背确实需要被解释。

4.9 通过归纳的方式来解释展示

我们现在来考虑一下那些可以用来解释令人惊奇的展示的方法。其中的一些方法从本质上来看是假说演绎法，而其他方法则具有更明显的归纳法特征。

如果现有理论的一些推论被证明不成立，那么显而易见的假说演绎回应就是试图找到一种方法对该理论的假设进行修改，以使从该理论中不再推出有缺陷的预测，但同时依然可以得到重要的预测，然后检验被修正过的理论。对于异象的实验证据，已经存在很多这样的回应了。在大多数情况下，新的理论通过对已被接受的理论的相对较小的修正构建起来，通常将已被接收的理论作为一个限制情况包括在其中。例如，卡尼曼和特维斯基（Kahneman and Tversky，1979）的前景理论、马基纳（Machina，1982）的一般化预期效用理论、鲁姆斯和萨格登（Loomes and Sugden，1982）的后悔理论，以及奎根（Quiggin，1982）的等级依赖理论。这些理论都是期望效用理论的不同版本，用以解释在不确定性条件下观察到的异常选择问题。特维斯基和卡尼曼（Tversky and Kahneman，1991）的参照依赖偏好理论修正了新古典主义的消费理论，解释了与禀赋效应相关的异常现象。拉宾（Rabin，1993）的公平理论、费尔和施密特（Fehr and Schmidt，1999）的不公平规避理论以不同的方式修正了传统博弈论的利己主义假设，解释了在最后通牒博弈、信任博弈、公共物品博弈中所观察到的行为。巴卡拉克（Bacharach，1993）的可变框架理论也对博弈论进行了修改，解释了焦点现象中的协调行为。

然而，在这一章中，我们主要关注用归纳法来解释异常现象。回想一下我们的死亡率案例。在那个案例里，研究进程开始于惊人的经验规律的发现——样本中的公务员的死亡率和职业地位之间的关系。我们发现，随后的研究中大部分是围绕着试图找出将原来的规律以更容易为理论所解释的形式进行再次说明的方式。相同的一般方法也可以在对展示的许多实验研究中找到。在下面的小节中，我们将考虑各种不同的策略，以对展示所揭示的规律进行再次说明。在讨论使用这些策略的例子时，我们专注于方法论问题，而不是实质性的结果。

4.9.1　统一（unification）

我们从经常被用来引导新理论的发展归纳策略开始。这种方法要使用两个或两个以上以前被认为存在差异的展示，并通过把它们描述为单一现象的实例将它们统一起来。这种方法通常要求将被统一的规律的特征体现在更抽象的方面，而不是在先前被使用的那个方面。出于这个原因，比起我们将介绍的一些其他归纳策略，统一往往更多地依赖于理论。

一个经典的统一案例为马基纳（Machina，1982）的一般化预期效用理论的发展提供了出发点。[①] 通过研究系统性违背预期效用理论独立性公理的现有证据，马基纳意识到，许多这类异常现象可以用马尔沙克所发明的图表（现在通常称之为马尔沙克－马基纳三角）来描述。从本质上来说，这是一个用来表示在三个不同货币结果维度上的所有概率分布的坐标系统。我们来看专栏2.6中使用的案例，考虑结果分别为4 000、3 000和0（以某种货币表示的货币价值）。这些结果的任何概率

---

① 以下各段中描述的理论和实验的发展在斯塔莫（Starmer，2000）和萨格登（Sugden，2004）的论文中解释得更为详细。

分布都可以由两个参数来描述：最好结果（即 4 000）的概率用 p_1 表示，最糟糕结果（即 0）的概率用 p_3 表示。显然，$0 \leqslant p_1 + p_3 \leqslant 1$，且中间结果的概率是 $1 - p_1 - p_3$。在三角图中，p_3 由横轴表示，p_1 由纵轴表示。图 4—1 展示了马尔沙克—马基纳三角中四种彩券的共同比率效应。请注意，线 $S_1 R_1$ 是平行于线 $S_2 R_2$ 的。期望效用理论意味着，个人对彩券的偏好可以由一组向上倾斜的无差异曲线来表示，这组无差异曲线是线性的，而且是互相平行的。（向上倾斜是以下假设的推论，即与以较小概率获得更好的结果相比，假设人们更偏好以更大的概率获得更好的结果；无差异曲线的线性性质和平行性质是由独立性公理推导出来的。）马基纳注意到，这几个不同的异象（包括共同比率效应和共同结果效应）可以通过假设向上倾斜的无差异曲线来进行解释，与独立性公理相反的是，该曲线呈现出扇形散开（fan out）的形状，即向三角形的右下方倾斜的幅度更小，而向三角形的左上方倾斜的幅度更大（在图 4—1 中以虚线表示）。然后，他找到了一种从理论上来说极好的方法，可以将扇形散开假设应用到所有的彩券上。该方法削弱了预期效用理论的独立性公理，同时保留了其他的公理。

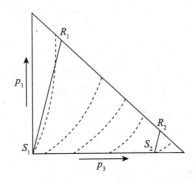

图 4—1　马尔沙克—马基纳三角与共同比率效应

随后的实验研究表明，马基纳的扇形散开的假设太简单了；但是，用马尔沙克—马基纳三角中的无差异曲线来代表不确定性条件下的选择模式已被证明是非常富有成效的一种想法。它为实验工作和理论工作提供了一个框架，二者的共同目标都是找出彩券中偏好的一般特征，并且与实验证据也是一致的。这使得假说演绎方法（从有关偏好的据称可信的公理向下演绎）和归纳方法（从观察到的行为规律向上归纳）实现了合作发展。

4.9.2　检查混淆

在实验术语里，当两种或更多假定机制能够解释相同的实验结果时，则会出现混淆（confound）现象。也就是说，对一种机制的隔离会与另一种机制正在运行的可能性相混淆。当一个实验结果被作为一种机制存在的证据进行介绍的时候，怀疑该结果可能是由另一种不同的机制所引起的批评者有时就会说，这个结果是人为假象（artifact），言外之意是，它是人为的，不是真实的。然而，区分人为与真实之间的区别可能也没有什么帮助：一个人的人为假象会是另一个人的现象。重要的是，这个结果是不是由作为其解释因素而被提出来的这种机制所引致的。当我们不能确定的时候，可以用进一步的实验来解决这个问题。如果这些尝试是成功的，那么其结果就是对原展示所揭示规律的更清晰的解释。

第一个例子是利希滕斯坦和斯洛维奇（Lichtenstein and Slovic，1971）提出将偏好反转作为选择任务和评估任务心理过程之间差异的证据。夏尔·霍尔特（Charles Holt，1986）提供了一个理论性的论据，该论据表明，在特定的实验设计和假设下，偏好反转可以是被试者依照其偏好行事的结果，而这种结果以与马基纳的扇形展开假说相一致的方式，违背了预期效用理论的独立性公理。根据这一观点，选择和估值均受相同的偏好控制。这种观点也适用于使用随机彩券激励机制的实验。在这个实验中，被试者面临一个以上的任务，但只能根据其中一个任务得到报酬，这个任务将在实验结束时被随机选择（更进一步的讨论参见第6章）。霍尔特的分析依赖于这样一个假设，即被试者把整个实验作为一个单一的选择问题来看待，而不是将每个任务隔离开来对待。在霍尔特的观点提出之前，很多偏好反转实验都曾使用随机彩券的激励机制。关于偏好反转是霍尔特的机制所引起的这一观点，检验其中混淆的方法之一是用不同的激励机制将偏好反转实验再执行一遍。（或者根本完全不使用激励。事实上，当霍尔特写他的论文时，人们就已经知道，当被试者对假定的选择和评估任务做出反应的时候，偏好反转就会发生。这足以对霍尔特的猜想提出疑议。）特维斯基等人（Tversky et al. 1990）做了这样一个实验，在有着完全不同的激励制度的实验中寻找偏好反转现象。用以检验霍尔特猜想的一种互补的方法是，对随机彩券激励机制进行受控检验，观察被试者是否会因为嵌入了随机彩券激励系统，或者是否会因为该任务就是将给他们报酬的那个唯一任务，而对一个给定的任务做出不同的反应。这个检验没有发现两种情况下的任何系统性差异（Starmer and Sugden，1991；Cubitt et al.，1998a）。

第二个例子是关于最后通牒博弈的。在这个博弈中观察到的行为（提议者向响应者提供大份额，响应者拒绝小份额）通常被作为被试者具有某种公平意识的证据。伊丽莎白·霍夫曼等人（Elizabeth Hoffman et al.，1994）提出了另一种解释：被试者是在对他们所认为的实验者对他们的期望做出反应。在霍夫曼等人的实验之前，每个被试者都不知道其他被试者的名字，但实验者知道每个被试者的行为。霍夫曼等人以双盲的形式重新执行了这个最后通牒博弈实验。在这个实验中，实验者和被试者、被试者与被试者，彼此都不知道对方的名字。实验结果表明，被试者的行为与采用了双盲设计的传统博弈理论的预测很接近。然而，后续包含更多控制的实验对这个结论提出了怀疑（Bolton and Zwick，1995）。

最后一个例子是关于公共物品的，在对自愿贡献公共物品的实验研究中，随着实验的重复进行，贡献有逐渐减少的趋势。这通常被解释为如下观点的证据，即被试者学到了占优策略应该是不作出贡献：前几轮实验中被试者的积极贡献是错误的结果，被试者在后续的实验中逐渐学会避免这种错误。另一种解释是，所有被试者的共同看法是，一系列博弈中的第一轮博弈通常会导致被试者作出积极的贡献。例如，假设一些被试者受到互惠的激励，他们愿意在第一轮博弈中作出贡献，以显示他们的合作意愿。但在那之后，只有在其他人也在之前几轮博弈中作了足够多的贡献的情况下，他才会作出自己的贡献。在一个包含有乐善好施者和爱搭便车者的团队中，被试者之间的相互作用可能导致贡献逐渐减少的格局。区分这两种解释的方法之一是做一个公共物品实验，其中，有一个定期的重新启动机制，也就是在一系列重复博弈中有一个暂停，以告知被试者一系列新的博弈开始了，而不是继续以前的博弈。詹姆斯·安德烈奥尼（James Andreoni，1988）发现，在重新启动之后，贡献有增加的趋势。结果表明，对第一轮博弈的认知，对博弈的贡献有着直接的影响。[1]

4.9.3 分解

一个展示所揭示的规律，有时可以有效地通过将其分解成更小的要素性规律再次进行说明。例如，考虑最后通牒博弈。就我们所关心的提议者的行为而言，令人惊讶的发现是，在可供分配的货币存量中，绝大多数提议者都给他们的搭档提供了比较大的份额。一种可能的解释是，提议者具有公平意识：他们希望自己的搭档获得比较大的份额。另一种解释是，提议者的行为受到了利己主义的驱使，他相信响应者会拒绝小的份额。（当然，这需要提议者认为，响应者不全受利己主义的驱使。）区分这两种解释的一种方法是，研究如果博弈规则改变了（此时响应者将不能拒绝提议者分给他的份额）那么将会发生什么。这种改变了的博弈就是独裁者博弈。

卡尼曼等人（Kahneman et al.，1986）首先研究了这个博弈背后的含义，即受利己主义驱动的人没有理由提供任何的份额，而公平意识依然为大于零的分配提供了动力。因此，通过比较最后通牒博弈和独裁者博弈中的行为，我们可以将最后通牒博弈中大于零的分配分为两个部分：符合独裁者博弈中的部分，以及剩下的部分。前者似乎可以被最自然地解释为某种形式的非自利主义动机所致，后者则是自利主义所致。[2] 卡尼曼等人的实验只允许提议者在两种分配方案中进行选择，即只

---

[1] 通过微观计量经济学的分析手段对个体被试者在重复的公共物品博弈实验中的行为进行分析，巴德斯利和莫法德（Bardsley and Moffatt，2007）发现了关于在被试者中同时存在乐善好施者和爱搭便车者的更直接的证据。也可以参考柏兰多和嘉兰（Burlando and Guala，2005）以及菲施巴赫尔和盖科特（Fischbacher and Gächter，2006）的论著。

[2] 这两种解释都有可质疑的地方。有评论者认为，最后通牒博弈中大于零的分配是提议者试图满足他们所认为的实验对他们的期望的结果（参见 4.9.2 小节）。这种效果也可能会出现在独裁者博弈中。与在独裁者博弈中相比，由于响应者在最后通牒博弈中发挥了更加积极的作用，认为响应者有权获得公平分配的观点可能在最后通牒博弈中更为突出。

能分配10%或50%给他的搭档。绝大多数的提议者选择了平分，这表明在最后通牒博弈中，公平意识可能是主要的因素。然而，在随后的独裁者博弈实验中，提议者的选择不受约束。结果发现，提议者分配给响应者的份额是20%左右，大约是最后通牒博弈中观察到的值的一半（Forsythe et al.，1994）。

作为分解的另一个例子，考虑一下焦点现象。谢林的解释是，在他的实验中，被试者通过某种推理模式找到了焦点。例如，他认为，在写下任何正数的博弈中，被试者都在寻找一个显而易见的和清楚的选择规则，即如果他们都遵从这个规则，那么他们成功的概率就会很大。选择最小数的规则就符合这些标准（Schelling，1960，94页）。另一种可能的假说——关于原始显著性的假设——是每个被试者只需简单地将浮现在脑海中的第一个数字写下即可，这样被试者在合作上的成功就可以解释为浮现在不同个体脑海中的数字的正相关关系。通过调查当被试者只是被要求写下任意正数而没有任何关于他们正在与别人合作的暗示时人们做了什么，可以将这两种机制区分开。通过比较挑选任务与响应的协调博弈中的行为，我们可以发现谢林实验中的协调行为的多大部分可以由原始显著性所解释。梅塔等人（Mehta et al.，1994）利用了这样的设计，结果发现原始显著性在总的协调行为当中只占了相对较小的部分。（在写下任何正数的任务中，当他们试图协调时，梅塔等人的被试者所写结果匹配的概率是0.21；但当他们只是在挑选时，协调的概率只有0.05。）

规律都可以通过增加信息的方式进行分解（无论被分解的是部分还是全部机制），即便对此还不存在完善的理论解释。以第一个独裁者博弈实验为例。卡尼曼等人（Kahneman et al.，1986）在其论文的起始部分就强有力地表明，他们之前的预期是最后通牒博弈中的行为可以用公平意识进行解释。（传统的经济学家由于他们的"对不公平的真正信仰"和他们在面对明显相反的证据时的"尴尬"而受到嘲笑。）然而，卡尼曼等人并没有为公平提出任何具体的理论或定义，他们只是用最后通牒博弈实验的结果作为初步证据来表明人会受到"更倾向于……公平待人"的驱使。他们也没有提出或引用任何理论用以预测最后通牒博弈的结果将是大于零的分配，而独裁者博弈的结果将是不分配。这大概是因为（据他们所知，同时也是据我们所知）从来没有人提出过这样的理论。这并不奇怪，因为这种理论要求提议者是自私自利的，同时相信响应者有公平意识，而这不是一个特别可信的假设组合。因此，独裁者博弈实验既不是对公平理论的检验，也不是对自利主义理论的检验。卡尼曼等人用回答问题的方式对其实验进行了介绍：在缺乏强制执行力的情况下，公平行为有多普遍？其含义是，"强制执行力"（通过响应者拒绝不公平分配的权利来实现）的缺乏被认为是可以降低公平交易的频率的；通过这种实验，可以知道公平交易的频率降低了多少。

在这里所使用的方法与检查混淆所用的方法类似。事实上，如果我们将最后通牒博弈作为检验公平意识的证据，那么提议者自利的动机——避免提出会被拒绝的分配方案——就可以理解为一种混淆的机制。分解和检查混淆之间的区分，是陈述的问题，而不是实质的问题。说到混淆，就意味着把一种假定的因果机制作为对一个展示的已被接受的或专用的解释，把其他机制作为竞争性的解释。说到分解，就意味着对于各种机制采取一个较为中立的立场。不管用哪个词，其目的都是为先前观察到的规律找到更精确的解释。

焦点实验说明了相同的方法论原则。在梅塔等人的实验之前，原始显著性还没有作为对谢林研究结果的解释明确地被提出来。梅塔等人并不认为这一假说是对谢林博弈中出现的协调行为的唯一的甚至是主要的解释。相反，他们认为，它可能对解释谢林的结果有一定的贡献，他们的实验目的就是要探讨这个贡献有多大。或者，使用混淆的语言来说，他们使用允许将原始显著性过滤掉的实验设计，以更为精确的形式揭示了谢林所鉴别的规律。

4.9.4　稳健性

如果说在一个实验设计中观察到的规律是稳健的，那么这也就意味着在类似的设计中会发现类似的规律：参数值、指示说明、激励、样本群体的细微差别等都不会使结果产生重大的差异。在一个展示被发现之后，它的稳健性就通过对原始设计进行变形之后的设计来检验。

在许多情况下，并不是关于结果将会如何受到影响的任何特定假设推动了这些变形。在对以前用过的设计进行微小变形时，通常都不是以检验任何特定因素为目的的。例如，正如有时候所说的那样，没有实验者会接受一个令人惊讶的结果，除非这种结果也在他或她自己的实验室中得到了。如果真是这样，那么至少部分是因为不同的研究小组有自己偏好的实验实践。因此，当一个团队试图再现另一个团队所报告的结果时，它通常不会复制原设计的每一个细节。相反，它会将实验设计得适合自己的实验风格，用自己的对象招募方法、指令说明形式、显示格式、货币单位、平均被试者收入、支付方式等。我们逐渐发现在重复实验市场中，在交易者很少的情况下竞争均衡是可以出现的（参见 4.4 节），这可能就是这种过程的一个例子。

相比之下，其他的稳健性检验是有意而为的，它们是由对特定展示的外部有效性持怀疑态度的人提出来的。正如我们在第 2 章中所指出的那样，许多经济学家怀疑，学生被试者的行为是否能够代表真正的经济主体的行为，因为他们面临的是人为的任务，而且没有先前的经验，货币激励也很小（有时甚至没有）。与展示稳健性有关的更具体的问题也表达了这种怀疑。对应的设计上的变形包括增加激励、改变激励机制、改变指示说明方式、将任务重复进行，以及使用不同的被试者样本。这种问题经常会在进一步的实验研究中被提到。

一些评论者认为，除非一个展示对原始设计的所有小变化都保持稳健，否则它在此领域揭示出规律的能力就会打折扣。例如，查尔斯·普洛特和凯瑟琳·蔡勒

（Charles Plott and Kathryn Zeiler，2005）对 WTA/WTP（接受意愿/支付意愿）不一致的研究。他们调查的动机来自这样一个猜测，即认为这种不一致不是（正如经常声称的那样）损失规避的证据，而是来自当事人对实验环境（在其中需要进行估值）的误解。根据他们所谓的显示性理论方法，普洛特和蔡勒使用了一个旨在包含以前实验的每一个程序以控制误解的设计。他们声称，在这样的实验中，如果没有观测到 WTP 和 WTA 估值之间的差异，那么：

结果将支持这一猜想，即（实验）程序本身产生了这种差异，这种差异与偏好、损失规避和前景理论的本质都不相关。如果这个差异是可以避免的，并且使用不同的程序集合，那么很可能没有反映损失规避理论所假定的收益与亏损之间的不对称性。

普罗特和蔡勒（Plott and Zeiler，2005，531～532 页）

在声称这正是他们的结论所表达的内容后①，普洛特和蔡勒考虑了罗素·科罗布金所提到的一个判断，即"WTA 和 WTP 的不一致性绝不可能仅仅只是证实它的实验方法的人为假象"。普洛特和蔡勒认为其存在明显误导而拒绝了这个判断（2005，544 页）。

乍看上文所引述那一段，普洛特和蔡勒似乎在说，如果一种效应发生在一些设计中，而没有发生在其他设计中，当相关设计之间的区别只在于实验程序时，那么这种效应必须被认为是一个实验性的人为假象，而不能代表实验室以外的行为。但这是不对的。如果说异象可以通过实验程序进行消除或引出，那么也就意味着已被接受的理论（当异象发生时，就证明该理论是不成立的）也可以通过同样的程序被证明或证伪。因此，如果失败的理论必须被视为人为假象的话，那么成功的理论也应该接受同样的待遇。

据推测，普洛特和蔡勒关于引出和消除实验程序影响的评价，是想只应用于那些控制实验环境误解的程序中。他们的想法看起来似乎是，当对所有已知的可能造成误解的因素进行了控制时，如果没有出现异常，那么我们就应该推断这个异常是人为假象，是一些误解造成的。对此，我们并不同意。

显示性理论方法（在第 3 章中讨论过的杜赫姆—奎恩命题的一个实例）的一个关键问题是对实验控制的最大集合的定义。此方法隐含地假定，通过分解一个实验设计以达到识别一组离散控制（每个控制都会对总的控制产生明确的影响）的目的是有可能的。然后，如果某个设计所使用的控制集合是另一个设计的恰当的子集，

① 普洛特和蔡勒在塑料杯的 WTA 和 WTP 估值中没有发现显著的差异，他们一共进行了三个实验，总共有 36 个 WTP 观察值和 38 个 WTA 评估值。他们进行了相同的关于彩券的实验，显著的 WTA 和 WTP 差异在涉及彩券的一系列任务中被发现，但在最后的论文中没有报告出来。普洛特和蔡勒认为，由于存在潜在的污染，后续的数据是不适于检验禀赋效应的。然而，在重复普洛特和蔡勒的实验中，同样的 WTA 和 WTP 差异被发现了，在这个实验中，受污染的可能性被排除了（Isoni et al.，2009）。

那么就可以称后者具有更多明确的控制。但是，这种方法没有考虑到权衡取舍与判断需求（这两者是实验设计实践的本质），也没有考虑到不同的设计特征交互作用的方式。一个设计特征降低一种误解发生的可能性，可能会提高另一种误解发生的可能性。由于人类的注意力和记忆力都是有限的，他们不可避免地会更关注实验中最显著的那些方面。显著性是相对的，不可能对设计的每一个特征都赋予最大的显著性。

例如，在许多对 WTA 和 WTP 的不一致性的实验研究中，报告 WTA 估值的被试者在实际拥有相关物品时报出估值，而报告 WTP 估值的被试者可以看到这些物品但却并不拥有它。在普洛特及蔡勒的设计中，构成这种任务框架之间的差异被取消掉了；被试者仅仅被告知他们是否拥有这些物品。普洛特和蔡勒认为他们实验程序的受控程度更高，因为这两个任务的框架变得更加类似。但是有人可能反而会认为，传统设计使得是否拥有物品的差异对于被试者而言更为显著，因而减少了被试者误解实验程序的机会。因此，如果 WTA 和 WTP 的不一致在传统的设计中被发现了，而没有在普洛特和蔡勒的实验中被发现，那么我们就不清楚是否要将这种不一致的存在与否归咎于对实验的误解。

的确，在思考实验程序和心理机制的相互作用时，误解这个概念就没有帮助了。在传统的理性选择理论中，一个给定的决策任务有一个毫无争议的正确的规范，以其他任何方式对其进行思考都会被认为是错误的——是对现实的误解。但是，有许多心理学理论是关于认知的。特别地，损失规避是相对于参考点定义的，而参考点又涉及主观感知的问题。因此，从参考点可能被实验程序操纵这一点来看，我们不能推断损失规避是实验室的人为假象。

更一般地，我们需要牢记所有的理论都有错误这一真理。如果一个理论被理解为对一种特定机制（该机制在现实中与其他机制一起运作）的描述，那么我们不应该期望它的预测在每一个实验设计中都保持准确。通过识别在何种情况下使用何种理论，以及在何种情况下它不适用，我们可以学到更多关于因果机制相互作用的知识。与将展示降级为人为假象的可能性相反，这正是稳健性检验的主要价值。

已经有很多研究通过更大的激励和与众不同的被试者样本来将经典的实验重新执行了一次。偏好反转提供了一个早期的例子。利希滕斯坦和斯洛维奇（Lichtenstein and Slovic，1971）的第一个实验使用的学生被试者和报酬要么是假设的（在两种情况下），要么是微乎其微的（在第三种情况下）。在发现了强烈的影响之后，他们以更大的报酬和从拉斯维加斯赌场招募来的更多的参与者重复了上述实验（Lichtenstein and Slovic，1973）。一个普遍的策略是在低收入国家中重新进行实验，在那里报酬可以给得非常大（相对于工资率而言），这样也不会给他们的研究预算带来太大的压力（Kachelmeier and Shehata，1992）。总的来看，已经证明了实验异象相对于增加报酬和改变被试者群体而言是相当稳健的。

另一种标准的稳健性检验是，在被试者重复面临相同任务的情况下，研究在展示中发现的规律是否会依然存在。我们已经描述了从张伯伦的市场实验变形得来的史密斯的重复任务实验，以及重复的公共物品博弈实验。检验展示的稳健性的另一种方法是，研究被试者的行为是否会随他们关于相关任务经验的多寡而变化。例如，约翰·李斯特（John List，2003）研究了禀赋效应（以物品估价的支付意愿和接受意愿之间的差异来表示）的强度，他发现该效应的强度与参与者的交易经验呈负相关关系。在第2章中，我们讨论了关于实验经验对异象产生的影响的其他实验研究，包括发现偏好假说。本节并不是要综述关于实验经验影响的非常复杂的证据，但我们可以明确的是，某些经验使得某些异象不再那么普遍了。

值得注意的是，我们所描述的绝大多数稳健性检验都不是由已经存在的理论（预测激励或经验对产生异象的影响的理论）所提出来的。相反，它们开始于对展示的稳健性的好奇或怀疑，并受到这样一种背景信念——已被接受的理论在其通常的应用领域内可良好地被应用——的支持。如果人们的决定会产生相当大的影响，或如果他们对相关的问题有更多的经验，那么认为人们不大可能会违反已被接受的理论的这种假设，就不会是从正式的理论中推导出来的。

猜测和预感往往为建模实践提供了出发点。当一个有理论倾向的经济学家预感到在现实世界中某些机制在起作用，并引起了一些可观察到的现象时，他特有的反应就是建立一个模型。他的目标是创建一个简单的模型世界，可以看到假设的机制在其中起作用，并产生所推测的效果。成功构建这样的一个模型是对这个经济学家直觉的一致性和可信度的第一次检验。

一些针对稳健性和混淆性所进行的实验检验就是通过这类模型进行调解的。也就是说，一个评论员会预感到，一些从实验中观察到的规律是不稳健的，它们可能是受到一些干扰影响的结果。然后，他用一个理论模型来描述这种预感，这种模型可以被后续的实验所检验。霍尔特的关于随机彩券激励机制的扭曲效应的假说就是一个很好的例子。霍尔特通过创造一个理论模型来描述他对利希滕斯坦和斯洛维奇对偏好反转的解释的怀疑。在他的模型中，偏好反转由不同的机制产生。在这个模型被发表之后，其他实验者就开始检验霍尔特的假设。但是，正如我们的几个例子所证明的那样，对稳健性和混淆性的检验并不总是通过理论模型来实现的：它可以直接从预感转向实验。

例如，我们并不需要关于激励如何对行为产生影响的任何特定理论来识别观点——报酬越大，则异象出现的频率越低——的可信度，以及来了解通过实验方法研究这个问题的价值。到现在为止，如果关于某个异象的所有在实验中收集到的证据都使用的是较小的报酬，那么怀疑相同的异象是否会发生在高报酬的情况下也不是没有道理的。（我们不是指所有与现实经济相关的情况都比一般的实验室实验需要更大的投入：很多情况不是这样的。想想对软饮料和糖果的冲动性购买就知道了。）如果增加报酬就可以证明有关的实验结果是稳健的，那么，我们就对原来研究结果的外部有效性有更强的信心。相反，如果增加报酬时异象消失了，那么我们就没什么理由拥有这种信心了。根据这些证据，如果没有人就这个机制提出一种影响个人行为的理论，那么我们就不能得出以上这两个结论中的任何一个。

在这样的情况下，我们可能会说，作为坚定预感并评估其可信度的手段，我们用实验替代了理论模型。为了坚定一种预感，一个理论家会将它建立成一个明确定义的形式模型，一个实验家会将它建立成实验设计。如果理论家的推测机制在他的模型中运行得很好，那么理论家的预感的可信度就得到了证实；如果实验家的推测机制在他的实验中运行得很好，那么实验家的预感的可信度就得到了证实。在下一节中，我们将就实验和模型的替代性做更多的陈述。

4.10 研究展示而不试图去解释展示

到目前为止，我们一直在关注旨在解释展示的归纳方法策略。现在我们考虑一下其他的归纳方法，同时研究展示揭示的规律，而不是直接对其进行解释。这些策略背后的核心观点是，研究一项规律的强度和普遍性是如何被这些因素所影响的，这些因素没有被解释为潜在的因果机制，而是作为实地中的有趣因素。

这种方法的一个版本如今在实验经济学里相当普遍，即研究一项规律的普遍性是否会随着被试者样本群体的人口特征的变化而变化。例如，人们也许会问，在控制了其他因素后，观察到一个特定的异常现象的可能性是否会随着被试者的年龄、性别、受教育程度、社会阶层或种族的变化而变化。在实验经济学家当中，关于研究此类问题是否有用的观点似乎正在逐渐转变。

本书的作者中有三位从 20 世纪 80 年代中期开始就是实验主义者。起初，我们的主要兴趣在于不确定性条件下的个人的选择，我们一直在寻求解释诸如偏好反转、共同比率效应和共同结果效应等异常现象。在早些年，大多数经济学家对实验充满了怀疑和好奇；不论何时向经济学家们展示我们的成果，我们都不得不证明我们的方法。我们经常被问到，使用人口统计上不具代表性的被试者群体所做的实验得出的一般结论是否有效。（我们的大多数实验都从英国的大学生群体中选取被试者。考虑到年纪、受教育程度和社会阶层等因素，这些人显然不代表一般的英国人。）另一种不那么频繁且更可能是出于一种求知本能的情况是，我们的观众会问我们是否发现了不同类别学生的行为差异，尤其是男性和女性之间的差异，以及经济学家和非经济学家之间的差异。对于第一个问题，我们的简短回答是，即使我们的被试者群体不具有代表性，我们所做的推论也是有效的。对于第二个问题，我们的简短回答是，我们没有以任何系统的方式调查性别或研究主体的差异。这些问题和我们所关注的主题是不相关的。这时，大多数实验经济学家会以与我们差不多的方式来回答。为什么从那以后实验实践就改变了呢？

我们认为，对人口统计变量的态度转变，正是关注重点由理论检验向归纳推广转移的另一种现象。当一项实验被用于检验决策行为的一般理论（比如期望效用理论）时，忽视人口统计变量便是合理的。（当然，被试者间的检验应该比较从同一被试者群体中随机选择的组的行为，但这个被试者群体是否代表一个更广大的群体并不重要。）以期望效用理论为例。该理论假设，每个个体都偏好于满足特定的一般性原则（诸如独立性公理）的彩券；在其他方面，例如风险厌恶的程度，个体之间允许存在偏好上的差异。该理论没有提到这种偏好上的差异与人口统计变量有多大关系。然而，根据它对偏好所做的一般假设，它意味着每个个体的行为都有某种共同的一般性质，比如缺乏共同比率效应。因而，通过选取任何一组个体，并研究他们行为中的共同比率效应的频率，该理论就可以得到检验。类似的分析适用于不确定性下的对立的选择理论。例如，前景理论允许个体之间的损失规避程度存在差异，并且没有提到损失规避是如何与人口统计变量相关的。然而，它有某种适用于所有个体行为的推论，并且可以使用任何一组被试者来进行实验以检验这些推论。

这不是说当经济学家使用期望效用理论时，他们就没有理由对人口统计效应对偏好的影响感兴趣。例如，经济学家经常想解释与性别有关的现象。假设男女在对风险的偏好或态度上存在性别差异可以为男女在经济利益上所观察到的性别差异提供部分解释，这有时是可信的。（为什么在大多数行业的顶层都是男性居多，即便是在一个大多数职工都是女性的行业里也是如此？为什么在罪犯人群中也是男性居多？一种可能的解释就是女性比男性更倾向于规避风险。）把期望效用理论应用于真实的经济问题上时，我们也许需要研究对风险的态度是否会因性别的不同而有所差异。但是在检验期望效用理论的一般性质时，仍然没有必要考虑被试者的性别。

一些人认为研究人口统计变量是如何影响展示的是有益的。这一观念取决于把展示当做除对已有理论的检验之外的东西。我们必须认为它与理论无关，但是与实地中的行为有关。如果一个展示所揭示的规律被理解为实地行为的一些特征的体现，那么我们就可以通过操纵展示以代表不同的实地条件，或通过使用代表不同实地人群的被试者群体，来对实地行为的这些特征进行研究。

博格等人（Berg et al.，1995）通过信任博弈中采用的方法对这一策略进行了证明。正如我们之前所解释过的那样（见4.4节），博格等人把这个展示当做对利己主义假设的检验，并作为证据证明人们的动力来自积极的互惠。尽管他们并未声称已经检验了任何特定的互惠理论，博格却说他们的成果为此类理论的建立提供了普遍的支持。然而，八年之后，在博弈实验研究的权威评论中，科林·凯莫勒（Colin Camerer，2003，85页）把信任博弈描述为"衡量信任的美妙的简单博弈"。在这里，他的意思是信任博弈实验中对行为的统计汇总，可以被用来衡量参与者信任他人和回报他人的信任的倾向程度。（前者可通过发送方转移给响应方的禀赋来衡量；后者既可以通过响应方将他们得到的禀赋返还给发送方的比例来衡量，也可以通过发送方得到的回报与其转移给响应方的禀赋之比来衡量。）尽管凯莫勒对信任博弈的解释与最初提出该博弈的人不一致，但是他抓住了许多后续实验的精髓。

这些实验具有两种基本的形式。第一种是在给定被试者群体时研究不同的实验条件对信任程度的影响，第二种是在给定实验设计时研究不同的被试者群体中的信任程度。南希·巴肯等（Nancy Buchan et al.，2002）报告的一项实验提供了这两种形式的例子。在这个实验中，来自四个国家（中国、日本、韩国和美国）的学生要么进行原始的信任博弈，要么参与信任博弈的两种变化形式中的一种。在原始的信任博弈中（直接条件），每个发送者（A_1）都配有一个回应者（B_1）：A_1 分配钱给 B_1，然后 B_1 送还钱给 A_1 作为回应。在小组条件下，两个发送者和两个回应者都来自一个小组，A_1 给 B_1 钱并且 A_2 给 B_2 钱，但是 B_1 把钱返还给 A_2，B_2 把钱返还给 A_1。在陌生人条件下，每个发送者都把钱送给一个随机安排的回应者（回应者可能是一大组被试者中的任何一个被试者），每个回应者都把钱返还给一个随机安排的发送者（但不是他自己的发送者）。

这些条件之间的对比形成了区分不同互惠形式的方法。主要的发现是，在小组条件和陌生人条件下，返还的比例大约是在直接条件下的一半。实验中的这一部分可以被认为是通过分解来提炼规律的一次尝试。

对于我们目前的目的，跨国家的比较更为显著。巴肯等人并未对国家之间的信任差异的任何特定假设进行检验，他们仅仅衡量了在四个被试者群体中信任分别到达了什么程度。但是，这项研究只是一种尝试，以了解在实地的信任差异。尽管巴肯等人对信任的衡量是对特定实验设计下学生被试者行为的描述，但它们却被理解为更普遍或更不精确的因素的指标，即将一个国家内的信任和回报作为一个整体来看，并被理解为能够对"国家繁荣、经济发展或稳定"有所启示的因素（Buchan et al.，2002，201 页）。在信任博弈中测量的"信任"和"回报"，被看做心理学中的构造（constructs）。构造是一个操作上的定义概念，就一种测量手段而言，它旨在代表某种只能被很模糊地定义的东西，但会被认为是真实的。例如，在心理学上，对一个人的"主观幸福感"的定义是以她对特定调查问题——关于她觉得她的生活如何——的反应为依据的，但是这一构造却旨在呈现这个人内心的某种幸福体验。

事实上，从巴肯等人的国际对比中很难得出一般的结论。发送者转移禀赋所占比例最高的是美国（60％），紧接着是中国（52％）、韩国和日本（32％）。回应者返还收入所占的比例最高的是韩国（74％），紧接着是中国（65％）、日本（34％）和美国（32％）。这些测量结果的一些差异在统计上是很显著的，但是数据中却没有明显的模式。不管怎样，利用实验证据来对国家间实地的行为差异进行推论需要格外小心。当（正如在巴肯等人的实验中）通过方便抽样（convenience sampling）来招募被试者（即被试者在统计上不代表相关的人口）时，以及当被试者群体被实验外的特征（例如，国籍或性别）定义时，则两组行为上的差异可能是那些特殊样

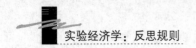

本之间的任何差异所导致的。[①] 因此，韩国学生的方便样本和美国学生的方便样本之间的行为差异，无论在统计上多么显著，都远不足以证明韩国人和美国人（甚至韩国学生和美国学生）在实地中的差异。出于同样的原因，当理论模型的参数值从方便样本的行为中估算出来时，这些数值不能被视为相应的实地人口特征的可靠指标。

我们认为，最好把这一类实验理解为寻找新展示的第一步。不同被试者群体间的行为差异的孤立实例，其本身并不令人感兴趣（参阅 4.5 节我们对事后筛选的讨论）。但是设想我们找到了一种设计，当它被用于不同的被试者群体中时，能够可靠地得出相同的跨国效应。（例如，假设在很多不同的实验中使用与美国人和韩国人相匹配的方便样本———一些是美国和韩国的学生，一些是美国和韩国的上班族等，我们可以发现韩国人返还的回报更多。）要找到这样的设计就是要找到一个展示。该展示将会很有趣，因为它表明在相关国家之间存在一些真实的行为差异。注意，在这类案例中，展示可能很有趣，而且是独立于任何以前的理论的。这不是对已接受的理论的打击与否定，它只是一项惊人的经验规律，类似于马默特关于公务员健康状况的发现（详见 4.3 节）。只要运用我们在 4.9 节提到的各种方法策略，这样的一个展示就能够作为后续研究的起点。

4.11 作为模型的实验

在 4.10 节讨论的研究是更加一般的关于方法策略的一些案例。在这些策略中，实验被当做模型来使用。下面我们以巴肯等人的信任和回报倾向的跨国对比为例。在这次研究中，作为实验的信任博弈被用做实地的一个信任模型。经济学家们更习惯于以数学命题的形式构建理论模型，但建模的基本思想比这更为一般，即使用建模者构建的更简单的机制（模型或替代体系）来表现一些真实世界的机制（在关于方法论的讨论中，这有时被称为目标体系）。这两种机制之间具有相似性，对替代系统的研究能够为目标系统提供丰富的信息，正如一个理论模型可以通过一个被定义得很好的抽象数学体系来代表真实世界的一些特征，因此一项实验也可以通过一套详细定义的实验程序来代表实地的一些行为特征。认为实验和理论模型都可以在科学研究中起相似作用的观点最近引起很多科学哲学家的争论，包括经济学方法论的三位专家：弗朗西斯科·嘉兰（Francesco Guala, 1998）、乌斯卡利·梅基（Uskali Mäki, 2005）和玛丽·摩根（Mary Morgan, 2005）。不像梅基，我们不想做出"模型是实验，实验是

[①] 请注意这种类型的设计和另外一种类型的实验之间的区别，在另外一种实验当中，一个给定的样本被随机划分为两组，对这两组进行的实验也不相同，如果这两组的行为存在显著差异，那么我们就可以推断，这很可能是处理变量变化的结果。这个推论是合理的，因为如果实验已得到了妥善的控制，那么处理变量就是各小组中唯一的非随机差异来源。

模型"这样一个通用的断言，我们认为，实验只是在有时候可以被当成模型来用而已。

当建模者对目标体系有一个直观的理解，但不确定怎样才能最好地描述那个体系的工作机制时，实验模型也许比理论模型更有用。信任博弈似乎就是这样的。很明显，在信任博弈中，发送者把钱给回应者是在展示信任，而回应者把钱还给发送者是在返还信任，他们实际上是在用他们的常识来表达他们的意思。因此，似乎可以把信任博弈理解为在信任可以被（但是没有必要被）展示和返还的领域中的一类互动模型。然而，我们也许并不确定该博弈和该领域中的信任和回报的动机。例如，我们也许不确定展示信任的人是否受到自利主义（期待受信任的人会回报自己）、对受信任人的利他主义、康德式的义务感、互惠（即给别人利益，并希望受惠人也愿意给自己利益）等因素的驱使，或者受到团队推理的刺激（即找到一个小组，然后通过小组成员参与他们的联合行动来促进共同的利益）。作为建模者，如果我们对信任和回报的动机有这种不确定，那么这将使我们很难构建关于信任的数学模型以让我们信心满满地回应实地中相应的行为。绕过这个问题的一种方法就是使用实验模型，其中的参与者都是真实的人，目的是用实验环境激发出被试者与决定实地信任问题中的行为时相同的那种动机（而不论该动机是什么）。因此，一个人对信任和互惠的倾向可以由实验方面的定义结构所表示。

一旦一个人理解了如何把实验作为模型使用，他便开始理解这种方法策略一直都是实验经济学的一部分。被博弈论学者所接受的用实验模型替代理论模型的早期例子可以在谢林对焦点的研究里面找到。谢林（Schelling，1960）通过讨论各种不同的协调博弈（写下任意正数就是其中之一）提出了焦点论。这些博弈很明显地希望作为在实际中所面临的协调和谈判问题的简单模型。（对军事战略家而言尤其如此。在 19 世纪 50 年代，谢林尤其关注美苏之间的解决冲突问题，以避免核战争的爆发。）然而，这些模型不只是通常意义上的理论模型。它们不是自我包含的（self-contained）——抽象的代理人不是按照预先确定的原则行动的。相反，它们是可以由真实个人参加的详细说明的博弈。换句话说，它们是实验设计。根据他撰写论文那时的实践，谢林只报告了不科学的（unscientific）实验的结果，他通常只猜想这些博弈在现实中将如何进行。不管怎样，他的方式对策明显是归纳性的：他从（猜想的）实验规律中推测出一般性原则来识别焦点。[①]

在谢林的论文发表之后，焦点概念已成为博弈论标准工具包的一部分，被用于解决均衡选择中用其他方法无法解决的问题。但是，该理论仍然没有达到被接受的焦点理论的程度。博弈论者以直觉的方式而不是正式的方式理解焦点，他们是基于实验模型而不是理论模型的。因为被接受的博弈论是（或者至少直到最近都是这样）从关于理性的先验性原则中演绎建立起来的，所以焦点的地位就有些模棱两可

---

① 谢林对焦点的分析方法由萨格登和萨玛隆（Sugden and Zamarron，2006）进行了重建。

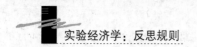

（或者说，尴尬）。博弈论者认识到谢林已经发现了一个真实的现象，并且这一现象被展示在他的协调博弈里面。他们直观地理解那一现象，但是不能以令人满意的方式将其合并到他们自己的理论框架中。

作为实验模型一个更早的例子，考虑一下张伯伦的市场实验。正如我们在专栏 4.1 里面注释的那样，这个教室市场是实地实验中一个分散市场的真实模型。在该设计中，每个人可能采取的行动范围远大于任何一个容易处理的数学模型所能提供的范围。（回想一下，被试者在一个房间里随意走动，接近其他的被试者，并同他们认为合适的对象讨价还价。这里没有预先决定好谁要以怎样的顺序遇到谁，没有被试者能相互发送的可能信息的预定集合，也没有进行匿名控制来筛选人们对于与他们讨价还价的人的明显特征的认知。）但这并不意味着这个实验设计很复杂。作为真实世界市场的一个模型，这个模型实在是太简单了。张伯伦市场的规则定义得很清楚，并且很容易理解，只是难以用经济学理论的数学语言来表达而已。

张伯伦的实验可以被理解为对竞争均衡理论的检验。正如我们在 4.5 节所提到的那样，这种设计是史密斯早期市场实验的原型。这些实验（重复的双边拍卖市场将会收敛于竞争平衡）的主要结果构成了一个展示，这个展示支持已被接受的理论的一些特征，却对其他的特征提出了质疑。但是这个研究项目的后续工作，对于检验已存在的理论，或者对于为惊人的结果寻找理论解释的关注程度，至少与对于研究广泛的实验市场模型的关注程度一样。

回顾这个方案的结果，史密斯（Smith，2008）指出了标准理论的失败，用以解释观察到的向市场均衡收敛的现象，或者用以解释我们从现实世界里复制到实验室的制度的出现（Smith，2008）。通过把传统的理论化过程描述为基于构成主义的（constructivist）或笛卡尔哲学的（Cartesian）理性概念，他提出了对经济体制的另一理解，即生态理性。也就是说，作为文化和生物进化过程的无意识的结果，适应（他们的）环境结构（36 页）。史密斯构想的灵感来自弗里德里克·哈耶克的著作（Hayek，1945），它是关于不成文的规则和实践的有序体系的市场的，就连最好的经济理论家也不能完全理解他的著作。实验研究允许我们了解不同市场机制的一些一般性特征——即便我们还不能从理论上解释这些特征。这样说来，我们用以理解世界的组织框架是实验提供的，而不是理论模型提供的。

由张伯伦和史密斯率先提出的研究计划的发展路线，已经被用于使用实验来指导新的市场体制的设计中。这个方法的一类特别重要的应用涉及出售复杂的一揽子资产的拍卖设计，如污染排放物许可证或电信网络的频谱牌照。在此类拍卖设计中，可能会同时出现很多问题。其中一些问题，如投标人之间相互勾结的可能性，以及一个代理人的公开招标可能将信息传递给其他代理人的事实，对所有拍卖来说都是司空见惯的，但是却以更加复杂的形式出现在我们面前。由于将被出售的资产具有异质性，因此也会产生一些其他的问题：一个潜在的购买者也许会把一些资产看做其他资产的替代品，同时把其他资产看做另一些资产的互补品。（为认识这个设计中的困难，假设有 i、j 和 k 三个买家，他们正在就 x、y 两个不可分割的资产进行投标。假设 i 只想买 x，j 只想买 y，而 k 想把 x 和 y 一并买入而不想只买其中的任意一个。一个有效的拍卖机制需要把 k 愿意支付的数额与 i 和 j 愿意分别支付给自己所想要购买的资产的加和进行比较。实际上，i 和 j 是一起同 k 在竞标，但是他们都希望自己在赢得投标时的出价尽可能地小，因此就有理由构造出扭曲的支付意愿的激励。）

处理这个设计难题的方法之一，也是经济学家最直接就能想到的方法，就是建立相关市场的理论模型，并在模型内研究不同拍卖规则下可能产生的结果。另一种方法是创造一个实验设计，模仿应用于真实市场中的各种拍卖规则，然后在实验中研究这些规则所产生的结果。或者，换一种说法，在这里实验被当做在真实世界体系中探求知识的模型。

当设计主要的拍卖机制时，将这两种方法合并起来使用已经成为一种标准的做法。[①] 至少在某些方面，实验模型能比理论模型提供更多的信息。史密斯（Smith，2008）对此提供了一些可能的解释。之所以用实验模型来体现制度设计是因为理论模型总是受到建模者的想象力的束缚。一个理论模型仅能包含建模者想到的因果关系要素，然而一项实验通常会为其他看不见的因素留下发挥作用的余地。通过将实验用做被提议的机制的"检验平台"，设计者的推理过程中所出现的错误和遗漏可以在早期阶段中被发现并得以纠正。

一个更加普遍的争论隐含在史密斯的主张当中，如上面所讨论的那样，实验研究已经发现了市场运作的规律，而理论家还没有找到足够的解释。这意味着我们有理由相信，某种实验市场可以模仿它们在真实世界中对应的市场（即便我们不能通过演绎分析解释这一相似性）。在缺乏这种分析的情况下，我们不知道怎样把实验模型转换成理论模型。

我们可以在土木工程的历史中发现类似的情况。在土木工程中，实体模型通常先于数学模型出现。例如，如果一个人想知道某个特定的砖石结构是否能支撑起它自身，那么这个人就可以用其他均质材料（比如灰泥）来构建一个成比例的模型，并且可以通过这个模型学到很多东西。这种相似性的理论解释是，尽管使用了不同的材料，但真实结构的一些关键特征，如质量中心的相对位置，在成比例的模型中都被复制出来了。当现代工程师们使用实体模型时，他们通常会选择能引致相关相似性的模型材料。例如，研究烟囱在大风中将会怎样需要使用一个成比例的模型。这个代表烟囱的结构，其表面的粗糙度必须进行校正，以适应代表空气的流体的黏度。如果在模型中就用空气来代表现实中的空气，那么根据理论公式，表面粗糙度必须适应这个水平（正常情况下也是如此）。出于许多目的，工程师不再需要实体

① 史密斯（Smith，2008，115～148 页）描述了在美国联邦通讯委员会的频谱拍卖设计中所用到的实验研究的作用。宾默尔和克伦佩雷尔（Binmore and Klemperer，2002）描述了在英国进行的类似过程。

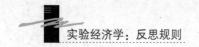

模型了，因为他们对相关的理论原则都有了充分的理解，可以用数学模型把这些原则更便利地体现出来。然而，在历史上，某种特定的比例模型的可靠性可以从工匠的经验那里知道，这些工匠对理论只是有一个直观的理解。用史密斯的话说，与其说那些建议设计市场机制的经济学家是现代的结构工程师，不如说他们是中世纪的石匠。

4.12　结论

从事后的角度来看，张伯伦的市场实验和谢林的焦点研究都可以被看做归纳研究方法与科学（传统的方法论实践是假说演绎的）的早期融合。如今，半个世纪之后，我们开始看到一种替代性的（或者也许是补充性的）经济学方法出现了，其中归纳推广起了核心的作用。在这一章里，我们尝试着描述这种新兴的方法论体系。我们认为，实验方法在经济学中的扩展应用与人们对理论作用的理解的深刻转变有关。

在以前，经济学家们会为他们理论的严谨性和完整性感到自豪，这些理论以理性选择的正式原则的共同核心为基础。他们一直倾向于透过这一理论的镜头来观察这个世界。经验假说从理论假设中演绎得出，经验研究则被理解为对这些假说进行的检验。从这个角度来看，实验的主要作用是检验理论。

这一传统的方法赋予了经济学一种具有数学的复杂性并且同时具备一般性和内在一致性的理论形式。但是通过这样做，理论和经验研究间的层次关系就建立起来了。经验研究或许会暴露现有理论中的不足之处，但是修正或重建该理论的工作是理论家的专属领域。如果理论家们致力于一般性、简约、优雅的价值观，那么他们将不愿意向现有理论的核心原则妥协以容纳看似孤立的异常现象。然而，将异常现象隔离开的看法也许产生于概念框架之中：要看到异常证据的基本规律，可能首先需要组织不同框架下的证据。这种循环倾向于将现有的理论与基本的经验挑战以及源自于其他学科的观点隔绝开来。

如果有一种公认的方法来发现和组织那些不依赖于之前理论结构的知识，那么这种隔绝的可能性就会更小。我们在这一章里所描述的方法的转变在于使用和接受这种归纳方法。转变的核心思想是，实验不仅应该被理解为与先前的理论相关，而且也应该被理解为同实地行为有着直接的关系，并且不需要理论在其中起到媒介的作用。

这不是说归纳研究方法可以或者应该取代假说演绎方法。更可取的是，将这两种方法看做互补的。但是为了理解经济学发展的方向，很有必要认识到，在解释理论发展出来之前，对规律进行实验研究可以很有帮助。从实验观察到的规律方面而不是从总体的理论系统方面来组织我们对世界的认识，有时是有可能的。

第5章 外部有效性

5.1 前言

实验中的条件与现实发生的情况通常有着显著的不同。这可能会使人们对此进行怀疑或者感到不确定，即这些实验结果该如何进行推广，或者甚至是否能够进行推广。这个问题以及其在实验经济学中假设的特定特征是本章关注的重点。至少在实验社会科学的范围内，实验室经济学（laboratory economics）之所以被区分开，似乎是因为其设计与趋向于形式模型的设计极为相似。尽管对于第 4 章的许多观点，甚至是大部分论点来说，设计都试图至少创造出关于这类模型的某些特征，但对于一个非专业的人士而言，这可能显得特别人为化。然而，对于许多实验者而言，模型和设计之间的一致性实际上提供了一个对外部有效性怀疑论（external-validity skepticism）的稳健辩护，这与在他们方法论著作中提出的一种方法相一致，即专栏 2.2 对被指责的理论的辩护。

在我们看来，这种辩护并没有减轻所有对外部有效性的担忧，因为（正如第4章所讨论的）检验理论并不是实验者追求的唯一目标。而且，即使对那些纯粹被看做理论检验的实验而言，我们在第2章陈述的框架提供了唯一有资格的支持，被压缩进修正的实验主张（MEC，modified experimental claim）原则中，为被指责的理论辩护。如果某环境 E 处于理论的基本应用范围内，并且在 E 和 I—范围（理论的目标应用范围）之间不存在本质的、使得 E 不支持该理论的差异，那么根据MEC，在理论的目标 I—范围之外检验一个理论就是合理的。在本章中，我们考虑以下观点的影响——理论模型假设的实施，正如通常假设的那样，不足以找到在理论基本应用范围内的设计。

这个观点与我们所谓的应用经济学（AE，applied economics）设计尤其相关。应用 AE，我们的意思是使用一般经济学模型工具，诸如期望效用理论（EUT，expected utility theory）和博弈论等来分析真实世界特定的经济制度、行动者和环境；AE 设计，我们的意思是指建立在这些理论基础之上的实验。此外我们认为，关于某些 AE 设计，实验设计和理论模型之间的高度符合并不能阻止在实验室和理论的 I—范围之间产生重要差异。出于这些原因，并且因为关于理论的结论并不是从实验中得到的唯一产物，人们需要认真对待外部有效性；本章的目的就是对其进行更加全面的探究。

对外部有效性的怀疑通常表现为人们认为实验室的实验是人造的。本章考虑了该问题中人造性（artificiality）的不同意义，以及各种相关的争论。现有的经济学方法论文献主要集中于实验室可能会通过何种方式来忽略或引入对所研究的行为的不同影响，但我们还考虑了一种形成对比的观点，即关注人类行为的环境依赖。我们从考虑实验和模型之间的关系开始。

5.2　经济学实验是模型吗？

许多经济学实验与模型的近似性并没有被方法论者所忽视。乌斯卡利·梅基（Uskali Mäki，2005）坚持认为实验室经济学实验按照字面意思就是模型：

与复杂且不能受控的大世界相比，一个孤立的系统是简单且可控的小世界。这种可控小世界的孤立性可以利用和提高这种实验系统的能力以作为认识上成功的替代系统，或是作为相似的代表物。模型＝实验这个等式可以被认为精确描述了这种可操作的与被操作的系统。

梅基（Mäki，2005，306 页）

引文中模型一词的意义包括（但不限于）形式模型，即经济学家在理论工作中得出的数学命题。它还包含实体结构，例如，工程师用于检验负重的成比例的桥梁模型。正如我们在第 4 章中看到的，虽然实验确实可以作为替代系统来使用，但模型和实验间的一般等价还是容易引起争论。摩根（Morgan，2005）争论说，数学模型与实验在概念上尤其存在很大不同。她的论证是，实验和形式模型的不同性质源自它们各自不同的本体，也就是原材料。

当我们从更广泛意义上的相似代表性（resembling representatives）对模型进行考虑时，这些模型可能会也可能不会使用与其目标相同的原材料。例如，当一个结构工程师用一个成比例的模型来检验烟囱在风中的表现时（正如 4.11 节所讨论的），模型结构可能会使用与计划结构不同的原材料，而实验中所用的空气则是一般的空气。在这个例子中，使用与计划结构完全相同的原材料的比例模型似乎是次一等的，但它依然是一个模型。尽管如此，我们认为还有另外的原因将一个实验的核心类别与模型区分开来。正如梅基的解释那样，我们怀疑模型的一个相关的一般特征是它替代了研究对象。对于要把某物解释为一个模型来说，这似乎是联合充分（jointly sufficient）的。令 x 代表研究的某些现象，而模型使用的是 x 的替代物（形式的或实体的）。相反地，在我们的意识中会认为这一类实验使用的是 x 的实例。例如，在自然选择实验中使用的是生物（如果蝇）而不是用计算机模拟的替代物。伽利略的钟摆实验使用的是垂摆，牛顿演示光通过棱镜的折射使用的是光等。

因此，实验可以通过不同的形式对知识作出贡献，或是用梅基的术语来说，提供了认知上的成功。因为实验可能使用其所调查的证据，所以在理想环境下，实验可能会说明 x 的性质。[①] 相比之下，替代物则往往可能引起一些类推的失败：目标实验缺乏潜在的错误来源。这并不是说模型在某种程度上一般都是不好的。显然，模型仍能够说明关于 x 的事实，正如用一个比例模型或者计算机建模来进行负重检验，以说明桥梁的设计在结构上是不稳固的。然而，这种例子似乎建立在对 x 相关性质的先前认知的基础上，而在确实使用目标的实验情况下，似乎并不一定知道这些认知。

在一个设计的两个处理组中，环境 E 都满足相同的条件 $c_1, \cdots, c_N$，并将设计结果记为 x。另外，不同的处理组之间只有一个因素不同。假定实验的各种辅助假设不变——包括不同处理组中的 x 的样本没有显著差异，那么结果中出现的统计上的显著差异就是被控变量（manipulated variable）产生影响的证据。[②] 如果变量 z 是被控变量，那么实验得出的结果就是 z 对 x 的一种影响。由于 x 是我们

① 我们在这里并不打算忽视证据和知识之间关系的复杂性。关于这一陈述的一个非常重要的警告包括单一证据并不是决定性的，实验的结果一般有不同的解释，而且观测结果是要依赖理论的。不过，证明似乎是实验语言的一个重要元素。

② 如果 x 的性质在处理组中的平衡是通过随机抽样的方法来实现的，那么在药学领域可以很容易找到随机对照实验（RCT）的例子。我们并不打算进行文本计划，也不打算进行随机对照试验。对于 RCT 具有代表性这一观点的批判，请见波森和蒂利（Pawson and Tilley，1997）。

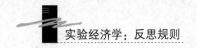

研究的对象，这个设计（相对来说）就直接给出了关于研究目标的信息。如果实验使用另一种方法，也就是使用替代物，那么，由于类推可能会失败，这就会导致它对目标的推论不是很确定。①

虽然并非所有实验都能简化成模型，但许多经济学实验确实能构建一种环境，使其中的一些重要方面类似于经济理论的形式模型。（在下文中，我们将模型的意义限制为形式模型，除非我们明确地指出类似的替代物有更一般的意义。）例如，在泽尔腾等人（Selten et al.，1999，第1章例证3）的研究中，在EUT的定义中，彩券被当做形式对象和前景的类似物来使用。摩根等人（Morgan，2006，第1章例证6）和史密斯等人（Smith，1988，第1章例证7）就提供了此类例子，他们将市场环境构造得与模型中的描述类似。这是通过努力满足模型的诸多（但不是所有）假设来完成的，也就是实施假设。

对于许多人来说，这种实验和模型间的高度一致性代表了部分实验经济学的官方标准。弗农·史密斯（Vernon Smith，1982a）的方法论著作似乎暗含这样的观点，比如我们在第3章中提到过的非餍足性（nonsatiation）、显著性（saliency）、占优性（dominance）和私人性的准则（precepts）。第五个准则——并行性（parallelism）——也被提出来了。但难以理解的是，这似乎是一个满足外部有效性时的规定，而不像其他准则那样建议实验者应该如何建立实验。

这几个准则具有相当大的影响力。然而它们的提出主要是为模拟真实微观经济体系提供充分条件，反过来也为合理的实验提供充分条件。一些实验者——如著名的哈里森（Harrison，1989，1992，1994）——显然也支持这一点。这些准则有效地限制了个体偏好（individual preference），而正是这些个体偏好反映了其在理论中的表现。比如说史密斯（Smith，1982a）曾讨论说，可以允许利他主义（altruism）存在，但利他主义只能通过在报酬媒介中的相互依赖而存在，这就将他的理论描述反映为效用上的相互依赖。这就意味着实验者应该完全控制任何主导被试者行为的偏好，以使实验和模型具有高度的相似性。考虑这种相似性的基础是很重要的。

将实验比做模型的一个原因是，存在疑问的理论都有一些定义不明确的方面，而这种缺陷能够在经验上予以填补。许多设计都可以被阐释为弥补缺陷的实践。例如，在一条收敛于均衡的路径中，某些偏好的参数，或者是选择均衡的标准，都是有待商榷的。人们可以通过实验来研究这些问题。这可以被视为许可了不同类别的研究，包括市场设计中对均衡收敛的研究，个体选择中对风险厌恶程度的研究和博弈中对均衡选择的研究。这种观点认为，设计是用来弥补理论缺陷的。对于弥补缺陷的实践，与模型密切相符就意味着要尽可能地再现其假设。这似乎是一个明智的

---

① 然而，出于完整性的考虑，我们应该注意，如果它的结果可以推广到观察到的目标现象之外的例子中，那么使用目标现象的实验也同样可以推广到对那些现象之外的例子进行建模。

目标，即使这个目标不可能被完全达到。如果在理论和实验之间有太多的不匹配（mismatch），那么结果并没有真正地弥补缺陷。不过，显而易见的是，在任何情况下，实验的目的不是（也不能）告诉我们假设本身是否适用于有疑问的理论的范围。实验是否能够教导我们认识世界，取决于特定模型的质量。

然而，许多 AE 实验并没有解决理论所遗留的问题，而是旨在检验理论，或是进行探索性的或归纳性（inductive）的研究。关于 AE 实验更进一步的例子在以下的专栏 5.1～专栏 5.3 中被列出。然而，AE 实验的种类要比我们的例子所说明的多得多，而且会持续增加。甚至在实验宏观经济学和国际经济学中出现了分支学科，如努赛尔等人（Noussair，1995，1997）提到的，它们在本质上使用的是相同的方法。

☞ 专栏 5.1

霍尔特（Holt，1985），《一致性猜测假说（consistent conjectures hypothesis）的实验检验》（《美国经济评论》）

这个设计是被一个模型所启发的。该模型基于布雷斯纳汉（Bresnahan，1981）的理论，假设在拥有两家企业的市场中，厂商生产同质产品，可变成本为零，且行业的需求曲线是线性的，需要描绘出价格和总产出的关系。在这个模型中，要使用一个解概念来推导出均衡预测，即一致性猜测均衡，它是替代纳什均衡的一种选择。[①] 这个分析是在古诺竞争的框架下进行的，即企业进行的是产量的竞争。假设价格是通过假定的行业需求曲线调整到市场出清水平的。

在用学生被试者代替模型中的厂商的实验环境中，实验检验了一致性猜测均衡和纳什均衡的相对表现。数值被分配给方程中的参数来生成利润函数。该函数给出了这些企业在每一个可能的产出组合下得到的利润。被试者必须在 4 和 22 之间选择一个整数代表产出单位，得出一个对称的 19 阶支付矩阵。一致猜测均衡得到了比纳什均衡更高的联合产出，这反过来又产生了比勾结行为更高的产出。给定被试者的支付矩阵，并有效地从中选择一列。在模型中被试者同时做出选择，这决定了一个周期内的收益。

该博弈通过在不同周期内给定支付重复进行。在第一个实验中，被试者被配对，并在后续的整个重复博弈中都以这个配对参加博弈实验。重复的周期数由初始掷骰子来决定，但期数并不公开，这就将产生一个不确定次数的重复协议，并且本轮为最后一轮博弈的概率为 1/6。然后，被试者的子集被重新匹配，并进行第二次重复博弈的循环。在各期都进行重新组合以除去重复博弈效应。

① 一致性猜测均衡可以被定义为在假设能正确认识其他人的反应函数的前提下的一组最优反应（Bresnahan，1981，936 页）。

博弈的结果与第 2 章讨论的均衡预测的条件解释一起，被用来分析最后一期的贡献。在第一个实验中，因为两组重复实验中只有一个产出组的观测值接近一般猜测均衡，所以结果明确地支持了基于一致性猜测均衡的纳什均衡。总体而言，大约四分之三的产出对都接近或等于纳什均衡，而剩余的与勾结行为一致。第二个实验的结果接近于纳什均衡，而不是明显的勾结行为，数据表明，相对的报酬考虑是激励被试者的原因。勾结行为在第五个到第十个周期之后消失了。一致性猜测均衡的结果也没有再被观察到。

☞ 专栏 5.2

阿尔姆等（Alm et al.，1992），《人们为什么要纳税?》（《公共经济学杂志》）

在一个有 45 轮的博弈中，被试者被给予 0.25 美元到 2 美元不等的随机决定的禀赋。在每一轮中，被试者要报告自己得到了多少禀赋。然后，他们的余额就等于报告金额的 60% 加上全部的未报告金额。然后，从一个装有 100 张红卡片和白卡片的袋子中抽出一张卡片，当且仅当该卡片是红色时，才对所有被试者进行审计。在这种情况下，瞒报者将被罚款，罚款数额是他们通过差值所获得的收益的 15 倍。在每个时期的第二阶段，每个被试者在第一阶段中报告收入的 40% 会导致向每个被试者的二次支付。这些收入乘以一个因子 m 后再被平均分给同一组的 8 个被试者，从而实现公共物品的报酬。

实验变量如下：被审计的概率为 p（$p=0$，$p=0.02$，$p=0.1$），公共物品的倍增因子（multiplication factor）是 m（$m=0$，$m=2$，$m=6$），向被试者描述任务时所用的语言为中性的或者负荷的（loaded）框架。共有 9 个实验局，在 15 轮 $m=2$ 的平衡组中，对应三个不同的 p。在 15 轮 $p=0.02$ 的平衡组中，对应三个不同的 m。

这样实践的根据是，金钱激励（monetary incentive）是用来模仿在填写纳税申报单时决定避税还是纳税的决策情形的；负荷框架是根据税收的任务描述构成的。作者感兴趣的是为什么纳税申报时的诚实是大量存在的——由于被发现的风险通常相当低，因此对于许多评论家来说，仅仅根据自利的考虑进行解释是很难说得通的。实验选择了不同的审计概率，用以确定过于看重概率是否是人们按规定纳税的原因。实验通过在中性的语言和特定的税收术语之间的语言变化来改变任务构架，目的是确定对税收的道德态度是否是人们按规定纳税的原因。

实验的结果是，报告收入的比例随着审计概率和公共物品生产力的提高而增加。p 从 0 增加到 0.02 再到 0.1，报告的收入则分别相应地增加约 20% 到约 50% 再到约 67%。作者得出结论，由于结果不能被风险厌恶所解释，过于看重小概率是人们按规定纳税的一个原因。公共物品的生产力增强了人们的税收服从，但对构

架的操作处理并没有产生明显的影响。作者得出结论，人们纳税是因为他们重视由
税收提供资金的公共物品，并不是因为他们认为逃税在道义上是错误的。

☞专栏5.3

福赛思（Forsythe，1993），《协调多个候选人选举的实验：
民意调查和选举历史的重要性》（《社会选择和福利》）

通过将1/3的事件收益支付给被试者来实现选举过程，这样的构建就类似于候
选人赢得选举。然后，被试者投票决定哪位候选人赢得选举。该研究根据被试者是
否能在对应的橙色、绿色和蓝色事件中获得最高报酬，将被试者分配为三种类型，
即O、G和B。报酬和被试者编号的对应组合如下表所示。

投票者类型	选举获胜者			每一种类 型的总数
	橙色	绿色	蓝色	
1（O）	$1.20	$0.90	$0.20	4
2（G）	$0.90	$1.20	$0.20	4
3（B）	$0.40	$0.40	$1.40	6

对于被试者O和G而言，他们存在激励联合起来选择橙色或绿色以战胜被试
者B。如果每个被试者都选择他们偏好的结果，那么被试者B就会赢得选举；而如
果其他两个被试者中任意一个改变支持对象，两人联合起来，B就会输掉这场选
举。也就是说，候选人B是孔多塞输家（Condorcet loser）。

在每一轮中，被试者可以选择投票或者弃权，并且报酬会根据获得最多票数的
候选人来决定，因此结果是随机的。每个被试者都将参与24场选举，在共有28个
被试者的情况下随机地重新组合被试者小组。在第一种处理方法中，小组会在每次
选举后改变；而在第二种处理方法中，小组会在第8轮结束后改变。实验者同时可
以控制被试者是否可以在两次选举之间收到反馈以决定是否使用过去的结果进行协
调。此外，在一半的情况下，实验者会在每次选举前对被试者的意图进行调查以研
究民意调查（opinion poll）对候选人选择的影响。

实验结果支持杜瓦杰法则（Duverger's law），即多数选举制（majority voting）
导致两党制系统的出现，排在后面的候选人只有在既没有民意调查，也没有共享的
选举历史可以借鉴时才能获得大量选票。在这些情况下，孔多塞输家赢得了至少
2/3的选票，但在其他情况下则不超过1/2。在没有事前信息的情况下，被试者O
和G获胜的概率是相同的；但在有民意调查却没有历史的情况下，那些首先被列
出的被试者的获胜概率要高出两倍，这是投票顺序影响结果的一种表现。超过1/3
的投票是策略性的，被试者选择他们的次优结果。当把各组放在一起进行一系列的
选举时，历史也是一个有效的协调机制。因为降低了孔多塞输家获胜的可能性，所

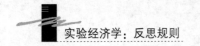

以作者得出结论，民意调查对选举可能发挥了一种正面的作用。

5.3 对应用经济学理论的检验

之所以使用类似模型的环境是因为它是检验理论的一个适当的基础。在第2章中，我们对这一基本原理的讨论主要涉及有关一般选择理论的检验和策略互动理论的检验。我们现在来检验这样一些案例。在这些案例中，实验者通过执行足够的理论假设，试图在 AE 理论的基本应用范围内找到一些设计。这些设计的一个重要来源是实验的产业组织（IO, industrial organization）；普洛特（Plott, 1982）对实验的理论检验辩护（theory-testing defense）的经典评论就是在回顾 IO 设计的背景下产生的。以后的评论参见霍尔特（Holt, 1995）。在本节中，我们深入地考虑了 AE 环境中的辩护所产生的问题，首先用一般的话阐述一下这个问题。在本章的其余部分中，我们发现在识别形式模型和理论之间的区别时，坚持专业术语是很有用的，在第1章中我们曾提及这一点，本章我们将进行更深入的探讨和更精确的阐述。我们在其他地方采用的经济学自然俗语并没有增强差异，或许是因为理论化和建模活动往往是关系密切地进行的。

我们讨论的重点是经济理论和真实世界之间的关系。虽然这是一个方法论学者持续争论的问题，但一个基本的观察是，如果希望检验活动在经验上是有意义的，那么理论的组成部分不能只包含假设和推论，或一个假定的世界。这里假设的确切意思应该是一个有待论证的命题；在一个断言中，它拥有不同的逻辑语气（mood）。假设和结论来自经济学形式模型的组成命题，因此没有提出对世界进行经验调查的主张。结论的推导形式如下：$\Box((P_1 \& P_2 \& \cdots \& P_n) \to (Q_1 \& Q_2 \& \cdots \& Q_k))$，其中 P_1，…，P_n 是模型的（通常是形式）命题，Q_1，…，Q_n 是 P_1，…，P_n 的蕴含式（implications），$\Box$ 是运算符号，它在必要时将经验主张与结论区分开来。因此，如果一个形式模型意味着我们从实际应用中抽象出来的假设，那么探讨检验模型就是没有意义的。

相反地，一个理论对各种现象或实体（entities）给予断言。理论通常会关注世界的许多特征，为了简单，我们制定一个单一目标，并仍使用我们前面的标记 x。一个理论通常也会对世界做出许多断言，我们将其表示为复合断言（compound assertion）Tx。例如，EUT 做出了有关决策的断言；公共物品理论做出了存在非竞争性产品和非排他性产品情况下关于行为的断言；可竞争市场理论（the theory of contestable markets）做出了在较低的市场准入和退出壁垒的情况下关于公司定价的断言；等等。然而，理论化通常包含模型及其相关的推论。因此，在这些情况下，以这种方式使用形式模型做出断言。我们可以使 Tx 表示得更详细一点，以使其更加明确，就如 $\langle P_1, \cdots, Pn \rangle Cx$，其中 C 是相关模型对 x 的预测。例如，P_1，…，P_n 包括各种不同的假设，这些假设与市场的供求条件、价格竞争、风险中性、对称性、混合策略的纳什均衡等有关；x 对应于存在企业和消费者的某一类市场，C 表示好像为真。当对于某确定的市场，P_1，…，Pn 是真的时，则 Tx 是对该市场的断言。

使用模型以相当间接的方式对世界做出断言，这似乎是现代经济学"语言博弈"的特征之一。[①] 事实上，很多关键性的有关经济学方法论的争论都可以被看做对这种实践进行的分析。特别令人感兴趣的问题是如何理解 C，例如，将之理解为在第 2 章中提到的现实主义者或工具主义者，或将之理解为代表一个好像正确的论断或代表一种比喻。同样可以参考以下各位经济学家的论著：弗里德曼（Friedman，1953）、吉伯德和瓦里安（Gibbard and Varian，1978）、豪斯曼（Hausman，1992）、布劳格（Blaug，1994）、摩根和莫里森（Morgan and Morrison，1999）、萨格登（Sugden，2000），以及卡特赖特（Cartwright，2007）。

我们暂时假设，对 AE 理论而言，Tx 认为形式模型代表了某些环境的经济学基本特征。AE 实验设计通常是实施一种环境 E，该环境 E 模拟了实验者感兴趣的模型 M，其中 $M=\{P_1$，…，$Pn\}$。在这个背景下，对被指责的理论的辩护可以表示为下面的论点：

（1）M 同时代表 E 和 x；

（2）M 能更好地代表 E，因为 E 的结构类似于 M；

（3）在 E 中检验 M 的预测可以给予理论一个成功的机会。

然而，基于我们的分析，因为理论和模型之间有区别，所以（3）并不遵循（1）和（2）。要使用 E 来检验 Tx 需要 E 和 x 之间有适当的关系，而无所谓 E 和 M 之间有什么关系。一个要求是：E 提供 x 的观测值，特别地，在 Tx 范围内。为了成为一个合格的理论检验，某些可能的实验结果必须是一致的，而某些必须是不一致的。但是，（1）和（2）是建立在 E 和 x 有共同的代表物 M 之上的，这暗示着 E 和 x 之间无任何关系。因此，在 E 无法提供 x 的观测值并无法否定 Tx 的情况下，这些前提是站得住脚的。

我们认为，这种情况是可能出现的，因为模型的命题意味着没有什么是可以独立于（使用模型对世界做出主张的）理论而被检验的。AE 理论是在特定范围而不是更一般的范围内通过使用一个模型而做出那些断言的。例如，Tx 可能涉及这样的断言——企业是理性的，政府的目标可以表示为确定的函数，以及移民是对劳动力市场前景差异的一个理性反应等。因此，即使形式模型提供了一个极好的关于实验室设置的描述，除非 E 提供了分别与企业、政府或移民相对应的观测值，否则 E 中的观测值既不能证明也不能证伪相关的理论预测。这些例子表明，对于许多 AE 设计来说上文的（3）可能是伪命题。正如第 2 章所指出的那样，理论的自然

---

① 从维特根斯坦（Wittgenstein，1953）的角度来说，我们正在使用"语言博弈"，就是说，因为各种仪式和活动都涉及语言，所以根据维特根斯坦的观点，这产生并决定了语言的含义。

语言与其基本应用范围的决定是相关的。而且，如果一个人希望辩护他在实验经济学实验室的观察结果，那他所使用的政府、移民等概念必须是非常具有弹性的。

因此，AE 理论的实施模型检验在模型的形式语言下似乎是可靠的，而在理论的自然语言（该自然语言在现实世界中指导模型）下则是不可靠的。相反地，决策理论和博弈论都是关于决策制定的一般理论。因此，程式化的实验室任务对理论形式语言和自然语言来说都是可靠的，后者通过使用诸如概率、结果和选择等术语来联系模型和世界。换句话说，在这些情况下，E 提供了 x 的实例。然而，除了在实验室中的各种研究之外，理论家可能会想到一些其他的决策问题，特别是自然发生的选择，此时理论中的相关内容仍然要挑选出合适的实验室任务。

那么，通过 AE 理论的实施模型检验，我们可以学到什么？在 M 的行为组成部分中，任何一个这样的设计都至少遗留了某些部分未实施。这是因为一个确定模型的完全实施既是毫无意义的取代结果，同时也不能以人类为实验对象（由于实验者不能决定参与者如何行为）。在推导对 E 的预测时，这些未实施的行为组成部分在实验中被应用于各种被试者。在我们的理论分析中，应用模型命题的子集就相当于一个不同的理论主张，例如 $T'y$，其中 y 代表在实验室中研究的实体——个体及其决策。例如，如果 Tx 是对跨国企业的博弈理论分析，其行为要素就是利润最大化和纳什均衡，则 $T'y$ 就是研究者应用于学生被试者的利己的博弈论。考虑到 Tx 并不意味着 $T'y$，如果预测失败，那么这就与 $T'y$ 不一致，但与 Tx 一致。尽管从跨国公司理论得来的模型命题的一个子集涉及利己博弈论，但后者涉及的是非常具体的行为人集合，并且因此，它似乎不能在实验室做出任何预测。

当把 E 放在 AE 理论的基本应用范围之外时，这些结论依赖于对理论自然语言含义的判断。在这个例子中，很显然，随机挑选的学生被试者通常还不能代表跨国公司。然而，虽然不明显，但我们还是注意到该实验是完全可能实施的。例如，在实验过程中，如果被试者在国际上同许多其他国家的合作伙伴一起进行跨国的生产和交易活动，那么基于此时的目的，他们就可以代表跨国公司。考虑到本节后面会谈到的一些原因，这种情况不太可能涉及模型的最大程度实施。

总之，在 AE 设计的目标理论和设计实际检验的理论之间有两个可预测的关键差异，即理论所包含的命题（全部集合 vs 行为元素）以及它们的参考（应用范围 vs 个人）。因此，可以很清楚地知道，一个模型实施的 AE 设计通常会支持决策理论的结论，而非 AE 本身，除非设计已经声称具有外部有效性。实验的理论检验辩护避开了这些主张，因此显得不合适。按照这样的结论，我们不能否认 AE 设计存在外部有效性，我们否认的是"可以通过被指责的理论回避外部有效性的问题"。为了使事情具体化，我们现在考虑霍尔特（Holt, 1985）的 AE 设计，见专栏 5.1。

由于本实验是由学生被试者从一个支付矩阵中选择列组成的，因此可以将该实验直接作为一个博弈论的实践来进行陈述。无论是在实验中还是在研究报告中，这里的 AE 环境，即 IO，主要是指行为与结果的分类标记。本章对于行为命题的检验是明确的，因为它被称为一个关于一致性猜测均衡的检验；但本章将此描述成 IO 理论，并把被试者的决策描述为通过企业与行业行为进行的产量选择。因为这里的用词问题，所以该观点可能被指责过于人工化。批评家也许会问："为什么学生从一个货币支付矩阵中选择的一列可以代表公司的战略决策？"

被指责的理论（The blame-the-theory）的回应是，在 IO 理论中，表现一家企业的方式和经济理论对待一个个体的方式相同，这样，基于个体检验理论就可以给理论最佳的机会。根据这种观点，霍尔特的实验同理论一样是不现实的，因为总的看来，该模型描绘的企业和行为人之间并没有区别。但是，理论的自然语言将模型应用于企业中。在决定它的基本应用范围时，辩护要求自然语言因素被看做不如形式模型命题重要。然而，本章引入模型和理论之间的区别意味着不能以这种方式抑制自然语言的内容而同时不改变该理论。

一个类比在这里会有助于阐述这一点。考虑理论（Tx）中，交通（x）的运行满足描述流量的方程（M），该方程源于对流体的研究。这个例子并不牵强，因为工程师关于交通流量的模型确实是从流体动力学（fluid dynamics）中得出来的（Bellomo，2002）。人们可以使用流体力学或对应的物理体系来预测或推定关于交通现象的解释。人们不能通过对在管道中的水的实验来检验交通理论，即使二者都可以由 M 所表示！这是 Tx 的自然语言将 x 表示为交通的一个结果，任何关于水的实验结果都与交通的流量方程的原理是一致的。① 对于所有描述流体的模型，这个理论是一个交通理论。同样，对于所有描述行为人的 IO 模型，理论关心的是企业的行为。如果以交通和水流是可类比的这个主张的正确性作为条件，那么管道实验可以说明交通的类似行为。然而，无论是交通理论还是这个条件都不能被它检验。

霍尔特本人引用了普洛特（Plott，1982）关于被指责的理论的辩护，而且还根据表面上相似的观点提出了对方法论的评论：

个人决策者的实验室实验可以被用来评估商业企业的行为理论吗？很多经济学家给出了否定的答案，但我在一致性猜测均衡计算中没有发现什么事物暗示了该论证适用于商业组织但不适用于个人。

霍尔特（Holt，1985，324 页）

如果将其解释为标准的辩护，那么我们的分析意味着这种论证是演绎无效的。一个理论的经验主张取决于模型的实际应用，但这里却没有遵照这个观点。如果个体不能代表企业，那么一致性猜测均衡对公司和个人的应用就构成了不同的理论。

---

① 或者，重新审视一下第 2 章的例子，假设一个人用国内数据来检验国际贸易理论。这种运用很可能被描述为是在探究国内活动是否服从比较优势原则。它的结果可能是对贸易理论评价的有用的支持，或者，更可能有其独立价值，但是说其构建了一个对国际贸易理论的检验就似乎过于牵强了。

要判断被检验的是否是 IO 理论，我们需要考虑术语企业的意义，而不仅仅是一致性猜测均衡的正式定义。然而，我们在这里将霍尔特的使用解释为评估而不是检验，这表示他也明白这一点。霍尔特争论说，如果一致性猜测均衡不能作为一般的决策理论的概念，那么其适用于 IO 问题的可能性减小了。如果是这样，那么其实他的辩护同一般的被指责的理论稍有不同。

然而，我们注意到，当在实验室实验中检验实施模型的其他部分时，每一个一般解概念的潜在应用都可以被说成评估。期待这些应用中的一部分比其他更有效，似乎是合理的。因此，实验同 IO 领域之间特定的相关性——而不是任何其他环境下提出的相似的支付矩阵——取决于实验室对象和企业之间的相似性。我们的结论是：实验室中一致性猜测均衡的失败，就其本身来说，只是关注 IO 应用的表层原因。

回到我们的类比中，为了明确地评价交通理论如何遵循基于水的设计，需要实验中的物理系统从相似的代表性意义上来说是一个好的模型。在我们的 IO 例子中，我们同样需要学生的决策是一个关于企业的良好模型。这些都是关于外部有效性的考虑。霍尔特（Holt，1985，324 页）通过讨论商业经验是否有影响确实认识到外部有效性是一个问题。其他要考虑的方面可能包括，例如，证明决策以及在企业中进行联合审议的需要。这些相关的考虑因素都提供了认为公司和实验室被试者可能是不同类型的决策者的依据。

读者不要误解本节的主旨。重申一下，我们的论点并不是 AE 理论检验设计必须是外部无效的，而是它们报告 AE 理论评估的能力取决它们的外部有效性。由于设计实施的是模型的非行为的组成部分，因而对外部有效性的考虑不能被忽视。模型实施的实验检验是关于决策的一般假说和理论的。除非有理由相信该结果能够推广到目前研究的问题的应用范围中，否则该结果不能算是对认知的贡献。因此，实验文献的读者应该意识到一个表面的 AE 设计有时可以被更好地描述为对决策理论原则的检验。此外，如果被检验的假说是真的行为，那么 E 是检验它们的最优环境似乎是合逻辑的，专注于实施 M 可能将其削弱。例如，在专栏 5.1 的实验中，如果目的仅仅是基于人际互动的证据在不同的一般解概念间进行决策，那么使用一个更小的战略空间就是值得商榷的。霍尔特（Holt，1985）的支付矩阵似乎可以通过除去每个第二行和第二列来简化，同时保留所需的分析特征。

人们可能反驳说，尽管一个给定的设计可能实际上无法检验 AE 理论，但观测普通人能否执行那些应由政府、企业、投资者等执行的行为类型可能是非常有趣的。例如，不仅作为一般命题来检验行为假设，而且也在理论指定的那类环境中检验它们，这都是很有趣的。由于经济学家感兴趣的行动最终取决于个体行为人，因而努力了解普通人能否执行理论中描述的各种行为通常是值得的。

这种回答是同时基于对行为人规模与任务规模的外部有效性程度的断言的。因此，它将让步于本节的主要论点。^① 这种主张的强度必须根据每个案例逐个进行考虑。在我们的双头垄断的例子中，不考虑学生被试者是否合适的问题，实验的框架来自一个模型的简化形式，因此关于任务相似性的主张似乎是令人难以置信的。从一个支付矩阵中选择行或列并不是理论赋予管理者的任务。支付矩阵是说明"分析人员对任务的理论理解"的一种工具，但在不同的环境下，许多不同类型的决策问题可能以同样的方式来表示。

考虑莱因哈德·泽尔腾等（Reinhard Selten et al.，2007）的设计并将其作为对比。该实验报告了基于路径选择（route choice）博弈的实验室实验，其中 18 个被试者必须选择一条主要干道或一条次要道路来到达共同目的地。用实验室环境表示道路网络，人们通过电脑选择路径，而不是实际真正到达了任何地方。向他们提供其他人选择的 17 种可能组合的收益表，被试者从这个抽象的选择集中选择行动。在实验中被试者没有被告知任何临时的应急支付，只有行程时间随着选择该相同路径的人数的增加而增加。因此，这个设计避开了路径选择分析模型假设在实施中的缺点，以包含从世界引进的目标环境的信息特点。此外，可以使用图形（可商榷地）帮助被试者以具体的方式把该阻塞问题形象化，并强调被试者的行动方式与 AE 模型指定的那种方式相似。

因此，泽尔腾等人（Selten et al.，2007）的设计在相关的背景下研究理论的行为组成部分时提出了一个貌似合理的主张，就像一个人在面对日常路径做路线选择时会遇到的情况一样。通过数据检查均衡预测，出于在某种程度上的类似目标环境（target like environment），模型的行为表现能够得到评估。实验室当然有可能没包含现实路径选择中的重要因素：交通事故就是一个很明显的例子。

此外，道路交通环境是一般人的决策环境，而不是一种社会制度。因此，使用实验室行为人是与其明确相关的。但是，关于实验设计是在应用理论的基础范围之内的断言还是有争议的。因为被试者可能不是司机，并且没有进行过驾驶。例如，因为习惯于固定的路线，所以驾驶行为可能会有所不同。我们能够无争议地从这个实践中学到的是，理论方法能否在这样一个由路径选择问题而不是由形式模型所促动的特定环境中有效运行。

这里的一个教训是：如果最大程度地实施假设，那么人们趋向于达到一个抽象的环境，这是由于模型假设将情况简化到了它可以应用一般经济原理进行分析的程度。例如，一个人得到了一个特定的货币支付矩阵，或一组特定的货币赌博集合。如果模型的实施导致了对一个确定博弈的研究（例如，观察到的行为模式）转移到该博弈的其他实例上，但这不一定是建模的目的，那么针对特定目标，该形式模型仍然可能有缺陷。

---

① 关于实验室和目标之间的环境的相似性的争论，回应是反对应用设计中的一般抽象的实验环境。关于抽象框架的演进的观点，参见哈根和哈默斯坦（Hagen and Hammerstein，2006）。

上述考虑表明，通过实施理论的假设来检验理论既是不必要的也是不充分的。相关的标准更像是理论对实验中会发生什么的预测，反过来，这又意味着，在实验室观察到了正确类型的现象。[①] 这往往会支持该理论和实验环境之间的某种程度的匹配。然而，这通常达不到模型假设的最大程度的实施。这是因为一个理论通常有许多组成部分，如果这些组成部分都被充分地实施了，那么实践就成为对其所包含的决策理论原则的检验；如果这些组成部分没有被充分实施（这也是通常情况），那么这些决策理论原则就没有被实施。因此，论点就超出 AE 设计类别的范畴。例如，假设一个人能以某种方式实施确定条件下的选择偏好理论的反身性（reflexivity）、完备性（completeness）、传递性（transitivity）和连续性（continuity）公理，并在决策实验中检验它们。由于这保证了偏好顺序的存在，因此该实践仅仅检验人们是否选择了自己最偏好的选项。虽然这个命题是该理论的一部分，但其在经济学中是无处不在的。

这个讨论目前能解决的问题是：在我们的目标不是要完成理论而是要评估理论的情况下，关于该理论，实验室实验能够教给我们什么？我们关注案例的现实性，此时理论假定的模型和现象之间的关系是接近于现实的。对于经济模型和世界之间的假定关系，这不是唯一的或标准的解释。因此，对于表达式 $\{P_1，\cdots，Pn\}$ Cx 中的 C，人们可能会考虑其他可能的候选方案。然而，C 的每一个候选方案都代表了模型命题和世界之间的一种关系。因此 $\{P_1，\cdots，Pn\}$ 也许能够预测 x 中的行为，或者说 x 好像为真，或者其可能阐述一种在 x 范围内能够运行的机制等。因此，在每一种情况下，运用适当的实证实践来评估理论能使我们对 x 有更明确的了解。

然而，理论主张 C 的内容可能会对其他方面产生影响，尤其是其相关相似度（relevant similarity）的大小。例如，假设 Tx 断言，在"好像"假设成立的基础上对实地中的事件进行阐释。这种主张的理由是，在实地中存在某些执行机制（enforcing mechanism），使行为符合模型的假设。然而，这种机制可能没有被写入模型中。在这种情况下，只考虑模型中的实体能否与实验室中的实体足够接近这个问题，就会忽略任何关于执行机制的考虑。

例如，企业理论可以被解释为，真实的企业行为表现得似乎是要最大化它们的利润。其理由可能是一个背景假设，即在实地中，那些导致次优利润的管理者将被逐出行业。理论经常仅仅针对企业，并没有总是明确说明股东或管理者的情形。由于只专注于在理论中表现的实体，即使我们在实验室中以某种方式观察到公司完成了理论中的目标任务，它们也都离开了资本市场。然而，这破坏了理论家所认为的

[①] 此处的观点是，理论应该应用于其假设得到满足的环境中，而不是它的目标发生的环境中，这个观点也和实验经济学外的学科相呼应。例如，努赛尔（Noussair et al, 1995）等人的目标是通过运行贸易模型的一个简化版本来检验国际贸易理论。哈里根（Harrigan，2003）反对实验是经济的简单化的观点，但是还是把 1854 年之前的日本经济作为经验研究的一个很好的例子，理由是那个时间似乎满足该理论的假设。

行为命题成立的条件。理论在实验室中并不能很好地进行预测，因此它也不能对该理论家的观点形成挑战。所以，在这种理论的解读方式下，对可能的外部有效性的判断超出了对各种行为人和任务的考虑，涉及形式模型中没有表示出来的但是影响行为人的力量。

5.4 人造性批评的种类

"归咎于理论"的辩护不是同等程度地适用于广泛的情况，这使得人们有理由认真对待外部有效性。不过，还有其他方面的考虑支持它。我们在第 1 章和第 4 章看到，理论检验是一个过于狭窄的目标，不足以覆盖所有的实验。实验调查也包括归纳实践，诸如发现规律性和因果关系的研究，并且这些研究旨在支持与经济现象有关的实质性主张。此外，即使一个理论通过了实验室中的初始检验，也不能保证在其目标应用范围内能够良好运行。无论一个设计是否存在于理论的基础范围之中，从实验结果做出的归纳推断都取决于其外部有效性，并对环境和目标域之间的相关差异很敏感。

正是出于以上所有原因，评估那些声称"经济学实验的结果不可能在实验室之外成立"的观点就很重要了。批评家可能会主张实验室实验至少在三个意义上太过于人造化以致不能帮助我们理解这个世界。约翰·格林伍德（John Greenwood，1982）已经对此做出了有用的区分——尽管这种区分是在社会心理学设计的背景下进行的。人造化可能指的是实验室功能的孤立性、实验中可能存在的污染或者研究对象的改变。由于对污染的考虑类似于忽略一些重要因素的主张，因此，我们对这个计划稍作修改。

作为准备工作，回顾一下内部有效性和外部有效性的区别是有帮助的，我们曾在专栏 2.1 中介绍过这种区别。后者可以被简单地定义为在实验室能够识别实验室之外的事实和因果关系的能力，而内部有效性是指识别在实验室中运行的事实和因果关系的能力（Guala，2002，262 页）。因此，内部有效性取决于技术细节的正确性，比如对实验对象进行随机分配的处理方式、保持非处理条件不变、确保精确的测量等。对作者来说比较常见的是参照社会科学实验室中有效性的两种维度之间的相反关系。例如，罗文斯坦（Loewenstein，1999）和施拉姆（Schram，2005）在其关于方法论的探讨中提到，把所谓的权衡取舍作为这种实验经济学中给定的前提条件，而弗朗西斯科·嘉兰（Francesco Guala，2005a）也赞同这种观点。一个简单的例子是，坐标轴转换的权衡取舍似乎会引起矛盾，但看起来这种做法似乎是可信的，目前还没有发现在结果中存在外部有效性的问题，除非该设计具有某种合理程度的内部有效性。这表明，内部有效性和外部有效性之间的关系还需要进一步明确。以下的部分旨在探讨这个问题，并识别"可能引起权衡取舍的外部有效性"可

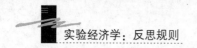

能会产生什么疑问。我们也旨在概括批评性地评估这种疑虑的策略。

5.4.1 孤立的人造性

在自然发生的世界里，许多不断变化的因素通常会同时影响那些人们希望进行经验研究的事物。[①] 实验室实施了一个可控的环境，此时可以在其他因素保持不变时操纵各种可控因素或者完全排除这些因素。例如，经济学实验通常力图通过随机分配的处理方式与完全排除被试者之间交流的方式来保持被试者的特征不变。批评家可能会因此而争论说，实验室的环境太简单了，以至无法告诉我们更复杂、更多方面的外部世界。

但是，如果这种批判是普遍有效的，那么它也将危及自然科学中非常成功的实验传统。孤立似乎是实验室的极强特征，因为如果没有孤立的存在，那么外界事物中相互影响的因果关系就不能被分离。考虑如果实验遵循 5.2 节中的计划发现了处理组产生的影响，那么将会得出什么结果呢？所得的最弱的实验结论遵循着其他条件不变和排除其他情况这两个条件：不同处理组间保持因子 c_1，…，c_N 不变，并排除其他因子的影响，对处理变量的操纵会在所观察的方向上对结果产生影响。通常，实验者会做出一些不太明确的限制主张，例如，处理变量将在该方向上对结果产生影响，或对量化该效应产生影响。如果在实地中观察到结果的不同模式，那么这可能仅仅表明，相关的控制条件，无论是否被明确陈述，都没有得到满足。

事实上，当一个人考虑关于这种简单控制实验架构的自然科学例子时，似乎很难理解以下这种理念的意义，即人们能够发现只有在实验室中才成立的关系。因为自然科学实验室的设置本质上是由实验者建立的一组关于物理、化学和（或）生物的环境。如果其他偶然情况下也出现了相同的环境，但没有得到与实验相同的结果，那么这个从实验中得到的合格的弱结论将会被否定。我们可以将这一结论认为是局部的外部有效性主张，即无论在哪里构建了这些相同的条件，观测到的效应都会跟随。这似乎与内部有效性是基本一致的，情况越是这样，在世界上获得的条件就和在实验室中获得的条件在越多的方面相似。

还应该注意的是，局部的外部有效性可能有相当显著的现实意义。嘉兰（Guala，2005，第 7 章）将"相同的条件，相同的效果"描述为一种自然一致性的形而上学原则。正如刚刚提到的，这意味着完全复制条件而得到不同的结果是不被理解的。然而，在实践中，许多在"相同条件"的基础上提出的主张似乎是基于同一性的更为宽松的标准而被提出的。例如，格林伍德（Greenwood，1982）从社会心理学实验结果中得出结论：大麻的私人使用将导致缺少经验的吸食者罹患精神病。假设该命题具有内部有效性。但结果是否有现实意义，可能取决于社会中私人使用的频率，而不在于使用者家中墙壁的颜色是否同实验室相同。条件永远不会是

---

① 本部分和 5.4.3 小节引用了格林伍德（Greenwood，1982）的观点。

绝对相同的，因为实验室和现实世界中的条件会以无数种方式存在不同。

　　在实践中，一致性的标准似乎与参考的特定框架有关，该框架将相似性不同方面的重要性进行加权。忽略这一点将会引起矛盾。对此，诺齐克（Nozick，1981，第 1 章）进行过著名的讨论。我们注意到，在不同的实验室环境中进行实验复制，往往会筛选出许多特定的实验室实验环境细节，如墙壁的颜色、根据月亮周期所确定的实验时间等。在吸食大麻的例子中，相同是相对于实验的理论背景的，但是当然包括它的社会心理特征。因此，在实践中，似乎"相同的条件，相同的效果"更加取决于本体论假设（ontological assumption），即世界在参考的实验框架内呈现出一致性。这样的假设似乎较弱，但是也可能会失败。例如，利用真菌的外貌来推断真菌的可食性的民间真菌学已经被推翻了。任何基于真菌外表的从样本控制实验中所得出的规则都不能进行推广。可食用的真菌、有毒的真菌、不好吃的真菌的外表都是很常见的，有时只有通过显微镜才能进行辨别（Garnwei-dner，1994）。在这种情况下，我们希望在不同的样本间通过复制以得到"不一致"的结果。

　　相反，所谓的更广泛的外部有效性包括实验室能够告知我们有关所观察到的方面与环境之间的不同。例如，牛顿的运动定律就表现出高度的广泛外部有效性，因为它们已经被证明非常接近于日常生活的维度（dimension）和速度。对更广泛的外部有效性做出的相关假设似乎是世界的一个附加的一致性。在下一节中，我们将要探讨这个观点。例如，与实验室相比，更多的因果因素存在于自然发生的环境中。假设在实验室中观察到的关系仍然是对所发生的事情的投入，并且这对多种结果而言是一个关键要求。比如，当出现多种原因时，基本的物理定律仍保持它们的形式，因此，它们被认为是全局有效的。

　　不过，在证明更广泛的外部有效性的同时，也存在一定问题。在物理哲学中，这是一个值得考虑的争论，卡特赖特（Cartwright，1983）也曾在其著作中提及，例如参见查尔默斯（Chalmers，1993）和克拉克（Clarke，1995）。卡特赖特的影响深远的理论（虽然还存在争议）认为：高水平的物理定律只是陈述了合适的受限环境下的事实；如果它们所基于的这个环境受到不合适的限制，那么它们就是不成立的。这是基于定律所陈述的单个力的形式而展开的争论，然而在自然界中，物体将受到合力的影响，而定律没有结合形成一个统一体系。

　　格林伍德（Greenwood，1982）的毒品使用的例子提出了一个类似于社会科学中的多重决定的问题。因为他引用的证据是当支持使用者的正常团体中有人吸食毒品时，这种不熟悉的大麻诱惑的意识状态往往被解释为易于接受的，并带有偏执倾向的。毒品与精神问题之间的关系仍然是一个需要继续被讨论的话题，但人们更感兴趣的是出现的概率而不是事实的真相。当毒品使用发生在可以论证的主要社会环境下时，格林伍德所描述的精神疾病的倾向是不存在的。如果是这样，那么他将毒品的偏执引致能力（drug's paranoia-inducing capacity）描述为"趋势定律"就是

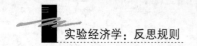

一种误导。[①] 因为当一个非常关键的条件发生变化时，这将不再是对所发生的事情的投入。因此，可以合理地认为相关实验的外部有效性是低于人们的期望的。

从这些考虑中产生的棘手的问题如下：这是否合理？在给定的情况下（假设在自然条件下，因为在这里更广泛的影响集合能够起作用），研究中的这个效应是否仍然会起作用？除非考虑到一个结果无法进行推广的各种原因和怎样做才能够对其进行检验，否则将很难继续进行下去。问题不是孤立性本身，因为这似乎是进行实验唯一明智的办法，问题是世界的相关特征也许不一致的可能性。如果遗漏某些我们感兴趣的环境的关键特征，那么当我们推广到这些环境中时，我们就可能会被误导。我们将在下一部分进一步展开讨论。

5.4.2 人为的遗漏（omission）和污染（contamination）

嘉兰（Guala，2005a，第 7 章）强烈争论说，"相同的条件，相同的效果"原则留下的许多关于外部有效性的重要问题还没有得到解决。[②] 因为即使在那些有特定的一致的相关标准的环境下，社会科学实验室的条件也不会与该环境"相同"。例如，除了在赌场的环境下之外，行为很少同时既具有明确定义的概率，又有决策理论实践研究中的大多数选择的结果特征。现实生活中的选择通常包括更散乱的、更模糊的以及更多面的问题，这些问题包含在一个正在进行不清晰裁决的环境下。批评者可能坚持的一个原因是实验室结果不可能推广到这样的环境中，这是因为它们包含的因果关系可能过于复杂。这样的评论可能会被解读为交互效应（interaction effect）——这意味着一个在实验室中不存在（存在）而在现实世界中存在（不存在）的因素可能会否定或推翻一个处理效应。正如刚才批判的，实地中显示了更多的因素，或者污染，使得该实验室引入了不相关的因素。

实验者通常争论说（正如施拉姆［Schram，2005］那样），批评者有义务给出结果不成立的环境的细节，并解释为什么所谓的缺失或污染可能在这里成为一个问题。对于对该效应的一般疑惑而言，这似乎是一个合理的要求。这个疑惑是指某些环境会产生一个相关差异，在这里该差异不能被批判性地评估。在提供了这样的细节之后，一种（无论在哪里都是可能的）合适的回应就可以在实验室中纠正这些被断言的问题，并在经验方面检查它是否对结果产生了影响。在面对遗漏或污染问题时，建立外部有效性在原则上是一般可利用的策略，斯塔莫（Starmer，1999a）也对其进行了论述，嘉兰（Guala，2002）将其表述为术语"通过排除来进行检验"。对于批评者所引用的每一个缺失的（或不相关的）因素，通常可能提出一个包含

---

① 这个问题是隐藏在格林伍德的形式中（Greenwood，1982，230 页）的。一个因果解释的命题如下：$(x)(Fx \rightarrow (Gx \underline{\vee} (c_1 \vee c_2 \vee \cdots \vee c_n)))$。其中 F 是因果机制，G 是它的效果，$\underline{\vee}$ 是不包含，$\vee$ 是可兼析取，还有 $c_1, \cdots, c_n$ 代表了所有的干扰机制。这可以用同样的方式表示操作倾向被其他因素所掩盖以及因素被无效地混淆了。

② 引用了嘉兰（2002，2005a）的观点。

（或排除）这一因素的设计。如果因素不能消失，且用这种方式添加或排除的因素越多，那么对于一个批评者来说，拒绝接受这个研究中的结果就越不合理。对于一系列因素而言，社会科学界认为，能够解释结果的貌似可信的方式通常是有限的。

偏好反转效应（preference reversal effect）的发展历史说明了通过排除来进行检验的方法。利希滕斯坦和斯洛维奇（Lichtenstein and Slovic，1971）的实验似乎对个人决策最优化提供了反对证据。经济学家们的最初反应表明，原始的设计遗漏了许多因素，如重要的实际报酬和激励相容的定价程序。渐渐地，这些遗漏与其他遗漏也被引入到设计中，例如格雷瑟和普洛特（Grether and Plott，1979）以及博格（Berg et al，1985）等人在一个很大的不成功的研究程序中使得该现象消失了。关于偏好反转的文献，参见塞德尔（Seidl，2002）。最终，朱（Chu，1990）取得了更大的成功，但他不得不使用重复组合与货币泵（money-pumping）。在货币泵下，被试者必须根据他们陈述的偏好和他们给出的估值间的任何不一致进行一组交易，这将使他们最终拥有的资产和交易前相同，但拥有的现金较少。根据第 2 章的争论，有人坚信这种因素（诸如决策理论应用中获得的重复组合和货币泵）将大大缩小决策理论的应用范围。总体而言，它们现在已作为稳健结果而被普遍接受了（参见第 3 章和第 4 章，特别是专栏 3.4）。

要检查的一个有问题的情况是由于被试者想帮助或是阻碍实验者而激发出的污染。这需要使用被试者不会意识到自己正处于实验中的设计。虽然这是一个原则上的解决方案，但在实践中，许多设计在很大程度上依赖于实验者与被试者之间的交互作用。使用高度程式化的任务来检验特定的假设，这也许是不可避免的，在许多情况下也是有理由这样做的。由于这些工作在决策方面有更多的相似性，更像理论中描述的那样，而不是像自然发生的那样，因而人们不会指望在一个自然发生的环境中找到它们。因此，目前还不清楚人们如何可以将特定类型的实验执行得像实地实验那样。许多决策理论的实践可作为例子。例如，博弈论对一个给定的真实情形所做的预测很少是清晰的。在实验室中，一个人可以实施一个特定的博弈，包括其知识结构，用货币代替效用以检验竞争对手的解概念。相比之下，在大多数自然发生的情况下，除其他事物外，人们既不会知道参与者是否了解什么行动组合会产生什么结果，以及他们对于这结果的偏好排序，也不会知道他们对其他人的报酬的信念，因此人们通常不能计算出具有合理确定性的均衡策略。

然而，只要被试者服从或反对的潜在问题是特定的个体在实验者和被试者之间产生的问题，那么这些问题就将影响结果，但是，这似乎没有普遍引起人们的关注。我们称这种情况为实验者效应（experimenter effect），即实验者本身的出现对结果产生了影响。这是罗森塔尔（Rosenthal，1966）的研究。例如，一个特定的实验者或助理可能不知不觉地通过他的身体语言和面部表情向被试者传达了一种明显且不同的信息，以表示希望被试者在每一个设计的处理组中做什么。被试者可能对此做出回应。这些问题可能会发生，也可能不会发生，人们会希望在进行实验时最小化该风险。因此，批评者基于这些没有明确理由的指控来否定实验证据似乎有些武断。不过，还有另一种类型的服从问题（compliance issue）更难处理，我们将在 5.5.2 小节中进行考虑。

一个可以在实验室中进行研究的关于特定污染的例子是，被试者确定一个目标处理组效应，并使其故意发生。通过在被试者间使用共同比率效应和偏好反转等，我们可以消除被试者刻意使自己的偏好与实验者所期待的相一致（或不一致）的可能性。关于其他传统的实验者效应，一些实验者声称，在实验进行过程中，那些知道他或她希望的结果的实验者不应该出现在实验室里面。那些专业的助手在进行民意调查时，应该是不知道实验者想得到的是什么结果的。如果实验经济学的批评者真地认为这些污染的影响是很严重的，那么实验者可以使用匿名的方法。在类似的方式下，实验经济学家都采用了真实激励的方法，因为他们的读者对没有激励的结果持怀疑态度。

另一个重要的关于遗漏的批评是，社会或经济的组成部分对实验室来说过于相互联系，以致无法提供有益的结果。嘉兰（Guala，2002）将这种立场归因于对现实主义者（critical realist）的批判，并指出它可以被理解为一种整体论（holism）的断言，这可能被看做交互效应概念的系统版本。如果一个系统的一些组成部分之间的关系取决于其他部分的状态，那么这个系统就满足整体论。实际上，通过排除来进行检查几乎是不可能的，因为被排除的那一部分可能是互相关联的因素的完整链条。

要理解对这样的系统整体论的批判涉及哪些方面，可以考虑侯美婉（MaeWan Ho，1998）对基因修饰生物技术（GMB，genetic modification biotechnology）的批评。她声称，GMB 是站在还原论者（reductionist）的立场上的。在某种程度上，她的意思是说，采用基因工程介入的方式创造转基因生物（transgenic organism）一般都会预先假设一个基因的功能不会随着其出现复杂的生物关系和环境关系而改变。侯美婉记录了大量的相反证据。但是，如果这种批评是正确的，那么它并没有提供反对实验室实验的证据。[①] 引用基因功能的整体论特征的证据是从受控实验中得出的，包括其本身失败的基因转换实践。它会阻碍在环境 A、B、C 和 D 中进行的基因功能识别（gene functions identified）项目。假设出于讨论目的，认为这是正确的，那么我们就会得出这样的结论，即就此处的意义——无论在哪里，相同的条件下得到相同的结果都成立——来说，环境 A 中基因功能的研究结果是外部有效的，它们只是不能被充分推广到基因工程师正在寻找的那种基因功能中。也就是说，在环境 B、C 和 D 中产生的基因的特点有可能与在环境 A 中产生的基因的特点不相关，也不可能以任何可预测的方式表达出来。

根据侯美婉的说法，整体论可以用实验方法确定。但在实验室遗传学的案例

----

① 侯美婉展示她的论据既不是为了反对实验的外部有效性本身，也不是为了防止对数据的过度推断和将目前"耐药的"转基因材料从实验中推广到现实环境中。

中，研究者总是对一个多维的丰富主题进行操作。相比之下，经济学的实验通常涉及拥有相对简化的结果空间的简单环境。在经济学实验室建立整体论实验是不太可行的。特别地，如果要引入必要的丰富性，那么就要大规模的以某种方式再现自然发生的社会或经济的某些方面。因此，她也介绍了一种不太吸引人的前景，即关于坚持整体论的评论家和否定整体论的实验主义者二者之间的僵局，并尝试对其进行哲学论证，以说明两种方式都不能解决问题。然而，嘉兰（Guala，2001，2002）指出，存在第二种经验策略来检查外部有效性。如果有一组实地数据追踪了各种令人感兴趣的现象的特点，并且实验室研究产生的数据能够展示所有这些规律性，同时没有证据显示其背后的不同过程以及没有一个共同的过程在起作用，那么这就是非常巧合的，甚至是奇迹。之所以称之为没有奇迹的争论，是因为奇迹是不可能的，一个共同的过程应该是其背后的真正原因。

嘉兰通过这些方式对外部有效性进行论证的一个重要的例子是普洛特（Plott，1997）为销售无线电信宽带设计的拍卖机制。他将从真正的拍卖中得到的价格和总收入的数据与实验的结果进行了比较。（该拍卖设计参考了之前的设计实验，并大幅扩展了设计实验的性质。设计实验是外部应用的基础，而不是去探索已经存在的性质。例如，在风洞〔wind tunnel〕中探索空气动力学时使用的是模型车，直到模型获得了具有实验想要的特性。）因为价格和收入的轨迹在这两种情况下是相似的，所以有人认为，即使只是暂时地，有证据表明真实拍卖也具有与设计实验相同的效率性质。[①]

因为真实环境建立在实验室开发环境的基础上，所以被检验的拍卖实验是不寻常的。在这种情况下，我们有特别的理由相信，实验环境可能是其目标的一个很好的工作模型。这是令人称赞的，因为一个没有奇迹的观点的强度取决于在缺乏共享过程时相关的结果是如何奇迹般的。嘉兰（Guala，2001）将相当严格的前提归因于该论点，包括目标和实验系统的所有可观察到的特征的控制或特征之间的相似性。因此，这为实验者设置了一个相当高的标准，并要求在设计现实环境和复制实地数据的实验中都要达到这个标准。这个观点在方法上是重要的，因为它似乎表明，对遗漏与污染的批评并没有向外部有效性强加先验性障碍（priori barrier）。由于该批评有可能会符合经验证据，因此，任何给定案例中的遗漏或污染问题的程度，最终都将是一个经验性的问题。

更常见，也更有问题的情况是，我们应该在哪里使用实验室以试图了解独立存在的事物。因此，正如嘉兰（Guala，2005，第9章）所论证的，存在应对外部有

---

① 普洛特（Plott，1997，图5和图7）所展示、嘉兰（Guala，2001）所再现的图所暗示的这一点，并不容易判断，因为一幅图显示了每个实验室周期的收入，其他的图显示了实时的总收入。但是这里比一般的战略更不关心案例的对与错。

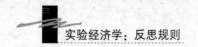

效性推论的第三种策略，即实验室和实地之间的经验的交叉研究。[①] 并且，嘉兰也考虑了拍卖研究中的情况。在实验室和实地拍卖中，人们已经找到了类似的证据，即赢者的诅咒（winner's curse）（见专栏 5.4）。

☞专栏 5.4

赢者的诅咒

赢者的诅咒是在拍卖的背景下所产生的逆向选择问题（adverse selection problem）。尤其是共同价值（common value）拍卖，即拍卖之前，人们对所卖物品的价值是不清楚的；而在拍卖之后，对每一个投标人来说，价值都是相同的。假设每一个投标人对拍卖品的估值都是无偏的，也就是说，它是一个以拍卖品的真实价值为中心的随机变量。然后，即使投标人是风险厌恶型的，具有更高估值的投标人也将更有可能赢得拍卖。因此，中标者很有可能为拍卖品支付很多。这种效应取决于有限理性（bounded rationality）。如果投标人在计算他们的最佳出价时充分考虑这个机制，就可能产生完全理性（full rationality）模型，消除逆向选择问题。

赢者的诅咒这个概念似乎最初出现在石油公司的工程师的工作中（Capen et al.，1971）。随后，许多学者为赢者的诅咒提供了实验证据。例如，巴泽曼和萨缪尔森（Bazerman and Samuelson，1983）阐述了如下的现象：在一个使用装有硬币的罐进行密封投标拍卖的案例中，获胜者需支付投标的金额（第一价格拍卖）。从硬币投标得到的数据显示，获胜者的出价平均高于真实价值的 25%，尽管单独对罐的估值平均只有其真实价值的 64%。

在卡格尔和莱文（Kagel and Levin，1986）的研究中，也采用了第一价格拍卖，他们的模型要求投标人的估值以拍卖品的共同价值的私人信号为基础。被试者被告知这个私人信号在真实价值周围的分布情况。实验变量控制的范围包括参与组的大小以及公共与私人的信息。结果包括在三至四个投标者为一组的小组里，中标者通常会获得收益，但只占风险中性的纳什均衡模型所预测收益的三分之二左右。在这些小组中，公共信息会提高拍卖品的价格。在六到七个投标人为一组的小组中，往往会得到负的收益，公共信息也会减少投标量。这些数据与赢者的诅咒效应是一致的，它拒绝了风险中性的纳什均衡模型。

在实验室和实地之间的交叉检查中，首先，考虑到使用实地数据进行研究时会出现的众所周知的问题，期待实验者最终能证明外部有效性是不合理的。其次，检

[①] 有人可能会问，如果需要检测其与实地相背的结果，那么实验室是否需要增加什么东西？然而，一个人在有和没有实验室数据的情况下去调查一个假设所需要知道的东西是不一样的。嘉兰（Guala，2002）关于"实验者的回归"的讨论有力地支持了这一观点。

查更广泛的外部有效性时需要的实验室和实地之间的条件是不同的。例如，赢者的诅咒似乎在实验室中是最容易说明的，被试者事后可以精确地知道拍卖品的价值。比方说，在实地实验中，油田租赁的价值事后可能取决于那些随监管环境变化而变化的因素，而投标人在参与之前是不可能预测到这些因素的。因此，即使公司支付了"过多"的租金，也可能会得到比预期更高的利润。企业也可能比研究者更清楚地知道这种监管改革的概率。因此，据推测，如果实验室结果和实地结果背后没有相同的过程，那么就需要做出更复杂的比较以证明这是值得注意的。此外，如今企业会雇用拍卖顾问，顾问可能会建议它们应该多大幅度地修改自己的投标以抵消赢者的诅咒。即使没有观测到赢者的诅咒，但从某种意义上说，它仍然是存在的，因为这可能会是企业雇用拍卖顾问的原因。

嘉兰（Guala，2005，第 9 章）进行了以卡格尔和莱文（Kagel and Levin，1986）为中心的实证交叉检验，嘉兰对他们关于油田租赁拍卖设计的外部有效性进行了进一步的讨论。根据嘉兰的论述，通过对形式模型的严格遵守——实验特征是使外部有效性争论能够在产生相同结果的贴现选择机制的情况下被给定，实验者将模仿现实世界的一个特定的拍卖情况。我们前面对模型实施的讨论，在这里需要慎重使用。对形式模型的严格遵守，也许事实上会削弱实验室和实地之间的一致性。在专栏 5.4 列出的例子中，模型执行的是投标人的个人价值信号。在油田租赁拍卖中，虽然公司投标是基于对租赁价值（lease value）的估值，但是同模型的实施相比，它们是否有明确的概率分布是值得商榷的，即已知上限和下限的均匀分布。实验室拍卖与实地数据的相关性似乎取决于将其作为一组可比较的拍卖，而不是实施其中一个模型的事实。

背景模仿实验（context-mimicking experiment）可能是形成推断论点的强有力的方法之一，但似乎并不是一个要求，并且对于其本身来说似乎也并没有突破局部外部有效性的主张。如果对案例的研究显著地离开了实验室条件而且仍然得到了相似效应的证据，那么，这可能表示存在更广泛的外部有效性。还有一种说法是，如果巴泽曼和萨缪尔森（Bazerman and Samuelson，1983）所使用的拍卖类型和实地数据的比较是成功的话，那么就更有说服力。此外，人们可能忽视任何对于实验室特定结果模式的解释。例如，在赢者的诅咒的案例中，如果胜者愿意为了获胜而蒙受损失（这来源于可以被看做竞争博弈的实践），那么，人们会忽视对胜者的损失的解释。然而，加入更多的类似实地的参数来进行新的实验室实验，也不一定能解决这个问题。

值得注意的是，在重复拍卖的例子中，研究人员在实验室和实地数据之间已经发现了令人激动的相似之处。例如，史密斯（Smith，1982a）也给出了支持性的研究，该研究是对实验室和实地进行协力操作。西卡塔瑞斯（Siakantaris，2000）甚至将拍卖视为实验研究领域中一个相对没有疑问的领域。我们将在 5.6 节为这个貌似可信的观点提供可能的解释。假设拍卖设计在外部有效性方面的得分相对较高，这个例子的意义就是，社会没有表现出如此完美的整体性，以至于在追求可传递的一般化方面排除了任何实验研究。也就是说，在更广泛的社会和经济环境方面，似乎至少有一部分领域是相对不变的。在给定的主题区域内，越多的实地证据与实验室证据一致，就越可以肯定在具体检查之前实验结果有更广泛的外部有效性。5.7节将对实地实验进行更深入的反思。

5.4.3 变更的人造性

关于实验经济学人造性的问题，现存的文献主要集中在遗漏和污染问题上。我们已经看到，虽然具体的案例或研究计划可能会存在问题，但这些考虑似乎并没有使得人们关注先天的潜在外部有效性。现在有了关于实验可能具有人造性的第三种意义，尽管这是在改变目标现象的意义上说的。对此，格林伍德（Greenwood，1982）已经做出了评论。相关的怀疑论证出现在迪尔曼（Dilman，1996）、哈里和西科德（Harre and Secord，1972）的研究中。历史上这些观点都被认为是直接针对心理学和社会心理学实验的，而不是针对经济学实验的，这有可能是因为这些都是更古老、更知名的文献。与5.4.1小节和5.4.2小节的考虑相反，变更的人造性这一概念确实提出了一些非常普遍的问题。这些问题都具有不同的性质，因为它们本质上都不涉及因果关系的复杂性。然而，对孤立性、遗漏或污染的批评质疑了实验室对目标现象产生的影响，而变更则质疑了它们是否能够被观察到。

这种争论可以被这样描述：该观点的基本假设是，社会心理现象（SPP，social psychological phenomena）是相互关联的。这意味着，它们中的一部分是通过同其他现象的关系来定义的，而另一部分是通过人们对满足这些关系的认知来定义的。例如，两个人要结婚了，在许多文化中，一定会举行某种仪式来交换誓言。此外，这似乎成为了必需的，要遵循许多规则在众人瞩目下举行婚礼。比如，人们也必定会在特定的地点举行仪式。此外，有可能相信一个人没有结婚但其实他已经结婚了，比如健忘症患者，社会科学家对已婚人士行为的研究通常希望排除这种情况。在本国范围内，对于婚姻失忆的人是不将之作为已婚人士的。此外，通过结婚，已婚人士的一般行为将比多数人受到少得多的影响。举一个更为经济学的例子，一个人只有在他被公司的领导层任命时他才能正式成为公司的经理。只有在该任命正式下达后他的行为才完全算做管理层的决定。

许多哲学家都对这种关联性的前提进行争论。例如，泰勒（Taylor，1971）、瑟尔利（Searle，1995）、霍利斯（Hollis，1998）都对其表示支持，格林伍德（Greenwood，1990）对其进行了详细的阐述。它所形成的社会现实是这一被构建的共同论点的一部分，那就是依赖于参与者对其的信念。比起其他更激进的观点，这一论点引来的争议似乎更少。那些激进的观点认为，所有事实在一定程度上都是社会构建的，而大多数分析哲学家认为这是不一致的。经济理论通常没有明确可参考的有关社会的信条，但可以说货币经济学是一个例外。货币是根据它的功能定义的，这意味着任何能够作为支付手段、计价单位或具有价值储藏功能的物品都可以被称为货币。这意味着，一个事物能否被算做货币，取决于人们对其能否实现这些决定性的功能的判断，这反过来又涉及其他关联性现象，如交换。

格林伍德（Greenwood，1982）关于关联性前提的观点认为，在实验室实验中，如果不造假，那么 SPP 是不可能不变的。因为被试者一定会意识到实验者附加的能产生影响的行为，即建立和控制这个事件。他得出的结论是，实验创造出了与自己不同的 SPP。这种论点的一个推论是，实验者应注意被试者对实验的解读，以此来对实验结果进行解释。因为这个评论是与实验经济学相关的，所以它有时可以被用来研究 SPP。这似乎也是司空见惯的。实验经济学家通常是有针对性的，尤其对于社会地位、雇佣关系、管理决策和社会规范（social norm）。因为变更的人造性这一概念得到的关注相对较少，所以我们将其作为与遗漏和污染进行对比的例子。

5.5 变更与遗漏、污染的对比

5.5.1 变更与遗漏

首先考虑鲍尔等人（Ball，2001）研究的社会地位在市场上的影响（见第 1 章例证 8）。这充分阐述了关于变更所产生的问题。因为地位显然是 SPP 的一个范例情况。根据作者自己的定义，地位是指社会公认的等级排名，这意味着它在这个被指出的意义上具有关联性。作者主张在其定义内应用这种地位。因为在测验中表现较好的被试者会在实验中得到公开的表扬。但值得商榷的是，在设计中实现的地位是否与目标种类相同，即在这个意义上，社会经济地位是否对应从实地中得出的例子。反对这种等价性的论证认为，等级研究是实验中的一个创新，并没有经过外界的承认。由于实验者的解释是有争议的，所以批评者可能会提出对结果的另一种解读，例如，需求效应或被试者对被给定的低地位存在不满。巴德斯利（Bardsley，2005）认为，所实施的设计类似于老师的宠儿的地位，在类似教室的环境下授予明星称号，并给予掌声。

因此，这种反对涉及目标地位的识别，它与处理变量是不能条件共存的。如果这一同一性不成立，那么这对研究就不一定是关键的。实验室经常使用替代对象进行调查，就像将给人类使用的药物先对动物进行医疗检验一样。我们认为，实验可以作为目标系统的模型。例如，活体解剖者（vivisectionist）会认识到实验室和目标系统的不同，因此人类获得的知识是推测出来的。与此相反，鲍尔等人（Ball et al.，2001，169 页，181 页）对这种差异表现出强烈的否认。他们的论证是，引致的地位就是真正的地位，因为它满足关联性的定义。尽管如此，这似乎仍是一个不充分的辩解，因为在实验室中的真实地位与在实地中的真实地位

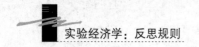

是不同的。

从另一种观点来看，如果人们可以接受在实验中使用社会经济地位的类似物，那么问题就变成了对这个类似物质量的判断。在缺乏相关证据的情况下，外部有效性辩论的主角，有可能结合偶然的经验主义展开论证。巴德斯利（Bardsley，2005）认为，教室中的地位和社会经济中的地位（例如贵族身份）之间的联系是比较弱的，因为前者几乎没有可想象的直接市场后果。被试者在此之前拥有的地位特征（包括被试者的社会经济地位）并不是基于有些被试者对此持有正面的态度，而有些被试者对此持有负面的态度的，并且他们对明星称号和掌声的态度则可以被认为是更加一致的（Ball et al.，2001，167 页）。如果是这样，那么这种实地的异质性可以令人信服地减弱、消除或改变观测到的地位的影响。

另一个相关的例子是在专栏 5.2 中举例说明的逃税实验。在这个实验中，被试者有一个初始禀赋，并要求随后报告他们得到了多少初始禀赋。被试者得到他们所报告价值的一部分，再加上两个数字之间的差额。实验者会在一定的概率下检查被试者报告的数额。如果被试者报告的数额少于总额，那么他们将会失去未报告金额的一部分。在这个设计中，实验环境清楚地反映了理论文献中税收模型的建模方式，例子参见阿林厄姆和山德莫（Allingham and Sandmo，1972）的论文。因少报收入而得到的报酬会因以小搏大的高昂代价而减少，并且募集的资金将用于公共物品的购买。对于税收实验的综述请参考托尔格勒（Torgler，2002）的论文。

对变更的批评争论说，实验中所采取的行为与守法纳税（tax compliance）和逃税（tax evasion）是完全不同的（Bardsley，2005）。税收收入将归政府所有，这代表了政治权力与公民团体之间的关系。例如，它可能需要通过民主委托的方式进行管理。瞒报收入应该是为了上交比系统所要求的更少的税，因此，可以认为，逃税涉及行为人关于税收的意向，而这在实验中是缺失的。这很显然是因为在实验中没有款项支付给政府。从行为人的角度来看，缴纳税款和向实验的公共物品作贡献之间的差异，可能引发不同的道德态度。例如，任何公民所感知的职责可能会与前者有关，而与后者无关。

基于上述理由，巴德斯利（Bardsley，2005）认为，结果可能会被更直接地报告为在公共物品博弈中搭便车者有受到严厉惩罚的风险，这与税收推测的结论是一致的。在这种观点中，并不完全清楚什么是实验的附加值，因为在决策理论设计中，有证据表明，被试者会加大关于期望效用的低概率的比重，并且公共物品的贡献对边际资本回报是很敏感的。这在很大程度上将依赖于参数值和博弈可能的延伸形式（例如每次报告行动后的检查概率）是否能够代表逃税的情况。巴德斯利（Bardsley，2005）的结论提供了一个例外，他认为人们不会遵守道德信念；阿尔姆等人（Alm，1992）从他们的结果中推断出使用特定的税收语言并没有提高诚信度。如果税收没有被观察到，那么就说明这种论证是无效的，因为相关的道德态度（如承认公民义务）已经被设计排除在外了。如果这些因素很重要，那么它们将会削弱税收的实验模型，正如一个有风险的搭便车者决定资助一种货币公共物品。例如，蒂特马斯（Titmuss，1970）通常争论说，金钱激励会挤出社会动机，如公民道德等。这种情况下，过高的审查概率也可能挤出实地中的公民道德，而这种情况是实验所没有包含的。有关挤出实验动机的证据见福瑞和奥博候黎姿-奇（1997）、格尼茨和鲁斯蒂奇尼（2000a，2000b），并且进一步的讨论参见第 6 章。

接下来要考虑的是专栏 5.3 中的投票实验。在这种情况下，似乎遗漏批评和变更争论都会遭到批判。遗漏批评关注于更复杂的因果机制，该因果机制会产生与所观察到的结果不同的投票行为。例如，如果一派政党在民意调查中落后，那么它可能会依靠其财务资源做出加强竞选活动的反应。因此，一派政党初始时较少的投票最终会通过努力促进投票人投票的活动而做出调整。而且，通常会有不同来源的民意调查的时间序列，选民不得不对相当复杂的信息做出反应。此外，实验集中于简单但极不可能发生的情况下，即在考虑选民潜在偏好的情况下，排在第二名和第三名的政党处于完全对等的竞争状态之下。这种事件的可能性随着选民规模的扩大呈指数下降的趋势。这就提出了一个问题：在双方力量几乎相等的一般情况下所产生的结果，是否与一个人的投票将不影响结果的实际确定性相一致？

对变更持怀疑态度的人会争论说，相比之下，选举没有被观察到。选择一个环境在类型 O 和 G 的行动者间进行一个特定的博弈。这让人联想到性别大战（battle of the sexes），他们面临的是与类型 B 的利益竞争。因此，党派的推理应该很明确地在这条思路之下进行。争论也会如以下方式进行下去。在政治选举中投票，不仅是参与多数取胜规则下的投票博弈，而且也是参与一个政治系统。因此，给政治职位的候选人投票可能会涉及各种激励，如公民义务和党派忠诚等。正因为如此，有关现象可能会从设计中遗漏掉，比如表达投票（expressive voting）。表达投票可以被定义为源于个人的政治承诺和价值承诺的投票，而不是为了实现任何特定结果而进行的投票。

如果表达投票是很普遍的，那么这可能会破坏外部有效性，因为它可能会降低民意调查因为策略投票（tactical voting）而改变选举结果的可能性。批评者可能争论说，在此背景下遗漏表达投票，是必须使用这个不切实际的力量平等的方案的原因之一。这表明可以预言遗漏批评是与变更问题交织在一起的，目标现象的相关者（如候选人所代表的党派和相关价值）往往会被遗漏或变更，这一论点声称，因为它们是实验的产物。

5.5.2 变更与污染

上述例子关注 AE 实验。尽管如此，变更批评仍旨在具有更一般的意义。这源于实验室实验实施了自己的 SPP。如果是这样，那么一个实验中的特殊情况可能会影响被试者对实验刺激的反应。这种所谓的人造性有多种名称，被称为霍桑效应（Hawthorne effect）、需求效应或者需求特点的影响。阿黛尔（Adair，1984）曾论述过相关的证据。霍桑效应的原始证据是有争议的（Jones，1992），并且心理学文献揭示了实验者效应概念的扩大。尽管从全局来看是散乱的，但它始终贯穿着一个主题。这一点也许在马丁·奥恩（Martin Orne，1962，1973）的著作中表达得最清楚。根据奥恩（Orne，1973）的解释，任何社会科学实验室的研究都由两个潜在的不同实验组成。一个是实验者设计的实验，一个是被试者经历的实验。由于后者决定行为，因而要得到正确的结论，就需要满足以上这两种视角是一致的这一条件。这被称做"两个实验问题"：无法保证被试者的实验可以被设计者预期到。推而广之，被试者对每个处理组的认识对于解释该处理效应都可能是至关重要的。

在这里将其与药物的临床实验做比较是有助于理解的。[①] 在药物临床实验中，服用安慰剂（placebo）的小组被用来控制参与实验者的任何反应的影响。因为药物因素对被试者的意识是独立产生作用的，所以这是合理的。在不知道药物是否有效的情况下，如果被试者的看法同服用无效药物的人是一样的，那么实验将只显示其药物的药理作用。社会科学实验无法完成相同的控制，因为不同的处理组必定会有不同的感官刺激（sensory stimuli）。如果在第一个处理组中变量 A 的值为 q，第二个处理组中变量 A 的值为 r，那么方案 1 中的被试者必须知道变量取 q 而在方案 2 中的变量取 r。换句话说，在社会科学实验室中，不可能存在真正的双盲设计（double-blind design）。在一个真正的双盲设计中，实验者和被试者在实验过程中都不知道谁在处理组以及谁在控制组。由于此时被试者不可能不知道他自己所接受的是哪个处理方案，因而在这个意义上双盲实验是不可能的。

在实验者只观察到事件的总体模式而非个人行为的经济学实验中，仍然确实包含实验者对个体观察的控制。此时被试者也不了解对方的行为，这似乎可以被更好地描述为双匿名（double-anonymous）设计，以避免与双盲实验方法相混淆。博格等人（Berg et al.，1995）及霍夫曼等人（Hoffman et al.，1996）为双匿名设计提供了很好的例子，不仅仅是在上文指出的双盲的意义上。然而，被试者经验的非计划方面仍可能受到双匿名设计处理方式中不同信息的影响。通过安慰剂实验获得的确定性与意识经验是不一样的。因此，并不能事前排除会产生不同需求特点的不同处理方法。这句话指的是，环境会激发与之相适应的行为。由于实验者期待被实验的志愿者能以一种合作的心态来应对实验，因此可以想象，这会造成一个虚假的处理效应。

值得指出的是刚刚给出的说法具有先验性（priori）的特点。与心理学家的实

---

① 源于凯琳儿和凯琳（Kienle and Kiene，1997）以及霍博托森和乔司彻（Hrobjartsson and Gotzsche，2004）的批评认为，就像最初的霍桑效应一样，临床实验的安慰剂效应的证据实际上是一个存在争议的问题。然而，特别注重安慰剂效应的神经系统实验已经得到了有利结果的反馈（Wager et al.，2004）。

· 174 ·

验者效应（我们将其包括在污染的名目下）相对，混淆需求特点的可能性不能被一个技术上完善的设计的足够管理所完全避免。因为根据这种思路，一个实验中的社会状况改变了所观察的行为。格林伍德（Greenwood，1982）用握手的例子来论证这一点：在问候环境和打赌环境下，握手这个动作的意义是不同的。巴德斯利（Bardsley，2005）认为，从合作运行该实验的意义上说，如果没有不自觉地试图肯定或否定一个假说，那么在实验中被试者的行为将会服从实验者的期望。

5.6　评估对变更的批评

首先，考虑一下现有争论是如何利用关于遗漏或污染的担忧对变更的批评意见进行评价的。这些辩护将人造性视为经验性的问题。然而，把对变更的批评解读为概念上的问题是很自然的。第一个争论就是实施所谓遗漏这个经验战略，看其是否有影响。这可能没有抓住问题的重点。例如，在逃税实验中，如果我们引入了一个行为人扮演政府的角色，那么即便他是被试者选出的，我们仍然不会有这样一个环境，在该环境中，人们与机构而不是与另外一个人进行联系。在某些情况下，我们或许可能使用真正的税收。但或许只有在税收是在实验性收入的基础上征收的，而且税率不被实验者控制的情况下，这种效果才有可能实现。

如果批评者把关联性差异当做概念性真理是对的，那么就不会得出行为是被这种差异改变的这个结论。这仍然是一个经验问题。因此，即使他们的假设与之前的原型特征不同，在实验室和实地之间交叉验证的基础之上来探索外部有效性的策略似乎依然是可行的。实验室和实地之间的一致性表明了实验室税收、社会地位和选举不是目标现象，它还表明了这些目标的社会性质并没有太多经济意义。可以说，这符合经济学家在亚当·斯密的传统下对于社会处理方法的宽泛解读。这种方法并不是要否认人是社会性的生物，只是为了声明我们没有必要为了预测和解释经济行为最重要的特征而提到这种社会性（Bardsley and Sugden，2006）。

为了建立外部有效性，非奇迹争论所要求的条件与遗漏和污染作为假定问题时一样困难。然而，更多限制性的主张可以通过相似的思路获得。举例来说，阿尔姆等人（Alm et al.，1992）发现，当把审计概率从 0 提升到 0.02 时，服从就会有足够显著的增加，但这是已知的风险厌恶水平无法解释的。他们由此得出结论：对审计概率赋予过高权重在按规定纳税的行为中起了作用，即使对税收没有被观察到的批评是正确的。换句话说，除社会动机如公民职责（citizenship duties）外，按规定纳税可能有其他原因。这是一个奥卡姆的剃刀（Ockham's razor）的论证，以预期的相似性和实验室中没有社会动机为前提。如果不涉及公民义务，那么这个观点认为，通过赋予概率过高的权重，人们能在任务中观察到被试者按规定纳税，把纳税这个任务当做和其他货币预期一样。我们观察到，在现实中纳税具有高度的服从

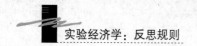

性，那么为什么过高的概率权重不是一个因素呢？这种论证的有力性取决于在实验室和真实纳税情况下货币激励的相似度。①

此外，"相同的条件，相同的效果"对局部外部有效性的论证似乎不适合回应变更批评。当我们在实验室中实施那些从真实世界获得的条件时，我们应该期待获得相同的效果，这仍然是个稳健的观点。然而，因果模式在环境被满足的条件下倒是可以被用来描述另一个实验（不是在"扩展"条件下的实验）。根据变更的批判理论，与物理和生物实验室不同，社会科学的实验室是社会环境。因此，所谓的获得相同环境，应该包括整个社会互动，在其中数据被观察到，并且包括实验者和被试者之间的相互关系。

对于变更批评的挑战，部分是因为它认为从概念上的理由出发，总有一些现象不能在实验室中重现。如果真是这样，那么实验只是实施了类似的现象。嘉兰（Guala，2005，第9章）提出，对外部有效性的断言是类似的（而且相当普遍）。不论这是不是问题的所在，经济学实验室实验的目标是否有相关性的问题确实看起来是建立相似性的质量高低的问题。

不过，好消息是，似乎某些社会活动和制度可以直接得到实施，因为它们不需要超出大学实验室实验范围的特定关系。例如，在很多社团中，拍卖可以在任何一组志愿参与者中举办。这可能是以某一制度背景为前提的，例如私有财产权和金钱。但是，如果恰当处理这些前提的话，那么任何人都可以举办拍卖。学校可以并且能够，例如，放弃过时的电脑设备。对此，似乎实验者也可以做到。西卡塔瑞斯（Siakantaris，2000）认为，这是因为拍卖相对独立，尽管不清楚他把相对独立解释为否定因果关系的整体论，还是变更，或者是两者兼具，但是，关联性地思考一下拍卖的相关人员，比如投标人、拍卖商、卖家、拍卖品等，这似乎都相对局限于拍卖的范畴。可以说，这与5.5.1小节考虑的情况是相反的。在那一部分，相关人员涉及阶级社会中的地位、阶级、社会角色，以及税收、收益、政府、选民，还有投票、民测、候选人、竞选、政府，赋予他们的自主权超过了这些关系涉及的背景和参与者的眼前利益。其他关于相对自主独立性的例子似乎也不会被变动参数所影响，例如每天的非正式投票、竞赛、彩券等。

是否存在不能被大学实验室运行的制度背景呢？这件事是很值得争论的。陪审团审判（jury trial）似乎是一个很好的例子，因为法官和陪审团必须根据司法系统恰当地做出他们的决定，以便使其裁决可以在法律上生效。我们注意到有人提倡使用一种实验室方法来实施关联性现象。这就是在使用非物质激励的情境下，进行积极地角色扮演，实验对象扮演不同的角色。这种方法背后的逻辑是，如果被试者想完成自己的角色，那么就会有一些和社会现象相关的准则存在，而通过要求他们这样做会实现更大的现实意义。关于经济学上的案例请参考韦布里等（Webley et

---

① 有关这个问题的思考见贺加斯（Hogarth，2005）。

al.，2001）和格林（Green，2002）的著作；关于外部有效性的讨论，请参考伯恩斯坦（Bornstein，1999）关于陪审团的实验。赫特维希和奥特曼（Hertwig and Ortmann，2001）也提供了一些相关的讨论，在他们对经济学和心理学的比较中都涉及了角色扮演。

挑战的其他部分就是在概念基础上关于变更的争论不能从实验室中排除非研究被试者的现象。一个可预见的反对意见就是：选择任何特定实验都是不合理的，没有具体的原因来说明可以对其进行检验——因为需求特点被混淆的可能性排除了这种证据。这里有各种相关的考虑。如果对一组特定结果的集合持怀疑态度地进行排除是不合理的，那么这并没有告诉我们可以有多大的信心相信没有出现显著的混淆现象。这里与污染不同的是，不同于人际实验者效应（interpersonal experimenter effect），变更的论断宣称不能通过足够的管理来消除需求特点被混淆的可能性。然而，如果这样的话，那么就意味着潜在的问题普遍存在，但并不直接作用于这些混淆的可能性。此外，产生关于需求特点的可能会被检验的假设，这点对于批评者来说是一个合理的要求，但是一个很可能的回应就是，这样的假设已经存在了。这也是奥恩（Orne，1962，1973）的观点，他认为被试者的目标就是做出合适的行为，为此他提出了很多检验建议。

然后，还有重要的问题需要解决，那就是相关影响出现得有多频繁以及其出现在哪种类型的设计中。这些都是经验性的问题。在个体实验水平上，在任何给定的案例中，需求特点是否会根据处理组中的处理方式的不同而变化，这是一个经验性的问题。同样，人们是否会充分回应它们以引发问题，也是一个经验性的问题。为此，巴德斯利（Bardsley，2005）得出结论：极端的怀疑性结论不能从证据中抽象出来的变更批评中获得。所有这些能先验建立的就是误导结果的可能性。[①]

这使我们开始了对外部有效性问题的未来可能的研究议程，即需求特征人造性的程度，以及如何对它们进行检验。根据官方统计，许多实验经济学家相信，存在适当的激励机制，使刚刚讨论的主观因素不会被显著地混淆。然而，迄今为止，激励机制和需求特点之间的交互作用还没有被专门研究过。赫特维希和奥特曼（Hertwig and Ortmann，2001）确实提供了一些相关的文献综述，并在大体上提供了关于激励效应的综合概述。奥恩的著作提供了关于怎样在经验方面研究需求特点的建议，即通过结合认知的各种不同的探索方法来进行实验。这些建议的一个共同主题就是：在没有处理变量的环境中运行设计协议，并把这种实践与常规实验做比较。例如，有人可能通过询问额外的实验对象来猜测实验者想要什么。如果答案和实验数据不匹配，那么需求特点似乎就不会隐含在实验的结果中。当假设对于实验对象而言相对难猜的时候，这种方式非常有用——因为这可能是从相对的技术理论

---

① 巴德斯利（Bardsley，2008）检验了引入选择的独裁者博弈，发现的证据表明，博弈的给予者能够被引导去接受。这与在只能给予的案例中对需求特点的解释（给予是普遍行为）是一致的。

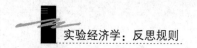

中得出的。

巴德斯利（Bardsley，2005）认为这种版本的策略特别适合那些不依赖货币激励的设计。他还采用了尼奇（Knetsch，1989）关于禀赋效应的例子。这里的想法是通过用代金券替代最初的甜食和陶器以检查结果。被试者没有被告知哪张代金券可以买哪种商品。如果获得禀赋效应，那么它很可能是人为结果。看起来很难想出不进行这种调查的好理由。同样很清楚的是，这个领域中未来的辩论和经验工作的余地是有的。举例来说，除了激励假设之外，实验者可能推测策略实验会较少地承担人造性的风险，因为被试者的注意力集中在思考其他被试者的行为上了，因此，可能会脱离实验者－被试者的关系模式。

5.7 实地实验

通过实地实验，我们主要想到在自然发生的环境中以暗中观察为条件的一种介入。我们简单地讨论了布莱恩和特斯特（Bryan and Test，1967）提出的一个例子，如第1章例证2所示。实地实验在认知论的意义上是重要的，也是有意义的，因为它们纠正了很多之前的讨论中提到的对人造性的担忧。（虽然还是会出现更广泛的外部有效性问题，就如我们接下来和在本章结尾部分将要讨论的那样。）如今，经济学中关于实地实验和相关设计的文献尚处于萌芽阶段，主要有格伦·哈里森和约翰·李斯特（Glenn Harrison and John List，2004）提出的一些观点，同样可参见达夫诺（Duflo，2006）和德拉·维格纳（Della Vigna，2007）的著作。因此，思考在关于实验室实验的外部有效性的研究中取得了什么新的成果，是非常重要的。

辨别关于外部有效性的一般经验教训还是比较困难的，这部分地是因为几乎没有从这个角度的实验室实验和实地实验的对比研究。然而，劳动力市场实验中的一篇文献还是颇具启发性的。这个实地试验和费尔等人（Fehr et al.，1993）的实验室数据形成了强烈的对比。这个实验为市场上的工资率和努力之间的强正相关关系提供了证据。这个实验将乔治·阿克洛夫（George Akerlof，1982）提出的劳动力市场的模型作为一个礼物交换方案。在这个模型中，公司发现，支付高于市场出清的工资对它们是有利的，因为从利益互惠的角度来看，低工资会对生产力产生消极的影响。

阿克洛夫的模型解决了在经济衰退期实际工资为什么没有下降到出清失业率水平这个难题。然而，目前还没有实地实验通过给予临时工高于广告工资的方式作为处理组来再现实验室实验的这个结论（Gneezy and List，2006；Hennig-Schmidt et al.，2005）。此外，库伯等（Kube et al.，2007）使用了低于广告的工资，并报告了在实地中的消极互惠。这里需要强调的一点是：与最初的难题一样，当该模型和实验室实验假设静态工资率时，实地实验会关注工资的变化。因此，人们可能会读到一些赞成比尤利（Bewley，2004）的批判的文章，比尤利的批判源于调查取得的证据，因为动态性的存在，所以该模型通过一个不同于劳动力市场环境的利益机制运行。在任何情况下，通过在实地中进行这些实验，研究人员都会不可避免地把从该模型中抽象出的因素纳入其中。作为对在实验中模仿形式模型的警告，这些结果可能会产生不能推广到目标环境的结果。这一点是可以继续讨论的。

实地实验并不能给想提高外部有效性的研究人员提供一个万能的解决办法，部分的原因是它们并不总是有效的。正如我们已经论证过的，如果要检验理论，那么关于自然环境是否真的是根据这个被研究的理论挑选出来的这一点可能并不清楚。类似的考量也适用于对理论定义的环境进行归纳的过程中。然而，我们也有办法令实验室设计包含一些自然发生环境的特征，以获得实地实验的一些好处。在我们关于对 AE 理论进行检验的讨论中，我们已经涉及了这个主题。现在，我们更详细地考虑，为了使实验室更加贴近目标环境，已经做了哪些尝试，以及可以从这些实践中学到什么。

自然主义通常包括以下这些元素：首先，非学生的被试者群体；其次，包含自然产生的目标环境中的某些特性的实验设置。许多实验者严格限制了环境（包含管理被试者交互作用的规则），例如，实施特定的动作命令、策略限制、交流规则等。粗略地说，根据哈里森和李斯特（Harrison and List，2004）提出的设计分类法，这些操作与人为的实地实验和框架实地实验这两个类别相对应。他们的分类方法将传统的实验室实验定义为具有方便样本（即学生）、抽象框架和强加规则的实验。人为的实地实验被定义为非标准抽样（例如，全国人口中的商人或者代表性样本）的实验室实验。框架实地实验被定义为人为的实地实验加上真实的商品，或一个更为现实的任务集或信息集。（还有一类自然实地试验，实际上就与我们在本节开篇已经定义的实地实验等同。）

促使这种操作产生的问题之一就是：结果（特别是违背理论的结果）是否能推广到学生群体之外？例如，史密斯等人（Smith et al.，1988）在实验资产市场发现了严重的泡沫行为，即使参与实验的是专业人士和商人也是如此。这违背了将理性预期均衡的预测解释为非条件主张的观点，正如在第 2 章中讨论过的。市场也确实趋于接近理论的均衡价格，即使这种情况中并不涉及非学生被试者的处理组。

其他的例子包括特维斯基和卡尼曼（Tversky and Kahneman，1981）的实验室结果。该结果中医疗计划的相对吸引力取决于构建实验时是否考虑了失去的生命或被挽救的生命。事实上，麦克尼尔等人（McNeil et al.，1982）用内科医生和学生被试者两种样本发现了相同的结果。然而，伯恩斯坦和埃尔默（Bornstein and Emler，2001）回顾了更多的最新研究，发现对这些结果的支持是很有限的。也就是说，有证据表明，医生扮演的角色削弱了医务人员的框架效应；尽管也有证据表明，这种削弱并没有转移到医务人员对其他问题的判断中去。一般而言，这个证据

在证明是否在一种设定中产生的行为会转移到其他设定中时，似乎有些模棱两可。例如，彭妮·伯恩斯（Penny Burns，1985）报告的证据表明，在经验丰富的羊毛商人进行的实验室拍卖中发现价格呈现出下降的模式。商人们将其归因为他们像往常一样使用相同的直觉推断（heuristics）。因此，比起学生而言，经验丰富的代理人更不会采取利润最大化的战略。

可能会激发框架实地实验分类的相关研究观点就是使用可以获得反对经济理论的证据的设计，同时选择在日常生活中执行相似任务的行为人，并让他们使用熟悉的商品。颇具启发性的一个例子是由哈里森和李斯特（Harrison and List，2008）提出来的。他们发现，与通常的实验室结果相反，专业健身卡经销商并没有在引致价值的维克里拍卖（Vickrey auction）中出现赢者的诅咒。在同样的拍卖规则下，经销商出的价格也比非经销商要低。实验者把这种现象解释为经销商使用相同的直觉推断来避免诅咒的发生。当我们发现总体研究观点和特定的结果都很有趣的时候，就需要一个解释。使用非方便样本并不能使样本代表所有群体的兴趣。在这个例子中，专业的健身卡经销商并不能代表整个健身卡拍卖参与者群体，因为还有很多非经销商，以及经销商和非经销商这两个组别之间在经验上可能存在巨大的差异。[①] 因此，从哈里森和李斯特（Harrison and List，2004，1027～1028 页；2008，823～824 页）的实验推理得出（虽然是试验性的）的外部有效性认为，某些实验室异常可能并不会出现在自然环境中，而且相应的自然产生的市场效率似乎也没有遵循这个规则。我们在这里重申，如在第 2 章中我们所坚持的那样，行为人高水平的经验并不能代表整个市场，因此就其本身而言，并不能作为外部有效性的指标，尽管它可能适用于某些特定的市场情况。

研究人员试图使用非学生样本来解决的另一个问题是文化上的差异。通过方便取样有可能缩小这种差距，因为从单一的全球化学生文化中进行抽样可能是很有效的。亨里奇等人（Henrich et al.，2001）通过把一个熟悉的行为博弈集合引入种族环境中，很容易地发现了存在显著文化差异的证据。在学生群体中就很少存在类似的非常明显的行为差异的证据。但是，目前还不能将这些效应和其他地区性的效应区分开来，就如奥斯特贝克等人（Oosterbeek，2004）在他们的元分析（meta-analysis）中所表明的那样。这些数据来源于最后通牒博弈实验，包括亨里奇等人（Henrich et al.，2001）的数据和其他一些发现学生群体之间差异的研究。除非从相同的问题中抽取多个地区的样本，否则不能区分各种文化内部和相互之间的差异。该元分析根据区域来对实验进行分组，因为如果根据国家分组，则将没有足够的观察样本。结果只发现了一个显著的区域性效应，即保持其他研究变量不变，美国的被试者比亚洲一些国家的被试者更愿意接受较低的报价，但是，这并不与现有

---

① 哈里森和李斯特（Harrison and List，2008）的研究确实包括了混合经销商和非经销商的拍卖，但是这些措施并没有消除赢者的诅咒。

可用的跨文化差异指标有关系。

虽然目前这种情况可能还不太常见，但仍存在许多值得进一步研究的自然主义设计。这些设计与刚才提到的两类设计有很多重要的不同之处。我们先入为主的设计主要是那些能使被试者的行动更为自由的设计，以及那些可能会（也不能不会）使用方便样本的设计。这方面的例子包括欧贝尔等人（Orbell et al.，1988）在社会困境博弈进行之前自由交流产生的影响，以及博尔顿等人（Bolton et al.，2003）的交易实验。后者也使用了自由交流变量。除了一个不受约束的处理组之外，出于理论检验的原因，"谁和谁都可以进行交流"是受控制的，但被试者可以把他们希望的任何内容写入（电子邮件）消息，且没有强加的扩展形式。其目的是观察不合作的模型扩展形式的预测结果是否与自然交流环境下的预测相一致。有趣的是，在大部分情况下，非合作模型比合作模型做得更好，尽管该模型的关键特征（包括扩展形式和折扣比率）并不是强加的。

关于结构化设计的最后一个例子来自张伯伦经典的市场实验。在实验中，买家和卖家都汇聚在一个房间里，并允许他们自由沟通，用他们选择的任何方式进行双边谈判（见专栏 4.1）。其后的市场研究中通常都对被试者之间的交互作用强加了很多组织结构，例如要求他们按照预先确定的程序通过互连的计算机进行交互作用。

很重要的是，这些后来做的、更不自然的设计似乎更像形式模型。（在构建交互模型的过程中，第一步通常是明确指定个体行动的顺序，并为每个个体提供可使用的备选行动集合，这也是设计电脑化市场程序的第一步。相比之下，张伯伦的设计很容易让参与者理解，但是对所有允许的变动进行详尽的说明是相当不切实际的。）但是如果目的是检验真实市场中关于价格决定的假设，那么张伯伦的实验没有实施模型的事实也并不能降低它的有效性或可控性。事实上，可以说，在自然产生的市场中有自由的沟通和行动时可能会产生更高的外部有效性。我们在实验经济学中发现了一个可疑的趋势，即假设模型的良好实践原则可以直接转移到实验室设计中。

总之，这一节发现，在对自然发生事件进行暗中研究的例证范畴中，实地实验提供了显著的外部有效性的好处，但是并没有提供对于外部有效性的万能解决方案。尽管如此，存在多种可以把自然主义融入实验室设计的方法，似乎沿着这条思路可以提供附加价值。然而，我们怀疑现在的实践可能过度关注于一些特定的实验设计。这似乎反映在广为引用的哈里森和李斯特（Harrison and List，2004）的类型学（typology）中。该类型学有一个重大的遗漏，因为它将自然主义的实验室设计限制于非学生样本中。同时，它保留了作用于交互的类模型限制（model-like restriction），并将其作为基本的准则。还有重要的外部有效性问题，特别是关于形式模型建模方法的充分性问题，这似乎需要一种具有较少模型限制但又允许方便抽样的方法。以本节中考虑的对实验室劳动力市场的批评为例，从模型的角度出发，似乎主要涉及要求减薪，而不是真实的努力和工人这些因素。并且在某些情况下，

　　我们突出强调了变更的人造性（这对于很多读者来说可能是一个新的概念）用以产生关于这个话题的一些争论。事实上，本书的几位作者在是否有可能给实验者造成一个普遍的问题这一点上是有分歧的。不考虑这一点，如果对特定结果有疑问，那么考虑需求特点的经验研究似乎就是合理的了。一般地，外部有效性都可以通过实验室和实地之间各种数据的比较来解决。然而，在很多情况下，建立更广泛的外部有效性会有更多的要求。基于特定的对应物和（针对遗漏批评的）"通过排除来进行检验"策略，我们可以追求更弱的主张。值得追求的深度取决于这种情况的细节。例如，在这里我们同意嘉兰（Guala，2005）的观点，即如果要讨论的实验目的是作为政策的指导的，那么进行详细的检查似乎就更加重要。目前，更多关注外部有效性要求的时机似乎已经成熟了。这对于准备继续将研究扩展到理论检验之外的实验者来说更是如此。

第6章 实验中的激励

6.1 引言

货币激励是实验经济学争议的核心，在实验经济学与其他学科（如心理学）之间该争议更为明显，这一点可以通过不同学科的实践来说明。科林·凯莫勒和罗伯特·贺加斯（Colin Camerer and Robert Hogarth，1999）以及拉尔夫·赫特维希和安德列亚斯·奥特曼（Ralph Hertwig and Andreas Ortmann，2001，2003）的研究表明，虽然绝大多数经济学文献中的实验均使用了任务相关的激励措施（这个概念将在下文定义），但大多数心理学文献中的实验却没有使用。他们统计得到的证据十分惊人：1970年至1997年之间，每个发表在《美国经济评论》上的实验研究都使用了任务相关的激励措施（Camerer and Hogarth，1999），然而发表在《决策行为杂志》（关于心理学实验的权威期刊）上的文章中只有26%采用了此方法（Hertwig and Ortmann，2001）。这个差异不仅体现在经济学家和心理学家之间，而且在经济学家内部，关于实验所需的激励的水平和角色也存在重要的不同意见，这一点在第 2 章的选择实验中已有讨论。

在这一章，我们扩展了对激励的分析。我们通过更详细地考虑激励的作用以及为什么它们是重要的实验设计问题提供了一个分析框架来用于判断关于激励的作用、水平和结构的各种矛盾观点之间的正误。这是本章的主要目标，但在直接着手实现这个目标之前，我们先讨论关于激励的使用惯例的发展历程。在我们看来，这样的惯例不应该被不加质疑地执行。激励在实验中起到了什么作用？它们总是有益的吗，还是它们会对调查产生不好的影响呢？它们是仅在某些情景下有用而在其他情景下不必要吗？如果是，那么该如何区分何时有用何时不必要呢？这些仍然是值得回答的问题。

我们将从更精确、细致地界定本章所描述的主题范围开始。

一个重要的问题就是要区分实验中的激励和关于激励的实验。一些关于实验的论文（Fehr and Falk，2002）检验了关于激励的经济理论，或试图（这取决于其外部有效性）得出关于在实验室以外最优化激励效果的结论。有一篇长篇文献研究了关于激励的经济理论[1]，在组织中的激励结构这个研究领域中，经济学家（和其他研究人员）的观点都追求或具有重要的实践意义。这些研究推动了关于激励是如何在组织中起作用的实验研究，但它们不是本章的主要内容。本章主要关注激励在实验研究中的作用本身。关于组织中的激励的那些实验，只有当它阐述了这一问题时才为我们所关注。

两种最常见的由实验执行者支付给被试者的实验报酬类型是固定费率费用（flat-rate turn-up fees）和与任务相关的报酬（task-related payments）。固定费率费用是对被试者的参与行为给予一定报酬。这些报酬只是为了说服被试者来参加实验局，但被试者获得的报酬并不会随着他们在实验中的表现的不同而不同，因此预计一般不会对被试者在实验室中的行为产生影响。[2] 相反，与任务相关的激励则依赖于实验中发生的情况，如被试者做出的选择、实验操作者进行的干预、赌博的清算方法等。因而正如我们将要讨论的那样，这些都很有可能影响被试者在实验过程中的行为。

尽管这两种类型的报酬均被广泛使用，但我们将集中讨论与任务相关的激励。[3]

---

① 参见拉丰和马赫蒂摩（Laffont and Martimort，2002）。

② 固定费率费用有时具有不同的功能，如弥补实验中可能会对被试者造成的损失，避免当需要从被试者处抽取现金时遭到拒绝而进行的补偿。固定费率费用不影响行为这个假说的可靠性值得推敲，一个例子是"庄家的钱"效应（"house money" effects）（Thaler and Johnson，1990）。这些观点的共同之处在于它们关于对免受损失影响的报酬保护是否影响了被试者的行为这一问题的讨论。然而，即便固定费率费用影响行为，它也不会影响从不同实验设置下的行为差异中得出的结论。后者是很多实验的研究内容。

③ 尽管与任务相关的激励机制在实验经济学中通常采用货币支付，但并非总是如此。如，如果一个人希望发现被试者对不同商品组合的偏好，那么这可以通过与任务相关的激励（如，被试者实际会收到他们的任务回应决定的商品组合）或假设情境（被试者仅需要回答他更加偏好哪个商品组合，或想象他在实际情形中将会选择哪个）来实现。这两套实验方案的相对优点与真实的和虚构的货币补偿的实验报酬方案的相对优点一致。然而，为了简便，下面我们将假设与任务相关的激励都是货币性质的，虽然这不是通常的固有观点。

吸引被试者来参与实验是实验设计者面临的一个重要的实际问题。使用与任务相关的激励而不是使用固定费率费用或者仅用固定费率费用做补充报酬，将有助于吸引参与者（尽管心理学家能够通过其他方式成功地吸引参与者）。然而，相比于参与性激励，与任务相关的激励产生了更多有趣的概念性问题。对与任务相关的激励的广泛使用是实验经济学一个最重要的特点。其广泛使用，并不是因为学者忽略了该激励方法可能会影响实验行为进而影响实验结果的事实，而正是为了利用这个事实。因为我们主要关注这一方面（指与任务相关的激励），所以我们不需要再细究对于某些报酬方式的流行建议，如对被试者放弃工作时间进行补偿，补偿是当地有效工资率水平[①]的倍数。[②]

在本章的第一部分，我们将对与任务相关的激励的作用和效果进行综述，假定如果实验研究人员想要进行激励，那么被研究的任务就是可以被激励的。在本章的后面部分，我们会讨论在为特定类型的任务设置激励时所产生的问题。有些任务是直接用特定任务中的物品作为激励的，比如在实验执行者可以提供的物品选项内做出选择；也有一些其他的任务，如评估项目，很难想象如何引出真实的反应。实验经济学在这些情况中的传统智慧的特征是，任务应该是激励相容的。我们将考虑这个概念的性质和内涵。

6.2　激励、设计和控制

对于激励和动机的区分是这一章讨论的内容。动机（motivations）是被试者的特征，决定了被试者在一定条件下的行为。激励（incentives）是实验的特征，是形成实验条件的关键部分，这个条件指的是动机中定义的条件。动机和激励的相互作用决定了行为。

由于动机是被试者的特征，因此它们并不能被实验执行者控制。如我们在第3章所讨论的，我们很难知道被试者的偏好是否与实验博弈中货币报酬的结构相一致。然而，由于激励是实验的特征，它们可以被实验执行者控制，因此，关于是否使用激励、在何种水平上设置激励、如何将激励与任务联系起来的这些决策是设计决策。就像其他类似的决策一样，应该根据实验的目标制定决策。

尽管最后这一点看上去很基础，但它却是非常重要的。因为如前章节所述，不同实验研究的目标是非常多样化的。这提醒人们实验方案不要采用非常特定的一组

[①] 若补偿依赖于实验中的任务选择的结果，那么激励措施不能保证所有被试者获得一个给定水平的报酬。提议保证补偿可能是出于被试者的考虑，但那些支持实验补偿参考当地可比工资水平的人通常并不是期望保证被试者获得一定的报酬，而是考虑参加实验的被试者可以期待一个平均水平的偿付。这些建议与任务相关的激励一致，并且是本章讨论的内容，但我们会更加关注与任务相关的激励而不是偶然的参与性补偿。

[②] 例如，里德瓦尔和奥特曼（Rydval and Ortmann, 2004）建议将两倍最低工资作为补偿。

与任务相关的激励措施。相反，正如其他重要的设计决策一样，一个激励设置的良好实践是依据研究目标仔细考虑后做出的决策。①

6.3 节简单回顾了赞成使用与任务相关的激励措施的实验经济学家的这个惯例的某些方面。一些设计决策在特定的早期阶段的且有影响力的实验经济学分支上体现了良好的判断力，6.3 节还阐述了惯例是如何部分地因为受到这些设计决策的影响而出现的。然而，6.3 节还认为即使当实质性的研究目标并不要求遵守惯例时，也可能存在某种机制会加强对惯例的持续固守（以及一个隐含的观点——高的激励更好）。

6.4 节讨论了为什么与任务相关的激励措施可能会影响行为。在做出设计选择时，对这一点的理解是很重要的，正如关于激励的分歧可能会由于研究目标存在差异而产生一样，分歧也可能由于对激励为何影响了行为的不同解释而产生。我们区分了对这种影响的性质界定的三个完全不同的视角。

6.5 节定义了激励相容的概念，认为对其的追求产生了与杜赫姆－奎恩问题（在第 3 章有介绍）相关的问题。本节考虑了在对待特定研究问题时适当的激励相容目标的性质，并讨论了在选择研究问题时，是否能为目标的可行性选择提供一个合适的标准。

我们在 6.4 节和 6.5 节采纳的观点与丹尼尔·瑞德（Daniel Read，2005）采纳的观点在几个方面都相似，包括在最一般的水平上，我们强调针对研究目标的激励的条件决策的重要性。

6.3 实验经济学中的激励：使用中的惯例

6.1 节阐述了发表在顶级经济学期刊上的实验论文使用激励这一盛行的趋势。这些期刊的要求为实验经济学家使用与任务相关的激励机制提供了一个明显的直接解释。他们只是简单地遵守这个已经形成的规范，如果他们想将其研究成果发表在他们看来最知名的期刊上，那么遵守该规范就是必要条件。实验经济学家使用激励已经成为了一种常规，这不足为奇，倘若不这样做反而会给有敌意的裁判者提供可攻击之处。

考虑为什么这些规范会出现是更加有趣的。实验经济学群体之所以广泛接受激励的有用性，部分是因为激励在早期实验性工作中是作为一个关键的控制设置出现的。在前面的章节中，我们已经描述了该设置的一些关键组成部分。

第 4 章描述了理论检验如何形成一个立足点——通过实验方法可以进入经济学

---

① 在这一章的后面部分，我们介绍了一个案例。在这个案例中，因为研究者之间可能存在外部性，所以正在进行的研究的目标不是唯一重要的问题。这个案例即主题欺骗（见专栏 6.4）。我们通过假设任何激励被使用时被试者都会被诚实地告知将这个问题暂时放到一边。

研究领域。许多早期的实验是市场博弈，用来检验竞争均衡下价格理论的预测。为了能够更精确地进行预测，我们就必须了解需求和供应的条件，控制这些条件变得尤为重要，这一点在第 3 章有所阐述。引致价值方法论（induced-value methodology）（参见专栏 3.1）试图引出对于市场交易实验中的物品的特定偏好的结构，并提供了一种这样做的方法。为了在执行该方法的同时满足史密斯的规则，我们需要与任务相关的激励。

第 2 章考虑了其他类别的实验，在这些实验中，激励也被用做一种控制方法，但这些控制是针对选择目标而不是选择偏好实施的。在公共物品实验中，自愿贡献机制（参见专栏 2.3）常用于配置公共物品和私人物品，被试者将在这两部类间分配他们的禀赋。给定在其基础范围内检验公共物品理论这一目标时，激励仍然是实验设计中不可或缺的一部分，并且其重要性难以被质疑。相似的一点也适用于使用货币报酬来建立期望间的密切关联，从而检验不确定情况下的选择理论。

关于实验经济学中和心理学中涉及激励的研究范式的差异，关于个体选择行为的研究也许提供了最明显的例证。经济学家对特定的决策异常感兴趣（包括第 4 章中的一些展示 [exhibits]），这些决策异常最先是由心理学家观察到的，但通常不含与任务相关的激励。用于解释偏好反转现象（preference reversal phenomenon）的各种理论提供了一个例子（见专栏 3.4）。大卫·格雷瑟和查尔斯·普洛特（David Grether and Charles Plott，1979）使用包含了与任务相关的激励的实验来检验偏好反转，并声称这种方法区别于诸如利希滕斯坦和斯洛维奇（Lichtenstein and Slovic，1971；Slovic，1975）的心理学家所用的方法，心理学家在大部分实验中使用的是假设的报酬。对于后两个心理学家的研究，格雷瑟和普洛特（Grether and Plott，1979，624 页）评论道："这些实验对于心理学也许很有启发性，但在应用于经济学时可以被忽视。"格雷瑟和普洛特的立场是：激励是被检验理论的基石，在缺乏那些不可忽视的与任务相关的激励时，用于检验理论的实验结论就不值得被认真对待。持有这种观点的学者可能会这样假设：如果被试者没有什么东西处于利害攸关之中，那么被试者将采取偶然性的和不可预知的行动，因而这样的实验得出的行为数据对于检验该理论是没有帮助的。正如第 2 章所讨论的，以上观点——特别是作为支持实质的激励措施的一个原因——起源于一个特定的（尽管可能是有争议的）关于理论范围的观点。考虑到这个观点，强调大量的与任务相关的激励是合理的。但是，也有关于理论范围的其他观点并不包含这样的含义。

尽管格雷瑟和普洛特（Grether and Plott，1979）清楚地陈述了他们的立场是建立在以下信念的基础上的，即只有当实验数据是从"有影响力的"决策中产生时，实验数据对经济学家才是有用的，但是其他持有相似观点的经济学家可能会被认为使用激励作为一种市场手段来将自己与心理学家区分开。激励可能因此被看做市场研究中的产品差异化的一种形式。需要注意的是，在这种最单纯的形式下，使用激励的动机与激励对被试者行为的假定影响无关。

有另一种同样讽刺性的针对十分顽固地坚持使用激励的解释。它也常常作为心理学家反对的理由，即激励机制对经验不足的研究学者造成了障碍，这些经验不足的研究学者难以保证研究基金。经济学家可能并不怎么关心这种壁垒的存在，甚至有些经济学家积极地推动将对激励的使用作为一种进入壁垒。这种壁垒可以被这样强制执行：以没有使用激励作为理由拒绝文章的发表，进而以该作者没有发表文章作为理由拒绝给他提供研究基金。正如其他的进入壁垒那样，该壁垒可以将现有研究者关于激励作用的某些独到观点与其他观点的"竞争"隔离开来。没有必要将基本动机归于关心这个可能性的既有研究者们。无论个人的动机是什么，不可否认的是坚持实质的与任务相关的激励确实是一种进入壁垒。

即使当关于实验设计的惯例是源于那些在重要的早期研究项目中做出正确判断的决策时，惯例自我强化的性质与策略优势可能共同给予了既有研究者们一个原因来解释以下这种趋势存在的可能性，即某种特定的实践方法逐渐变得根深蒂固而成为了通用的准则，甚至在不再合乎研究目的时也仍然使用这种特定的实践方法。为了了解这个危险实际发生的可能性有多大，不带个人偏见地来研究激励的作用是很有必要的，可以通过考虑激励可能产生的影响以及激励在不同类型实验中可能起到的作用来进行这种研究。

6.4　关于行为激励作用的三个观点

在这个部分，我们思考了与任务相关的激励在实验室中如何影响被试者的行为。这一点是很重要的，因为与任务相关的激励有资源成本，这既体现在支付给被试者的报酬这种直接成本上，也体现在为了与其他简单的任务激励相协调所花费的时间和努力（下面将会详细阐述）上。由于肯定存在更简单和更低成本的方法吸引被试者参加实验，因此很难看出与任务相关的激励的好处，除非与任务相关的激励可以在实验室中按预计的方式影响被试者的行为。

对于那些对与任务相关的激励的呈现、水平和结构做出深思熟虑判断的研究者来说，评估这种激励在何种程度上以及为什么影响了行为是重要的。但我们的目标并不是记录下关于激励的影响作用的所有经验研究。[1] 本节的主要目的是区分有关这个问题的三种不同观点，特别关注它们是如何报告研究者的判断结果的。对于每一个观点，我们区分了两个非常不同的问题，分别是激励是否和为什么影响行为，以及如果有影响，那么是支持还是反对更高的激励水平。[2] 第一个观点是由凯莫勒和贺加斯

---

[1] 关于这个问题更广泛的研究参见凯莫勒和贺加斯（Camerer and Hogarth, 1999）。
[2] 我们在这里对三个观点所做的区分类似于瑞德（Read, 2005）的研究。他讨论了激励影响行为的三个原因——认知运用（cognitive exertion）、动机集中（motivational focus）和情绪触发（emotional triggers）。

（Camerer and Hogarth，1999）提出的资本劳动产出（CLP，capital-labor-production）框架，这是一个经济理论框架，假设认知方面的努力是有成本的，并且常常与被试者的知识和经验联系起来使用以执行充分的标准来达到理想的结果。第二个观点是对内部动机和外部动机的区分，意识到被试者可能会有很多不同的动机来促使其做出努力，这其中的一些动机并不一定是货币性的。第三个观点来自情感（affect）可能起到的作用，此处的情感是指可能影响决策的原始情绪。这里的关键问题是激励对于激起这样的情绪是否是必要的，或者是否好心的被试者即使在假设决策的情形下也可以预期到情感。

6.4.1 CLP 框架

这个观点建立在如下观念的基础上：认知努力（cognitive effort）是一种稀缺资源，由行为主体在行为过程中有策略地进行分配。在缺乏与任务相关的激励时，主体可能看不到把认知努力这种资源配置到这项任务中能获得的任何好处，并且犯错的可能性很高。这就导致了文献中记载的一个预言：对与任务相关的激励的设置可以起到降低被试者行为表现的可变性的作用，至少在可以对行为表现的敏感性进行测量的情况下是如此（参见凯莫勒和贺加斯［Camerer and Hogarth，1999］，以及其中的参考文献）。

对于有关认知努力配置的经济理论的最早贡献可能要归属于史密斯和沃克（Smith and Walker，1993）的劳动力理论（labor theory）。在这个理论中，由增加激励引致的更大的认知努力付出降低了被试者反应的可变性。凯莫勒和贺加斯（Camerer and Hogarth，1999）通过引入认知资本（cognitive capital）的概念扩展了这一框架。认知资本就是被试者在面临任务时所具备的自然的能力、知识和经验。这一扩展产生了 CLP 框架。要注意，这里实验中的被试者被假定为一家自我经营管理的企业，同时要决定付出多少努力（劳动力）和使用多少他们自身的才能或先前经验（资本）来达成一个给定任务的目标。

在 CLP 理论框架下，产生了很多有趣的经验问题。资本是可变的吗？如果是，那么劳动力和资本是可替代的吗？也就是说，如果某一个特定任务是非常复杂的，那么在解决相似问题上缺乏经验的缺陷可以通过简单地在该任务上付出更大的努力被弥补吗？如果劳动力和资本是可替代的，那么被试者更愿意付出的是劳动力还是资本呢？也就是说，被试者是努力回想过去类似任务的经历从而再利用先前成功的思考过程，还是对每个新任务都付出新的认知努力呢？他们的回答是否会因这两种情形的不同而不同呢？更一般地说，随着实验激励的变化，每个被试者付出的劳动力和资本是如何变化的呢？劳动力和资本的付出水平不同时，对于行为的影响又是怎样的呢？

尽管 CLP 框架在概念上是很有启发性的，但它并不总是简单明确地服从经验分析。对此的一种可能解释是，众所周知，该框架中的一些数值量的大小（特别是任务中的行为表现）是很难度量的。很多经济学实验对于应该如何合适地度量被试者的行为表现并没有清晰的答案。然而，研究人员努力评估激励（以及其他因素）对于可度量任务中的表现的影响，这在起步阶段是有帮助的。

尤里·格尼茨和阿尔多·鲁斯蒂奇尼（Uri Gneezy and Aldo Rustichini，2000a）就在这个方向上迈出了一步，他们邀请被试者参加一个心理测量检验。他们随机地分配给被试者四种激励处理：没有报酬、低报酬、中等报酬和高报酬。那些得到了中等报酬和高报酬的人表现得最好，然而这两种支付之间的差异并不明显。这明显揭示了激励能促使被试者努力，但在被试者没有能力继续进一步增加努力时，表现水平将达到上限。格尼茨和鲁斯蒂奇尼（Gneezy and Rustichini，2000a）的实验数据被里德瓦尔和奥特曼（Rydval and Ortmann，2004）仔细地进行了审核。里德瓦尔和奥特曼为了研究内在能力和激励的相互作用，对关于被试者水平的数据采用了非参数方法进行分析，并报告了他们的结果：相比激励水平的不同，个人间的能力差异更能解释行为表现的可变性。这个发现对于 CLP 理论框架下的认知资本的重要性是一个有用的提醒。

在被试者接受支付以进行诸如打字等实际的任务时（Cappelen et al.，2005），行为表现一般是容易度量的，即度量他们完成任务的数量（或者也包括质量）。关于这类实验的一个有趣发现是只要支付水平不是特别低，无论每项任务的支付水平是多少，被试者在这种类型的任务中都会表现得较努力。[①] 利比和利佩（Libby and Lipe，1992）发现当工资水平从零增加到某一个正值时，表现水平有一个明显的上升（这是通过付出更大努力实现的）。他们发现，对于那些支付了（与任务相关的激励）工资的被试者，其在任务上所使用的时间比那些仅支付了固定费率参与费的被试者多约 20%。凯莫勒和贺加斯（Camerer and Hogarth，1999，表 1）给出了类似的例子。他们所表达的意思是，与任务相关的激励的存在相比于激励水平的高低，对于认知努力配置的影响更大。

尽管人们可以想到在一些案例中存在关于行为表现的可观测度量，比如说，要求被试者进行算术计算[②]，但也有很多经济学实验无法对此进行度量。经常出现的情形是对于被试者来说并不存在明确正确的行为方式。尽管经济学理论基于理性和自私的假设对人的行为做出了明确预测，例如公共物品博弈中的零贡献，但我们并不能说零贡献的被试者的行为比提供了大量贡献的被试者的行为更好。可能相对于他们自己的偏好来说，每个人都做得一样好，而这个偏好是无法知

---

① 在一定水平上这并不值得惊奇。人们乐于投身到相对短时间的任务中。如果人们被要求录入数据一个小时，而这一任务与他们平时进行的活动差异很大，那么我们可以预计他们会接受这个任务。然而，对于一个职业生涯就在进行数据录入的人来说，他们会选择其他的任务来增加他们的效用。这里我们有一个关于外部有效性的可能问题（见第 5 章），即不考虑这个问题时的实验推断可能存在偏误。

② 多门和福尔克（Dohmen and Falk，2006）报告了一个实验，实验中被试者的生产力是通过其完成乘法运算的正确率测量的。

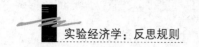

道的。

更一般地，当实验目标是要检验某一理论时，将与理论相符的行为解释为好的表现是不恰当的。同理，将激励的作用看做提高行为与理论相一致的可能性也是不恰当的。在这种情况下，实验的目的是评估理论的表现（而不是被试者的表现），检验理论是否能够解释在有利益的情形下的被试者的行为。与任务相关的激励的作用则是创造出有利益的情形。由于每个人关于理论应在哪个范围内被检验的观点不同，激励水平的高低也会不同，正如第2章中讨论的。

事实上，2.6节讨论的几个观点很自然地与CLP框架相符。普洛特（Plott，1996）和宾默尔（Binmore，1999）认为当经济理论可以被合理检验的范围包括实验室时，就需要对足够强的激励进行深思熟虑。CLP理论虽然在该理论范围内没有特别的立场，但也认为高激励可以产生理想的效果或者可以引致更多的认知资本和认知努力。

格伦·哈里森的平顶最高值批判（flat maximum critique，Harrison，1989，1992，1994）也可以通过这个框架来解释。我们可以这样理解，将实验的报酬结构看做提供产出的结果。如果报酬结构对最优水平值附近的变动不敏感，那么在产出最大化的值附近，产出也将是关于投入的相对平顶的方程。那么，考虑到重要的努力的边际成本，努力的供给将不足以引致最优的行为（如，产出最大化）。

正如我们所讨论的那样，即便在CLP框架中，相对于将激励的作用看做刺激表现，将其作用看做促进努力和慎重思考会更有帮助（一些关于理论范围的观点认为，这种努力和慎重思考是激励适用性的先决条件），在表现的概念不清晰时这一点尤其正确。然而，即便在被试者的偏好不可观测时，也存在一些可以观测的好的表现的相关物。正如前面所提到的，一个可能性是注意减少错误，并假设出现错误的频率与行为可变性的某种度量负相关。史密斯和沃克（Smith and Walker，1993）强调了被试者的反应的可变性，正与这一方法相符。我们将在第7章对行为的随机组成成分进行更深入的讨论。

解决这一问题的另一方法是将对表现的强调转移为对努力、对努力程度的可观测变量（诸如决策时间）的强调，就像威尔科克斯（Wilcox，1994）、海伊（Hey，1995）、莫法德（Moffatt，2005）和鲁宾斯坦（Rubinstein，2007）所做的那样。有时候将努力和表现看成是等价的是合理的，这是因为考虑到付出大的努力倾向于产生好的表现，正如利比和利佩（Libby and Lipe，1992）的研究所揭示的那样。然而，这个等价性并不总是存在。如果一个人的认知能力低，那么他在某些任务中的表现不一定会随努力程度的提高而变好。考虑到这些担心，当决策时间被用于代表表现（而不仅仅是努力）时，控制被试者个体因素和任务复杂程度的混淆影响是重要的。

然而，在CLP框架中，努力本身就是值得研究的。皮特·莫法德（Peter Moffatt，2005）使用决策时间来衡量在风险选择问题上所付出的努力程度。货币激励可以由选择问题中的货币数量来概括度量，这种激励被证明对于被试者在思考任务时配置多少努力只有很小的正面影响。据估计，努力的激励弹性（incentive elasticity of effort）仅为 0.028。相比之下，任务的复杂性更加重要：复杂的任务会引致更大的努力。另一个影响努力程度的重要决定因素是经验，经验可以由先前解决过的问题的数量来衡量，经验与决策时间负相关。所有的这些结果在 CLP 框架中都可以得到解释：首先，被试者会投入与该任务复杂程度相适应的认知努力和认知资本；其次，在一系列风险选择问题构成的实验过程中，被试者逐渐积累了资本，因此其完成各项任务所需的努力将逐渐减少。然而，就像格尼茨和鲁斯蒂奇尼（Gneezy and Rustichini，2000a）发现的那样，这些结果相对于认为努力和激励有简单正相关关系的其他假说而言，更加支持 CLP 模型在组织观点上发挥的概念作用。

事实上，莫法德（Moffatt，2005）的一个特别惊人的研究发现，努力的关键决定因素可以用决策时间来测量，且几乎没有偏差。如果被试者对于两种彩券是无差异的，则他们在做选择时投入的努力约为有明显的偏好条件下的两倍。这一结果与哈里森（Harrison，1989，1992，1994）的研究不一致。哈里森坚持认为优势报酬（payoff dominance）在使被试者认真对待任务的作用上十分关键。在近乎无差异的彩券中，不太可能满足优势报酬的条件，然而莫法德（Moffatt，2005）发现正是在这样的情形下被试者对待任务最为努力。与下一个部分将要讨论的内部动机的概念相关联的一种可能解释是，被要求选择他们偏好的彩券的被试者为能优秀地完成这项任务感到自豪，而不在意从正确选择中得到的感知利益。任务越难决策，他们越会付出更大的努力。这个发现也可以通过我们介绍的平顶最高值批判来解释。在被试者必须从中做出选择的备选彩券彼此很不相同时，虽然它们事实上是近似无差异的，但被试者并不知道它们近似无差异这一点。被试者需要花费时间和努力来发现这一点，当所有事情都被考虑了的时候，它们是近似无差异的。

值得注意的是，即便在一个行为表现可以被度量，并且有理由相信激励可以提高表现水平的情形下，增加激励也并不一定就是可取的。一个直接的例子是约翰·卡斯泰兰（John Castellan，1969）的概率匹配实验，被试者打赌红灯或绿灯中哪一个会亮起来。已知条件是有 60% 的概率红色灯亮，40% 的概率绿色灯亮。为了最大化赌赢的期望概率，被试者会每次都猜红色。在这种类型的实验中，激励似乎牵引着被试者朝向预测利润最大化的方向行动，使得他们更多地选择红色。但这一点到底是支持还是不支持实验设计中的高激励，取决于研究的目的。如果是要研究本能的判断，那么激励的存在可能会与这一目标相冲突；而当目标是研究深思熟虑后的决策时，则不会有冲突。这一考虑在判断型任务中被广泛应用。我们推测，心理学家对于本能的判断很感兴趣，这是心理学家不倾向于使用与任务相关的激励的主要原因。经济学家是对本能的判断感兴趣，还是说他们只对深思熟虑后的判断感兴趣，则是这个主题所涵盖的内容。

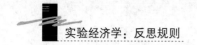

6.4.2　内部动机和外部动机

这一节的主题是承认激励实验被试者的不仅仅是货币奖励。在众多研究各种可能的非货币动机的文献中，讨论都集中在内部动机（intrinsic motivation）的概念上（Frey，1997；Ryan and Deci，2000；Deci et al.，1999）。

当一个主体为了行为活动自身的内在满足感而进行这一行为活动时，就存在内部动机。这一点在这部分内容中尤为重要，这是因为，由于实验被试者通常是自愿的，某种程度上自我选择的被试者往往具有较强的内部动机。相反，外部动机（extrinsic motivation）则常常在以下情形出现：一个主体为了获得某种可分离的结果而完成一项行为活动，这种可分离的结果常常是货币性的。

作为开头的例子，我们考虑日常完成的任务。隐晦的填字游戏可以被看做一种认知上的需求任务，很多聪明的、时间宝贵的人们选择每天进行填字游戏不是为了获得货币性的报酬。这一直接观察到的现象为完成特定任务的强内部动机提供了清晰的证据。现在我们假设这样一种情形：突然在这些人正确找出每条线索的时候都对其给予货币性的奖励。或许会存在一些人因受这个干预的影响而表现得不如从前，可能的解释如下：首先，他们感到一种对表现出色的期望，这种意识使得他们分心了。这是动机挤出（motivational crowding out，Frey and Stutzer，2006）的一个例子。外部动机代替了先前内部动机所起的作用，如果前者的有效性弱于后者的话，则对被试者表现的净影响就是负的。其次，如果对参与这项任务给予的报酬金额低于正常的个人工资收入，那么参与者可能会认为这个报酬是冒犯性的，因而以减少努力来作为抗议。又或者仅仅是因为发现微薄的货币报酬减少了他们参与这个游戏的乐趣，于是相应地降低了游戏过程中的专心程度。[①]

动机挤出的出现常归于两个原因。首先，外部动机的引入降低了自主程度，个体不再认为自己应该对自己的行为负责，而是让外部干预来掌控自己的行为。其次，当付出努力是个体间相互影响的系统中的结果时，在引入外部动机后，这个系统可能会崩塌。关于这些因素的暗示性证据可以在格尼茨和鲁斯蒂奇尼（Gneezy and Rustichini，2000a）的研究中找到。

格尼茨和鲁斯蒂奇尼的某些研究成果在先前的章节有所总结。然而，他们的实验数据中最令人惊奇的是这样一个发现：相比于没有支付的情况，被试者在收到很低水平的支付时，表现会更差。这一点可以这样解释：当被试者收到很低水平的支付时，他们感觉到被冒犯了，结果是他们的内部动机完全被消除了，而这些内部动机正是激励没有受到支付的被试者努力的因素。可能是这个发现引出了报纸的标

---

① 在英国，很多每日出版的新闻报纸上都会刊登填字游戏，并且报纸会对最先完成的几个完全正确的读者进行奖励。但这些奖励更多地具有象征性意义而不仅仅是货币价值，包括小的纪念品和将他们的名字公布在报纸上。

题："给予足够的报酬要不就完全不支付报酬"。

格尼茨和鲁斯蒂奇尼（Gneezy and Rustichini，2000b）还记录了另一种动机挤出的情况。他们考虑了对那些来托儿所接孩子迟到的人进行罚款的政策的影响。他们报告的发现是，惩罚机制提高了迟到率，并认为这说明了，家长们认为因迟到接受罚款合法化了迟到这一行为，而不认为受到了货币激励应该及时接孩子。由于这个原因，不想给托儿所职工带来麻烦而按时接孩子的内部动机被引入的货币激励挤出了。[①]

另一种对报酬可能如何降低表现水平的解释是认知失调（cognitive dissonance，Leon Festinger and James Carlsmith，1959）。这是一个关于人类动机的理论，该理论认为持有矛盾的认知会使得心理上不舒服。举例来说，假设一个被试者刚刚完成了一个确实很无聊的任务，如果他被给予了慷慨的报酬，那么他会更愿意承认这个任务确实很无聊。但对于那些仅收到了低报酬的被试者来说，他更可能会认为这个任务有趣或具有挑战性，以此来消除他们参与任务使用的知识与任务本身无聊又无意义间的不一致。该理论的延伸可以解释为什么那些被给予弱激励的人可能在任务完成过程中付出更多的努力，即他们这样做是为了说服自己或者别人相信这个任务确实是值得一做的。自我归因理论（self-attribution theory，Bern，1972）在这个方向上的研究更进了一步。自我归因理论认为，主体对于引致自己行为的动机不是完全了解的，因此可以用主体的行动来对其动机进行推断（尽管推断不一定正确）。比如说，可能只有消除外部动机（如货币报酬）后，主体才会意识到他们是被内部动机所激励的。

从内部动机与外部动机相互平衡的观点来看，引入激励正向刺激了赚取货币收益的动机，但同时也挤出了其他重要的动机。很明显，从这个角度来看，是否运用激励的决策依赖于实验研究者需要研究何种类型的动机。比如说，实验研究者可能主动地设法挤出某几种内部动机。正如在第 3 章已讨论过的，史密斯的支配地位规则（precept of dominance）可以被认为是试图排除某些动机的结果，这些动机被看做经济上不相关的或者是次要的（关于这类动机的一个例子是，将实验看做被试者间为得到最高分进行的竞赛而不是将其看做一个可以进行共同受益的交易的市场）。[②] 然而，在其他的一些情形下，实验研究者想要研究内部动机直接引致出来的行为；在这样的情形下，注意不要由于货币因素而挤出相关的内部动机是很重要的。

[①] 这样看来，这个发现与蒂特马斯（Titmuss，1970）的观点一致，即对献血的报酬挤出了捐献的内部动机。

[②] 这并不是说实验执行者应该排除所有不属于经济学范畴的动机，而是说应该排除那些挤出了或者减弱了特定研究目标的内部动机的激励。即使那种将实验市场看做角逐最高分的竞赛的情形在现实市场中也有近似的情形，就如很多利他动机那样。

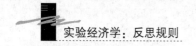

6.4.3　情感和预测失败

情感是指经验的、影响行为的情绪，是行为经济学家向心理学家借用的术语。一些最显而易见的例子是在风险背景下的希望、紧张、遗憾和失望，以及与主体间相互影响相关的害怕和内疚。

这些无疑是现实世界中的情绪。因此想要引致实验被试者的这种情绪，或者至少是将被试者置于能够引致那些情绪的充分的激励中，是符合逻辑的。如果没有这些的话，那么可能会产生关于外部有效性的顾虑，在这里的例子中，外部有效性是指实验能够报告（产生有力情感的非实验情形下的）行为的能力。这是为了达成某些目的时与任务相关的激励应该并且需要被考虑的更深层次的原因。如果实验研究者对于存在情感时的决策感兴趣，那么在实验的开头要求被试者"假设在接下来的任务中出现的货币数量都是真实的，想象你会经历的恐惧"是很不理智的。当被试者不能假想真实情况下他们会产生何种情感时，上面这样的过程，甚至是更常见的给被试者提供假设性的任务，都是特别有问题的。[①]

预测失败是这样产生的一种问题：被试者被给予一个假设的任务来执行，但他们无法预计情况真实发生时他们的情感反应。一个例子是，回忆第 4 章中的禀赋效应。禀赋效应阐述了这样一种趋势，相对于人们先前想要拥有这一物品的程度，人们在拥有这一物品时更加喜爱这一物品。一个明显的问题是人们是否意识到了禀赋效应呢？也就是说，他们是否意识到当其一旦拥有该物品时，他们将对这一物品赋予更高的价值？罗文斯坦和阿德勒（Loewenstein and Adler，1995）通过实验回答了这一问题。他们发现没有该物品的被试者低估了他们在收到这一物品时对该物品的估价。一个自然的解释是该研究结果源于预测情感反应（如放弃这一物品的痛苦）的失败。库彼特等人（Cubitt et al.，1998b）也报告了其实验发现意味着被试者无法预测在风险中"存活"下来的情感反应。[②]

说明风险选择中预测失败的更进一步的证据可以在夏尔·霍尔特和苏珊·劳里（Charles Holt and Susan Laury，2002）的一篇杰出的文章中找到。该文章报告了一个实验，实验的目的是评估在有风险情况下激励对行为的作用。[③] 这个设计由 10 个选择题构成，每个选择题都含有一对彩券，其中一种比另一种风险小。

---

① 如果它稀释了被试者在包含风险的任务中的情感反应，那么与此相似的观点可被应用于下面讨论的随机彩券激励机制（random-lottery incentive system）中。

② 这是他们研究发现的两个解释中被库彼特等（Cubitt et al.，1998b，第 5 部分）支持的那一个解释。关于主体无法预计他们的态度在亲身经历时将如何改变这一问题的非实验证据由罗文斯坦等人（Loewenstei-net et al.，2003）进行了讨论。

③ 有证据（Loomes et al.，2002）显示，随着被试者通过执行多种任务增加了经验，他们变得不太愿意承担风险了。与此一致的是，哈里森等人（Harrison et al.，2005）宣称由霍尔特和劳里（Holt and Laury，2002）指出的强激励作用实际上被任务顺序作用的影响夸大了。而霍尔特和劳里（Holt and Laury，2005）也做出了回应。

这 10 个问题是这样排序的：问题 1 是几乎每个人都会选择相对更安全的那种，问题 10 是几乎每个人都会选择相对更有风险的那种（事实上，对于问题 10，风险彩券是一阶随机占优的）。每个被试者都被要求对这 10 个问题中的每一题都做出选择。[①] 可以预计，在回答这 10 个问题的过程中，被试者会在某一阶段从安全的选择转向风险的选择；在期望效用（EU）最大化假设下，他们转换选择的点为他们的风险厌恶设置了下限和上限。他们的实验有低水平报酬和高水平报酬这两种设置，后者的名义报酬是前者的很大的倍数（要么是 20、50，要么是 90）。高水平报酬的执行既有假设支付的方式也有实际支付的方式。实验发现的关键特点是，在报酬是实际支付时，价格数目的按比例增加极大地提高了风险厌恶水平；而当报酬是假设支付时，按比例增加并没有影响风险厌恶水平。[②] 观察到的这个现象——随真实支付的增加，风险厌恶水平升高；随假设支付的增加，风险厌恶水平不变——引发了对卡尼曼和特维斯基（Kahneman and Tversky，1979，265 页）主张的一般性的质疑。卡尼曼和特维斯基认为"人们在面临真实的选择情形时常常知道如何决策"。我们会很自然地猜测：这个现象可能是因为高水平的真实报酬产生了情感而高水平的假设报酬则没有产生，尽管有内部动机促使被试者真实地回应，但面对假设支付的被试者不会产生这些情感。[③]

如果被试者面临一个特定问题时无法预测他们的情感反应，那么这可能成为实验执行者避免使用假设型任务的理由，因为即便是那些好心的被试者也可能无法在任务是虚拟的情况下完成得和真实任务一样好。很明显，使用与任务相关的激励增加了产生情感的机会，这种情感决定了真实任务下的响应。库彼特和萨格登（Cubitt and Sugden，2001a）强调了与任务相关的激励的作用。然而，我们仍需要注意这个论点因目标情况的不同会有不同。当研究的预计目标是"热切的"情感决策制定而不是"冷静的"深思熟虑时，强的、真实的、与任务相关的激励对情感和预测失败有深远影响。这强调了情感和预测失败为何与 CLP 框架有很大差异的缘由。激励的作用不是为了引致深思熟虑的理性决议，而是为了引致情感。

6.4.4　相似和区别

对于与任务相关的激励为什么可能影响被试者的行为，6.4.1 小节～6.4.3 小节所讨论的每一个观点都给出了不同的解释。依据 CLP 框架，这是因为激励刺激

---

① 下面讨论的随机彩券激励机制，被用做激励一系列决策问题的方法。

② 毕替和鲁姆斯（Beattie and Loomes，1997）也执行了一个同时含有假设任务和实际任务的实验。与霍尔特和劳里（Holt and Laury，2002）不同，他们发现当实际任务是单级彩券（single-stage lotteries）时，被试者对于假设任务和实际任务的响应并没有显著差异。然而，当实际任务是累积彩券（accumulator gamble）时，响应是变得更加厌恶风险了。库彼特和萨格登（Cubitt and Sugden，2001a）对这一发现的解释是，当进行实际操作时，累积机制倾向于引致与风险相关的情感体验，如害怕和后悔。

③ 一个可能的备择论点是风险厌恶增强了认知努力。当名义支付实际上在增加时，付出的努力会增加，但在假想增加时则不会。

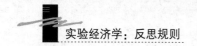

了努力和对认知资源的调配。根据内部动机的观点，这是因为激励挤出了内部动机。根据情感和预测失败的观点，这是因为激励引致了情感，但被试者在面临一个假设的任务时，无法预估情感对行为的影响。

然而，尽管这些机制间存在差异，这三个观点也有如下的共同点。它们每一个都提出了实验者在进行激励结构设计时需要考虑的一系列因素。每一个都认为有一些情形或研究目的需要实质的与任务相关的激励，而有另一些情形，实质的与任务相关的激励是不重要的或者有害的。

6.4.5 使用中的预测：游戏节目

个人决策问题的最近发展是关于电视游戏节目中竞赛参与者的行为分析（Post et al.，2008；Conte et al.，2008；Andersen et al.，2007）。这种数据来源往往被视为"自然实验"。然而，在本例中，"自然"这一术语应当被小心解释。尽管在数据独立产生于研究过程中这个意义上游戏节目是"自然的"，但还有其他方面，比如决策问题的性质以及主持人和现场观众的存在，这种环境与被试者的正常生活是非常不同的。因此，从第5章的角度来看，可以提出关于它们的更广泛的外部有效性的问题。

尽管存在这些观点，但是与大多数传统的实验数据相比，游戏节目数据的一个显著特点是奖金非常高（有时甚至会改变生活）。举个例子，一掷千金（Deal or No Deal），这个游戏在许多不同的国家使用的是不同的名字，但游戏规则总是大致相同的。有一组盒子，约二十个，每一个盒子中都装有不同金额的钱，这些金额由一个给定的表列出。有一个选手知道金额的列表，但不知道哪个金额是在哪个盒子中。盒子中的金额差异很大，从非常小的（在英国的版本，一便士）到非常大的（250 000英镑）。[1] 选手被随机分配一个盒子，然后要求选手在其他的盒子中（不包含自己的这个盒子）选择一个打开，一次只能选择一个盒子，这样就知道了盒子中的金额。通过这个过程，选手自己的盒子对应某金额的概率就逐渐减小了，因为这个金额是未透露的列表中的一个数。在游戏的不同阶段，一个匿名的庄家向选手报价。每个报价都是一个确定的金额数，介于选手自己的盒子中的可能的最高金额和最低金额之间。选手要么接受庄家的报价（Deal），要么拒绝这个报价继续游戏（No Deal）。如果选手接受报价，那么他将获得庄家的报价并结束游戏。如果选手拒绝报价，那么他将继续打开更多的盒子，直到庄家给出了另一个报价或者选手自己的盒子是唯一剩下的盒子。在后一种情况下，也就是，如果选手拒绝了庄家的所有报价，那他将获得自己的盒子里的货币金额。

很明显，经济学家会对这个节目的数据感兴趣，甚至有人提出（Post et al.，

---

① 作为参考，2007年的工作时间和收入调查显示，英国中等的全职人员每周收入是457英镑，按这个收入计算，十年的收入相当于250 000英镑。

2008，39 页），一掷千金游戏"有如此吸引人的特点，它几乎被设计成了一个经济实验，而不是一个电视节目"。其中一些金额非常大，也有一些金额非常小；选择问题是真实的、明确呈现的，并且从在结构上看比较简单；庄家的每个报价都使选手面临在一个确定金额（即报价）和一个风险（即继续游戏）间的选择。① 一些研究人员（Andersen et al.，2006a，2006b，2007；Conte et al.，2008）已经将模型和计量经济学技术应用于这类数据，这类似于将传统模型和计量经济学技术应用于分析风险选择实验的数据。尽管如此，为了考虑游戏节目设置中如此高的奖金对研究人员的用处有多大，我们回到之前的三个观点。

从 CLP 的观点来看，毫无疑问，高奖金预期会引致更多的努力和认知资本的应用。因此，如此高的奖金使得研究人员有兴趣研究当有强烈的动机去深思熟虑时选手做出的决策，并且这个节目中允许这样的深思熟虑，从 CLP 的观点来看，这个游戏节目的数据似乎很吸引人。②

从内部动机和外部动机的观点来看，我们需要考虑什么类型的非货币性动机可以影响行为。6.4.2 小节挤出思想的简单应用表示了高的货币奖金将挤出许多形式的内在动机。然而，特别是考虑到游戏节目选手的选择，实际上游戏节目的环境可能加强了某些内部动机。例如，给观众留下深刻印象或者娱乐观众的动机，可能会因为观众的规模、特别惊人的游戏节目结果带来的声名远播（因此，或许也包括高额奖金）而得到强化。但如果这项研究的目的是对风险条件下现实世界中的行为做出推论，那么这就不一定是有帮助的：让观众心弦紧绷是一个动机，尽管这个动机也许不是游戏节目的环境所独有的，然而比起大多数经济环境，似乎这个动机在游戏中更重要。

从情感的角度来看，毫无疑问，在一些游戏节目中可获得的奖品可以大到足以引起真正的对损失的害怕以及真正的对赢或者对进行一场赌博的前景的展望的兴奋。在波斯特等人（Post et al.，2008，47~48 页）详细描述的一个例子中，情感反应的作用似乎显得特别重要。一位名为弗兰克的选手参加了一个荷兰节目，他做出了一系列"不幸运"地打开盒子的选择（即结果证明他选择的那些盒子包含更大

---

　　① 看似简单的游戏下却隐含着一些相当复杂的思考。当选手面对庄家的一个给定的报价时，他面临的选择很简单，是选择一个确定金额还是一个等概率的赌博，这个等概率赌博是由一系列已知的剩余可能金额组成，但是还要考虑其他因素。一个有远见的选手应该考虑到，如果他拒绝了当前的庄家报价（并不是最后一个），那么他将得到进一步的报价。可能在很多其他因素中，选手的决策依赖于干预的概率（即其他已经打开的盒子），并且选手可能会，或者可能不会，愿意接受它们。
　　安徒生等人（Andersen et al.，2006a）提供了一个详细的关于"期权价值"引致报价下降的分析；孔蒂等人（Conte et al.，2008）分析了选手关于报价的信念的理性。
　　② 上面这两个限制性条件都是很重要的。首先，正如在第 2 章中指出的，相比于游戏节目中的奖金，正常生活中的许多决策涉及的奖金额度是相当小的。其次，虽然在游戏节目中有强烈的动机去深思熟虑，但仔细计算并不总是可行的。计算的辅助工具（如计算器、铅笔和纸张）通常是不被提供的，并且时间限制往往很严格。在正常生活中当面对一个可能改变生活的决策时，人们通常有比几分钟更长的时间去思考。

的金额），而拒绝庄家比以往任何时候都更慷慨的报价也似乎变得越来越追求风险。在最后一局，两个余下的金额分别是 10 和 10 000。庄家的报价也是不同寻常的慷慨——6 000。据推测，几乎每个人在独自面临这样的选择问题时都会选择确定性的 6 000，而不是进行 50∶50 等概率的赌博（可能的结果是 10 或者 10 000）。弗兰克选择了赌博，他盒子中的金额是 10。可以推测，弗兰克对庄家最终报价的反应不是一个完全的反射反应，而是一个不理性的反应，因为他对之前几局的结果感到愤怒。① 如果是这样的话，那么对于关注冷静的和深思熟虑的决定的研究者来说，这个案例是没有帮助的，但如果对风险结果的情感反应是研究目标或者对研究目标很重要的话，那么这个案例还是有用的。

6.5　激励机制

有一个普遍被接受的方法论假设：经济学实验应当具备激励相容（incentive compatible）的奖励机制。从大意上说，设计激励相容相当于设计实验，使得被试者能够被激励，从而对实验者希望观察到的特定问题给出真实的回答。而货币（或者其他）激励的存在，则与任务表现相关，这显然不是激励相容的保证。事实上，不适当的与任务相关的激励的构成很可能是回答偏差的来源。例如，假设实验者希望知道个体关于放弃他被赋予的特定物品的意愿。换言之，他们在寻找这个问题的一个真诚的答案，即让你对持有该物品和出卖它感到无差异的最低价格是多少？现在，考虑一个自然的设计——被检验者将被真实支付那个他们所陈述的价格。这种支付方法对报酬最大化的被试者提供了激励，使得被试者对不同问题做出不同回答。②

对激励相容的追求引发了一些有趣的方法论问题。其中一个问题来源于以下事实：实验设计只能被判断为相对于某些行为理论（例如关于偏好的或判定过程的假定）是激励相容（或不相容）的。考虑到对于传统决策行为模型的经验挑战，这导致了一个有趣的问题：在什么程度上我们能够依据那些被实验证据挑战的理论来设计实验？我们在本节需要讨论的首要内容是，有效的激励机制的发展不能仅仅来自先验的理论分析，而是能够并且应该被那些关于个人实际上如何行为以及在实践中运作的是

---

①　对于弗兰克的行为的其他可能解释是，例如，误以为自己的运气会好转或者不顾一切地孤注一掷。但是这些解释都有一个特点，就是如果让弗兰克在独自冷静思考后再做出同样的选择，那么这些解释就不一定正确。

②　另一个例子是竞赛报酬。被试者在整个实验中根据不同的任务结果积累分数，但是只有最后最高分的赢得者才能获得货币报酬。这个系统严重扭曲了激励。例如，任务是博弈。让被试者进行非零和博弈，以分数表示的报酬是这个博弈的工具。然后竞赛报酬结构的使用将完全改变该局势下的策略结构，从而会将该博弈转变为零和博弈。

哪种机制的实验证据所验证。因此我们支持区别理论上的激励相容和行为上的激励相容 (Kaas and Ruprecht, 2006)，理论上的激励相容的激励机制设计是基于关于理性的先验理论假设的，行为上的激励相容需要关于人们实际上如何做出选择以证明激励方案实际上有效的经验证据。

为了激发这个讨论，我们首先考虑在实验经济学中最常使用的激励机制之一：随机彩券激励方案（RLI, random-lottery incentive scheme）。[①] RLI 的主要特征是它能帮助观察每个被试者的多重任务回应。实验者希望得到每个被试者的多重观察值有合理的原因：这使得在很多研究目的下，被试者内部的行为比较成为可能，这也许是很有趣的；并且，考虑到招募被试者的固定成本，增加任务数目比增加被试者更加节约成本。然而，从数据判读的角度来看，假设被试者在对每项任务做出回答时都仿佛他们只面临这一个决策，这也是很重要的。RLI 的目的是鼓励被试者孤立地对待每一项任务。在专栏 6.1 中，我们表述了标准 RLI 和它的一些变形。

☞ **专栏 6.1**

RLI 方案和它的变形

在标准的 RLI 方案下，每个被试者都要完成许多截然不同的决策任务。这些任务可能是实验者感兴趣的任何问题，比如在消费束中做出选择、估价、博弈中的策略选择等。每项任务都要有一个界定明确的报酬结构，每个被试者的报酬都是一个函数，这个函数是关于被试者自己的选择、其他实验参与者的行动（在策略博弈中），以及（或者）环境的变动（在机会博弈中）的。在实验开始时，要确保每个被试者知晓如下内容：当一系列任务完成时，会随机选出其中一项任务，根据这一项任务的结果支付该被试者的报酬。对任务的随机选择就是随机彩券。那么基于被选中任务的报酬就是被试者在整个实验中唯一获得的与任务相关的报酬（尽管这项报酬也许会和出场费合并）。[②]

尽管只有一项任务最后会变成现实，但是 RLI 鼓励被试者把每一项任务都当做现实去考虑，并且把每一项任务都当做面对的唯一任务。如果被试者确实用这种方式来思考 RLI 的任务，那么这种运行机制通常会得到令人满意的结果，因为这些结果剔除了金钱效应；如果从任务中获取的报酬会对随后的决定产生影响，那么金钱效应就会发生。此外，如果任务的数量太多，那么每一项特定的任务实现的概率就会非常小，以致无法吸引被试者的注意力和努力。

---

① 这个机制被库彼特等人（Cubitt et al., 1998a）讨论过了。它经常被用于个人选择实验，但是在博弈和市场实验中也许不是很常见。然而，在原则上，大部分支持和反对该机制的论据被应用于以上全部三个环境中时是一样的。

② 这种制度的一种变形是所有被试者完成一些任务，然后随机选取出一组被试者进行支付。

RLI 系统的一个变形是允许被试者的回答决定随后任务的特征。比如说，对于个体被试者，可以使用前面关于个体水平特征的决策（例如风险态度）来交互式地设定后面任务的参数。[①] 约翰逊等人（Johnson et al.，2007）论述了带有这种特征的 RLI 的一种版本。有效地使用这种方法意味着对于整个实验来说实验设计的各个方面都变得内生了。这违背了最优设计的哲学观点（Moffatt，2007），这个哲学观点认为在任何实验局开始之前，喜好就决定了所有相关的设计特征。的确，一旦设计特征变得内生了，就存在破坏激励相容性的可能：被试者可以通过故意做出错误的回答来操纵实验，试图获取更多令人满意的任务参数以操纵任务结果。哈里森（Harrison，1986）已经找到了相关的证据来证明这一切。处理这个问题的一种方法是使用改进的 RLI，在这种版本中，决策问题的全集将在一开始就被决定。然后从这个全集中非随机地抽取一组问题序列，对每一个问题的选取都依据先前的回答，以此来代表中立。但是在一开始需要明确，最后变成现实的那个问题是从全集中随机选取的，而不是仅从已经解决了的问题的子集中选取的。如果选取的是一个已经被解决的问题，那么就按照已做的选择进行兑现；如果选取的是一个未解决的问题，那么会要求被试者把这个问题当做额外的任务去解决，然后会立即将其变为现实。这种改进的 RLI 机制的至关重要的特征是，每一位被试者做出的选择对执行随机抽样的问题集没有任何影响，对每个问题被选取的概率也没有任何影响。在期望效用理论的假设下，正是这种特征确保了激励相容。

另一种变形是基于尼古拉斯·巴德斯利（Nicholas Bardsley，2000）的条件信息彩券（CIL，conditional information lottery）的。CIL 最初被应用于公共物品实验，巴德斯利希望通过这一实验观察到在其他被试者过去作出贡献的特定历史条件下，被试者们将如何表现。这里的问题是如何设计那些历史。一种可能的做法是进行许多博弈然后等待历史的出现，但是这样会付出很高的成本和耗费时间。另一种可能的做法是伪造历史，但是这样会与传统的禁止欺骗原则发生冲突，这一点我们在后文会有论述。CIL 提供了另外一种解决办法。被试者进行多重博弈（multiple games），每一项博弈都有一个详细说明的历史环境。被试者会被提前告知，所有这些历史环境中只有一项是真的，其他都是虚构的。他们也会被告知，在实验的最后，那项在真实历史背景下进行的博弈会被揭晓，所有人将会仅仅依据这项博弈中的结果得到报酬。

在一系列的任务中只有一项会变为现实，被试者直到实验结尾才知道哪项任务会成为现实，就这一点而言，CIL 和 RLI 是相似的。然而，与 RLI 不同的是，CIL 中的实验研究人员在一开始就知道哪项任务是最终会实现的，并且因为被试者也知

---

① 凯莫勒（Camerer，2003，42 页）满腔热情地推广这种方法："由于计算机处理技术力量的壮大，在人类历史上我们第一次可以实时改变实验程序的设计——实验者只需等待几秒钟，而不是过去的几天——以此来最优化在实验中得到的信息量。"

晓这一事实，所以他们也许会形成对真实任务的期望，并可能在完成一些任务时更加认真。但是，巴德斯利和莫法德（Bardsley and Moffatt, 2007）发现了在 CIL 实验中"仿制品"和真实任务的一致性，这在某种程度上减轻了上述担忧。

RLI 提供了一种很好的工具来阐释这样一种观点：这种观点主张特定激励机制下的激励相容是一种理论负载（theory laden）。设想在一项 RLI 实验中，有 n 项任务，用符号表示为 $t_i (i=1, \cdots, n)$。假设每一项任务都至少有两种可能的回答，并且作为标准，每项任务成为现实的可能性相等（都是 $1/n$）。如果对于每一项任务，每一个被试者给出的回答与他们在这项任务是真实的以及这项任务是他们唯一面对的情况下给出的回答是一致的，那么我们可以说这样的 RLI 实验是无偏的。

RLI 无偏性的一个充分条件是行为主体是期望效用最大化者。为了解释它，简单假设在实验的最后对参与者的最终报酬是单一的货币报酬，在每项任务中每一个可能的回答都会生成一种特定的关于这项最终报酬的概率分布（或预期）。我们用 q_{ij} 表示在任务 t_i 变为现实的情况下回答 j 所生成的预期。在这些假设下，如果独立地考察每一项任务，那么它可以被看做在各种预期中选出一个。[1] 现在考虑在某一 RLI 实验中，个体对任务 t_n 做出他的最终决定。从实验的总体来看，个体是在选择复合彩券 $C=(1/n)\{q_{nj}\}+q^*$ 中的最终元素 q_{nj}，其中 q^* 是由前面 $n-1$ 个回答决定的复合彩券 $(1/n)\{q_{1j}+\cdots+q_{(n-1)j}\}$。如果期望效用理论的独立性公理存在（见专栏 2.5 对其的定义），那么对任务 t_n 的回答将独立于 q^*，因此对该任务的回答也会是无偏的。因为对于实验中的任意一项任务都可以进行这种类似的论证，所以在期望效用偏好的假定下 RLI 是无偏的。

因为已经有大量的证据证明了期望效用理论的失败以及很多这种违背的原因是独立性公理的失效，所以简单地假设期望效用偏好无法提供在实践中使用 RLI 的符合要求的基础理论。这种担忧也为重新考虑在 RLI 程序下生成的一些证据提供了一种可能的理由。[2] 的确，霍尔特（Holt, 1986）已经表明，当被试者具有非期望效用偏好时，RLI 可能是一种有偏的方法，就像在第 4 章讨论的那样。这个结论依赖如下两种假定：一种假定涉及简单彩券的个人偏好，另一种假定涉及被试者在内心处理 RLI 实验中的一系列任务时使用的方法。霍尔特检查了包含简单风险选择的实验，并假定个体把整个实验视为在一系列复合风险中做出一个单独的选择。他还假设个体通过使单个风险的概率相乘来把复合风险转化成简单风险。然后霍尔特表明，在非期望效用偏好存在的情况下，RLI 实验中的回答可能是有偏的。

然而，很显然，当给定关于被试者如何处理任务的不同假定时，任何非期望效

---

[1]　在包括风险选择的实验中，每一项任务均精确地是定义明确的预期中的一次选择，在这种情况下，这样的假设是温和的，但是在其他情况下，这种假定也许有些苛刻。

[2]　但是注意，不管 RLI 是否是无偏的，在 RLI 实验中观察到的对期望效用理论的违背是与该理论相违背的，这种偏差的存在本身就是期望效用理论失败的证据。

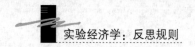

用偏好的存在都会使得 RLI 是无偏的。例如，在处理一个复杂的 RLI 实验时，被试者可能在处理每一项任务时都仿佛把它作为一个独立的决策。如果被试者用这种方式处理这些任务，那么就会立即验证如下观点：无论被试者是否具有期望效用偏好，RLI 都会是无偏的。

RLI 是否是有偏从根本上说是一个经验主义问题，对这一问题的现有研究得出了一些结论。斯塔莫和萨格登（Starmer and Sugden，1991）进行的检验表明了个体在处理风险时并没有完全按照霍尔特假说中假设的方式进行。但是，拒绝接受霍尔特最初假设下的模型并不意味着 RLI 在通常情况下就是无偏的。霍尔特的猜想是这样一个特定的模型：在 RLI 实验中，当被试者具有非期望效用偏好时，一项任务中的行为是如何受到其他任务的存在的影响的；并且虽然斯塔莫和萨格登拒绝了霍尔特提出的特定模型，但是他们的检验并没有排除这样一种可能性，那就是 RLI 实验中由于其他任务的存在，在某种程度上可能会使得被试者对一项特定任务的回答是有偏的。库彼特等（Cubitt et al.，1998a）、毕替和鲁姆斯（Beattie and Loomes，1997）、威尔科克斯（Wilcox，1993）、海伊和李（Hey and Lee，2005a，2005b），以及劳里（Laury，2006）的几个后续研究，进一步阐明了 RLI 的可靠性。以这项研究为基础，似乎没有什么证据证明对 RLI 的使用会使决策有偏。然而，没有出现显著的有偏并不能保证 RLI 在每一次应用中都是无偏的，在缺乏相反的证据时，尽管事实是它最显著的经济学理论辩护（根据期望效用理论）从经验的角度看似乎是无根据的，但它确实提供了一种应用该方法的相对可靠的经验基础。

因此，从实用角度看，即使在被试者违反独立性的情形下，RLI 方案也是合理的。我们猜想这可能是因为当应用 RLI 方案时，对于被试者而言，把任务隔离开来对待是一种非常自然的、认知上容易的方法。在这种解释下，RLI 方法通过引入一种特定的可以提高任务回答无偏性的直觉推断来有效地运作，这可能仅仅是一种令人愉快的巧合。[①] 这一猜想显示似乎所有更合理的反对证据——在期望效用理论下另一种激励方案也有效的证据——在实践中都显然失败了。这也就是二元彩券激励（BLI，binary lottery incentive）方案，已经在第 1 章描述过（参见例证 3）。这个方案的设计旨在诱导实验被试者的风险中性偏好。在这种机制的标准化执行中，被试者将完成会获得奖励的任务，但是这些奖励不以货币形式支付；取而代之的是发给他们一些彩票，这些彩票决定了被试者在大彩券中赢得固定金额的货币大奖的概率。如果被试者是期望效用最大化者，那么他们应该具有关于彩票的线性效用（因为彩票仅仅是在大彩券里中奖的概率单位），因此被试者对该任务奖励做出的反应应该仿佛他们是风险中性的那样。遗憾的是，并没有什么证据表明这一方案按计

---

① 这种直觉推断与卡尼曼和特维斯基（Kahneman and Tversky，1979）所考虑的方式有相似之处。关于这一点在 RLI 方案上的应用，参见库彼特等人（Cubitt et al.，1998a，第 1 章）的研究。

划那样发挥了作用，并且有些证据（例如泽尔腾等人［Selten et al.，1999］的研究，参见例证 3）得出了与上述计划相反的结果：BLI 使得被试者变得更加风险厌恶了。注意到 BLI 运行的机制，被试者必须考虑到如下的事实：每一项任务都是一个更大的奖励方案的组成部分。因此，如果我们对 RLI 为何有效的猜想是正确的话，那么同样的猜想可以解释为什么 BLI 是失败的。也就是说，如果在多任务的实验中，被试者倾向于隔离对待每一项任务，而忽略每一项任务都是一个更大的奖励方案的组成部分这个事实的话，那么 RLI 就会有效，而 BLI 就会失败。

上述对 RLI 和 BLI 的讨论引导我们着重注意两个关键点。首先，这些案例说明对激励相容约束的要求取决于对行为的假设。上述事实把我们带回到在第 3 章最后讨论的问题，因为这样的假定可以被视为辅助假设，所以这些辅助假设成为了实验者在实验检验中呈现证据时的一个组成部分。其次，虽然在过去实验经济学家在期望效用理论条件下已趋于推广这一具有激励相容性的机制，但是现在已经非常明确的是，在许多实验室任务中，期望效用理论已经在经验上失效了。因此，如果实验程序想要变得可靠，那么它们必须建立在尊重人类行为的经验事实的基础上。下面的证据使得第二点更加具有说服力：激励机制的效果取决于它们被执行的特征，这些特征与传统的理论选择观点是不相关的。我们在不含货币估值的两种常用机制下证明这一点：贝克尔—德格鲁特—马尔沙克机制和维克里拍卖。

☞专栏 6.2

激励估价任务的机制

加里·贝克尔等人（Gary Becker，1964）提出的贝克尔—德格鲁特—马尔沙克机制（下文简称 BDM 机制）引出了支付意愿和补偿意愿。在出售商品的情形下（可以用相同的方法分析购买商品的情况），被试者拥有某种特定的商品，被要求给出一个保留价格，并且知道当他们报出他们的估价时，一个随机的价格将会被抽取。① 如果随机抽取的价格低于卖方的估价，那么被试者就不会出售商品。如果随机的价格大于或等于估价，那么被试者会接受这个随机价格并且放弃该商品。众所周知，期望效用最大化者会报出真实的估价。同时也不难想到，当被试者是非期望效用偏好者时，这种机制会引致偏差（Kami and Safra，1987）。BDM 机制已经被广泛应用于一系列实验应用中，包括专栏 3.4 中提到的偏好反转现象的实验。

另一种被广泛用于在实验中引出估价的是维克里拍卖（由威廉·维克里在 1961 年提出）。一般来说，对于销售商品的情况，维克里机制是这样发挥作用的：存在两个或以上的行为人，每个行为人都拥有一个单位的商品；每个行为人都提交

---

① 对于抽取随机价格的这个价格分布的选择应该对卖家所报估值价格没有影响。然而，一个自然的对分布的选择通常是一致的，在其中选择一个最大值作为支出的合适上限。

一个不公开的出价，并且 $n-1$ 个给出最低出价的行为人最终售出商品的价格都要等于第 n 个最低出价。因为每个行为人都对商品有独立的个人估价，所以让每个人报出各自的真实估价只是一种弱占优策略。维克里机制被应用最多的一种变形是所谓的第二价格拍卖（second-price auction），其中 $n=2$，只有两个行为人。从理论上来看，BDM 机制和维克里拍卖机制有很密切的联系，因为 BDM 机制可以被认为是第二价格拍卖的一个特例，即只有两个出价人，其中一个是随机出价。

回顾我们之前对 RLI、BLI 以及杜赫姆—奎恩问题的讨论，需要一些关于行为人行为的假设，才能够宣称这些引致价值的机制是激励相容的。我们再次假设期望效用最大化，这就为 BDM 机制和维克里机制提供了理论基础。然而正如我们已经讨论过的，期望效用理论不能为这些机制提供满意的实践基础。因此，关键的问题如下：这些机制的激励动机是否在行为上是可以兼容的？也就是说，这些机制是否会鼓励被试者诚实、认真地回答研究人员想知道的问题？这些问题的答案部分地取决于这些机制的实施细节。

让我们以 BDM 机制作为例子。在出售商品的任务中，BDM 机制会照惯例要求被试者报出一个可调整的保留价格，而且他们知道这个价格之后将和一个由指定分布给出的随机价格进行比较。采用这种一般步骤的实验已经发现即便是与该估价相对较小的差异也会非常显著地影响已经报出的估价。例如，Bohm 等（1997）指出引致价值与随机价格的上限正相关。这类例子说明 BDM 机制不是普遍激励相容的，虽然有理由说明它的一些变形比其他机制更加可信。另外一种执行 BDM 机制的方法是向被试者提供一组升序（或降序）的离散出价，他们必须针对每个价格决定他们是否出售商品。在 BDM 的这个版本下，被试者知道当他们完成任务时，一个价格将会被随机选出，他们刚才关于在该价格下是否出售商品的决策将被执行。有证据表明这种二元选择结构的 BDM 执行方式是一种更可靠的引致估价的方法（Braga and Starmer，2005）。

执行细节也起关键作用的一个可能原因是，细节可能会改变被试者对任务的理解和思考方式。注意，从被试者的角度来看，两种任务可能是完全不一样的：在 BDM 的第一个版本中，被试者必须制定一个单一的开放式的估价，由于随机价格的偶然性，结果可能不同。从被试者的角度来看，在这个含有这样的推断的任务中，什么是最好的决策是很复杂的。在 BDM 的第二个版本中，被试者被鼓励去思考一系列成对的离散比较。每个单独考察的任务都只需要被试者报告出在一对简单的备选项间的排序。因此，BDM 机制的这第二个版本——二元选择，本质上是一个关于一系列成对选择的 RLI 实验。有理由假设，一个行为人使用这种方法能够非常好地完成任务。因此，任何解释 RLI 机制显然成功的理由也支持执行 BDM 的第二个版本。

有人认为被试者可能难以理解这些机制的一些执行方法，这和一些证据是吻合的，有证据表明随着被试者在 BDM 机制和维克里机制的实验中获得了经验，被试者的行为会发生改变。例如，在第二价格维克里拍卖中，大量的证据显示，随着行为人积累了关于交易机制的经验，至少对于一些类型的商品（比如小概率、高回报的赌博），WTA 估值倾向于大幅下降（Braga et al.，2009）。对于这些证据的解释是，刚开始的估值是对 WTA 潜在价值的高估，而在积累经验后对这个潜在价值进行了修正。并且有证据支持这一解释。最明确的证据可能来自这样的实验：在一个引致价值的市场中应用相关机制，在这个市场中个人用固定的现金偿还价值来对代币进行估价。在这种情况下，每个人的估价应该和他们自己的偿还价值一致，然而在使用这种方法的那些研究中还是出现了很大的偏差。例如，努赛尔（Noussair et al.，2004）研究了引致价值代币的 WTP 估价，分别使用了 BDM 机制和第二价格维克里机制。他的报告说，在早期时段，两种方法都出现了较大偏差，出价普遍偏低，但是几轮重复出价后，偿还价值开始向真实值逼近。然而，维克里机制明显是一种更为有效的引致机制：初始的出价与真实值较为接近，出价向真实值的逼近也更加快速。

这个证据清楚地表明，对于这两种机制，缺乏经验的估值都可能是不可靠的，关于该机制的经验可以在某种程度上提高估值的精确度。然而，如果现在就做出结论，那么在同一机制下，观察到的估值随着时间的推移发生变化总是可以证明估值的精确度提高了，这将是错误的。事实上，有许多证据反驳这个一般推论。比如尼奇等人（Knetsch et al.，2001）和布拉加（Braga et al.，2009）发现在维克里拍卖的不同的变形中的估价系统地逼近于不同的平均估价，即使这些变形在策略上是等价的。鲁姆斯等人（Loomes et al.，2003）报告说，即使在个人的估价完全独立的环境下，通过比较之前观察到的市场价格，在中间价格拍卖机制下个人的估价仍受到了系统的影响，或者说"塑造"。这样的研究结果表明，在同一机制下观察到的估价变化不总是被解释为噪声因素的减少。反而，它们也许证明了个人报告的估价的形成在某种程度上会受到所处的环境特征的影响。

这些例子强化了以下结论：以理性的传统模型为假定的纯理论思考无法推断出激励机制的可靠性。在实践中，考虑到被试者倾向于思考呈现在他们面前的决策问题的方式，重要的是使用被试者能够理解的实验程序。如果实验程序背后的科学目的不是足够地简单，或者不是足够地熟悉，为了让被试者能够立刻理解这些实验程序，那么就需要某种形式的实践或者培训。然而，这并不是说，所有的实验都应该采用实践和培训：对于一个给定的实验目的，如果要在一个不需要实践或培训的简单任务以及一个需要培训的更复杂的任务中间做选择，那么就应该选择前者，因为前者消除了不必要的复杂性，也消除了实践和培训本身产生塑造型偏见的可能性。

在本节中，到目前为止，读者可能已经了解到一些机制是有效的（至少在给予了适当的实践和培训的基础上），而也有一些机制是无效的。然而，通过强调在不同类型的任务中特定引致机制的功效也会有所变化来细化这个立场也是很重要的。

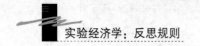

事实上，引致机制是否有效要取决于激发其使用的研究问题的类型。所谓的策略方法提供了一个对此的好的例证：这是一种已被广泛应用于实验博弈研究的方法。

☞专栏 6.3

策略方法

策略方法是一个在博弈中激发被试者反应的特定程序。通过一个很简单的例子就可以说明：在专栏 3.3 的最后通牒博弈中，两名参与者就一个固定大小的馅饼讨价还价。在标准化执行中，即不使用策略方法，产生的数据由观察到的决策所组成。也就是说，我们记录了先行动者的报价和回应者对此的反应。我们把这个标准程序称做直接决策方法。但这个标准方法的限制是它只揭示了回应者的部分策略：每场博弈中我们观察了回应者对实际报价的反应，但我们没有观察到回应者对其他可能报价的反应。

策略方法的基本思想是要求每个参与者展示他们的整个策略，也就是在博弈中可能出现的每一点上他们可能做出的每一个相应决策。在最后通牒博弈的案例中，在给出实际的报价之前，就需要回应者提前给出对每一个可能报价的条件反应。在一系列博弈（诸如最后通牒博弈）的背景下，一旦所有参与者的策略已经产生，就可以通过实施这些策略完成博弈。乌尔斯·菲施巴赫尔等人（Urs Fischbacher et al.，2001）执行了策略方法的一种变形，可以用于参与者同时行动的博弈环境。他们的实验涉及自愿贡献机制（见专栏 2.3）。这种设计的创新之处在于，每个参与者除了要做出贡献多少禀赋给公共物品的通常（非条件）决策外，还要提供一个列表，陈述在其他参与者平均贡献额度的不同水平上该参与者自身愿意贡献的数额。参与者知道，在两种类型的决策做出之后，博弈将按照所有人（除了一位参与者外）的无条件策略以及一位随机选取的参与者的条件决策来执行。因此，这种策略方法的变形为获取同时行动博弈中的策略提供了一个巧妙的程序。

在一般情况下，策略方法的一个吸引人的特征是能得到更丰富的数据，因为它包含关于参与人在实际博弈过程中可能不会出现的信息集中将如何博弈的信息。在实际博弈中很难观察到特定的利益信息集合的情形中，这一特征就显得尤为重要。例如，使用直接决策方法，我们很少能观察到回应者如何对最后通牒博弈中非常低的报价做出反应，因为在最后通牒博弈中非常低的报价本身就罕见。

泽尔腾（Selten，1967）首先提出了这种方法，罗斯（Roth，1995b）做了进一步的详细讨论。这种方法被阿克塞尔罗德（Axelrod，1984）、米茨克维茨和内格尔（Mitzkewitz and Nagel，1993）、泽尔腾等（Selten et al.，1997）、博尔顿（Bolton et al.，1998）、克泽尔和加德纳（Keser and Gardner，1999）、蔡内斯和拉宾（Charness and Rabin，2002），以及福尔克（Falk et al.，2008）等人广泛应用在了实验研究中。

　　从标准博弈论的角度看，直接决策方法和策略方法在博弈中都是获得决策结果的有效程序，我们可以预期通过这两种方法收集到的参与人的策略应该是一致的。虽然比较不同方法得出的结果是否相同的实验相对比较少，但很多研究揭示了这个问题。目前的发现并没有确定的结论。一些研究发现了极少的（如果存在证据的话）证据证明了两种方法间存在差异（Brandts and Charness，2000；Oxoby and McLeish，2004；Muller et al.，2008；Fischbacher，Gächter and Solnick，2007）。然而，其他一些研究揭示了两种方法之间有显著差异（Guth et al.，2001；Blount and Bazerman，1996；Brosig et al.，2003）。例如，珍妮特和布罗西希等人设计了一个受控检验来检验直接决策下的博弈和策略方法下的博弈间的差异。在他们的设定中，参与者进行的是双人的连续博弈，每个人只能行动一次。图 6—1 就是他们的博弈的一个例子。

　　这个博弈有一个唯一的子博弈完美均衡，也就是双方都选择下面的路径，结果是决策者Ⅰ（先决策者）的报酬是 10，决策者Ⅱ（后决策者）的报酬是 7。但是这个均衡不是最有效的：如果决策者Ⅰ选择上面的路径而决策者Ⅱ选择下面的路径，那么两个决策者都能达到更优的报酬 12；并且选择下面的路径的先决策者（按照他们的均衡策略）会谴责后决策者，使他得到相对较低的报酬（相对选择上面的路径而言）。这个博弈的一个有趣特点是，决策者Ⅱ在他下面的两个选择节点间做选择时有机会惩罚决策者Ⅰ。也就是说，如果决策者Ⅱ选择上面的路径，那么他自己的收益只会减少一点（5 对 7），却会显著损害决策者Ⅰ的收益。

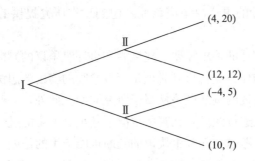

图 6—1　布罗西希等人的惩罚博弈

　　布罗西希等人发现，在直接决策方法下进行该博弈，较低决策节点的决策者Ⅱ中的绝大部分事实上都会利用这种惩罚的机会。回想一下其他博弈（诸如最后通牒博弈）中的结果，我们就会发现惩罚博弈中这样的结果并不令人惊讶。然而，本研究的一个新奇的发现是，当使用策略方法获取参与者的反应时，决策者Ⅱ很少选择较低节点以实施惩罚。

　　怎么解释这种差异呢？布罗西希等人推测，这可能是因为对于决策者Ⅰ选择下面的路径这一行为，两种程序激发了决策者Ⅱ对此的不同的情感（或者"发自肺腑的")反应。也就是说，在直接决策方法中，对于决策者 I 使得他们都无法得到更高报酬 12 的这一行为，在较低的决策节点的决策者 II 可能会感到愤怒，这种愤怒可能会促使决策者 II 惩罚决策者 I。相比之下，如果使用策略方法，决策者 II 不得不想象当处于较低决策节点时会如何感受。观察到的设置间的这种差异来自如下假设，即一个人设想中的情感无法达到真实的情感反应水平。也就是说，你必须设想在那种情形下的感觉，并且要由此激发行动，比如因愤怒而导致的行动。这个解释与越来越多的证据一致，表示人们很难预期自己未来的情绪。

假设这是正确的解释，那将否认对策略方法的使用吗？我们认为不是的，至少不是所有的应用。如果在一些策略交互作用中，情感反应对于决策设定是一个重大因素，并假设该策略方法未能激起情感反应，那么在预期情感反应相对于有兴趣的现象是重要决定因素的实际应用中将反对使用该方法。此外，在有理由认为情感的作用非常小的决策问题中，策略方法仍然应该被辩护并作为一个实际的研究工具。并且，如果目前的研究需要研究人员尽可能控制决策中的情感因素，那么策略方法就是一个理想的研究工具。①

但总体而言，该例证增强了我们的论点，我们不应该认为引致程序本质上是激励相容（或不相容）的。一种机制是否适用于特定研究环境取决于研究者的研究目的。给定一个研究问题，判断一种特定机制是否适合该研究，最终取决于关于在相关领域的研究中是什么决定了被试者行为的某种理论。由于研究人员常常试图找出更多关于被试者如何做决策的问题，这类判断就必须取决于我们不是完全肯定的假设。虽然我们对这些事情的理解必然是不完美的，但是似乎可以合理地认为关于研究设计的更优决策应该要考虑到现在研究提供的关于人类动机的多重视角。

如果对激励相容性的追求需要一些微妙和也许有争议的判断，那么这就意味着认为任何令人满意的任务支付机制必须是兼容激励的奖励的想法是错误的。在我们看来，关于奖励合适性的判断应该从属于研究问题。此外，一些有趣的研究问题虽然值得调查，但很难进行激励，在某些情况下甚至是不可能进行激励。

作为一个例证，考虑在任务中快速的判断可能产生的偏差。一个众所周知的例子是关于视觉错觉的一个任务。被试者被要求回答图 6—2 中两条水平线哪条更长。

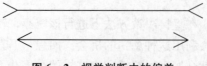

图 6—2 视觉判断中的偏差

---

① 例如，可能在一些情况下被试者可以预测一些情感反应，但是不把它们视为理性行为。这样的被试者可能会执行策略方法中事先承诺的决策，以显示他们经过思考的观点是恰当的反应。如果确实是这样的话，那么当人们希望研究这些观点时，这将提供一个使用策略方法的原因。

人们第一次接触这个任务时常常认为上面那条线更长，即使事实上它略短。现在，假设有一个调查员有兴趣知道在被试者快速估计两条线哪条更长时是否都有这种错觉。[①] 在这种情况下，因为这里特殊的研究目的，引入一个关于选中更长水平线的货币激励可能会适得其反。如果被试者知道他们能够正确地识别哪条线更长就能得到奖励，否则没有奖励，那么他们就会受到激励，不完全信任他们的最初判断并且花更长的时间努力弄清楚哪一条真正更长。此外，在这种情况下，激励越大，研究人员观察到的结果越不可能是他们希望得到的真正的快速判断。

虽然这个例子与经济学的关联性可能会受到质疑，但不难想到在广泛的经济学背景下可能存在关联性很高的其他判断错误。例如，有一个被广泛引用的证据（Bar-Hillel，1980），在应用贝叶斯法则（一个著名的公式，使用其他条件概率和边际概率给出一个事件的条件概率）才能做出正确判断的概率判断案例中人们会犯系统性的错误。这可能是因为贝叶斯公式是一个大多数普通人不实践的数学工具，同时也因为应用正确方法得出的结果是违反直觉的。例如，假设你被告知司机酒后驾车导致事故的概率是清醒时驾车出事故的概率的十倍，并且在午夜和凌晨 2 点的时间里占比二十分之一的司机是醉酒的。现在，如果你观察在这个时间段发生的事故，那么你应该认为极有可能是司机喝醉引起事故。许多人可能会倾向于这么想，但是正确的答案是"不"。尽管酒后驾车有十倍的危险，但醉酒司机出事故的条件概率只有 0.34。

我们认为，当快速的判断是研究目的时，对判断任务实施激励可能会适得其反。这可以联想到实验经济学家希望研究的其他问题，在其中激励措施本质上就有问题。

我们将进一步在第 7 章探索一个例子，即选择中的信心。巴特勒和鲁姆斯（Butler and Loomes，2007）描述了被试者的信心将如何说明对不精确偏好的模型的研究。

另外一个例子涉及连续决策背景下行为人的计划。[②] 在连续决策研究中一个重要问题是被试者是否是动态一致的，他们的后续行为是否符合他们最初的计划。虽然在实验室建立一个连续决策问题并观察被试者的行为是很简单的，但是由于尚不清楚如何引出他们的最初的计划，因此无法评估他们的行为是否符合最初的计划。实验者发现了回避[③]这个问题的方法，但还没有人能直接使用与任务相关的激励来

---

① 因为许多原因，研究快速决策中的偏差问题是很有趣的，而不只是因为它们可以得出重要的结论。例如，众所周知，当做出草率的判断时，人们倾向于高估大雾中的距离——这种倾向会对道路交通产生严重的后果。

② 关于连续决策的最近研究，参见 Cubitt 等（2004b）。考虑了计划的例子参见，例如，Barkan 和 Busemeyer（1999）、Bone 等（2003，2009）、Hey（2002，2005b）以及 Hey 和 Knoll（2007）。

③ 库彼特等人（1998b）的研究表示，只使用行为的数据可以检验被称为时间独立性的条件。时间独立性虽类似于动态一致性，但不完全相同，因为时间独立性不参考计划。布斯迈耶等人（Busemeyer et al.，2000）以及约翰逊和布斯迈耶（Johnson and Busemeyer，2001）也报告了相关的研究。布恩等人（Bone et al.，2003，2009）及海伊和诺尔（Hey and Knoll，2007）的研究表示，给定关于偏好的某种假设，有可能从关于被试者是否以及多久进行提前计划的这些行为中引出结论。

解决这个问题。这几乎，也许是完全，不可能提供一个货币激励以真正激励出最初的计划，同时还保持检验决策一致性这个研究目标不变。特别是试图激励被试者陈述仔细考虑的真实计划，如果他们后来的行为确实是按照计划执行的，那么就给予他们货币奖励，但这根本就是不可行的。因为这就提供了一个激励，使得被试者按照计划修改后续行为，所以无法正确检验动态一致性。也不能通过要求被试者执行他们的计划来激励他们明确陈述计划，因为这相当于让被试者提前承诺。[①] 在可能存在内心冲突的情况下动态一致性也许会成为一个问题，并且在这些情况下，在事先承诺不可行时被试者承诺做什么和计划做什么是存在差异的。

例如，如果没有提前承诺，那么一些老练的被试者会想到他们可以重新考虑他们的计划，并且会执行任何被重新考虑的计划。相比之下，如果提前承诺了那么就无法执行被重新考虑的计划了。一个日常生活中的例子是，人喝酒之后还想再喝一杯。如果是老练的人，那么他可能这样计划却实际上整个晚上都坚持喝矿泉水。但是，如果提供一种机制允许他承诺喝不超过一杯的酒，那么他可能会这样承诺并且喝一杯啤酒。如果是这样，那么他提前承诺时的行为和没有提前承诺时的计划就存在差异。这并不是说无提前承诺时的选择无法提供完全的信息，只是如果不提前承诺，那么被试者的行为会和原先的计划不同。如果试图采用激励手段引出被试者对于某决策问题的计划，那么可能存在这样的风险，即引出的反而是针对另一个决策问题的行为。

如果是像我们讨论的那样，有些类型的任务本质上就是很难——如果不是不可能——激励的，那么坚持对所有任务使用与任务相关的激励，就会使特定的研究主题不能进行。我们认为这会不必要地缩小实验研究的范围。此外，这样缩小研究范围不符合其他经济研究领域中管理研究的常规。例如，现在有很多人对人类幸福感的决定因素很感兴趣。[②] 标准计量经济学对这一现象的研究使用的是来自多种研究的对幸福感的度量标准。尽管事实是这些对幸福感的度量标准来自被试者在无激励情况下的自我报告，但这些研究的结果发表在了顶级期刊上并在学术和政策界被广泛讨论。它们似乎把其他人对幸福程度的判断与其他快乐指标关联起来了。这种关联性越高，用被调查者提供的信息来构建的度量标准就越可信。鉴于此，我们认为用更开放的态度看待激励在实验中的作用，不仅从科学的角度看是可辩护的，而且

---

① 这种机制有一些变形。一种变形是引入一个违背原先计划的小额罚金（Hey，2005b）。但这样操作的效果也和事先承诺机制一样。另一种变形要求被试者先陈述一个计划，再依次执行决策问题，然后使用随机的机制来决定报酬是根据计划的行为支付还是根据实际的连续执行行为支付（Barkan and Busemeyer，1999）。原则上，可以使用激励机制构造一个在初始问题中无法得到的博弈。还有一种变形是让被试者做出一个承诺，并相信这个承诺有束缚作用，然后突然给他们一个违背承诺的机会（Camerer，1989）。但是这种机制引出的是当被试者认为事先承诺有效时他们的行为，而不是他们在初始问题中计划的行为。

② 参见 Oswald（1997）、Di Tella 等（2001）、Clark 等（2008）和一些综述，比如 Frey 和 Stutzer（2002）、Layard（2005）、Frey 等（2008），以及《经济学展望期刊》2006 年冬季刊和《公共经济学杂志》2008 年八月刊中的专题论文集。

与盛行于经济学家的更广泛的学术群体中的对数据的普遍态度相一致。

到目前为止，我们认为判断一个实验设计是否适合使用（或不使用）与任务相关的激励的关键标准是这个激励机制是否服务于实验中的研究目标。然而，可能存在一些情况，即一组实验研究者使用的某种设计特征可能不适用于其他研究，错误地应用这种设计特征可能会损害其他研究者完成实验目标的能力。如果特定的设计类型有显著的负外部性，那么这种情况也许意味着在这些直接研究目的下要对设计选择增加约束条件。事实上关于可能会出现负外部性的例子，我们只能想到一个明显的设计特征类别，即使用欺骗作为实验工具。

☞ 专栏 6.4

欺骗：负外部性的例子

禁止欺骗行为几乎是实验经济学家（与心理学家相反）普遍接受的。那些违反了这一点的研究会受到严厉批评，而且很难（如果并非不可能的话）发表在被行业普遍认可的期刊上。

没有外部性的担忧，欺骗被试者可能会是一种实现特定实验目标的便利方式（Bonetti，1998）。[①] 例如，欺骗性的方法可以提供一个工具让被试者认为他们的目的和实验目的是相一致的，这很难通过其他方式实现（可能因为花费太高或在伦理上受到质疑）。虽然从这点来讲有时候欺骗是吸引人的，但大多数经济学家不主张在实验中欺骗（Hey，1998；McDaniel and Starmer，1998；Hertwig and Ortmann，2001，2003）。

在很大程度上，反对者认为实验研究人员和被试者之间的信任在研究中是很有价值的，即使只有限地使用了一点欺骗，这种信任也可能会被严重破坏掉。为了证明这一点，有必要阐释在对实验环境施加控制时信任所起的作用。例如，实验者想使用与任务相关的激励来创建一个特定的决策环境（如一个特定的博弈，或者一个有特定需求和供应计划的市场）。实验者旨在创建并把被试者引入到一个特定环境中来观察被试者的行为。但是被试者实际上按照他们自己关于所面对环境的信念行动。因此即使实验研究人员实际上向被试者提供了一种完整真实的对环境的描述，解释特定环境中的行为特征这一实验结果仍然需要进一步的假设，即被试者相信实验者的描述。如果怀疑了这样的假设，那么这将使实验者想要得到的结论受损。

显然，没有研究者可以（在当前的技术下）完全控制被试者持有的所有信念。他最多可以通过告诉被试者决策环境来部分地控制被试者的想法。但是，最重要的

---

① 也就是说，欺骗的反对者有时认为，如果被试者识破了谎言，那么即使是当前的这个实验目的也无法顺利达成。其他研究者，例如巴德斯利（Bardsley，2000）认为，一些看似通过欺骗手段达到的目标，通常都可以通过非欺骗的方法实现。

是，如果被试者普遍认为实验说明是不值得信赖的，那么研究者无法仅仅通过他自己的行为实现这种控制。如果其他研究者用了欺骗性做法，那么这个欺骗行为会在当地被试者群体中传遍（如通过口碑）。更令人担忧的是，随着有关实验方法的知识的传播，它也会被散播得更广泛，例如通过期刊和探讨实验研究的教学。这种传播途径的重要性不应被低估，因为实验对象往往是大学生。当被试者是来自研究人员所在学科的学生时，这一担忧就尤为重要了，因为在这种情况下他们更有可能知道一些该学科中实施研究的惯例做法。

鉴于在专栏 6.4 中讨论到的原因，有一个例子认为实验研究的内部有效性（详见专栏 2.1）通常要依赖于被试者足够信任实验者以至于也相信实验指示中描述的决策环境。在某种程度上，这种信任取决于所有研究员的行为，不仅仅是那些从事特定实验的研究员，这是因为，欺骗的案例背离了关于我们在本章其他地方讨论的有关激励的结论。事实上，我们同样认为应该在实验室中避免使用欺骗。①

除了学术界公认不应该有欺骗外，我们认为很少有关于激励的其他概括规则是被外部性论据支持的。因此我们在下一节总结本章主要观点时暂时不管它。这些涉及对与任务相关的激励的使用时，应该以这样的背景假设为前提：不管使用什么激励手段，都应该在承担相关任务之前如实告知被试者。

6.6　结论

在本章的开始，我们证明了在关于实验的经济学文献中使用与任务相关的激励是具有压倒性的优势的。我们的讨论显示了对与任务相关的激励的使用并不只是简

---

① 通过欺骗，我们已经告诉了被试者关于他们所面对的实验环境以及他们行为的可能后果（不是真的）。我们并不是说，被试者应该总是被告知关于实验的所有事，也不是说实验研究人员应该绝不允许任何一个被试者持有错误的信念。（在许多实验中，告诉被试者研究人员对其他被试者所做的处理会产生反作用，在经济学家中这一点是无争议的。相同地，认为必须要防止被试者在实验中产生任何错误的信念，这也是糊涂的，例如博弈论均衡概念中的一个，它的部分目标是观察被试者是否可以形成正确的信念，在本例中是关于每个人的行为。）在实验室中，什么是撒谎以及什么是仅允许被试者持有一个可能被证伪的信念，通常是相当清楚的；在实验室中谎言很有可能会破坏未来实验所要依赖的信任。但是，在撒谎和其他形式的隐瞒之间有时可能存在一个灰色地带；并且可能偶尔存在并非来自实验外部性的伦理关怀。考虑在实地实验中，实验研究人员没有告诉被试者他们正身处实验之中。如果被试者来自民众，在一个对他而言很正常的环境中他的行为被偷偷观察，那么将来实验室或者实地实验的控制被破坏的可能性就降低了。但是在伦理关怀的方式上，被试者也能被欺骗吗？这需要一些特例来解释。比较布莱恩和特斯特（Bryan and Test, 1967）报告的两个实验是很有趣的。在慈善捐助案例中，如果民众和助手捐的所有钱都确实给了救世军，但是在汽车轮胎实验中，那个女司机并不是真的孤立无援，那么就可以说，汽车轮胎实验更加具有伦理关怀，因为一些被试者被吸引过来，在没有实际需求的情况下付出了时间和努力。但如果这是伦理关怀，那么它就不会破坏将来的实验。

单地遵守常规惯例，具体研究会更加复杂。

　　对于激励措施为什么会影响被试者的行为，可能有几个原因。尽管立马出现在头脑里的更强激励的一个可能影响是诱导被试者付出更多的认知努力，但它不一定是唯一的也不总是最重要的。激励也可能激发出被试者在面对假设任务时无法完全投入的内部动机或刺激情绪。这些影响中的每一个都暗示了与任务相关的激励的一种不同作用，有时是有用的作用。

　　然而，不管是激发被试者的努力思考、引出他们的内部动机，还是任由他们受情感经历支配，这都取决于研究的目的。这个问题涉及很多因素，包括被检验理论的范围、可能被挤出的内部动机的本质、任务的类型等。在这种情况下良好的实验设计不是僵化应用规则，而是思考实验想要回答的问题以及激励对该问题的作用。对于一些研究目标，高水平的与任务相关的激励是重要的；而对于另一些目标，实施与任务相关的激励实际上可能是有害的。

　　通过对激励相容性的讨论，我们得到了多元的结论。虽然传统的实验都希望寻找可以合理适用于相对标准的理性行为模型的激励机制，但是激励机制的合理基础需要理解关于选择的心理学，这就可能超出标准方法，甚至与标准方法发生冲突。在实验设计中需要认真考虑理论的激励相容性和激励机制的可理解性之间的权衡取舍。我们反对所有经济学实验任务都必须有物质奖励的这个推断。不管在其他情况下与任务相关的激励的用处有多大，在某些情况下拒绝使用与任务相关的激励的惯例的结果反而会更好。

第7章 实验数据中的噪声和可变性

7.1 经济学和实验经济学中的噪声

虽然在这本书中，大部分内容都是关于方法论原则的主要问题，但是在本章中，我们主要解决一个与分析和解释实验数据有关的问题，相比之前几章，这个问题更加具体而且实际。

实验经济学的支持者通常主张经济学实验是非常适合检验经济理论的，因为比起观察到的自然经济环境中的经济行为，他们能在实验中对经济环境施加更大程度的控制。虽然这也许是对的，但本章将探讨针对以下两个问题的目前仍不充分的思考：对不同类型的实验数据应分别使用哪种检验，以及特定的零假设适用于何种条件。目前似乎还存在这样一个普遍的假设，即开发出来的供非实验数据使用的统计和计量经济技术可以直接应用于实验中产生的数据。但这是一个可靠的假设吗？本章将证明这不是一个可靠的假设，并指出这个明显的统计分析上的实际问题与本书前面讲到的一些主要方法论问题相关。

　　考虑作为大多数计量经济学研究基础的一般方法。经济理论中有很多这样的传统的成熟模型，其中一个变量——比如商品 X 的需求数量——是关于其他变量（比如商品 X 的价格、消费者的收入、X 的互补品和替代品的价格等）的一个函数。正如理论家用标准数学形式表示的，这就是主要的确定性模型，即，如果因变量是完全由自变量的值精确决定的，那么这个模型就可以表示为因变量是关于自变量的一个函数。计量经济学家使用任何可用的关于这些不同变量的数据，来检验这个特定模型的运行效果如何，并获得这些系数的数值估计以表示不同自变量对因变量的影响。

　　但在完成这项任务的过程中，他们通常会面临许多问题。第一，变量之间相互影响的方式可能无法完全用模型解释——或者即使它们能用模型解释，这个模型设定也并不一定精确地符合这些变量实际相互影响的方式。第二，实际上有许多变量都会影响因变量的值，但是它们的影响也许相对较小，并且（或者）这些变量的相关数据太少或根本无法获得。第三，最显著变量的数据可能是不完美的。这些数据通常含有测量误差，如果数据是来源于抽样程序的，那么它们还会含有抽样误差。第四（尽管一些人将此点看做第二点的子集），经济体中不同行为人的偏好和动机可能存在异质性，而这种异质性是很难被直接观察到的。第五，被试者内部（within-subject）可能存在可变性（variability），所以即使面对完全相同的状况，被试者在不同的场合中也可能会有不同的行为。以上这些都可能是噪声（noise）和误差（error）的来源，噪声和误差使得精确识别、量化潜在的核心关系变得困难。

　　因此许多计量经济学研究都集中于一组易控制的、理论证明是最重要的自变量，而在对所有其他影响因素进行建模时，认为其他影响因素对因变量的集体影响机制就如同随机误差一样。在这个框架下，我们可以检验某个特定变量是否具有显著影响，并且对比不同的模型或这些模型的不同设定。作为这个检验过程的一部分，误差项的稳健性假设也需要被考察，并且检验（或者从检验结果得出的结论）也许要根据这些考察的结果做出修正。

　　但是，实验和非实验数据之间是存在差异的，这也许意味着，至少我们应该认真思考，为非实验数据研发出的统计和计量经济技术该如何应用于实验数据。特别是，被试者内部表现出的可变性或者显示性偏好（revealed preferences）在大多数计量经济学的应用中，并没有作为一个单独的考虑因素起着显著的重要作用；且个体间偏好（目标）的异质性甚至还很有可能被掩盖。但正因为实验的目的就是控制非实验数据中许多其他噪声的来源，所以个体的信念、偏好和判断自身和相互之间的可变性都可能在生成实验数据的过程中起着更大、更重要的核心作用；而这对于分析和解释这些数据有着重要影响。

　　在非实验情况下的风险型决策（decision making under risk）中，人们基于他们自己的认知（perception），对结果的评价以及对风险的主观估计做出决策，而这些认知和评价在难以观测到的情况下可能差别很大。与之相比，个人决策实验通常包含一小部分明确规定的报酬，并且使用与明确的随机机制相一致的概率，正如我们在第 2 章中解释的那样。在非实验情况下的策略互动中，博弈论的必要条件（比如共同知识［common knowledge］）是很难满足的，因而我们就难以估计，关于策略和其他被试者的可得报酬，不同的被试者都知道或者相信些什么。与之相比，在实验室中进行策略互动时，研究人员常常会竭尽全力地使每个被试者的可行策略以及每个策略的相应报酬都成为被试者的共同知识，至少是在货币形式上的报酬。[①] 在非实验性市场中，通常的情况是，在一个广泛的价格范围内很少有人知道供给者的成本函数或者购买者的真实购买意愿。与之相比，市场实验可以引出相同的作为基础的需求和供给函数，然后研究不同的制度在这些条件下会如何运转（详见第 3 章中市场的引致价值）。

简而言之，在经典的检验理论的实验中，常规的实验思路是尽可能多地控制实验环境，然后将被试者带入到这个环境中，并观察他们的行为。在这种情况下，其他来源的噪声就大大减少了：数据中任何随机成分的首要的——或者至少是主要的——组成部分，就很可能是来源于被试者自身的。[②] 这样，为了对数据中的随机成分建模并且在进行适当的检验后做出判断，我们就需要对人类判断和决策中的噪声和误差的来源和性质进行建模。结果证明，不同的"误差来历"（error stories）对于我们设定的假设和用来区分不同误差的统计检验的有效性，有着完全不同的影响。

7.2 节将讨论在个人风险型决策环境中提出的三种不同形式的误差的来历。7.3 节将思考在检验博弈论的实验中出现的一些问题和得到的推论。7.4 节将回顾一些可能的策略来加深我们对实验研究法的理解，这个领域充满了挑战而且目前的研究还不够充分。

在下文中，当考虑到被试者自己的偏好和（或）加权概率时，我们着重关注个体的内在不确定性、不精确性、倾向对误差的可能影响。已经有大量的文献研究了被试者如何认识他们所处的实验环境和（或）会影响到自己的其他被试者的行为——例如，在重复的实验博弈过程中，他们如何使自己适应其他被试者的策略。凯莫勒（Camerer，2003，第 6 章）对学习模型（learning models）做了一个非常有用的评述，其中许多种学习模型都使用随机形式。但是我们的关注点在于被试者的回答的可变性，这种可变性不能简单地归因于反馈（feedback）和新信息的获得，但是这种可变性似乎是人类判断机制所固有的。

---

① 严格来说，标准的博弈论假设是：效用形式的报酬是共同知识。使货币报酬和博弈的其他特征成为共同知识的方法——例如，公开宣布一组描述这些信息的指示说明——实际上无法使效用形式的报酬成为共同知识。正如我们将在 7.3 节讨论的，如果不控制这些特征，那么其就很容易成为噪声的来源。

② 因为作为经济行为主体的基本人群很可能是异质的，所以抽样误差也可能是随机成分的一个组成部分。

7.2　个人决策实验中的噪声

这一节重点关注面临风险时，个人将如何做出决策。事实上，个人决策实验的范围很广，但是从风险型决策开始研究会更方便，因为在对标准理论的系统偏离和（或）比较一个决策理论相对另一个理论的效果如何这些研究中，已经有大量的素材可供我们学习，正如我们已经在第 2 章至第 4 章中讨论的。

在上述这些研究中有一个非常切题的特征，那就是这些研究试图找出当同一个决策者在两个或两个以上场合中——例如，不管是在相同的实验局里，还是在间隔了一两天的重复局里——被要求在很短的时间内完成完全相同的决策任务时，将会得到什么结果。大部分这类证据都是关于对照选择的。例如，格雷姆·鲁姆斯和罗伯特·萨格登（Graham Loomes and Robert Sugden，1998）进行了一项研究：在实验局的第一部分，他们要求实验被试者在 45 对简单的彩券（lotteries）中做选择，这里每个彩券中的报酬选项都不超过三个。然后他们让被试者进行一项短暂的"分散注意力"（distractor）的任务，几分钟后，再让他们做和刚才同样的 45 道对照选择题。这两个系列的题目的唯一区别是题目排放的顺序不同，这两次都是随机排放的；但这两个系列的题目的所有其他特征——尤其是每对题目的特定表述方式——都保持完全相同，这是为了尽量减少任何由表述或者框架影响引起的噪声。为了控制收入效应，他们使用了第 6 章专栏 6.1 中定义的随机彩券激励机制。

尽管研究人员努力使跨阶段的选择任务相同，但在许多次实验中，被试者在第一轮和第二轮面对完全相同的一对彩券时，却做出了截然相反的选择。事实上，在全部 3 680 个对比中（92 个被试者先后两轮分别做出 40 个选择[①]），有 676 个（18.4%）第二轮做出的选择与第一轮不同。[②] 这种在两轮选择中做出不同决策的行为在什么程度上会被认为是白噪声或者随机误差？当达到这种程度时我们将如何理解这种行为并且对它建模呢？

一种可能的答案是，这里观察到的不是误差，而是某种学习行为。有没有可能是因为在第一轮决策实验中，被试者逐渐学习到了如何更加理性地处理这些问题，或者逐渐发现了他们的真实偏好，在第二轮做选择的时候就显示出了这种经验带来的好处？这样一种解释与第 2 章中所讨论的发现偏好假说相一致，正如在专栏 2.7 中定义的。

---

　　① 在这里我们只关注不涉及明显占优（dominance）选项的 40 个选择，排除了一个选项严格占优于另一个选项的 5 道题目。稍后会做更多关于这些选项的说明。

　　② 这些反转率（rates of reversal）不是不具代表性的：在类似的情况下，当每一个彩券都不显著劣于其他彩券时，多达 30% 的被试者在相隔几分钟后的第二轮决策实验中，面对相同的题目却做出了不同的选择（Camerer，1989；Starmer and Sugden，1989；Hey and Orme，1994）。

　　事实上，有证据表明在实验过程中个体行为会有规律地变化。40 对彩券中的每一对彩券里，把其中一个彩券视为安全选项（S，safer option），把另一个视为风险选项（R，riskier option）。相比安全选项，风险选项通常能带来更高的期望价值。如果在被试者的第一轮选择中只有纯粹的随机扰动，且第二轮选择中也只有这种相应模式的随机扰动，那么我们就可以预测第一轮选择 S 且第二轮选择 R 的案例（记为 SR）和第一轮选择 R 且第二轮选择 S 的案例（记为 RS）是一样多的。但实验结果并非如此。在 676 个前后两轮选择不一致的案例中，407 个是 RS 型，269 个是 SR 型。如果零假设是第一轮和第二轮间的相反选择仅仅是因为随机误差，SR 和 RS 被观察到的可能性是相同的，那么一个标准二项分布检验将在很高的置信度上拒绝这个零假设。相反，似乎存在某种趋势，相比第一轮，被试者在第二轮中更倾向于选择安全选项——海伊和奥姆（Hey and Orme，1994）和巴林杰和威尔科克斯（Ballinger and Wilcox，1997）报告的数据也证明了这种趋势。但是，即使相反选择中 RS 型多于 SR 型是因为学习行为，也仍有超出 14% 的观察结果有待解释。这表明这些数据中包含很大程度的纯粹的随机变异。[①]

　　为了捕捉这种变异，近几年有三种随机模型在实验经济学中最为突出，也就是我们即将讲到的颤抖模型、费希纳模型和随机偏好模型。这三种模型将在下面详细阐述，包括它们各自的优势和局限性，以及针对个人风险型决策实验的不同形式的数据，它们各自如何从解释中做出推断。[②]

7.2.1　颤抖模型（The Tremble Model）

　　也许最简单的误差概念就是：虽然人们有某种真实偏好，但是在报告这个偏好的时候偶尔会犯些错误，可能是因为刹那的粗心疏忽或者其他一些类似的过失——简而言之，是因为一个疏忽或者"颤抖之手"（trembling hand）。在对照选择中，这种误差概念可以被规范地表述，即假设一个行为人虽然真实偏好一个选项，但是存在 ω 的概率会在把偏好转换为选择的过程中犯小错误并被研究人员观察到他选择的其实是不太喜欢的那个选项。直觉上，我们似乎难以相信 ω 会完全独立于题目备选项的特征。但是，当大卫·哈利斯和科林·凯莫勒（David Harless and Colin Camerer，1994）使用上述规范设定来推进违背独立性研究的元分析（meta-analysis）时，他们拥有被试者个体水平上的关于选择模式的不充分的详细信息，他

---

　　① 鲁姆斯等人（Loomes et al.，2002）试图使用计量经济学分析方法消除鲁姆斯和萨格登（Loomes and Sugden，1998）报告的数据中的随机变异和学习行为的影响。虽然他们的具体结论取决于对随机变异建模的方式，但总体情况是明确的：存在一个显著的学习效应，但即使在 90 道决策实验题的末尾，被试者的回答也仍表现出高度的随机变异。

　　② 我们的讨论借鉴了鲁姆斯（Loomes，2005），并且反映了许多其他人的研究，一直追溯到了鲁姆斯和萨格登（Loomes and Sugden，1995）。威尔科克斯（Wilcox，2008）最近提出了一个不同的但非常有用的评述，是关于我们这里所讨论的这些方法的。

们做出把相同的 ω 应用于全部选择题的这个十分粗糙的假设，是为了便于处理他们现有的总体形式上的数据。

在研究非传递选择周期（nontransitive choice cycles）对误差的可能贡献程度时，巴里·索弗和加里·吉格利奥提（Barry Sopher and Gary Gigliotti，1993）使用了一个较为精确的方法。在他们的研究中，他们不仅有被试者个体水平的数据，而且还允许不同选择题的 ω 可以不同，同时他们发现有证据证明 ω 这种可变性的存在。后来，鲁姆斯和萨格登（Loomes and Sugden，1998）使用上述小节中提到过的数据来检验"所有选择题的 ω 都相同"这个非常严格的假设，并有力地拒绝了这个假设。[①]

所以当数据中不包含任何更复杂的因素时，颤抖模型对直觉或经验的解释可能是有限的。我们也很难看出颤抖模型将如何应用于其他类型的决策问题，比如涉及确定性等价赋值（certainty equivalent valuations）的问题。假设真实情况是一个特定彩券的个人确定性等价是 5 美元。颤抖模型将（能）如何解释被试者报告出其他价格的可能性呢？其他价格中有多少也许是因为失误而被报告的？这些失误中的每一个小失误都是等可能发生的吗？

但是，因为已经有充分的证据表明，甚至在关于对照选择任务的实验中这个模型也表现欠佳，所以再投入时间和精力去将它推广到更广泛类型的实验中似乎意义不大。但这并不是说，失误和短暂的粗心疏忽在决策数据中完全没有影响。当要求被试者在相对较短的时间内完成大量的选择题，且这些题目的种类都比较陌生时，如果不出现这样的颤抖，那才会是令人惊讶的；而事实上，鲁姆斯等人（Loomes et al.，2002）认为"颤抖项"（tremble term）可以有效辅助其他用于确定选择中的随机元素的方法，但把颤抖模型作为主体模型是不可行的。

7.2.2 费希纳模型（The Fechner Model）

古斯塔夫·费希纳（Gustav Fechner，1860）是心理物理学的奠基人之一。心理物理学特别关注人类被试者如何判断物理刺激的量级大小（magnitude）：特别是，对大小的主观判断是如何映射到客观的度量标准的。[②] 例如，一个具有两倍的能量的声音，是否能被人们感知到两倍的音量呢？一个物体的重量实际上是另一个物体重量的两倍，但被试者们也能准确感知到这种重量差异吗？

人们在这类研究过程中很早就获得了一些发现，其中之一就是人类判断的不完美。以判断物体重量的实验为例，设想以下实验：被试者被蒙住眼睛坐在桌子旁

---

① 基于 40 道不包含明显占优选项的选择题，这个命题被明确地拒绝了。如果检验中纳入一个彩券明显占优于另一个彩券的那 5 道题目，那么结果只会是更强有力地拒绝这个命题。与 40 道"无占优选项"中 18.4% 的平均反转率（reversal rate）相比，那 5 道包含明显占优选项的选择题的平均反转率只有 2.4%。

② 基于 E. H. 韦伯（E. H. Weber）的研究和一些引用"韦伯—费希纳定律"（Weber-Fechner law）的相关文献，费希纳试图规范客观度量标准和主观度量标准间的关系。

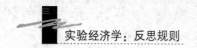

边，有两个物体放在这个桌子上，每个物体上都拴着一根绳子。要求被试者用绳子依次提起每个物体（目的是抵消形状或质地上的任何差异），然后判断这两个物体哪一个更重。

假设一个物体重500克，另一个物体重510克，那么被试者能正确判断出510克物体更重的可能性有多大呢？证据表明当两个刺激物（stimuli）间的差异相对较小时，被试者就有很大的可能性（尽管小于0.5）会做出错误判断——在这个例子中，错误判断是判断出500克的物体更重。此外，证据显示还存在其他两种模式。第一种是，如果一个刺激物保持不变，改变另一个刺激物，那么两个刺激物间的差异会随之变大，做出错误判断的可能性也随之减小。例如，如果更重的物体重量从510克增加到550克，那么错误判断的频率将下降许多。第二种是，如果两个刺激物间的差异保持不变，仍然是50克，但是它们两个的重量都增加，那么做出错误判断的可能性也会增大。也就是说，如果两个物体同时都增加1.5千克，即它们分别变成2千克和2.05千克，那么我们应该能预测到相对之前比较500克与550克时的情况，这次犯错误的可能性会更大。

换句话说，人类感知（判断）的不完美意味着在某些情况下，尽管一个物体实际上比另一个物体更重，但是只要重量差异不是非常大，较轻的物体就可能会被感知（判断）成至少和较重的物体一样重。

针对上述情况，我们可以建立如下模型。将两个物体的实际重量表示为W_1和W_2。被试者提起第一个物体时，在心里把它的重量标记为$W_1+\varepsilon_1$，其中ε_1是随机变量，表示被试者对重量感知的不稳定程度。然后提起第二个物体，在心里把它的重量标记为$W_2+\varepsilon_2$。然后根据$W_1+\varepsilon_1$是大于、等于或者小于$W_2+\varepsilon_2$来判断哪个物体更重。

只要ε_1和ε_2是独立随机误差，判断第一个物体更重的概率就可以表示为$pr[(W_1-W_2+\varepsilon)>0]$，其中$\varepsilon$是均值为0且对称分布的随机变量。对此的一种解释是：真正的核心差异是W_1-W_2，如果人类感知是完美的，那么人类判断将总是与真实差异一致。但是在不完美判断的世界中，就犹如从真实差异中增大或减小某个附加的随机量。如果这个附加噪声碰巧和真实差异是同方向的，或者只是部分地抵消了真实差异，那么真正更重的物体仍能被正确地识别出。但是如果随机成分碰巧是一个与真实差异方向相反的且足够大的干扰，那么它将压过真实差异并导致错误的判断。

如果ε的方差是关于较小刺激物大小的递增函数，那么数据中的上述两种主要模式都可以被满足。就是说，如果我们保持较小刺激物不变，增大那个较大的刺激物，那么做出错误判断的概率将下降；如果我们保持刺激物间的绝对差异不变，但是给两个刺激物增加相同的大小，那么做出错误判断的概率将上升。

可能在许多经济学家看来，把这种模型应用于对个人决策实验数据的分析是明显合理的：它符合结合了规范扰动项的确定性核心的这个计量经济学惯例；它似乎也被大量研究判断（judgment）的心理物理学研究所证明。所以，很多人都把这种误差模型的形式作为个人决策实验数据的统计或计量经济学分析基础，也就不足为奇了。

例如，约翰·海伊和克里斯·奥姆（John Hey and Chris Orme，1994）使用费希纳模型的一个版本估计多种相互竞争的核心决策理论的参数，并评价哪一个理论最适合他们的数据。他们假定个人真实偏好是根据各个特定的理论来决定的，在此基础上，任意选项 f 优于其他任意选项 g 的真实净优势可以被表示为 $V(f, g)$。例如，把标准期望效用（EU，expected utility）理论作为核心，$V(f, g)$ 是 f 和 g 的期望效用之差，而 f 和 g 的期望效用要根据个人真实的冯·诺伊曼—摩根斯坦效用函数（von Neumann-Morgenstern utility function）$u(\cdot)$ 计算。其他的备选理论也要根据它们各自特定的函数形式生成它们自己的 $V(f, g)$ 值。

对于这个核心价值，海伊和奥姆引入了费希纳式的噪声项（Fechnerian noise term），假设在任何特定情况下，被试者做出的实际选择都是以他在做出选择的那一刻感知到的 f 超过 g 的净优势为根据的，这个净优势由 $V(f, g) + \varepsilon$ 给出。在他们这个版本的模型中，海伊和奥姆假设对于所有的 (f, g) 组合，ε 的方差保持不变。在此基础上，他们使用标准的计量经济学技术比较了很多不同的核心理论的相对表现结果。

然而，在应用费希纳式的误差项的许多可能方法中，关于 ε 的不变方差假设只是其中之一。一个明显的替代选择也许是把 ε 的方差建模成一个关于刺激物大小的递增函数（在本例中，刺激物的大小是每个选项的核心期望效用），这也是与心理物理学证据相一致的。还有更复杂的可能性：方差可能（也）是一个关于预期的复杂程度的函数，并且（或者）可能围绕着核心期望效用不对称分布。在概述了已有文献中出现过的其他几种主要备选模型后，我们将在 7.2.4 小节讨论上述这些可能性中的一部分。

7.2.3　随机偏好模型（The Random Preference Model）

相比只假设每个个体有一个唯一的加入白噪声的真实偏好函数，随机偏好（RP，random preference）方法（Becker et al.，1963；Loomes and Sugden，1995）假设个人偏好是由一系列这种函数组成的。在这里我们凭直觉知道，从一个时刻到另一个时刻，任何个人的感知和判断都会沿着"意识状态"（states of mind）的某个范围在一定程度上变化。如果我们把每个意识状态都表示为一个稍有不同的偏好函数，那么其中任何一个函数被应用于进行中的决策的概率，都取决于个人在做决策时正好处于相应意识状态的概率。所以说一个特定的个人根据一个确定的核心理论行动，也就是说个人偏好可以被表示为符合该理论的函数的集合；并且对于任何一个特定的决策任务，个人做出决策的过程就像是他随机地从这个函数集中选出一个函数，并将其应用到考虑中的任务里；然后把这个选出的函数重新放回函数

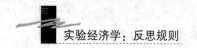

集中，在处理另一个决策时（即使再次遇到完全相同的决策任务时），再重新从这个函数集中随机地选择一个函数。

当随机偏好（RP）模型应用于期望效用（EU）时，随机偏好模型假设个人偏好可以表示为一组冯·诺伊曼—摩根斯坦效用函数 $u(\cdot)$，函数集中的任何一个函数都可能被随机选中并应用于特定的决策任务。为了说明这一点，我们设想一组全部经过校准的递增凹函数，其中 0 收益的效用是 0。对于任意 3 个报酬 $x_1 > x_2 > x_3 \geqslant 0$，每个函数都将得到 $u(x_1) > u(x_2) > u(x_3) \geqslant 0$，但是关于 x_1 优于 x_2 的程度，x_2 优于 x_3 的程度，诸如此类，不同的函数通常会得到不同的主观判断。

考虑两个二元彩券，具体如下：彩券 A 提供 p 的概率获得报酬 x_1，$1-p$ 的概率获得报酬 x_3；彩券 B 提供 $q(q > p)$ 的概率获得报酬 x_2，$1-q$ 的概率获得报酬 x_3。在期望效用理论下，彩券 A 是否优于（劣于）彩券 B 取决于 $[u(x_1) - u(x_2)]/[u(x_2) - u(x_3)]$ 是否大于（小于）$(q-p)/p$。用一组效用函数 $u(\cdot)$ 的形式来表示期望效用最大化者判断的可变性，函数 $u(\cdot)$ 考虑到了当个体从一个意识状态变到另一个时关于 $u(x_1) - u(x_2)$ 与 $u(x_2) - u(x_3)$ 相比将如何变化的个人感知。当他处于判断 $[u(x_1) - u(x_2)]/[u(x_2) - u(x_3)]$ 大于 $(q-p)/p$ 的意识状态时，即犹如他随机选择了一个能得到这种结果的函数 $u(\cdot)$，他将选择 A；或者在其他情况下，他随机选择了一个能得到 $[u(x_1) - u(x_2)]/[u(x_2) - u(x_3)] < (q-p)/p$ 的函数 $u(\cdot)$，他将会选择 B。

对偏好的随机本质建模的这种方式很容易拓展到诸如等价判断的任务中。假设被试者被要求说出一个明确的报酬 x_c，以致他在该确定性报酬和彩券 A 之间是无差别的。根据随机偏好版本的期望效用，被试者随机选择一个 $u(\cdot)$，然后确定报酬 x_c，使得 $[u(x_1) - u(x_c)]/[u(x_c) - u(x_3)] = (1-p)/p$。因为满足这个等式的 x_c 的值会随着 $u(\cdot)$ 的改变而改变，所以随机偏好模型使得 x_c 的分布衍生自构成个人随机偏好的 $u(\cdot)$ 的分布。

7.2.4　比较费希纳模型和随机偏好模型

第 3 章中我们详细讨论了杜赫姆—奎恩命题（DQT）。DQT 认为，隔离（也许很多个）辅助假设后孤立地检验任何特定的目标假设都是不可能的。由此得到的推论是：虽然表面上目标假设看似不成立，但是实际上这个目标假设的不成立可能要归因于一个或多个辅助假设的不成立。换句话说，一个特定理论的含义或预测可能在某种程度上取决于我们所设定的辅助假设的性质，并可能随辅助假设性质的变化而变化。

从这个意义上讲，个人决策或交互决策中的随机成分的本质也许会被视为一组辅助假设的主题。这样，任何特定实验或者实验方案需要检验的就不止是一个或多个核心理论，而是一个核心理论和一个随机设定的一种或多种组合；DQT 提出的难题是，当实验结果与特定的"核心加误差"（core-plus-error）组合的结论相矛盾时，我们要确切知道被拒绝的到底是什么。被拒绝的是错误的核心理论？还是错误的随机设定？或者这两点都被拒绝了？

受到这些问题的启发，本节的余下部分将探讨，把相同的核心理论与某种形式的费希纳模型或者某种形式的随机偏好方法分别组合，可能会得出完全不同的推断。对于每一种组合，我们都将讨论从现有的证据中能推断出什么。

我们首先讨论现在被称为共同比率效应的阿莱悖论的一个形式。虽然我们已经在专栏 2.6 中介绍过这个效应，但是在此重申一下它的主要特征将会很有帮助。考虑以下形式的两个对照选择：

选择 1　R_1：$(x_1, p; x_3, 1-p)$　对 S_1：$(x_2, q; x_3, 1-q)$

选择 2　R_2：$(x_1, \lambda p; x_3, 1-\lambda p)$　对 S_2：$(x_2, \lambda q; x_3, 1-\lambda q)$

其中 $x_1 > x_2 > x_3 \geqslant 0$，$p < q < 1$，并且 $0 < \lambda < 1$。

确定性期望效用理论的独立性公理要求：如果一个期望效用最大化者在选择 1 中偏好风险彩券 R_1，那么在选择 2 中他就应该偏好风险彩券 R_2；或者，如果他在选择 1 中偏好安全彩券 S_1，那么在选择 2 中他就应该偏好安全彩券 S_2。但是我们经常发现，在任何样本中都有很大比例的被试者要么在选择 1 中选择 R_1 且在选择 2 中选择 S_2，要么在选择 1 中选择 S_1 且在选择 2 中选择 R_2。此外，相比选择 R_1 且 S_2 形式的相反违背，更多人选择了 S_1 且 R_2 这样的组合形式。任何这样的违背与期望效用理论的确定性形式都是矛盾的，但是如果我们使用的是期望效用理论的某种随机形式，那么结果将会如何呢？这种随机形式能够适用于违背的存在性和非对称性吗？

我们从随机偏好版本的期望效用开始讨论。在本例中答案是很明显的，并不需要我们对 $u(\cdot)$ 函数的分布施加特殊限制。设定 $u(x_3) = 0$，能使得 $u(x_1)/u(x_2) > q/p$ 的个人效用函数 $u(\cdot)$ 所占的比例就等于该个人在选择 1 中选择 R_1 的概率：个人效用函数 $u(\cdot)$ 的这个完全相同的比例将使得 $u(x_1)/u(x_2) > \lambda q/\lambda p$ 对所有 λ 成立，这意味着他在选择 2 中选择 R_2 的概率和她在选择 1 中选择 R_1 的概率是完全相同的，用 α 表示这个概率，但每个个体的概率可能并不相同。因此对于任何人，选择 R_1 且 R_2 的概率是 α^2，而选择 S_1 且 S_2 的概率是 $(1-\alpha)^2$。当然，如果 $0 < \alpha < 1$，那么个体也有可能会做出违背确定性期望效用理论的选择：个人将以 $\alpha(1-\alpha)$ 的概率选择 R_1 且 S_2，或以相同的概率 $\alpha(1-\alpha)$ 选择 S_1 且 R_2。因此即使不对个人效用函数 $u(\cdot)$ 的分布施加任何限制，随机偏好版本的期望效用也能产生一个明确的零假设，即，$R_1 \& S_2$ 和 $S_1 \& R_2$ 这两种组合被观察到的频率应该没有显著的不对称。

但是，现在许多实验数据集都在很高的置信度上拒绝了这些推断。正如上面所提到的，如果这两个组合的概率确实是相等的，那么共同比率效应中包含的 $S_1 \& R_2$ 的频率总是远远大于 $R_1 \& S_2$ 的频率，这种不对称就绝不可能只是碰巧发生的。从而，如果随机偏好方法是一种对偏好的随机本质建模的合适方法，那么期望效用就是错误的核心理论，此时，一个替代的备选核心理论就是很必要的了。另一种办法是，如果仍坚持要将期望效用作为核心，那么就必须加入其他随机设定。费

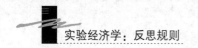

希纳模型的某种形式是否可以适用于这些数据呢？

事实证明，将期望效用与费希纳模型的相对简单形式相结合，就可以适用于这种不对称——虽然只是在一定程度上适用。为了说明这一点，我们在费希纳模型中加入海伊和奥姆（Hey and Orme, 1994）设置的假定，ε 不仅以 0 为中心对称，而且对于所有的对照选择问题都有不变方差 ε。

在大多数共同比率效应的报告案例中，（绝）大部分被试者在选择 1 中选择安全彩券 S_1（特别是当 S_1 提供了 x_2 的确定性时）。在费希纳模型中，这意味着，对于大多数人，$qu(x_2) - pu(x_1) + \varepsilon > 0$，也就是说，期望效用之间的典型差异不仅足够大而且是正数，只在（极）少数情况下因为负的 ε 而变成负数。[①]

但是我们现在考虑 R_2 和 S_2 之间的选择。在这里，期望效用间的差异是 $\lambda[qu(x_2) - pu(x_1)]$，所以 λ 的取值常常等于甚至小于 0.25，选择 2 中的期望效用的真实差异只是选择 1 中的一小部分。保持 ε 的方差不变，这意味着选择 2 中的真实差异的正负更有可能被改变。也就是说，在真正偏好 S_1 而不是 R_1 的大多数人中现在有更大比例的人将选择 R_2 而不是 S_2，因此产生了 $S_1 \& R_2$ 型的观察结果。虽然也会有更大的可能性使得真正偏好 R_2 的少数群体实际选择了 S_2（从而产生了 $R_1 \& S_2$ 型的观察结果），但我们很容易想象 $R_1 \& S_2$ 型的观察结果将被 $S_1 \& R_2$ 型的观察结果大大超过，在很多研究中发现的那种不对称就是这样产生的。

出于这个原因，不对称似乎不是对期望效用理论的违背，相反，共同比率效应数据可能仅仅是我们从期望效用理论的一个设定中可以预期到的一种表现形式，其中这个期望效用理论设定考虑到了人类偏好中的费希纳式的随机成分。是否有可能数据仅仅是被曲解了并且应该把这个理论构想恢复为风险型决策的核心模型呢？事实证明，现在直接跳到这个结论还为时过早，这主要出于以下几个原因。

尽管许多现有的共同比率效应证据满足这种情况，但并不是所有的都满足。为了说明原因，我们思考当 λ 最终趋于 0 时将发生什么。在这种情况下，期望效用间的任何真实差异也将趋于 0，所以实际做出的选择将更加依赖于 ε 的实现。但是 ε 是关于 0 对称的，这就是说，我们应该预料到在极限情况下选择的比例是 50∶50。我们不应该预期形态上的偏好实际上能超过 50∶50 的界限。然而至少在一些情况下，我们观察到绝大多数被试者在选择 1 中偏好安全彩券，但是绝大多数被试者在选择 2 中偏好风险彩券，形态上的偏好的这种转变用费希纳模型的这个版本是无法解释的。这个模型绝对无法解释的另一个实验结果是大部分被试者在选择 1 中选择风险彩券 R_1，甚至更大部分被试者在选择 2 中选择风险选项 R_2，与选择 2 的分割比例应该接近 50∶50 的这个模型推断形成对比。虽然很少见到这样的研究结果——有人猜测，是因为大多数实验人员这样设置参数以诱导大部分被试者在选

---

① 当然，也可能有被试者是风险爱好者，并且达到了 $qu(x_2) - pu(x_1) < 0$ 的程度；只要这个差异没有因为一个足够大的正的 ε 变成正数，他们就会选择他们真正偏好的选项 R_1。

择 1 中偏好安全选项，但是我们可以在贝特曼等人（Bateman et al.，2006）的研究中找到一个这样的例子。

所以即使在共同比率效应数据中加入一个不变方差的费希纳噪声项，也无法挽救期望效用理论。另外，这样一个附加项无法适用于现在被称为共同结果效应的阿莱悖论的另外一个版本。

我们已经在第 4 章中谈到过共同结果效应情况下的例子，但是我们在此再做一个更一般的总结也许是有帮助的。在这里，两个对照选择如下所示：

选择 1　$R_1:(x_1, p; x_2, r; x_3, 1-p-r)$ 对 $S_1:(x_2, 1)$

选择 2　$R_2:(x_1, p; x_3, 1-p)$　　　　对 $S_2:(x_2, 1-r; x_3, r)$

其中 $x_1 > x_2 > x_3 \geqslant 0$。

在本例中，R_2 和 S_2 中的每一个选项都是分别通过对 R_1 和 S_1 的选取而产生的，同时用 x_3 的概率 r 代替 x_2 的概率 r。因此在期望效用理论下，R_2 和 S_2 的期望效用分别比 R_1 和 S_1 的期望效用低 $r[u(x_2)-u(x_3)]$，从而那些真正偏好 R_1 而不是 S_1 的期望效用最大化者，也会真正偏好 R_2 而不是 S_2；反之亦然。因此，再一次，有两种违背期望效用理论的方式，要么在选择 1 中选择 R_1 且在选择 2 中选择 S_2，要么在选择 1 中选择 S_1 且在选择 2 中选择 R_2。正如在共同比率效应中一样，实验观察到在背离期望效用理论的被试者中，选择 $S_1 \& R_2$ 型的人远多于选择 $R_1 \& S_2$ 型的人。

共同结果效应这种模式无法通过加入一个不变方差的费希纳项而变得适用，甚至只是部分地适用，其原因是 R_2 和 S_2 的期望效用分别比 R_1 和 S_1 的期望效用低 $r[u(x_2)-u(x_3)]$。选择 1 和选择 2 中选项间的真实差异都是完全相同的。如果选择 1 和选择 2 中的 ε 具有相同的分布，那么一个真正的 R_1 偏好者实际上却因为噪声选择 S_1 的概率和真正的 R_2 偏好者选择 S_2 的概率是完全相同的；反之亦然。因此，在这个模型中，共同结果效应适当的零假设是：$S_1 \& R_2$ 和 $R_1 \& S_2$ 这两种形式的违背发生的可能性是相等的——显然这个零假设会被大量的实验证据拒绝。

当然，ε 的不变方差假设只是一个可能的辅助假设。也许使用其他一些假设会更有效。正如 7.2.2 小节末尾提到的，假设 ε 的方差与刺激物的大小正相关，这可能会更符合费希纳模型的心理物理学起源。在本例中也许意味着，随着期望效用的增大，ε 的方差会随之增大。但是这样一个模式应用于共同比率效应和共同结果效应数据时，效果甚至更差。在共同比率效应和共同结果效应这两种情况下，选择 2 中的 ε 的方差均小于选择 1 中的 ε 的方差。对于共同比率效应，随着正报酬对应的概率减小，任何转变的倾向都会逐渐减缓。[①] 对于共同结果效应，它往往会产生与

---

① 很大程度上是取决于刺激物大小和 ε 的方差之间的特殊关系，但是如果，例如，方差如此减小以致真实期望效用差异在 ε 的分布中占固定比例，那么将会没有系统的转变趋势，无论从安全选项转换到风险选项还是从风险选项转换到安全选项。

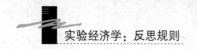

人们观察到的模式相反的模式：虽然选择 1 中的 ε 的方差更大，但是两个对照选择的期望效用的真实差异是相同的，可以推断出相比于选择 2，选择 1 中的分歧会因为噪声而变得更大，因此将更接近 50∶50，而这与证据完全相反。

7.2.2 小节提到的另一个可能的辅助假设是，ε 的方差是关于复杂程度的函数：相比于只包含两个报酬的选项，包含若干报酬的选项可能会产生更多的认知需求并且更容易产生噪声；并且（或者）相比于概率以 0.05 的整数倍表示的且只包含一个正报酬和一个零报酬的选项，评价那些概率由轮盘赌（a roulette wheel）的方式决定的（以 1/36 的整倍数表示）且包含一个正报酬和一个负报酬的选项的任务可能会更为繁重。但是，到目前为止，似乎没有任何成熟的关于复杂程度的理论使我们能够将 ε 的方差表示为一个可度量的独立变量集合的函数。[①]

布拉瓦茨基（Blavatskyy, 2007）提出了一种稍微不同的方式，她试图在期望效用的随机形式中容纳共同比率效应和共同结果效应模式。这里的关键思想是得到关于彩券真实期望效用的最初的 ε 的对称分布，然后进行截取并重新分配 ε，以使得 $EU+\varepsilon$ 的所有实现都分布在最高和最低报酬集合的边界范围内。通过结合一些十分特殊的假设——R_1 的真实期望效用略高于 S_1 的真实期望效用，且 R_1 的真实期望效用充分接近于 $u(x_1)$，布拉瓦茨基展示了共同比率效应和共同结果效应是如何同时符合这个模型的。但是，正如我们将在下面看到的，这个模型无法解释其他证据确凿的现象。因此，它作为一个随机期望效用一般模型的潜能似乎是有限的。

当然，我们可能会结合期望效用核心的不同含义——或者实际是，过去 30 年中提出的许多非期望效用的备选核心理论中的任何一个的不同含义——思考费希纳误差模型的许多其他变形。但是我们经常会遇到这样的 DQT 难题：判断模型和数据之间由一个或者另一个假设引起的分歧到底有多大。因此，如果我们主要关注的问题是区分不同的随机设定，那么一种更有效率的方法也许是使用许多核心理论中常见的且被广泛（如果不是普遍的）接受的原则或公理，然后使用关于这个原则的数据区分不同的随机设定。

遵从一阶随机占优（FOSD, First-Order Stochastic Dominance）就是这样的一个原则——事实上，也可能是唯一一个这样的原则，一阶随机占优已在前面的专栏 2.5 中介绍过。在检验个人风险型决策的数以百计的实验研究过程中，我们可以清楚地看到，虽然几乎所有其他关于理性选择的公理或基本假设都容易被看似系统的方式所违背，但清晰明确的 FOSD 似乎是个例外，只要占优关系是清晰明确的，

---

① 即使缺乏这样一个理论，也已经有很多人尝试探索其他可能产生影响的原因。例如布什那和西尔伯曼（Buschena and Zilberman, 2000）提出了可能影响 ε 的方差的三个不同变量。第一个变量设定是将方差表示为不同备选项值之间真实差异的函数（不同备选项值是根据被检验的不同核心理论计算出来的）；第二个变量设定是随着这两个彩券都有正概率结果的平均数量的增加，方差也随之增大；第三个变量设定是在结果的范围内，允许方差被彩券累积分布函数间的面积所影响。

实验中的绝大多数被试者就都会遵从这种占优关系。[①]

但是，这种对明确的 FOSD 的所有形式的遵从，是与费希纳模型不一致的。为了说明这一点，我们回顾前面引用过的鲁姆斯和萨格登（Loomes and Sugden，1998）的研究，在同一个实验局中先后两次让被试者做不包含占优选项的 40 道选择题，对于同一道题，第二轮与第一轮却做出不同选择的情况占 18.4%。一个彩券明显占优于另一个的另外 5 对题目散布在这 40 道选择题中间。这 5 对中的每一对彩券相互之间都是十分相似的，大部分是其中一个比另一个有 5% 更大的可能性收益为 20 英镑或 30 英镑，相应也有 5% 更小的可能性收益为 0。因此，这 5 对中每一对的期望价值差异都在 1 英镑至 1.5 英镑，即比起其他 40 道选择题中的大多数的差异，这 5 个选项间的差异要小很多。所以尽管期望价值差异可能只是对 $V(f, g)$ 的粗略替代，但我们仍可以合理地预期，上面讨论的任何费希纳模型的变形带来的错误率至少和其他 40 道选择题中的大多数观察到的一样高。[②] 但情况完全不是这样的：事实上，在全部 920 个观察结果中（92 个被试者先后两次各做出 5 个选择），只有 13 个结果违背了 FOSD——这个概率不到 1.5%。

这表明费希纳模型在简单物理刺激环境中是有效的，如果引入风险型决策的环境，那么在占优关系比较容易被观测到的条件下，就很容易大大高估对 FOSD 的违背的可能性。可以说，这是因为这两种环境在以下方式上有着本质的区别。当被试者在判断物体的相对重量时，其关注的是每个物体的"合成重量"（resultant weight），也就是物体重力施加在每个人身上的整体力量。判断的可变性完全来自被试者的感知，即对于抵抗这种重力所施加的肌肉力量的感知。把这个模型运用到彩券之间的选择上时，情况就必定是，被试者通过孤立地评价每个彩券来进行这项任务，因此在做判断时，只有分别得到的每个彩券的"合成重量"在起作用。

当分别给予每个彩券一个确定性等价时，可能的情况是：在这些条件下，我们不会太惊讶地发现，劣等彩券在某些情况下被给予的确定性等价会高于在其他情况下占优彩券被给予的确定性等价。例如，库彼特等人（Cubitt et al.，2004a）做了一个实验，被试者被要求评价一些彩券，其中一个彩券提供 0.36 的概率获得 7 英镑，0.64 的概率获得 0，然而另一个彩券提供 0.41 的概率获得 7 英镑，0.59 的概率获得 0。当这些彩券被分别评价时，230 个被试者中有 36 个（15.7%）对劣等彩券给予了更高的评价。但是当要求这些同样的被试者在这两个彩券中间做一个直接

---

① 但是，当占优关系被掩盖时，就有可能产生较高的违背率（Tversky and Kahneman，1986；Charness et al.，2007）。

② 对于海伊和奥姆（Hey and Orme，1994）的不变方差版本，这显然是正确的；一个允许 ε 的方差随着 f 和 g 大小的变化而变化的模型将会给出大致相同的预测，因为它们的大小差异很小。按布什那和西尔伯曼（Buschena and Zilberman，2000）的标准，f 和 g 几乎同样复杂，复杂程度也不亚于实验中的其他彩券。而且由于 f 和 g 有相同的上界和下界，它们的期望效用彼此接近但是又不接近于上下边界，布拉瓦茨基（Blavatskyy，2007）的模型也预测会有被试者违背 FOSD。

的选择时，他们中间只有 7 个（3‰）选择那个劣等彩券。就是说，当这两个彩券被直接比较时，占优彩券比起另一个彩券所占的优势就更加清晰明确了，误差率会大大下降。这与只有每个彩券的"合成重量"起作用的想法正好相反，因为这些"合成重量"对于评价和选择是相同的。这转而使人对任何下面这样的误差来历产生怀疑：在这种误差来历中，我们假设在两个备选项中的选择可以被建模成以下形式，即每一个备选项在做决策之前都是被分别评价的而且受到独立误差的影响。[①]

但随机偏好是一个更好的选择吗？首先思考随机偏好如何处理上述库彼特等人（Cubitt et al.，2004a）观察到的这种行为。正如 7.2.3 小节所示，随机偏好使个人有一个关于以 0.36 的概率获得 7 英镑的彩券的确定性等价分布，也有一个关于以 0.41 的概率获得 7 英镑的彩券的确定性等价分布。对于任意效用函数 $u(\cdot)$ 的集合，随着正报酬概率的提高，确定性等价分布将向右移，但是这两个确定性等价分布很可能有重叠的部分——至少在两个概率没有太大区别时。因此如果我们对一种特定情况下的确定性等价建模，（7 英镑，0.36）作为从该分布中随机抽取的值，并且对另一种情况下的确定性等价建模，（7 英镑，0.41）作为从该分布中随机抽取的值，第二种情况下的分布多少有些偏右，但是与第一种情况下的分布也有重叠之处，那么我们可以接受重要的一小部分人（在这个问题中，15.7%）对劣等彩券评价更高的情况。

相比之下，在两个彩券间直接做选择时，随机偏好不允许对 FOSD 的任何违背。假设占优彩券（dominant lottery）被记为 D，劣等彩券（dominated lottery）被记为 E。如果选择了 E 而不是 D，那么需要满足 $[u(7)-u(7)]/[u(7)-u(0)]$ 大于 $[q-p]/p$；但是对于每个 $u(\cdot)$，当 $[q-p]/p$ 严格为正时，$[u(7)-u(7)]/[u(7)-u(0)]$ 必须为 0，所以在两个彩券间直接选择时，除非是因为偶然疏忽、误读等颤抖，否则选择劣等彩券的概率为 0。[②] 但是，正如前面提到的，随机偏好模型并不排除颤抖捕捉到其他噪声（误差）来源这种可能性，因此随机偏好加上一个小颤抖项也许是一个可行的方法，用来解释对明确的 FOSD 的很低但是正的违

---

① 事实上，这恰恰是布拉瓦茨基（Blavatskyy，2007）做出的假设。他的模型实际上是说对于任何常态的货币彩券，$EU+\varepsilon$ 的分布将直接映射到一个由彩券的最大和最小货币报酬确定的分布。这样，在这种模型设定下的两个常态彩券中做选择与从每个彩券分布中独立选取一个确定的值是完全相同的，然后比较它们两个，选择能得到更高价值的那种情况下的彩券。因此布拉瓦茨基模型的基本推论是，通过比较两个评价推断出的偏好模式，应该与直接选择观察到的模式没有区别。但是，这个推论被库彼特等人（Cubitt et al.，2004a）研究的案例明确拒绝了。一般地说，它是被大量的偏好反转数据集（稍后会更详细地介绍）拒绝了，数据集显示从评价推断出的偏好和直接选择所暴露出的偏好间有显著的系统差异。

② 这里的标记符号很容易联系到期望效用理论，使用的参数也更加一般化。我们可能会考虑用任何主观价值函数 $v(\cdot)$ 代替冯·诺伊曼—摩根斯坦效用函数 $u(\cdot)$，只要求 $v(\cdot)$ 是一个关于财富的非递减函数；我们可能会允许一些概率的变形，而不是使用客观概率 p 和 q 表示权重，只要这些变形不会带来使负的权重变成正的概率这样的差异。

背率，实际上这也在许多实验中被观察到了——包括库彼特等（Cubitt et al.，2004a）进行的那个实验。但是根据随机偏好，我们可以预期任何这样的比率——相比当确定性等价是在不同场合分别得到的时，却给 E 赋予了一个高于 D 的确定性等价的这种可能性——都是相当低的，这也与证据相一致。

这样——至少当考虑一个在许多核心理论中常见的特定原则时——在涉及风险预期的决策中对噪声（误差）建模时，随机偏好框架似乎优于费希纳方法。当然，根据现在相当有限的证据基础，我们应该提防过于自信地跳到随机偏好就是正确模型这个结论。但如果随机偏好是一种考虑到人类决策中随机成分的更合适的方式，那么其含义就是明确的，因为将随机偏好应用于期望效用所产生的零假设已经在大量实验中被有力地拒绝了。读到这里，我们将不得不做出这样的结论，即失效的是期望效用核心，而不是辅助假设。

这为今后的进一步研究提出了许多问题，包括：

（1）如果随机偏好是合适的模型，而期望效用是错误的核心，那么随机偏好应该如何被应用于其他备选的核心理论，以便检验理论并区分它们各自的主张呢？尤其是，根据哪个行为模式与核心理论相一致，围绕不同核心理论的参数分布的不同限制条件，就很可能有不同的含义，因此我们应该采用哪个限制条件呢？在上面的讨论中，我们假定从一个决定到另一个决定的判断的可变性完全是关于报酬的相对主观价值的，那么，关于随机偏好如何被应用于期望效用的问题，也就相当于，关于从一个判断变到另一个判断时 $[u(x_1)-u(x_2)]/[u(x_2)-u(x_3)]$ 会如何变化的问题；假定选择中涉及比较 $[u(x_1)-u(x_2)]/[u(x_2)-u(x_3)]$ 和 $[q-p]/p$，这是被给定的并且一直被视为取它的客观价值。然而，许多备选的核心理论都包含把客观概率转换为主观决策权重。随机偏好版本中的这种理论是不是不仅需要 $[u(x_1)-u(x_2)]/[u(x_2)-u(x_3)]$ ——或者它在其他备选理论中的对应物——基于在 $u(\cdot)$ 集合中的随机选取在任何特定情况下都是确定的，而且还需要 $[q-p]/p$ 基于在概率转换函数集合中的独立随机选取也是确定的呢？

（2）如果期望效用核心和费希纳方法的本质与个人决策实验数据相矛盾，那么它们还可以提供一个可靠的基础来解释其他实验数据（例如，那些在实验博弈和市场中产生的数据）吗？如果没有矛盾，那么一个备选核心理论的随机偏好设定可以被用于分析和整理这些数据吗？

（3）或者是否存在与目前为止以上讨论的任何一种都不同的——也许根本上相同的——其他方式，可以对人类偏好和信仰的本质进行建模？

为了回答上述第一个问题，研究人员需要进行大量的研究。但是，在讨论这样一个研究可能得到的结果之前，我们先转向第二个问题，并且在下一节中思考实验博弈数据提出的其他问题。

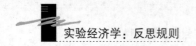

7.3 实验博弈中的噪声

正如第 3 章中讨论的，在博弈论（完全信息）的标准表述中，假设被试者知道基于自己和他人策略的所有可能组合下的他们自己的以及对手的报酬。此外，一般认为被试者知道的全部这些报酬是以冯·诺伊曼—摩根斯坦效用形式衡量的。通常假设每个被试者对他人效用的关注仅限于其他被试者告诉他的他们可能选择各策略的概率——然后当他决定自己的策略时，他会把这个信息考虑进去。

当在实验中进行博弈时，报酬通常被表示为货币形式。这可以让被试者更容易理解，同时它提供了直接激励，但是根据上面的讨论，这也意味着，被试者可能不知道每一个潜在接受者各自认为每一种报酬的准确效用是多少，而这也正是标准理论的假定。的确，我们从个人决策实验中学到的是，大部分个人无法准确知道他们自己的效用，在这种情况下，似乎可以合理假设他们更无法准确知道其他被试者的报酬如何映射到相应的效用。

考虑一个标准形式的 2×2 博弈，行参与者（Row，row player）在 U（up，上）和 D（down，下）中进行选择，列参与者（Col，column player）在 L（left，左）和 R（right，右）中进行选择，所有的报酬都被表示为货币形式。在表 7—1 所示的例子中，行参与者 Row 的报酬用具体数字给出，而列参与者 Col 的报酬，暂且用未指定的 w、x、y 和 z 表示。

表 7—1   一个标准形式的博弈

	左	右
上	4, w	0, x
下	0, y	1, z

如果报酬被表示为效用形式，被试者双方彼此都知道对方是期望效用最大化者，那么行参与者 Row 将仍然需要弄清楚列参与者 Col 选择策略 L 或者 R 的概率。在某些博弈中，这可能被认为是很容易的。例如，如果 $w>x$ 且 $y>z$，那么可以预计到列参与者 Col 将发现策略 L 占优于 R[①]，因此预计其肯定会执行策略 L；意识到这一点后，行参与者 Row 将会执行策略 U。同样的道理，如果 $w<x$ 且 $y<z$，那么列参与者 Col 将把 R 作为自己的占优策略，并且肯定会执行策略 R；认识到这点后，行参与者 Row 将执行策略 D。

但即使报酬被表示为效用形式，同时参与者都是期望效用最大化者，也仍有许

---

① 请注意，我们在这里使用的是博弈理论的占优概念。为了避免可能的混淆并且把这种用法与概率已知的案例中的一阶随机占优区分开，一阶随机占优将以随机优势和（或）FOSD 的形式被涉及。

多种形式的 w、x、y 和 z 组合无法得出这样简单明确的结论。例如，思考表 7.2 所示的情况，其中 L 和 R 都不绝对占优于对方。

表 7—2　　　　　　　　　　　　　　一个混合策略博弈

	左	右
上	4, 2	0, 3
下	0, 4	1, 1

在这个博弈中没有纯策略纳什均衡：如果行参与者 Row 执行策略 U，那么列参与者 Col 的最优反应将是策略 R；而针对 Col 将执行的策略 R，行参与者 Row 的最优反应将是 D；继而在行参与者 Row 将执行策略 D 时，列参与者 Col 对此的最优反应将是策略 L；而当列参与者 Col 要执行策略 L 时，行参与者 Row 的最优反应又将是 U，依此类推。这里唯一的纳什均衡是在混合策略下，每个被试者都以一定的概率执行他们各自的纯策略，以使得其他被试者在各个选项间是无差异的，所以在达到均衡时，每个被试者都愿意在满足"相互漠视"（mutual indifference）要求的任何方式上进行随机选择。虽然不是所有的博弈论学者都同意混合策略纳什均衡作为行动预测是合适的，但是当没有纯策略纳什均衡时，他们常常使用混合策略纳什均衡组成标准博弈论实验检验中的保留假设。

在表 7—2 所示的例子中，列参与者 Col 的混合策略纳什均衡以 0.2 的概率执行 L 并以 0.8 的概率执行 R，使得行参与者 Row 从 U 和 D 中得到的期望效用是相同的 0.8。因此行参与者 Row 不介意列参与者 Col 采取哪种混合策略，行参与者 Row 仍将以 0.75 的概率执行 U 并以 0.25 的概率执行 D，使得列参与者 Col 在 L 和 R 间也是无差异的（都产生 2.5 的期望效用），所以列参与者 Col 仍然保持其原先的混合策略。

但是，当这样的博弈在实验中进行时，噪声可能有若干种来源。

如上所述，在绝大多数实验博弈中，报酬是货币总和。这种货币报酬的情况很容易出现 7.2 节讨论的那种噪声。也就是说，在货币报酬转换为效用形式的过程中会产生噪声。行参与者 Row 知道列参与者 Col 执行策略 L 和 R 的概率——我们分别记为 p 和 $1-p$，如果行参与者 Row 是一个随机的期望效用最大化者，那么他将必须判断 $p[u(4)-u(0)]$ 是大于还是小于 $(1-p)[u(1)-u(0)]$。在 $p<0.5$ 的某些情况下，他的随机偏好也许意味着在一些时刻他会认为 U 的期望效用高于 D 的，但在其他时刻他又会觉得 D 是更好的选项。此外，U 和 D 被选中的比例将伴随 p 的变化而变化：当 p 接近于 0.5 时，他很可能会判断 U 优于 D，但是逐步减小的 p 值减少了 U 的感知价值，提高了 D 的感知价值，所以他就越来越不可能判断 U 优于 D。

当然，在列参与者 Col 做决策时，以上分析也同样成立：列参与者 Col 知道行参与者 Row 执行 U 和 D 的概率——分别记为 q 和 $1-q$，q 的不同取值会使得列参

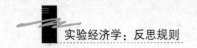

与者 Col 有时认为 $qu(2)+(1-q)u(4)$ 大于 $qu(3)+(1-q)u(1)$，有时又做出相反的判断，即认为 $qu(2)+(1-q)u(4)$ 小于 $qu(3)+(1-q)u(1)$。可以预期随着 q 的增大，列参与者 Col 认为 L 优于 R 的次数所占的比例也会下降。

因此只考虑到个人决策实验中提出的这种噪声，使实验博弈行为大大复杂化了。假设被试者具有期望效用偏好，每个被试者执行特定策略的概率自身就含有一个随机成分。在下文中，我们将考虑把随机判断融入策略性行为模型的两种可能方法。

7.3.1 随机最优反应均衡

理查德·麦克尔维和托马斯·帕尔弗雷（Richard McKelvey and Thomas Palfrey，1995，1998）使用了一个技术上非常简单的方法对这个看似凌乱的问题进行了建模，这就是随机最优反应均衡（QRE，Quantal Response Equilibrium）。为了说明随机最优反应均衡的思想是如何运行的，并检验它的优势和可能的局限性，我们考虑一个例子，设定表 7.1 中 w、x、y 和 z 的具体货币价值，以便产生一个"非对称猜硬币"（asymmetric matching pennies）博弈，如表 7—3 所示。

表 7—3　　　　　　　　　　　"非对称猜硬币"博弈的支付

	左	右
上	4，0	0，1
下	0，1	1，0

同样，在这个博弈中没有纯策略纳什均衡。传统方法是假设被试者的效用与他们的货币报酬成比例，再确定混合策略均衡。这会得到行参与者 Row 以相等的概率执行 U 和 D，同时列参与者 Col 以 0.2 的概率执行 L，以 0.8 的概率执行 R。[①] 如果一组被试者几乎完全按照这样的混合策略行动，那么我们预期会观察到这些策略以相应的频率被执行。

但是，实验证据显示在这种情况下，行参与者 Row 有显著高于 50％的频率选择策略 U（Ochs，1995；Goeree et al.，2003）。随机最优反应均衡通过在被试者行为中加入一个费希纳式的随机成分，试图对这样的数据结果做出一个解释。

首先考虑行参与者 Row 的决策行为。如果行参与者 Row 的行为中含有一个费希纳类型的随机成分，那么从（U，D）组合中选择 U 的概率就可表示为 $pr[V(U,$

[①]　通过假设被试者根据某非线性效用函数行动，效用与货币报酬严格成比例这个假设可以被放松。如果我们设定 $u(0)=0$，并且如果被试者是风险规避的，使得 $u(4)<0.25u(1)$，那么为了使行参与者 Row 在 U 和 D 之间的选择是无差异的，列参与者 Col 将需要以大于 0.2 的概率执行 L；但是，因为不管选择哪个策略，列参与者 Col 的报酬都是 0 或 1，所以以为了使列参与者 Col 在 L 和 R 之间的选择是无差异的，行参与者 Row 仍然需要以相等的概率执行 U 和 D。

D)＋ε＞0]。因此行参与者 Row 选择 U 或 D 的概率就取决于其对列参与者 Col 可能执行的策略的猜想和 ε 的分布这两者的交互作用。

再看列参与者 Col 的一个类似的情况。如果列参与者 Col 相信行参与者 Row 有大于 0.5 的概率会执行策略 U，那么标准确定性模型将使得列参与者 Col 以 1 的概率执行 R。但是如果列参与者 Col 执行 R 的概率是 $pr[V(R，L)＋ε＞0]$，那么其就也有一定的可能性会执行 L。

在此基础上，当被试者的信念与行为相一致时，将达到一个均衡，所以就存在这样一些概率组合（p^*，q^*）：当行参与者 Row 相信列参与者 Col 的概率是 $pr(L)＝p^*$ 时，行参与者 Row 的选择概率满足 $pr(U)＝q^*$，当列参与者 Col 相信行参与者 Row 的概率是 $pr(U)＝q^*$ 时，列参与者 Col 的选择概率满足 $pr(L)＝p^*$。

Logit 均衡是随机最优反应均衡的一个特例，选择不同纯策略的概率是与他们期望效用的指数函数成比例的。格瑞（Goeree，2003）使用以下方法分析了许多数据集，假设当有两个策略 i 和 j 时，执行策略 i 的概率被记为 P_{ij}，可以表示为

$$P_{ij}＝\exp(EU_i/\mu)/[\exp(EU_i/\mu)＋\exp(EU_j/\mu)]$$

其中 μ 可以被看做一个误差方差参数，μ 的值越大，表示以损害真实期望差异为代价，给予随机成分的权重就越大。[1] 即使在风险中立的约束假设下，比起确定性的纳什均衡，Logit 均衡方法似乎可以更好地适用于许多实验数据集。[2]

但是，尽管 Logit 均衡方法与大量的实验数据实现了更好的拟合，仍然存在一个问题，即这是否是一个合理的均衡概念。正如费希纳模型应用于个人决策时一样，主要的困难是，根据均衡的概率，这似乎会导致 FOSD 的高违背率。

例如，考虑表 7—3 中的博弈，假设 $\mu＝1$，且博弈被试者是风险中立的。当 $q^*≈0.722$ 且 $p^*≈0.391$ 时，达到 Logit 均衡。但这是一个可靠稳定的均衡吗？为了维持这个均衡，就需要在面对是选择 L 且有 0.278 的概率得到 1，还是选择 R 且有 0.722 概率得到 1 这样的选择时，列参与者 Col 在近 40% 的情况下会选择 L。然而当以这种方式同时观察 L 和 R 时，R 明显随机占优于 L，如之前看到的，当正报酬是相等的，且一个彩券比另一个彩券得到报酬的可能性更高时，即使这个概率差异比本例中的小很多，劣等选项也很少被随机地选择。

那么，随机最优反应均衡是如何使得有近 40% 的次数都随机地选择了劣策略呢？答案是，如个人决策中的费希纳模型一样，随机最优反应均衡方法假设每个策略都被分别评价，每个评价都包含一个从噪声分布中独立选取的 ε。设定 $u(x)＝x$，随机最优反应均衡方法假设 L 的效用形式被评价为 $0.278＋ε_L$，其中 $ε_L$ 是评价 L 时从 ε 的分布中随机选取的；与此同时，R 被单独地评价为 $0.722＋ε_R$。当 $\mu＝1$ 且

---

① 在极限情况下，随着 μ 趋于无穷大，纯策略选择就变得完全随机了，每一个策略都可能以相等的概率被选择。

② 我们通过引入一个额外的自由度，把主体风险规避纳入考虑后，Logit 均衡方法甚至能更好地拟合更多的可获得数据集（Goeree et al.，2003）。

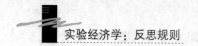

两个评价是独立进行时，在接近 40% 的情况下有 $\varepsilon_L - \varepsilon_R > 0.722 - 0.278$，因此在这种情况下 $0.278 + \varepsilon_L > 0.722 + \varepsilon_R$，即使给定行参与者 Row 的均衡概率，当 L 和 R 被同时评价时，R 明确随机占优于 L，L 也会被选择。

总之，在对一些实验博弈数据进行拟合和解释时，随机最优反应均衡比纳什均衡更适合，但是随机最优反应均衡这种拟合是通过做出了一个同样（与费希纳模型在被应用于不确定条件下的个人决策中时做出的假设一样）有争议的假设。也就是说，被试者在做出行动时仿佛考虑了一个独立的 ε，且是分别地评价每个策略的期望效用，因此在某种似乎难以置信的程度上可能会随机地选择劣策略。[①] 如果我们使用随机偏好而不是费希纳模型，那么情况会有多大的不同呢？

7.3.2 实验博弈中的随机偏好

首先考虑表 7—2 所示的博弈，我们从行参与者 Row 的角度开始。如果列参与者 Col 执行策略 L 的概率是 p，那么行参与者 Row 就面对 $U = pu(4) + (1-p)u(0)$ 和 $D = pu(0) + (1-p)u(1)$ 之间的选择。行参与者 Row 选择策略 U 的概率，取决于其从想象中的函数集合中选择一个使得 $[u(4) - u(0)]/[u(1) - u(0)] > (1-p)/p$ 的函数 $u(\cdot)$ 的概率。

当然，与个人风险型决策问题相比，行参与者 Row 不知道 p 的取值，p 由列参与者 Col 决定。但是，对于 p 的每一个可能取值，行参与者 Row 都有一个相应的概率 q 选择 U。对于所有递增函数 $u(\cdot)$，肯定有 $[u(4) - u(0)]/[u(1) - u(0)] > 1$，因此我们可以确定当 $p \geqslant 0.5$ 时，行参与者 Row 肯定会选择 U；但是至少对于一些 $0.5 > p > 0$，我们可以预期随着 p 的减小，q 也随之减小。

举例而言，考虑一个行参与者 Row，行参与者 Row 的大多数凹函数 $u(\cdot)$ 使得 $[u(4) - u(0)] = 2\frac{1}{3}x[u(1) - u(0)]$，而在集合的另一端，行参与者 Row 的大部分凸函数 $u(\cdot)$ 使得 $[u(4) - u(0)] = 5\frac{2}{3}x[u(1) - u(0)]$。对于任意 $p > 0.3$，行参与者 Row 的大部分凹函数 $u(\cdot)$ 对 U 是严格偏好的，即对于所有 $p > 0.3$ 都有 $q = 1$。但是，一旦 p 降到临界值 0.3 以下（当应用行参与者 Row 的大多数凹函数 $u(\cdot)$ 时，行参与者 Row 在 U 和 D 之间是无差异的），就会有越来越多的 $u(\cdot)$ 使得行参与者 Row 选择 D，q 也随之下降。但是，p 一旦下降到 0.15 以下，即使在应用他的大部分凸函数 $u(\cdot)$ 时，行参与者 Row 也会选择 D——这也意味着对于所有 $p < 0.15$，都

---

① 另一个可能的关注是——从一种博弈变到另一种博弈，甚至在同一种博弈类型中从一个特定的实验变到另一个，或者甚至控制了规模效应后——关于 μ 值变化很大的证据。当使用不同的猜硬币数据集思考这个问题时，格瑞等人（Goeree et al.，2003）猜想其他可以解释这种差异的因素也许包含诸如不同的主体集合和程序等因素。但是，我们不太容易看出为什么不同的主体集合应该展示出不同的 μ 值，而他们估计的风险规避参数又是非常相似的。此外，根据对不同博弈的难度或者复杂程度的一些衡量，可能会认为 μ 在不同博弈类型（程序）中的变化（暂且不谈规模效益）在一定程度上是可解释的。

有 $q=0$。因此对于任何 $u(\cdot)$ 的集合，都将存在某个函数表示 q 取决于 p。图 7—1 中的实线就表示一个这种类型的函数。

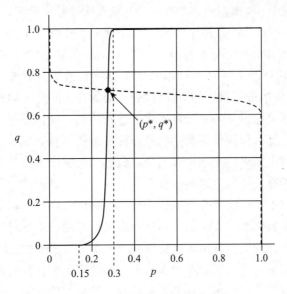

图 7—1　一个随机偏好均衡分析

相应地，从列参与者 Col 的角度看，列参与者 Col 选择 L 的概率代表了使得 $[u(4)-u(1)]/[u(3)-u(2)]>q/(1-q)$ 的函数 $u(\cdot)$ 所占的比例。假设列参与者 Col 的大多数凹函数 $u(\cdot)$ 使得 $[u(4)-u(1)]=1\frac{1}{2}x[u(3)-u(2)]$，而其大部分凸函数 $u(\cdot)$ 使得 $[u(4)-u(1)]=4x[u(3)-u(2)]$。因此对于所有 $q<0.6$，列参与者 Col 肯定会选择 L（例如，$p=1$）。随着 q 上升到 0.6 以上，将有越来越多的 $u(\cdot)$ 使得 $[u(4)-u(1)]/[u(3)-u(2)]$ 小于 $q/(1-q)$，所以列参与者 Col 会选择 R 而不是 L，同时 p 也随之下降；并且 q 一旦超过 0.8，L 将绝不会被选择，所以在这个范围下 $p=0$。图 7—1 中的虚线表示了 p 和 q 之间的这种关系。

假设这两个函数都是连续的和弱单调的，这两个函数将相交于一个唯一的点：这个交点就是概率组合（p^*，q^*），满足当行参与者 Row 相信列参与者 Col 的概率是 $pr(L)=p^*$ 时，行参与者 Row 的概率是 $pr(U)=q^*$；当列参与者 Col 相信行参与者 Row 的概率是 $pr(U)=q^*$ 时，列参与者 Col 的概率是 $pr(L)=p^*$。对于此博弈，这就是随机偏好类似于随机最优反应均衡的形式。

但是，随机偏好分析和费希纳式随机最优反应均衡的区别在于随机偏好是建立在对随机占优的遵从上的。在上面的例子中，随机偏好要求当 $q\leqslant0.5$ 时，列参与者 Col 绝对不会选择 R，然而即使当 $q\leqslant0.5$ 时，随机最优反应均衡也允许 R 的感知期望效用（例如 $qu(3)+(1-q)u(1)+\varepsilon_R$）大于 L 的感知期望效用（例如 $(1-q)u(4)+qu(2)+\varepsilon_L$）这种可能性存在，因为 $\varepsilon_R-\varepsilon_L$ 有一定的可能性是正的，且这

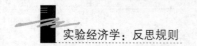

个差异大到足以超过 L 和 R 间的真实期望效用差异。

在如表 7—3 中猜硬币博弈所示的情况下，这个差异就变得尤为重要。这里，随机偏好要求列参与者 Col 根据 $q[u(1)-u(0)]$ 是大于还是小于 $(1-q)[u(1)-u(0)]$ 来判断选择 R 或者 L。换句话说，在随机偏好下，p 作为一个关于 q 的函数，函数关系表示为对于所有 $q>0.5$，都有 $p=0$；并且对于所有 $q<0.5$ 都有 $p=1$；然而当 $q=0.5$ 时 p 可以取任意值（对于 L 和 R 的全部混合概率，列参与者 Col 是无差异的）。这就排除了随机最优反应均衡允许的 q^* 偏离 0.5 的这类均衡。因此，随机偏好不允许任何均衡概念带来的对随机占优的违背。如果随机偏好是对决策中的噪声建模的合适方法，那么猜硬币实验中的数据将拒绝传统核心理论，并表现为信念和行为符合概率的这个要求。至于个体选择，我们从数据中得出的关于核心理论的结论，似乎要依赖于有关随机设定的假设。

在博弈的案例中，传统核心理论也许被随机最优反应均衡拯救了，这就带来了一个不被个体选择数据有力支持的个体选择模型。对随机最优反应均衡更多的直接检验能否识别出其他的关注理由还有待研究——例如，μ 值在控制条件下的无法解释的或者难以置信的变化。正如在个人决策实验的案例中，我们仍然有许多工作要做，探索可能的方法来对噪声、误差、不精确性建模并检验数据对核心原则的违背程度，而这些核心原则可能被或不被特定的辅助假设容纳——如果这就是随机模型的话。[①]

此外，如果看起来似乎没有合理的传统核心理论的随机设定与数据一致，那么我们就必须转移注意力，在备选的核心理论中随机指定一种进行实验研究的方法。下一节会展示以一种完全不同的方法在实验博弈中模拟行为的最新发展所产生的一些问题。

7.3.3 策略性行为的备选模型

在前面两段中讨论的随机最优反应均衡和随机偏好都结合了标准核心假设。特别是，假设被试者是期望效用最大化者（虽然存在噪声），并且他们相信其他所有被试者在本质上也和他们一样。不同的被试者对风险也许有不同的态度和不同程度的噪声，但是我们假设在关键方面他们符合理性被试者的标准观点。也就是说，他们判断的效用只来自他们自己的报酬，他们对其他人报酬的关注仅限于这能使他们正确认识到其他被试者在选择策略时的概率。

然而，这些核心假设可以进行各种方式的修改，并且这样的修改也许可以解释标准预测表面上的稳健和系统偏差。例如，很有可能当被试者不仅知道他们自己的货币报酬而且知道其他被试者的货币报酬时，他们会重新衡量自己的真实报酬，这

---

① 如果某种程度的可变性、不精确性、噪声是人类信息处理、判断和决策过程中固有的，那么我们无法很容易地区分什么是核心假设和什么是辅助假设。

是因为考虑到社会的或者人际的关系的影响——对公平的看法，或者，一定程度的嫉妒，他们会在衡量真实报酬时考虑一个附加因素。当以从未被修正的利己主义的观点分析时，一种报酬结构似乎会得到一种占优策略，但一些倾向于考虑人际关系的影响的被试者也许不这么认为（Rabin，1993）。

我们已经在第 3 章中讨论过，这种人际关系的影响是如何使实验博弈的执行变得复杂的。这种附加考虑因素，可能会使每个被试者都更难判断其他被试者的效用转化为货币报酬的值，因此使其难以判断其他被试者选择特定策略的概率——或者，实际上是使其难以确切知道真正在进行的是什么博弈。

举例而言，考虑表 7—4 中所示的博弈，其中数字表示不同策略组合的货币报酬。

表 7—4	一个占优可解的博弈	
	左	右
上	3，10	2，2
下	2，1	0，0

通常看来，这个博弈是简单而明确的：对于行参与者 Row 来说，U 明显占优于 D；对于列参与者 Col 来说，L 明显占优于 R；所以这个均衡是行参与者 Row 执行 U 且列参与者 Col 执行 L，得到的报酬分别是 3 和 10。

但是假设行参与者 Row 厌恶这个均衡结果中的报酬不平等，从而事实上，在这种情况下，行参与者 Row 感知到的名义报酬 3 的主观价值，要低于当列参与者 Col 得到报酬 1 时行参与者 Row 得到名义报酬 2 时的主观价值。换言之，如果行参与者 Row 预期列参与者 Col 将照惯例执行其占优策略 L，那么行参与者 Row 将偏好联合结果（2，1）而不是联合结果（3，10），行参与者 Row 因此执行 D。如果考虑到所有观测中的 $x\%$，那么这样一个结果也许不是因为在 $x\%$ 的情况下，费希纳式噪声大到足以掩盖 U 和 D 间的真实价值差异，但是这样一个结果能够反映样本总体中有 $x\%$ 超出了对不平等结果厌恶程度的相关临界水平的端点值。

如果列参与者 Col 警惕这种厌恶不平等之人的存在和普遍，那么将会怎样呢？如果列参与者 Col 只关注自己的报酬，那么他将继续照惯例执行他的占优策略 L，因为即使只得到 1 也是优于 0 的。但是如果列参与者 Col 对于——行参与者 Row 故意使列参与者 Col 失去列参与者 Col 本可以得到的报酬 10——这一行为感到不满，那么列参与者 Col 就可能有报复行参与者 Row 的想法。不是允许行参与者 Row 把列参与者 Col 的报酬减少到 1 而行参与者 Row 自己仍得到报酬 2，列参与者 Col 也许宁愿他们最终都只得到 0。在这种情况下，列参与者 Col 对于 D（当列参与者 Col 感觉到行参与者 Row 有上述那种厌恶不平等的动机而故意选择 D 时）的最优反应将是 R。在此基础上，列参与者 Col 将不会再认为 L 占优于 R。

这个例子证明了如果被试者的评价不是关于他们自己名义报酬的简单函数，而是也考虑了相对报酬和（或）其他被试者的人际关系的影响，那么每个被试者在计算每个策略的期望效用时，都可能包含对他们自己报酬的修正，以及对出现以下情况的概率的判断：其他被试者的策略不仅部分依赖于对其他被试者是否有超出最大化名义报酬期望值这种动机的可能性的估计，而且部分依赖于对其他那些动机可能是什么的评价。

在这些条件下，即使没有费希纳式的或者随机偏好类型的噪声，仍然会有背离传统预测的、可能是源于某种噪声的行动模式。此外，现在可能有真正的（费希纳式的或者随机偏好的）噪声的额外来源。首先，当从一种情况变到另一种情况时，不仅个人关于报酬间相对效用差异的判断可能随之变化，而且当另一个被试者获得 x_j 时，他关于获得 x_i 的效用的判断也会随之变化。所以，他关于其他被试者中只关心自己报酬的被试者所占比例的判断，与那些考虑了报酬的相对性和其他人际关系的影响的被试者所占的比例截然不同，相对性和其他人际关系的影响这两个可变性的来源有点类似于违背本性的博弈（games against nature）中的概率，客观概率可能会根据不同的情况转化为不同的主观决策权重。

我们允许不同的被试者有不同的修正名义报酬的倾向，这种对名义报酬的修正主要是考虑了与对手报酬的对比和似乎以足够复杂的动机。但是到目前为止，我们继续假设无论被试者对个人和人际关系的看法是什么，所有被试者都能够进行传统博弈理论特有的复杂推理。

但是，当试图解释实验博弈的数据时，一个更复杂的因素是：很有可能这种实验中的许多被试者要么他们自己根据标准博弈论逻辑进行推理的能力有限，要么（同时）可能相信其他被试者的推理能力有限。例如，虽然个人决策实验的被试者几乎都会遵从明确的 FOSD，涉及连续剔除劣策略法（successive elimination of dominated strategies）原理的这类对策需要结合其他被试者是可以被信赖的这个信念进行一些推理，相信其他被试者会做类似的推理并进行相应的行动，但是，在实践中，被试者也许不会（全部）用这种方式推理，并且（或者）对于其他被试者行为的推测可能不是完全有信心的。

这样，为了代替所有被试者都拥有相等的对其他人的策略选择的推理能力这个假设，一个试图适应实验数据的备选策略应该考虑到不同类型的被试者，以其不同程度的老练（sophistication）为特点。近十年来，学者有相当大的兴趣对这种异质性建模并用这种模型对数据进行拟合（Stahl and Wilson，1995；Costa-Gomez et al.，2001；Camerer et al.，2004a）。本质上，这些作者以及其他作者所使用的建模策略中都假定了老练的不同水平或者阶段，0 阶段是最基本的而且最少推理的层次，更高阶段的被试者能够考虑到其他更低阶段被试者的存在和其行为。

例如，凯莫勒等人（Camerer et al.，2004a，863 页）提出了认知等级（CH，cognitive hierarchy）的想法：

假设 k 阶被试者从 0 阶到 $k-1$ 阶的对手都服从标准泊松分布。也就是说，他们能精确预测进行较低阶思考的被试者的相对频率，但是忽略了一些被试者可能会做同样多或更多思考的可能性。

凯莫勒等（Camerer et al.，2004a）

本质上，0 阶（表示为 S0）被试者被建模为随机行为，并因此被假定为以相等的概率执行每一个可行的策略；1 阶（S1）被试者在假设全部其他被试者是 S0 的情况下，以最大化自己的期望报酬为目的做出决策；2 阶（S2）被试者在假设其余人是 S0 和 S1 的某种组合的情况下，以最大化自己的期望报酬为目的做出决策；依此类推。凯莫勒等人发现这样一个模型可以作为一种组织大量数据的简洁方式，其中合适的泊松分布[①]的均值和方差一般在 1.5 附近取值（这就意味着，许多博弈中的集中趋势是大部分被试者的行动类型都仿佛是 S1 型或者 S2 型）。

为了说明这个模型是如何运作的，再一次考虑表 7.3 中的不对称猜硬币博弈。为了使这个例子尽量简单，假设在一个有 200 个博弈被试者的特定样本里——100 个扮演行参与者 Row 的角色，另外 100 个扮演列参与者 Col 的角色，被试者中包含四种推理水平，以相同的方式分布在每个角色中：20 个 S0 被试者，40 个 S1 被试者，30 个 S2 被试者，10 个 S3 被试者。

S0 被试者随机地进行选择：20 个行参与者 Row 中有一半选择 U，另一半选择 D；同样，20 个列参与者 Col 中有一半选择 L，另一半选择 R。

S1 被试者假设全部其他被试者是 S0 被试者——这意味着他们预期他们对手的每一个策略都以 0.5 的概率被选择。在此基础上，列参与者 Col 在 L 和 R 间是无差异的，因此平均 40 个人中有 20 个人执行 L，另外 20 个人执行 R。其间，因为全部 S1 行参与者 Row 预期 S0 列参与者 Col 以相等的频率执行 L 和 R，所以全部 40 个 S1 行参与者 Row 将选择 U。

S2 被试者假设全部其他被试者要么是 S0 被试者要么是 S1 被试者，并且假定 S2 被试者能正确地判断 S0 被试者和 S1 被试者的相对数量。例如，三分之一的 S0 被试者和三分之二的 S1 被试者。在这个例子中，S0 被试者和 S1 被试者在列参与者 Col 中所占的比例对 S2 行参与者 Row 不重要，因为 S0 和 S1 列参与者 Col 都会等可能地选择 L 或 R。在此基础上，全部 30 个 S2 行参与者 Row 将选择执行 U。并且事实上，S0 被试者和 S1 被试者在行参与者 Row 中所占的准确比例对于 S2 列参与者 Col 也不重要。只要至少有一些 S1 行参与者 Row 将全部选择 U，选择 U 的概率就大于 0.5，在这种情况下全部 30 个 S2 列参与者 Col 将选择 R。

最后，考虑 S3 被试者。因为选择 L 和 R 对列参与者 Col 来说报酬是相同的，

---

① 建议使用泊松分布的直觉如下所述。因为更高水平的推理需要更多智力、时间、努力、工作记忆，所以随着 k 的上升，在任何至少可以以 k 水平进行推理的被试者集合中，同时也可以在 $k+1$ 水平进行推理的人数所占的百分比随之下降——这一点能被泊松分布很好地捕捉到。

所以列参与者 Col 只关注选择 U 和 D 的概率；并且只要至少有一个 S1 或者 S2 被试者，U 被选择的概率就会大于 0.5，在这种情况下，全部 10 个 S3 列参与者 Col 将选择 R。与此同时，为了使 U 被严格偏好，S3 行参与者 Row 必须期望选择 L 的概率大于 0.2。这反过来需要 S3 行参与者 Row 判断列参与者 Col 中至少 40% 要么是 S0 要么是 S1（因为这两种类型的被试者以相等的概率执行 L 和 R）。事实上，因为非 S3 列参与者 Col 中有三分之二是 S0 或者 S1，并且因为假定 S3 行参与者 Row 能正确判断出这个比例，所以这个条件就很容易被满足，全部 10 个 S3 行参与者 Row 都会选择 U。

在此基础上，实验研究人员将观察到什么呢？S0 和 S1 列参与者 Col 中各有一半选择 L，另一半选择 R，全部 S2 和 S3 列参与者 Col 选择 R；因此整体格局是 30 个列参与者 Col 执行 L 和 70 个列参与者 Col 选择 R。与此同时，S0 行参与者 Row 中有一半选择 D，但是所有余下的行参与者 Row 都选择 U，因此 10 个行参与者 Row 选择 D，90 个行参与者 Row 选择 U。

当然，这个例子中精确的人数取决于被试者类型的最初分布，在这里我们这样选择使得它大致类似于一个截短的（truncated）泊松分布。尽管它是被简化的，但它仍可以被用于证明许多观点。

这种认知等级方法可以适用于大量的对纳什均衡预测的违背——奥克斯（Ochs，1995）观察到的方向上显示出了这种违背，而且随机最优反应均衡也适用于这种违背。也就是说，根据混合策略均衡，选择 U 和 L 的频率分别大于 0.5 和 0.2。

但是，总感觉这样的认知等级模型并不是一个彻底的随机模型。对于随机选择策略的 S0 被试者，全部其他类型的被试者都被假设为确定性的行为，根据他们对于其他被试者行为的信念，以最大化自己的期望报酬为目的来进行决策。[①] 这些信念中包含正确的判断也包含错误地判断：假定每个水平的被试者都能够正确判断全部低于自身水平的被试者的相对频率；但是因为他们错误地假定没有其他与自己相同或者比自己更高水平的被试者，所以他们会错误地判断策略被执行的真实概率。因此，决策中充满了错误，但是，除了 S0 被试者的情况之外，并没有出现随机最优反应均衡或者随机偏好模型中的那种决策。

这个例子也证明了认知等级模型——与纳什均衡和随机最优反应均衡相比——对报酬的变化更不敏感，报酬的变化不会改变任何特定类型的被试者的最优策略。假设从组合（U，L）中行参与者 Row 得到的报酬是 9 而不是 4。纳什混合策略均衡会使得行参与者 Row 执行 U 的概率没有变化，但是要求列参与者 Col 将执行 L 的概率减少至 0.1。直觉上，随机最优反应均衡和证据（McKelvey et al.，2000；Goeree et al.，2003）都表明随着报酬的增加，行参与者 Row 将更有可能执行 U。

---

① 这种说法可以说过于笼统：对于一个一般化的认知等级，正如我们所提到的，更高水平的被试者可能放松确定性行动的假设，允许 2 阶或以上的被试者中存在关于较低水平被试者如何精确混合的不确定性。

但是在上面的例子中，认知等级模型得不到这样的推断。的确，在这个例子中，在 S3 行参与者 Row 转而选择 D 之前，报酬肯定会下降到 2 以下。[①]

因此认知等级方法有许多吸引人的特点——尤其是它能挖掘直觉上似乎可信的想法，对于一些博弈所需要的推理的水平，人们能够（至少愿意）彻底弄清楚的程度是有限的。此外，以它目前的形式——以随机基础上的确定性超结构为特点——来看，它有某种违反直觉的与证据相反的特征和含义。但是我们不清楚该模型是否还可能继续发展，将噪声和不精确性考虑在内，是否能够以兼容实验博弈数据的方式补足基本理念。

在此再做更多的拓展就会超出本章的范围，在这里我们仅指出一个或两个广泛的可能发展方向。根据我们之前的讨论，最明显的候补方案可能是对模型确定性上的构造进行一些修正。按照实际情况来说，模型假设 S1 被试者根据对手肯定是 S0 被试者的假设确定性地进行行动。依此类推，S2 被试者根据准确预测更低阶被试者的相对频率也确定性地进行行动，并且在这个准确预测的基础上可以得出没有噪声和不精确性的最优策略。这是一个很强的假设，特别是在一个只进行一次的博弈中，被试者没有机会了解其他被试者的类型或种类，我们可以预期在策略选择中，关于其他类型被试者的可能比例的判断，也许是噪声的一个来源。

对于一个进一步的假设来说也是相似的。也就是说，被试者是足够老练的，可以如所有 S2 或者 S3 被试者那样行动，然而却忽视了任何其他被试者也可以像他们一样在相同或者更高水平上行动的可能性。凯莫勒等（Camerer et al., 2004a）通过引用一些关于判断中过度自信的文献来捍卫这个假设。但是，与此相反，也有可能被试者会认为一些其他被试者至少和他们一样是精于推理的。确实，在协调博弈中，当两个被试者被要求执行相同的策略时，大部分成功地协调依赖于被试者判断其他人将选择什么的能力。但是，当被试者试图考虑有相同或者更高推理能力的其他人的频率时，会给确定性框架下的分析带来非常大的困难，出于这个原因，这个可能性就被现有模型中的假设给排除了。然而如果考虑到被试者判断对手将执行哪个可行策略时的不确定性和可变性，那么也许可以结合考虑上面那种可能性。

7.3.4　结论

实验数据似乎系统地背离了标准博弈论的预测，在前面三小节中，我们已经看到有两种完全不同的方法来解决适应实验数据这个问题。

第一种方法是使用标准理论，但是要使用一些随机的形式来重新表述这个标准理论。如我们在 7.3.1 小节中讨论的，随机最优反应均衡能做到这一点是通过在本

---

① 根据例子中的数字，S3 行参与者 Row 相信全部 S2 列参与者 Col 将选择 R，但是 S0 和 S1 列参与者 Col 中有一半将选择 L。因为 S3 行参与者 Row 相信三分之二的列参与者 Col 要么是 S0 被试者要么是 S1 被试者，所以 L 被选择的概率是三分之一。当组合 {U, L} 中的报酬是 2，同时对于大于 2 的全部报酬行参与者 Row 都将严格偏好 U 时，S3 行参与者 Row 在 U 和 D 之间将是无差异的。

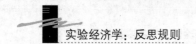

质上加入了一个费希纳误差项以试图把观察到的背离纳入考虑——因而能在对数据的拟合上得到一些提高，但是为了实现这种提高，需要依赖一个会导致违背随机占优的均衡概念。7.3.2小节展示了一个随机偏好设定是如何共享随机最优反应均衡的一些显著特征的，并且表明了如果随机偏好是对噪声和不精确性建模的合适方式，那么传统的核心就无法与实验数据相协调。这些结论与7.2节得到的结论并行，7.2节认为尽管费希纳模型似乎能够和传统理论中提供的核心一起协调一些异常现象，但如果使用的是随机偏好设定，那么就不可能达到这样的协调。

第二种适应实验数据的方法是修正各种核心假设。这种方法的其中一个版本考虑到了报酬和修正这些报酬的名义形式间的交互作用，把人际关系的影响纳入了考虑范围。这可以被看做类似于个人决策理论，诸如后悔理论（Bell，1982；Fish-burn，1982；Loomes and Sugden，1982，1987）和失望理论（Bell，1985；Loomes and Sugden，1986），这个理论允许结果间的交互作用作为一种调和对独立性和传递性的违背的方法。一种对核心假设相当不同的修正是采用或多或少如上所述的那种报酬，但是假定被试者的推理有不同程度的界限——这被视为类似于在简化的直觉推断形式下对个人决策异常的解释。到目前为止，修正多种核心假设的不同方法并不涉及噪声和不精确性（除了认知等级情况下的S0被试者之外）。思考如何随机地指定这种模型将是检验此模型的一个必要部分。

这些观点表明了随机博弈论模型的构造和发展，无论是否基于核心博弈论假设的，仍然是进一步研究的重要途径。这种研究可能会借鉴个人决策中的随机成分研究，并且与其同时运行。但是，因为博弈也会包含额外的复杂性，所以我们将在下一节主要关注个人决策，进一步理解个人决策研究的可能形式。

7.4 探索不同的随机设定

7.2节的讨论在个人风险型决策和不确定性决策的随机成分上严重质疑了费希纳模型的适当性。其提出的观点是，在这一领域目前可用的模型中，随机偏好模型是一个强有力的备选模型。但是这也就意味着期望效用是错误的核心；这反过来又引出了一个问题，即如何将随机偏好应用于备选的核心理论中。

例如，思考如何将随机偏好应用于等级依赖的期望效用模型中。这种模型通常需要一个把报酬映射到主观价值的函数 $v(\cdot)$ 和另一个把概率转换为决策权重的函数 $\pi(\cdot)$，且 $\pi(\cdot)$ 是根据一个保证 FOSD 的程序把概率转换为决策权重的函数。[①]

---

① 这种模型的早期形式是奎根（Quiggin，1982）的预期效用理论。后来，斯塔莫和萨格登（Starmer and Sugden，1989）提出了包含一个参考点的形式并且允许损失和收益受到区别对待。本质上，特维斯基和卡尼曼（Tversky and Kahneman，1992）的累积前景理论的核心也是相同的想法。也有人提出了许多其他变形。

接下来的问题是，对于价值函数 $v(\cdot)$ 的集合和概率权重函数 $\pi(\cdot)$ 的集合，我们应该给予它们多大的自由度呢？以累积前景理论（Tversky and Kahneman，1992）为例，这个理论对函数 $v(\cdot)$ 的形式施加的限制条件是十分适度的：我们可以预期在收益的值域内这个函数是凹的，在损失的值域内这个函数是凸的；与相应的收益域相比，损失域中的函数更为陡峭，收益域和损失域中的函数交汇于 0。这样一种核心的随机偏好形式可能需要我们思考如何对 $v(\cdot)$ 和 $\pi(\cdot)$ 的分布建模以及我们是否需要接受 $v(\cdot)$ 和 $\pi(\cdot)$ 间的任何特定关系。目前为止，很少有人注意到不同备选的理论的随机设定的问题，这些问题会把我们带入到很大程度上仍未知的领域中。[①]

此外，当我们登上实验博弈的舞台时，这个问题似乎更加开放。正如 7.3 节中讨论的，至少有两种看似合理的噪声来源：第一种噪声与个体决策实验中表现出的噪声是同一个类型，与货币报酬转换为主观效用（价值）有关——如果考虑到违背本性的博弈中没有展现出的人际关系效用的交互影响，那么这种噪声来源可能会变得更加复杂；第二种噪声来源是不确定性，关于一个人可能与其他哪些类型的被试者交互作用，以及遇到任何特定类型的被试者的概率是多少。考虑到有很多种方法可以使一个人并非不合理地对被试者如何把报酬转换为效用以及他们如何想象其他被试者的思考和行动进行建模，有人可能会问，是否存在一种行为模式，使得我们无法对其构建并非不合理的解释。

对此一个可能的回答是，回顾第 3 章中讨论的进步的和退化的研究项目之间的差异。出于这个原因，对于进步的研究项目，仅仅使用对防护带假设的并非不合理的调整来清除异常现象是不充分的，还需要新的预测和成功经验。

另一个可能的回答是试图直接研究噪声。它在个人的和（或）交互作用的决策情况下如何运行？这本质上是一个经验问题。但是旨在解决这个问题的现有证据是有限的。因此，一项紧迫的任务是收集关于行为中的随机成分的本质和结构的数据。然后接下来的问题——这是本节余下部分将解决的问题，虽然只是以一种象征的、不全面的方式——是如何能够完成这项任务。

7.4.1　其他可能有用的数据形式

大部分现有的与个人决策实验相关的证据都表现为重复的对照选择数据的形式。如上所述，这样的实验通常要求被试者在对照彩券间进行大量选择，其中特定的几对不止一次出现，而且直到所有的决定都做完了，才对选择的结果给予反馈。于是，典型地，被试者将从所有摆在面前的彩券中随机地选择一对，并根据他在此例中的选择被支付报酬。

---

① 斯托特（Stott，2006）近期涉足了这一领域的一部分，他考虑了许多不同核心设定联合多种误差模型的组合。但是，他明确地避开了随机偏好方法，仅限于关注一个本质上是费希纳式方法的模型。

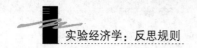

正如在 7.2 节中提到的，有一些证据表明，在一个实验局的进行过程中被试者的行为会发生有规律的变化，在后面的反应中，被试者的选择会变得更加风险规避。虽然我们不知道造成这种现象的原因，但是这种模式显示即使当只有最小的反馈时，经验（熟悉度）也会对选择有影响。

但是，这种离散选择数据的一个缺点是它们只能提供相当有限的信息。每一轮选择中我们只能观察到哪一个选项被选择，唯一可见的行动是在每一轮选择中做出的选择都不相同。在多数情况下，当没有任何选择发生变化时，我们只能得到很少的见解；对于任何一个人，都需要在他的转换点附近做很多重复的选择，才能清楚地知道他偏好中的噪声（误差）成分是如何配置的。

一种更有效率的获得信息的方式也许是对选项进行一系列的以下两种形式之一的等价：确定性等价（certainty equivalence）和概率等价（probability equivalence）。对于任何彩券，确定性等价要求被试者说出在他看来与被评价的彩券完全相等的货币的数量。概率等价要求被试者构造一些在他看来与被评价彩券完全相等的其他彩券。规范表达这项任务的一种简单方法是，构造含两个报酬的标准或者参考彩券，其中一个报酬是 0，而另一个报酬是个总和，这个总和大于被评价彩券的报酬。

经济学实验中没有太多的例子使用概率等价[1]，但是有许多实验都包含确定性等价。遗憾的是，大多数这种实验都不提供可用于我们现在研究目的的数据。许多个人决策实验只要求被试者对每种彩券做一个单一的评价。尽管也有一些重复市场实验会要求被试者在连续交易回合的多种场合下对同一种彩券进行多次评价，这些一般都会在每个回合之间提供重要的反馈，这个反馈极易对后面的行动产生实质的系统性影响。因此即使重复离散选择数据不是完全纯的（pure），重复市场实验中关于评价的数据集也与被试者偏好的随机样本观测值集合不太一样。[2]

为了获得可以和上面讨论过的这种重复选择数据相比较的等价数据，我们有必要要求被试者说出许多等价，特定的彩券在每一个实验局中被不止一次地呈现给他们，并且只在实验局的末尾完成一项随机选择的任务。但是，我们知道并没有满足这些要求的大量数据集。在缺乏这种数据集的情况下，我们考虑使用并不完全符合这个设计但是可能会提供一些深刻见解的实验中的数据，这也表明了在收集和分析等价数据时的一些潜在的问题和缺陷。

---

[1] 在健康状态诱导（health state elicitation）的领域中，概率等价已经得到了越来越广泛的应用：在标准赌博最简单的形式下，被试者被要求设定一个健康治疗产生两种结果的概率——如果治疗成功了就完全健康，如果治疗失败了就死亡，这样在风险前景和一些中间的健康状态的确定性之间，他们就是无差异的。对于进一步的细节，参见加夫尼（Gafni, 2005）。

[2] 即使彩券实际上并不是在每个交易回合的末尾被执行，关于市场价格的信息（并且有时是关于其他交易员出价、开价的分布）通常仍会提供给被试者，并且可能形成他们后面的回答。此外，刚开始的出价、开价可能被策略性行为污染，这可能会在某种程度上被后面回合的经验修正。进一步的证据和讨论，参见鲁姆斯等人（Loomes et al., 2003）。

在最近的一篇文章中，巴特勒和鲁姆斯（Butler and Loomes，2007，后文中表示为 B&L）探讨了把人类偏好的不精确性作为偏好反转现象的一种可能（部分）解释。他们的设计是围绕着赌博 P 和赌博 $\$$ 展开的：赌博 P 提供 0.70 的概率收益 24（和 0.30 的概率收益 0），赌博 $\$$ 提供 0.25 的概率收益 $\$ 80$（和 0.75 的概率收益 0）。[①] 除了其他方面之外，实验力求引出每个被试者对每个赌博的确定性等价和概率等价。引出这些等价的方法如下。考虑中的赌博——比如说，赌博 $\$$ ——是固定的，并且被标记为 A，而其他选项（在确定性等价情况下，货币的一个确定总数；或者在概率等价的情况下，获得报酬 160 澳元的概率）被标记为 B 且最初被设置为极端值。[②] 确定性等价和概率等价这两种选择方案都显示在电脑屏幕上，然后要求被试者用以下四种编码之一进行回答：如果他们确定偏好（definitely preferred）A，那么就被编码为 1；如果他们可能偏好（probably preferred）A，那么就被编码为 2；如果他们可能偏好 B，那么就被编码为 3；如果他们确定偏好 B，那么就被编码为 4。然后改变 B 的值——如果最初它是从最小值开始的，那么它将被逐渐增大；如果它最初的起点很高，那么它就将逐步减小。典型的被试者在开始的时候就确定他们偏好一个选择，结束的时候确定他们偏好另一个选择，在一半的案例中会得到从 A 到 B 的转变，而在另一半的案例中会得到从 B 到 A 的转变。用这种方法，每个被试者不仅有效地表达了目标赌博的确定性等价和概率等价（他们从可能偏好一个赌博转换为可能偏好另一个赌博的那一点，即 2↔3 转换点［switch-point］），而且也指出了（1↔2 和 3↔4 间的）间隔，在这个间隔范围内他们认为他们自己不是非常确定他们的等价。我们把后面这种间隔（1↔2 和 3↔4 间的间隔）称为不精确间隔（imprecision intervals）。

完全确定他们自己偏好的人可以直接从对一个选项的确定偏好变到对另一个选项的确定偏好，在这种情况下，他们的无差异将被表示为 1↔4 转换点。但结果是，除了少数被试者之外，其余全部被试者在每一轮中都至少有一些人选择 2 也有一些人选择 3。这与大部分人不仅在决策中展示了可变性，而且意识到在不同场合他们可能会做出不同决策的可能性相符。虽然我们无法确切地知道当他们从一个确定偏好变到一个可能偏好时，他们各自在想什么（反之亦然），但这些回答仍然可以提供有用的数据来评价对决策行为中的随机成分建模的多种方法。

观察到的主要模式如下所示。在确定性等价任务的例子中，赌博 P 平均不精确间隔小于赌博 $\$$ 相应间隔的三分之一。在概率等价任务中，观察到的镜像图（mirror-image pattern）是：对于赌博 $\$$ ，1↔2 和 3↔4 转换点间的平均间隔大概

[①]　这些报酬以澳元为单位。

[②]　在赌博 $\$$ 的确定性等价任务中，有一半样本的选项最初被设为确定报酬 1 澳元，而对于另一半样本，最初的起点为报酬 80 澳元；在概率等价任务中，最初的选择要么是以 0.01 的概率得到报酬 160 澳元，要么是以 0.25 的概率得到 160 澳元。

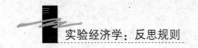

是 0.07，赌博 P 只有 0.20。[1]

这些结果可以与期望效用的费希纳式设定相协调吗？考虑到以下原因，我们可以看到答案很可能是不可以。

思考费希纳形式下的不精确间隔的一种方法是把它作为置信区间。在费希纳式的假定下，在任何两种彩券的选择上，行为者都有一定的概率选择真实期望效用更低的那个，随着两种彩券真实期望效用间的差异变大，这个概率会变小。这似乎是一个合理的假设，随着选择错误选项的概率变小，在选择中个人表达的信心应该变得更强，因此我们也许可以认为，确定偏好表示他们认为犯错的可能性要小于某个临界值，而可能偏好表示他们认为犯错的可能性要大于那个临界值。假设一个给定的个体把相同的临界值应用于全部的选择中，这将是符合费希纳精神的。[2] 因此不精确间隔可以被看做在费希纳形式下一个人关于噪声和任何两个选项中做选择的联合分布的置信区间。

现在我们思考期望效用最大化个人在两种彩券间（F 和 G 间）真正无差异的情况——相同的真实期望效用映射到相同的真实确定性等价（表示为 C^*）和相同的真实概率等价（表示为 p^*，p^* 表示在参考彩券 R 中获得高报酬的概率，其中报酬高到足以确保 $p^* < 1$）。此外，假设由于某种原因，F 的 ε 的方差大于 G 的 ε 的方差（同时这两个分布都围绕相同的真实期望效用对称）。

首先考虑能引出两种彩券概率等价的 B&L 方法，从（比方说）一个较高的 p 值开始，p 从个体确定偏好 R 的水平逐渐减小到他确定偏好 F 或者 G 的水平。在 p 的每个水平值上，{R, F} 中误差项的联合分布将高于 {R, G} 中相应的联合分布，其结果就是对于任何个体都使用相同的显著性水平临界值时，F 的置信区间（不精确间隔）会比 G 的更宽。

现在考虑引出彩券确定性等价的 B&L 方法，从（比方说）一个足够大的使彩券是确定偏好的确定总和开始，然后逐渐减小直到它足够低地使另一种彩券成为确定偏好。无论我们是否假设噪声与确定总和的感知效用有关[3]，在 C 的任何水平上，{C, F} 中误差项的联合分布将高于 {C, G} 中相应的联合分布。因此，如同上述引出的概率等价，用确定性等价表示的每个个体的 F 的置信区间（不精确间隔）比 G 的更宽。

总之，在费希纳模型的假设下，如果与彩券 F 相关的 ε 的方差大于与彩券 G 相关的 ε 的方差，那么无论是用参考报酬的概率衡量，还是用货币的确定总额衡量，这往往都会反映在更宽的置信区间上。

---

① 这些总体模式在个体水平也很明显：在 89 个个体中有 73 个人的赌博 $ 的确定性等价的不精确间隔严格大于赌博 P 的相应间隔；而在概率等价任务中，89 个个体中有 71 个人的赌博 P 的间隔严格大于赌博 $ 的相应间隔。

② 当然，我们允许从可能偏好分离出确定偏好的置信度可能是因人而异的，对每个个体都不同。

③ 在布拉瓦茨基（Blavatskyy, 2007）的变形的情况下，确定总和的效用一直被认为完全没有任何误差。但是为了得到这里的结论，这个假设是没有必要的。

因此如果 B&L 确定的间隔代表的是这种置信区间,那么实验数据中的模式与费希纳模型就是不兼容的:并不是无论用哪种方法衡量这个间隔,彩券都能与更宽的间隔联系到一起,由确定性等价引出的赌博 $ 的平均不精确间隔超过赌博 P 的相应间隔宽度的三倍,而当这些是由概率等价过程引出时,赌博 $ 的间隔仅仅是赌博 P 间隔宽度的三分之一。

相比之下,在实验中间隔的相对大小的变化方式更容易被随机偏好框架解释。为了证明这一点,以一个风险规避的期望效用最大化者为例,他的 $u(\cdot)$ 函数集合全部采取 $u(x)=x^\beta$ 的形式,其中 β 分布在一定范围内。假设 β 不小于 0.6 且不大于 0.8,但是在这个范围内,他报告自己只拥有一个可能偏好。应用 β 的这两个值给出不精确间隔的端点值,赌博 P 的 B&L 概率等价的间隔将介于 0.154 和 0.224 之间,即间隔宽度为 0.070,而赌博 $ 的间隔将介于 0.144 和 0.165 之间,即间隔宽度为 0.021,小于赌博 P 间隔的三分之一。把这些相同的两个 β 端点值应用于确定性等价任务,对于赌博 P 将会得到一个宽度为 2.12 美元的间隔,对于赌博 $ 将会得到一个宽度为 6.21 美元的间隔,所以在本例中,赌博 $ 的间隔几乎是赌博 P 相应间隔宽度的三倍。尽管这个例子可能有些程式化,但它仍有助于揭示——相对于费希纳设定的任何合理简单的版本——B&L 报告的不精确间隔模式是怎样更容易地符合随机偏好模型的。[1]

虽然仅从这样的探索性研究中得出有力的结论是有些轻率的,但是 B&L 的研究方法可以深刻理解人类偏好的不精确的和(或)随机的本质——在这种情况下,这种方法的拓展使我们能够更加全面地了解噪声(不确定性)的本质。

此外,B&L 使用的研究程序模式是存在一些争议的,这有(至少)两个原因。第一,它依赖于决策中对信心的反思,这是一个很难确定和解释的概念。第二,没有显而易见的方法可用于连接 1↔2 转换点、3↔4 转换点与标准货币激励。正如第 6 章中解释的那样,通过在正统理论看来不能激励相容的程序,我们可以从中获得一些信息,我们并不认为这些信息一定要被裁定为不被承认的。但是在一些实验经济学家中,有一个非常有力的推论是支持激励的。因此这也为未来的研究提出了一项可能的任务,就是探索 B&L 研究程序提出的可能性是否能够被含有更多标准激励相容机制的实验设计所证实。

7.5 结论

即使在最基本的且定义明确的对照彩券之间做选择,许多被试者也在实验中显

---

① 在这里的例子中,我们使用期望效用并不意味着期望效用可以被恢复为核心,而是期望效用可以让事情保持简单,并且弄清楚结果并不依赖于(含有非线性概率转换和更多复杂的价值函数的)更复杂的核心理论。

示出了可变性，这种可变性可以被建模为行为中的随机成分。如果个人风险型决策中也存在这种可变性，那么它很可能至少像实验博弈中观察到的行为中的可变性一样显著，实验博弈中存在额外的不确定性，对于执行不同策略的可能性的判断也是可变的。

到目前为止，这个问题还没有得到它应有的关注。通常使用的统计检验都隐含地假设了某种误差结构，但我们通常都使用现成的（off the shelf）统计检验，太少考虑构成这些统计检验的假设的适当性。在这个意义上，这个问题已经有了更明确的解决方法，通常的方法是把噪声作为费希纳式传统中的一个附加项（add-on）来进行建模。

这种设定虽然对于经济学家和计量经济学家来说可能看起来十分自然，但我们认为它是会引起争论的。确实，有理由认为，至少在个体选择和实验博弈的情况下，费希纳设定有概念上的缺陷和经验上的不足。特别是，这样一种设定容易高估违反明确占优的频率（在个人风险型决策的实验中，这实际上是相当罕见的），并且结合标准核心理论，这种设定带来了许多不符合证据的模式。

为了证明费希纳式方法不是唯一可行的对个人偏好中的随机成分建模的方法，我们已经讨论过随机偏好方法作为一个备选项的可能性。随机偏好是否可以提供一个完全令人满意的——或者更少地令人不满意的——解释，仍然值得商榷。但是随机偏好和费希纳式方法的对比，毫无疑问地显示了相同核心理论的不同随机设定可以产生完全不同的影响，并且表达的信息很明确：在经济行为和理论检验的关键领域中，对随机设定的选择不是可有可无的附加（optional extra），而是分析和解释实验数据的绝对核心。

虽然本章给出了实验经济学中最突出的费希纳式方法和随机偏好方法，但我们并没有打算说它们是对偏好的随机本质建模的仅有方法。其他的理论——例如布斯迈耶和汤森（Busemeyer and Townsend，1993）的决策场理论（decision field theory）——可以提供额外的，也许是相当不同的见解。在询价（enquiry）这个重要的领域中，目前为止已做的研究太少了，这一章的主要目的是引起人们的关注，并激发进一步的讨论和研究。在这里有一种很重要的共生关系有待探讨：如果我们想要恰当地分析和解释我们的数据，那么实验经济学家必须更好地理解行为中的随机成分。然而，如果没有进一步的实验，那么我们该如何加深对这些因素的理解？进一步的实验也包括一些方法的发展和使用，尤其是在本书正文中检验过的正统理论之外的那些方法。

第8章 结 论

　　在前面的章节中，我们已经回顾了各式各样的实验，这些实验的目的都是想方设法地为理解经济行为作出贡献。我们也考虑了同样各式各样的论据——有的非常一般化，有的是特定的实验设计，它们都是关于在经济学中实验如何达成或者无法达成的。现在，我们把这些线索汇集在一起来评价实验经济学的表现以及它的发展前景。为了避免重复，我们此处的评价将只是陈述而不是论证，支持论据已经在前面的章节中给出了。

　　我们将以三种不同方式提出三个问题，从不同的角度考察实验经济学的表现到底如何。第一个问题是根据本书的主题就能很自然想到的：在建立一种合理的方法论方面，实验经济学的成功程度如何呢？以这种方式提出的问题其实是在问，当实验经济学家最初的目的是要增进我们对经济行为的理解时，他们的方法是否适用于这个任务？

　　第二个问题或许是大多数经济学家都能更直接想到的：在增进我们对经济行为的理解方面，实验经济学的成功程度如何呢？上面这两个问题在逻辑上是相互独立的，并且关注的是实验经济学的不同方面，但人们也许会预期这两个答案之间是有联系的。我们将很难说服人们相信，一个科学研究项目虽然长时间内一直使用合理的方法，但实际上却没有获得任何成果。相反，如果这样一个研究项目多次取得了关于它主题的重大发现，还宣称它的方法是完全不合理的，那么就是很奇怪的了。然而，这可能是因为在实验主义者认为有效的方法中，有一些方法实际上确实是合理的，而也有一些方法实际上确实是不合理的，实验经济学在实践中的成功要归因于那些合理的方法。可能是错误地把实际上有用的方法当做无效的这种错误的信念阻碍了发展。并且，当实验经济学家以方法论的方式思考时，他们认同的那些准则可能与他们在实践中的结果不相符：一种公认的（official）方法论在实践中可能有时也会失败，或者一种不合理的方法论在实践中可能有时也会取得成功。

第三个问题采用了一个完全不同的视角。这个问题是：实验方法的发展对经济学整体是否有积极的影响？理论上很容易想到这样的可能性：在广泛的学科中，比如经济学，它的一个分支学科可能发展出自己的方法论和自己的系列问题，从而逐步发展为一个独立学科。这样的一个分支学科可能在它自己的领域内是成功的，然而对其母体学科的影响却逐渐减小。可以说，经济学的发展历史一直都是如此。我们猜测，大部分现代的经济学家认为经济史是历史的一个分支，只是经济史可以使用一些经济学中的方法。他们并没有意识到历史探究可能是一种针对经济学整体的核心研究方法。但曾几何时，这种观点被经济学家广泛接受。同样，至少可以想象，实验经济学可以发展成为一个独立完备的分支学科，而同时经济学的其余部分仍然如以前一样。或者，实验方法可能会慢慢渗透到整体学科中，正如计量经济学方法已经做到的那样。当然，这可能被认为是积极的，也可能被认为是消极的。

8.1 在建立一个合理的方法论方面，实验经济学的成功程度如何呢？

正如我们在第 1 章开始所说的，以及在这本书中已经论证了的，关于实验经济学的方法论应该是什么这一点在实验经济学中还存在持续的争论。在实验经济学的专业研究人员之间，以及在实验经济学的专业研究人员和局外人之间，关于从实验中可以学到什么这一点也是存在争议的。我们正努力为解决这些争议作出一些贡献。而在某些问题上，与此恰恰相反，有一种关于实验经济学正确方法论的民间智慧（folk wisdom）被专业研究人员广泛接受。这种民间智慧的思想也出现在了这本书中的许多不同地方。我们已经考察了这些一致的共识，且有时会发现这些一致的观点不如人们普遍认为的那样正确，还有很多值得商榷的余地。

作为例证，我们列出了 10 个方法论的主张（methodological claims），这里的每一个主张要么是被至少一位著名实验经济学家明确提出过，要么是实验经济学民间智慧的一部分——或者，正如通常的情况，这两者兼有。每个主张都已经在前面一个或多个章节中讨论过。我们已经论证了，这里所有的主张都至少是可争论的，没有一个应该被不加鉴别地作为那个我们寻找的正确的实验经济学方法论的一部分。

主张 1：如果使用实验来检验一个理论，并且实验环境的非现实特点也是这一理论的特性，那么就不应该批评这个实验是非现实的（unrealistic）。

关于被指责的理论的争论是几位实验经济学先驱提出的，并且这个观点仍然是对实验的一个普遍辩护。我们已经论证了，这个观点的前提是一个理论可以在其基本应用范围内被合理检验。也就是说，在标准地理解该理论语言的基础上，这个理论可以被它所涉及的任何可能现象所验证。（例如，对市场没有施加限制条件的理论将被应用于所有市场中，包括在实验室中进行的非现实的市场；对不确定条件下的选择没有施加限制条件的理论将被应用于所有不确定条件下的选择。）然而，在基本应用范围内没有通过实验检验的理论，通常被辩护为相关实验不满足这些理论的隐含适用条件（例如，行为人必须对决策环境有足够的经验）。虽然可能因为误用了这种观点而把理论与证伪证据剥离开，但是期待在对一个理论的陈述中就包含此理论适用条件的完整规范说明，是很天真的想法。因此，即使当一个理论在其基本应用范围内被检验时，外部有效性问题仍然可能会产生影响。我们已经介绍了在这种情况下评估这些问题的标准以及在特定的实验结果中被指责的理论辩护的说服力有多大（见第 2 章）。

主张 2：对于经济理论的检验，使用了市场的实验设计比没有使用市场的实验设计更加有效。

我们已经从理论和实证两个方面质疑了这个通常规定的立场（often-stated position）。从理论的角度来看，经济理论的目的仅仅在于适用于市场是根本不可能的。因此，就不可能有这种一般推理：市场实验比其他实验设计更接近经济理论的目标域（intended domain）。主张 2 的提出经常伴随着这样的假定事实，即市场实验中的行为往往能够证实传统经济理论的预测，而随着其与理论检验的相关性的减弱，非市场设计中那些不能被证实的情况也不一定就是不可信的。我们已经论证了当一种可能的情况与另一种可能的情况相比较时，基于事实的证据就是相当弱的（见第 2 章）。

主张 3：只有当被试者首先把报酬弄清楚时，才可以用实验的方法检验博弈论。

这是博弈论学者和实验主义者都经常主张的。意思是，博弈论并不致力于做出关于报酬的任何实质性解释，每个被试者的报酬只是一个关于他试图取得的任何东西的一般表示。因此（据说），理论的有效检验必须包括经验验证，验证那些为了检验而设定的报酬是否与被试者的目的相一致。我们已经论证了如果要把博弈论解释为包含预测或者解释的内容，那么就必须做出一些实质性的假设，根据当时应用的那个理论来假设报酬是如何与真实世界情况下的可观测性质相联系的。这些假设必须充分固定，这样在理论暗指的行为被观察到之前，报酬就可以被确定。换句话说，如果博弈论要做预测或解释的工作，那么使报酬明确是博弈论必须要做到的前提之一。只有这样，实验研究人员才能验证结果（见第 3 章）。

主张 4：如果一个异常在许多实验中被发现，但并没有发生在一个所有已知工具控制了主体错误认知的实验里，那么我们应该能推断出异常是控制不充分的实验程序导致的人为现象。

这个主张认为被试者正确认知实验程序是不成问题的，这就暗示着，如果所有错误认知都被消除了，那么主体的真实偏好就会显露出来。同时假设控制错误认知的这种程序是定义明确并且可分离的，这样我们就可以在一个给定设计中添加任何此类程序，明显地提高整体控制程度。我们已经分析了这个主张的两个特点。一些重要的基于心理学的选择理论提出了个人偏好会受到主观感知的影响，虽然它们之间并没有显然正确的客观相关关系。总的来说，对于许多实验程序，关键问题是判断程序到底能否增加或减少主体对任务的理解。这种程序的存在使得实施所有已知的控制这个观点变得含糊不清（见第 4 章）。

主张 5：因为所有理论都是有错误的，所以对于在公认理论的实验检验中观察到的小异象，我们能从中知道的东西很少。

所有理论都是有错误的这个准则，表达了一个重要的真理。解释经济学的理论假设时，这个理论假设必须受到被方法论学者称为其他条件不变的不明确条款（vague ceteris paribus clauses）的限制。如果陈述中没有这样的限定性条件和字面意思，那么经济理论就确实是不准确的。因此，如果一个理论假设以一个无限制的形式被陈述，那么我们可以预期至少在一些经验检验中，它会被证明是不成立的，因为所有理论都有这个性质，所以这种驳斥不能作为拒绝一个理论的充分理由。但是，我们已经反对了小异象不提供信息的这个观点。任何理论预测和证据之间的系统性偏差都是一种指示，表明某种因果机制（没有包括在理论中的）在起作用。经验表明，寻找这种因果机制会带来有价值的新知识以及理论（见第 4 章）。

主张 6：假设应该来源于理论，并先于检验假设的实验，而不应该在事后归纳出假设以组织实验中观察到的规律。

这个主张反映了许多经济学家所持的观点，科学方法是（或者应该是）假说演绎的（hypothetico-deductive）。我们已经论证了，归纳法也可以带来科学的发展，在实验经济学中这种方法也正在逐渐普及。在还没有充分的理论来解释某种经验规律时，成功的研究项目可以从发现这些惊人的经验规律开始。这种规律最开始可能是作为实验数据意想不到的特点而为人所知。然而，主张 6 认为区分事前和事后的假设（prior and ex post hypotheses）是正确的。在实验结果中发现了某个模式不如发现了事先预测的一个特定模式那样让人吃惊。在事后归纳出一个一般的假设，再用来组织一组给定的数据，这种做法不能说是对这些数据的验证；但是在记录一种直觉以及在建议进一步的调查方向上，这种做法可能是有用的（见第4章）。

主张7：当一个经济理论建立在形式模型的基础上时，我们应该使实验室中的环境尽可能地接近模型假设，然后实施模型假设以检验这个理论，并且揭示在实验环境中的行为是否与模型中的行为一致。

这个主张是以许多这样的实验设计为前提的：这种实验设计被用于研究应用经济学（以及更基本的经济理论）中的问题。我们想到的这种实验类型，在前一种情况下，旨在评估一个理论，这个理论主张真实经济形势是基于一个这种形势下的程式化的形式模型的。实验要重新配置实验室环境以重现模型假设，除了模型的抽象行为人被人类主体所取代之外，还要构建这些人类主体的报酬。这个实验环境可以从该理论要做出断言的那种真实形势中充分分离出来。我们已经论证了这种实验在验证应用经济学理论上只能起到有限的作用。理论使用一个模型来对（真实）世界的情况做出断言，被世界和模型之间所谓的类似性（similarities）所支持。如果判断实验能够提供有关世界的信息，那么对于实验和世界之间的类似性就必须有一种相应的证明。为了支持这样一种证明，仅指出实验模拟模型是不够的（见第5章）。

主张8：为了达到最大程度的控制，应该这样设计交互式实验，以使得一个主体对于另一个主体是匿名的，并且交互的行动步骤是被规定好的。

这个主张似乎隐含在许多实验经济学家的实践中。一般来说（尽管有些显著的例外），允许被试者间以非结构化的且自然的方式相互作用这种设计，是实验研究人员都不愿意使用的。这种态度可以被视为一个更加普遍的趋势的一部分——从主张7中也能看出来，即支持类似形式模型的这种实验设计。如果想在设计中包含真实世界的特点（如自发言语），但在形式模型中却又难以包含这些特点，那么这个设计将被视为缺乏控制。但是如果，正如我们已经论证的，理论检验需要实验和世界之间的类似性，那么有时自然的设计会有更明显的优势（见第5章）。

主张9：经济学实验应该总是激励相容的。

这个主张是实验经济学中最被普遍认同的方法论准则之一，它如此普遍以至于没有与任务相关的激励的实验几乎不会在经济学期刊上被报道。我们已经论证了，如果没有限制条件地陈述这条准则，那么这条准则是可能引起歧义的。激励相容可以被定义为仅仅是关于一个给定的决策理论的：一个设计可能对于依据一个理论行动的主体是激励相容的，但对于依据另一个理论行动的主体就不是激励相容的。与任务相关的激励总是能提高实验结果的有效性，这并不是不证自明的：对利弊的权衡取决于研究的性质。我们已经指出，经济学中的一些重要问题似乎只有在非激励（nonincentivized）的设计中才能够进行实验研究（见第6章）。

主张10：在分析实验数据时，我们应该仅根据计量经济学易处理的考虑因素来选择误差模型。

这个主张似乎隐含在许多实验研究的数据分析报告中。我们已经论证了，根据使用的误差模型不同，对一个给定实验数据集合做出的解释也可能是非常不同的。例如，当在分析中使用一个误差设定时，数据似乎显示了公认理论的一个系统性失效；而当在分析中使用另一个误差设定时，数据却可能与该理论一致。因此，实验经济学需要调查个人行为中随机变异的真实来源，而不是把误差建模看做计量经济学家的一个技术问题（见第 7 章）。

很明显到目前为止，我们并没有看到实验经济研究被一种统一的、没有争议的、清晰可辩护的方法论所统领，而这种方法论只需要被整理编纂就可以教给有志气的实验经济学家并且向外界解释实验经济学，我们还没有发现这样的方法论。事实上，期待任何科学研究项目有一种完全统一且没有争议的方法论，都是不现实的。在方法论上存在一定程度的分歧也许是有活力而不是失败的标志。但是我们并没有发现在实验经济学中有太多方法论上的多样性和反思，而是多样性和反思都太少了。还有一种危险就是学科的实际应用可能在无用的限制性形式上过早地保守僵化了。

在许多情况下我们认为，这些限制过分严格的方法论原则是实验经济学特定历史的残留。在很短的一段时间内，实验方法被引入到了科学中，这种科学有偏好其他研究工具的悠久历史，尤其偏好从关于理性经济行为人的"合理的"或"不证自明的"假设开始进行模型构建和演绎推理。那么如果许多实验经济学家继续以反映非实验历史的方式来思考实验经济学，我们就不会对此感到惊讶了。另一个需要考虑的因素是，在早些年，实验经济学研究只集中于有限的研究项目。这些研究项目的实践，以及在某些情况下实验经济学代表人物的自觉反思，共同形成了方法论的惯例，之后的实验经济学家便延续了这种方法论惯例。民间智慧可能过于坚定地铭记了那些对于特定的实验目标或特定的实验类型才恰当适用的思想，或者那些反映了特定先驱的特殊信仰的思想。例如，弗农·史密斯颇具影响力的实验方法论准则（在第 2 章进行了检验）非常有用，这条准则只在实验研究人员希望诱导被试者特定偏好的情况下才成立，但却被误用在了询问被试者实际偏好的实验中。

一些研究项目似乎是以寻找能够得出确定性答案的实验设计为前提的，尤其是当由于杜赫姆—奎恩问题而难以获得这种答案时。这类例子包括寻找一种检验纯博弈论的方法，其中不做任何关于报酬的实质性假设（见主张 3），也包括这样的想法，就是我们能够设计出这样一个实验，其中包含了所有已知的对错误认知的控制（见主张 4）。某些类型的设计总是被不恰当地使用。特别是，用来实施形式模型的设计通常被看做关于真实世界的理论假说的检验（见主张 7）。相反，还有其他设计类型都是潜在有用的，但是实验经济学家都不愿意使用。这类例子包括自然的设计（见主张 8）和非激励设计（见主张 9）。我们认为主张 7 和主张 8 背后的思想反映了实验经济学中一个错位的趋势，即假设理论建模中实践良好的原则可以被直接应用到实验设计中。

8.2 在增进我们对经济行为的理解方面，实验经济学的成功程度如何呢？

　　尽管在当前实验经济学方法论的某些方面上我们有所保留，但我们可以毫不犹豫地断言，对经济行为的理解，实验经济学已经作出了巨大的贡献。在这本书中，我们已经给出了很多例子，有的来自各式各样的研究项目，有的来自使用实验经济学方法得到的各式各样的发现。经济学家发现了一些他们之前没有察觉到的规律（用经验主义者的话说：一个现实主义者更愿意把这个规律称为因果机制），如果经济学一直使用非实验方法论，那么这些规律可能永远也不会为人所知。

　　在关于实验的内部有效性方面，我们尤其感到自信。也就是说，关于经济学实验内部的因果机制，实验经济学已经形成了非常可靠的认识。我们已经描述了许多实验结果，并且证明了这些结果是高度稳健的而且是能复现的。这部分因为专业研究人员使用的都是标准化的方法。实验设计的许多方面都已经收敛成了行业标准，例如，关于激励机制、匿名性控制、随机选择子集以及处理组之间的平衡。无论这些特定惯例是否是最优的，它本身的标准化都使得实验结果在科研群体中更具可比性，因而提高了复现性。

　　当然，关于经济学实验中因果机制的认识本身并没有多大用处。但即使如此，没有人能事先保证实验研究项目能发现之前未知的行为规律，并且这些结果能被证明是稳健的和可复制的。即使发现了一些规律，也没有人能提供任何事先保证，保证这些规律能够被更一般的理论解释或者组织。如果以上这些都实现了，那么就是一个真正的成功了。实现了这些之后，实验经济学家就有资格感到一些信心了，他们的实验挖掘出了之前理论所没有考虑到的因果机制的基本体系。在某种程度上，他们得出这些发现时所处的实验环境，被判断为类似于在实地中的情况，我们至少可以预期相同的因果机制在这些情况下都能起作用。

　　因为这本书是关于实验方法论的，所以相比于为解释实验结果而发展出的理论，我们更多地阐述了实验结果。因此，前面章节提供的关于实验结果外部有效性的证据，不如实验结果内部有效性的证据那样多。而且，正如在本书中反复强调的，在怀疑实验经济学的评论家的争论中，对实验结果的外部有效性的怀疑是一个重要的主题。虽然如此，但越来越清楚的一点是，实验研究中得出的发现已经在实验室之外得到了应用，并产生了重大影响。

　　特别是，许多最近的经济学发展都是因为人们越来越认识到经济行为的重要方面可以被基于经验的心理学原理而不是先验的理性原则所解释。经济学将行为因素引入到学科之中。心理学中的许多现象最初在经济学中只是被记录为实验中的展示，而现在我们已经发现这些现象会对实地中的经济主体行为造成影响。应用经济

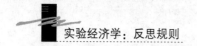
学的新分支就是从这些思想中发展出来的，如行为金融学和行为产业组织。①

虽然行为经济学可以被理解为对过去公认思想的一种挑战，但认为实验对经济学的贡献仅在于颠覆正统理论这种想法是错误的。特别是，对不同市场制度的性质进行实验研究，通常已经成为一种对主流理论发展的补充。弗农·史密斯很早就发现，即使交易员的数量出人意料地少，重复的口头双边拍卖仍往往会收敛到瓦尔拉斯均衡，这是一个著名的例子。一个较新的例子是使用实验来辅助拍卖的设计，这个设计帮助英国在 2000 年出售第三代移动电话网络的电信许可证时使收入增加了225 亿英镑。②

虽然我们认为实验经济学对理解实地中的经济行为作出了重大贡献，但我们无意暗示根据实验结果建立的行为理论总是优于比它们更传统的理论。正如我们在第4 章谈到的，有理由认为，异象的那些最著名的展示可能夸大了传统理论（把它的应用范围作为一个整体）无法正确预测的程度。现在实验研究中存在一种趋势，就是围绕着著名的展示，专注于小范围的现象。例如，关于不确定条件下的选择研究大量集中在成对彩券的二元选择上，这些彩券可以被定义为马尔沙克—马基纳三角形的形式——这个形式的普及是因为它能够表示共同比率效应和相关的异象。同样，关于社会偏好的研究主要围绕囚徒困境、最后通牒博弈、信任博弈以及对公共物品的自愿贡献。评论家可能会合理地问，这些特定的研究领域能在多大程度上代表我们预期这些经济理论将适用的更广泛的领域？③ 因此，即使一个新的社会偏好理论或者不确定条件下的选择理论在组织实验数据上是非常成功的，在提供一般用途时，它也不一定是最好的。

这并不意味着我们会无视经济学家的争论，一些经济学家质疑特定的实验结果是否只适用于特定的实地环境。例如，正如我们在第 2 章追问的，如果行为主体在重复市场中做决策，那么个人选择行为中的异象——如那些在阿莱悖论和禀赋效应中展现的——是否会倾向于变得不那么普遍，甚至完全消失？我们的观点是，只有通过进一步的实验研究，这个问题才可能被解决。现在我们已经取得了一些进展，但要得出确定结论还为时过早。然而，即使事实证明重复市场经验确实能消除这些异象，首次出现异象的实验中确实存在与经济行为重要领域相关的外部有效性，这一点仍将是正确的。

---

① 行为金融学和行为产业组织的相关研究，分别参见巴伯里斯和泰勒（Barberis and Thaler, 2003）以及埃利森（Ellison, 2008）。

② 宾默尔和克伦佩雷尔（Binmore and Klemperer, 2002）描述了这个设计过程。正如这个说明指出的，最终的拍卖设计借鉴了拍卖理论、产业组织理论，以及几乎所有派别的经济学家都认为是他们自己学科的常识的理论。看来，实验研究似乎发挥了重要的支持作用。

③ 施拉姆（Schram, 2005）提出了这个问题，他认为理论和实验的相互的内部有效性有创建它自己的世界的危险。施拉姆担心，如果专门建立一个理论用来解释实验室行为，而实验室中的实验又是根据这个理论构建的，那么这就存在两个问题：一个是理论与实验之间的联系有多密切；另一个是实验室中的情景与实验室以外的世界可能大相径庭。

一些评论家认为重复的和（或）市场的实验是对传统经济理论的唯一有效检验，他们以一种在实验研究影响经济学之前很少有经济学家认为必要的方式，通过限制其适用范围来为这个理论辩护。当首次在非重复的和非市场的选择中发现系统异象时，这是令人惊奇的。发现系统异象的时间也很重要：在首次发现之后，我们就不会感到太惊讶。经济学能够在许多非重复的和非市场的情况下解释选择行为，这无疑是不可否认的。

作为后者的一个例子，我们考虑以下问题：首先找出人们对环保公共物品的偏好，然后使用偏好作为成本效益分析的数据。这是一个实际的问题，通常会被认为在经济学家的专业能力范围内。研究程序的一种标准方法是使用问卷调查得出个人自我报告的偏好。通常情况下，调查的问题是不重复的、非市场的（以及假设的）选择。最初使用这种陈述偏好（stated preference）方法为公共政策提供指导的经济学家惊奇地发现在他们的数据和他们想使用的理论模型之间存在系统性偏离。最初，大多数经济学家对公认的理性选择理论的可靠性都非常自信，以至他们把所有这些问题都归因于不恰当的调查方法。现在我们知道，陈述偏好数据中发现的异象通常和实验中的展式（如禀赋效应）具有相同的形式，并且相同的异象至少会出现在实地中的某些经济行为中。调查、实验和实地间的类似性允许使用实验方法来理解引起陈述偏好数据中异象的原因，并协助调查设计。[①] 以上这种情况的可能性就是经济学实验外部有效性的进一步的证据。

8.3 实验经济学是否对更广泛的经济学产生了积极影响?

对于这个问题，我们简短地回答"是"。我们毫不怀疑，总的来说，实验经济学的成长对于经济学整体来说都是一件好事。

目前的趋势强烈暗示着，实验经济学正逐步成为一种公认的，甚至是主流经济学的标准工具，正如计量经济学长期以来一样。至少到目前为止，从当前经济史的意义上来讲，它几乎没有成为一门独特分支学科的迹象。有这样一个事实可以作为支持这一主张的证据，尽管使用实验方法的期刊论文的数量已经激增，但重要的专业期刊是唯一的——《实验经济学》。反而，在顶尖的综合期刊以及许多相关主题的经济学分支期刊中，例如《公共经济学》、《环境经济学》、《金融经济学》、《产业经济学》，实验研究报告已经成为了标准范式。

在前面的部分中，我们论证得出了实验研究对于对经济行为的理解作出了巨大

---

① 萨格登（Sugden，1999）回顾了陈述偏好调查数据中发现的异象，并且把这些异象与实验中观察到的决策行为中的规律联系到了一起。

贡献的结论。我们已经说过，并且现在也正在说，实验经济学正在发展成为经济学中必不可少的一部分，而不是成为经济学的分支学科，我们将有力地宣布我们的判断是：实验方法有利于经济学。但是我们想通过一个较抽象的主张来结束本书，实验经济学的进步是已发生的基础性转变中的一部分，并且对于我们来说，非常欢迎经济学家思考世界的方式的这种转变。

为了看清这种转变的本质，我们必须回顾在 20 世纪 70 年代和 80 年代早期——这个时期就是在实验方法开始被广泛使用之前——经济学的研究方式。显然，对一门整体学科做任何的简单描述都将只是笨拙的模仿，但我们认为下面的描述捕捉到了那个时代的经济学方法论的核心特点以及经济学家自我感知的核心特点。正如我们在第 4 章中指出的，那时的经济理论家的志向是建立关于理性选择的统一理论。许多最受人推崇的经济成就都采用了扩展的形式，把理性选择理论的使用范围扩展到新的领域（不确定性、宏观经济预期、信息、集体选择、精炼纳什均衡等）。理论因为数学表达形式的优雅而变得珍贵，其中一般意义来源于形式上简单的公理。对于这些公理表示真实人类动机和推理的可信度的质疑已经被消除了。经济学的这些特点与科学层次的两种认知一致。第一种认知层次是分离理论科学（pure science）和应用科学（applied science）的想法。这一想法潜在地（通常是不言而喻地）认为，经济学的理论科学可能是依据不证自明的公理中的先验分析来构造的。配置纯理论以适应经验数据是应用经济学的一项任务，但我们没有期望应用经济学可能发现任何需要纯理论做出改变的地方。第二种认知层次（当然，被经济学家感知到的）是介于经济学和其他社会科学之间的。有一种期望——通常被非经济学家称为"帝国主义"——指的是经济学理论的适用范围将逐步扩展至包含其他学科之前的研究主题。

经济学中的这些思考方式当然没有逐渐消失。例如，我们必须在检验博弈论之前把报酬弄清楚这一共同看法（主张 3 中表达的）证明了纯理论与应用理论处于同一个层次关系的想法是具有持续吸引力的，关于报酬的概念是如何在具体情况下被解释的这个问题并不是纯形式的博弈论所关注的。但是我们认为我们发现了经济学的一种拓宽，其中实验经济学的发展既是表现也是原因。

实验经济学把注意力集中在这种虽然需要被询问但是之前的经济学家却觉得可以忽略的问题上。最明显的是，这开启了对理性状态假设的质疑。为什么经济学家根据他们现在选择使用的特定公理来定义理性，而不是根据其他的公理呢？当我们发现，例如，有实验证据显示个人选择会系统地违反独立性和传递性公理时，我们仍然能够自信地断言这些公理是理性原则吗？对于这个最初的惊人行为背后的心理动机，如果我们能够给出一个更好的解释，那么我们就必须质疑我们对理性的先验解释吗？或者假设我们接受理性的传统模型中确实有一部分是标准有效的，并且实验中观测到的偏差是误差导致的，那么，我们有什么理由假设在经济理论旨在解释的情况下，类似的误差不是行为主体造成的呢？又是什么机制引起了误差校正呢？在整个经济理论的传统领域内，它们是以相等的力量在起作用吗？在经济学家也许希望进入的其他学科领域内，它们也能起作用吗？至关重要的是，这些类型的问题无法被纯粹的先验方法所回答：它们需要经验研究。它们还会在其他学科的能力范围内引起问题，比如心理学。

实验经济学迫使经济学家严肃思考关于个人和小组水平的行为的经验证据。实验经济学提供了方法论来调查和检验关于这种行为的假设，以及识别这种行为中的规律。在这种情况下，鉴于经济学家之前能够扫除非现实性的指控，许多方法论策略和修辞策略都被削弱了。[①] 记住鲁宾斯坦的主张（详见第1章），当鉴定一个可能影响选择行为的假定的考虑因素（consideration）时，优秀的理论家可以通过直觉——感觉它是真还是假——检验它的重要性。但通过研究发现理论家的坚定直觉是错误的，实验研究已经揭示了这种方法论的局限性。这一点应该是不令人惊讶的。我们所谓的科学的直觉无疑是在研究各自的科学主题的过程中积累的经验的产物。当我们想要正确判断一个未被证实的定理是真的还是错的，或者正确判断使用什么方法证明一个特定结果才是最有效的时候，去问一个有经验的数学理论家他的直觉是什么会是一个明智的选择。但如果我们要判断的问题涉及真实人类决策者的心理状态，那么花时间进行心理实验的人的直觉可能是更可靠的。

我们感觉在经济学中，区分先验的纯理论和基于经验的应用理论（application）的意识在减弱。对于经济学家愿意接受的假设类型，他们越来越心胸开阔并且有魄力了，当他们判断备选假设的可信度和有效性时，更多地考虑了经验证据。也许他们仍然是过于保守的。例如，正如我们在第3章中讨论的，决策理论仍然深受反映理性的先验想法这些前提条件的影响。或者是经济学现在太大胆了？对于现在和实验经济学有关的一些激进的理论化方法，经济学界一些更为谨慎的学者时常表示担忧。例如，有很多争论涉及神经经济学——把神经科学的理论思想和实验研究方法应用到经济学之中——的发展领域。在神经经济学的支持者看来，神经经济学是行为经济学的一个自然延伸，引入了心理学中最令人激动的和迅速发展的分支。[②] 另一个例子是，一些经济学家提出了范围更广的假设，涉及自然选择对人类心理学的影响，并且使用了经济学实验中观察到的非自利行为作为支持证据的重要部分。这是否是一个迹象，表示实验经济学能够发现以前未知的在人类进化史中起着重要作用的心理学原理呢？或者它是另一个延伸经济学"帝国主义"的例子吗？[③] 关于这些

---

① 个人层面的实地数据与使计量经济学分析变为可行的计算能力有着类似的作用。计量经济学的这些发展与实验经济学的成长大致属于同一时期。

② 专业研究人员写的对神经经济学的发展的评述，参见凯莫勒等人（Camerer et al.，2004b，2005）。古尔和帕森道夫（Gul and Pesendorfer，2008）的论文也许是最有名的批评分析。

③ 金蒂斯等人（Gintis et al.，2005）对强互惠（strong reciprocity）（定义包含了违反标准的人会受到高代价的惩罚这种激励）的探索是人类心理学上的本性，人类心理学在社会组织中起着根本的作用。强互惠第一次是作为对高代价惩罚的实验观察结果的解释被提出的。巴卡拉克（Bacharach，2006）提出了一个类似的假设，但将团队推理（team reasoning）用做人类心理学的基本特性。巴卡拉克引用的支持证据包括实验博弈中的证据。

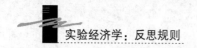

特定发展的实质性利弊，我们不采用任何集体的观点。但是我们欢迎经济学家提出这种激进的假设，使用实验证据来支持这些假设，并让假设接受实验验证，使已被公认的学科发生一些变化。

我们希望我们所看到的是，经济学的演化沿着真正的实证科学的方向发展。比起 20 世纪中叶的经济学，这样的学科可能没有完全统一。由于为了与从人类行为中观察到的规律一致，它的理论将被改写，而不是从先验原则中除去。我们可以预期，在把整个学科作为一个整体时会有更低的理论统一性，同时对于其他学科的思想会有更大程度的开放性。出于同样的原因，我们预期可以使用一种分层方法来构建理论。理论的整体形式将更少地被专业研究人员对纯理论的倾向和直觉所决定，而更多地被调查具体问题的研究者的共同努力所决定。我们的感觉是，这正是经济学的发展方向。这是一种进步吗？我们认为是的。

术语表

第1章

对知识的主张　claims to knowledge
窗口期　window
二元彩券程序　the binary lottery procedure
阶段　stage
红利　dividend
轮次　round
地位　status
保留值　reservation value
经验的规律　empirical regularity
结果主义理论　consequentialist theory
经验主义的主张　empirical claims
明确的行为　explicit activity
条件陈述　conditional statement
支付函数　payoff function
参与人　agent
解概念　solution concept
工具主义方法论　instrumentalist methodology
范围　domain

命题　proposition
感知　perception
激励　incentive
确证信念　justified belief
限定条件　defining condition
实质渊源　substantive source
经验主义者科学哲学　empiricist philosophy
　of science
知识分子时尚　intellectual fashion
实在论　realism
批判实在论　critical realism
解释　explanation
规律　regularity
哲学推理　philosophical reasoning
超理由　metareasons
假定　premises

第2章

范围限定　domain restriction
检验的联合性质　conjunctive nature of testing

个体选择理论　theories of individual choice

行为均衡理论　theories of equilibrium behavior

在实地　in the wild

社会偏好　social preferences

一般性　generality

外部有效性　external validity

恒定关联　constant conjunction

波普尔法则　Popperian principle

史密斯—维尔德戒律　the Smith-Wilde precept

实地实验　field experiment

归咎于理论的争论　the Blame-the-Theory Argument

瓦尔拉斯拍卖者　Walrasian auctioneer

试错法　tatonnement

免责性　immunity

正规目标　formal object

消费束　consumption bundle

模型实体　model entities

期望效用理论　the expected utility theory

宾果笼　bingo cage

货币赌博　monetary gambles

公共物品理论　the theory of public good

自愿贡献机制　voluntary-contributions mechanism

筹码　token

普遍性　universal

理论科学　pure science

目标域　intended domain

奎恩比喻　Quinean metaphor

天真的实验主张　Naive experimental claim, NEC

修正的实验主张　Modified experimental claim, MEC

博弈规则　rules of the game

合理化的要求　rationalization requirement

收缩防御　contraction defense

证伪主义　falsificationism

多元化　pluralist

传递性　transitivity

独立性　independence

期望效用表示定理　expected utility representation theorem

一阶随机占优　First-Order Stochastic Dominance

显示性偏好法则　revealed preference principle

共同比率效应　the common ratio effect

阿莱悖论　Allais paradoxes

思维实验　thought experiment

结果—概率对　consequence-probability pairs

风险选项　riskier option

安全选项　safer option

按比例决定　scale

假设支付　hypothetical payoff

周期性选择　cyclical choices

异象　anomalies

发现偏好假说　discovered preference hypothesis

平顶最高值批判　flat maximum critique

隐式偏好　underlying preferences

有经验的被试者的重要任务　ITEA, important tasks for experienced agents

次优行动　suboptimal action

目标约束　intended restriction

拇指规则　rules of thumb

市场规则假设　market discipline hypothesis

货币泵　money pump

中间态　betweenness

双边拍卖　double-auction

公开报价　posted-offer

引致偏好　induced preferences

无条件解释　unconditional interpretation

条件解释　conditional interpretation

贝特朗双头垄断模型　the Bertrand model of duopoly

定价博弈　price-setting game

不确定的　unspecific

确定性　specificity

完美陌生人　perfect strangers

合作者　partners
随机再匹配设计　random rematching design
民间定理　folk theorems

第 3 章

劣等选项　dominated options
引致价值方法论　IVM，induced-value methodology
准则　precepts
非餍足性　nonsatiation
显著性　saliency
主动参与　active participation
需求效应　demand effect
科学研究规划的方法论　MSRP，methodology of scientific research programmes
范式　paradigms
中坚核心　hard cores
桥接原则　bridge principles
履行博弈　implemented game
关注他人　other-regarding
核对博弈　check the game
复合假设　composite hypotheses
偏好精炼规划　preference refinement program
共同比率效应　common ratio effect
进程　progress
框架效应　framing effects
后悔理论　Regret theory

第 4 章

归纳推广　inductive generalization
演绎法　deductive
假说演绎法　hypothetico-deductive method
归纳法　induction
社会梯度　social gradient
展示　exhibits
共同比率效应　The common ratio effect
偏好反转　Preference reversal
最后通牒博弈　The ultimatum game
接受意愿　WTA，willingness-to-accept

支付意愿　WTP，willingness-to-pay
信任博弈　The trust game
焦点　Focal points
协调博弈　coordination game
显著　salient
史密斯双边拍卖　Smith's double auction
对公共物品的自愿贡献　Voluntary contributions to public goods
事后筛选结果　sifting results expost
发现偏好假说　discovered preference hypothesis
多重因果性　multiple causation
统一　unification
扇形散开　fan out
混淆　confound
人为假象　artifact
构造　constructs
方便抽样　convenience sampling
自我包含的　self-contained
不科学的　unscientific
构成主义的　constructivist
笛卡尔哲学的　Cartesian

第 5 章

实验室经济学　laboratory economics
外部有效性怀疑论　external-validity skepticism
修正的实验主张　MEC，modified experimental claim
应用经济学　AE，applied economics
期望效用理论　EUT，expected utility theory
人造性　artificiality
相似代表性　resembling representatives
联合充分　jointly sufficient
被控变量　manipulated variable
非餍足性　nonsatiation
显著性　saliency
占优性　dominance
准则　precepts
并行性　parallelism

个体偏好　individual preference

利他主义　altruism

不匹配　mismatch

归纳性　inductive

一致性猜测假说　consistent conjectures hypothesis

倍增因子　multiplication factor

偏袒的　loaded

金钱激励　monetary incentive

孔多塞输家　Condorcet loser

民意调查　opinion poll

杜瓦杰法则　Duverger's law

多数选举制　majority voting

产业组织　IO, experimental industrial organization

语气　mood

蕴含式　implications

实体　entities

复合断言　compound assertion

可竞争市场理论　the theory of contestable markets

理论检验辩护　theory-testing defense

被指责的理论　The blame-the-theory

流体动力学　fluid dynamics

路径选择　route choice

归纳　induction

反身性　reflexivity

完备性　completeness

传递性　transitivity

连续性　continuity

相关相似度　relevant similarity

执行机制　enforcing mechanism

其他条件不变　ceteris paribus

排除其他情况　ceteris absentibus

本体论假设　ontological assumption

维度　dimension

偏执引致能力　drug's paranoia-inducing capacity

遗漏　omission

污染　contamination

交互效应　interaction effect

偏好反转效应　preference reversal effect

货币泵　money-pumping

实验者效应　experimenter effect

服从问题　compliance issue

整体论　holism

基因修饰生物技术　GMB, genetic modification biotechnology

还原论者　reductionist

转基因生物　transgenic organism

基因功能识别　gene functions identified

风洞　wind tunnel

先验性障碍　priori barrier

赢者的诅咒　winner's curse

逆向选择问题　adverse selection problem

共同价值　common value

有限理性　bounded rationality

完全理性　full rationality

第一价格拍卖　first-price auction

租赁价值　lease value

背景模仿实验　context-mimicking experiment

社会心理现象　SPP, social psychological phenomena

社会规范　social norm

变更　alteration

活体解剖者　vivisectionist

逃税　tax evasion

守法纳税　tax compliance

性别大战　battle of the sexes

表达投票　expressive voting

策略投票　tactical voting

霍桑效应　Hawthorne effect

安慰剂　placebo

双盲设计　double-blind design

双匿名　double-anonymous

先验性　priori

公民职责　citizenship duties

奥卡姆的剃刀　Ockham's razor

陪审团审判　jury trial

人际实验者效应　interpersonal experimenter effect

直觉推断　heuristics

维克里拍卖　Vickrey auction

元分析　meta-analysis

交易实验　bargaining experiment

类型学　typology

类模型限制　model-like restriction

第 6 章

固定费率费用　flat-rate turn-up fees

与任务相关的报酬　task-related payments

"庄家的钱"效应　"house money" effects

动机　motivations

激励　incentives

引致价值方法论　induced-value methodology

偏好反转现象　preference reversal phenomenon

认知运用　cognitive exertion

动机集中　motivational focus

情绪触发　emotional triggers

资本劳动产出　CLP, capital-labor-production

情感　affect

认知努力　cognitive effort

劳动力理论　labor theory

认知资本　cognitive capital

平顶最高值批判　flat maximum critique

努力的激励弹性　incentive elasticity of effort

优势报酬　payoff dominance

内部动机　intrinsic motivation

外部动机　extrinsic motivation

动机挤出　motivational crowding out

认知失调　cognitive dissonance

自我归因理论　self-attribution theory

支配地位规则　precept of "dominance"

禀赋效应　endowment effect

随机彩券激励机制　random-lottery incentive system

单级彩券　single-stage lotteries

累积彩券　accumulator gamble

一掷千金　Deal or No Deal

激励相容　incentive compatible

条件信息彩券　CIL, conditional information lottery

多重博弈　multiple games

理论负载　theory laden

二元彩券激励　BLI, binary lottery incentive

支付意愿　WTP

补偿意愿　WTA

第二价格拍卖　second-price auction

第 7 章

噪声　noise

被试者内部　within-subject

可变性　variability

误差　error

显示性偏好　revealed preferences

风险型决策　decision making under risk

认知　perception

共同知识　common knowledge

引致价值　inducing value

误差来历　error stories

学习模型　learning models

反馈　feedback

彩券　lotteries

分散注意力　distractor

随机彩券奖励机制　random-lottery incentive system

占优　dominance

反转率　rates of reversal

发现偏好假说　discovered preference hypothesis

安全选项　S, safer option

风险选项　R, riskier option

颤抖模型　The Tremble Model

颤抖之手　trembling hand

元分析　meta-analysis

非传递选择周期　nontransitive choice cycles

确定性等价赋值　certainty equivalent valuations

反转率 reversal rate

颤抖项 tremble term

费希纳模型 The Fechner Model

量级大小 magnitude

韦伯—费希纳定律 Weber-Fechner law

刺激物 stimuli

判断 judgment

期望效用 EU, expected utility

冯·诺伊曼—摩根斯坦效用函数 von Neu-mann-Morgenstern utility function

费希纳式的噪声项 Fechnerian noise term

随机偏好模型 The Random Preference Model

随机偏好 RP, random preference

意识状态 states of mind

杜赫姆—奎恩命题 DQT, Duhem-Quine the-sis

核心加误差 core-plus-error

阿莱悖论 Allais paradox

共同比率效应 CRE, common ratio effect

违背 violation

共同结果效应 CCE, common consequence effect

轮盘赌 a roulette wheel

一阶随机占优 FOSD, First-Order Stochastic Dominance

合成重量 resultant weight

偏好反转 preference reversal

占优彩券 dominant lottery

劣等彩券 dominated lottery

行参与者 Row, row player

列参与者 Col, column player

相互漠视 mutual indifference

随机最优反应均衡 QRE, Quantal Response Equilibrium

非对称猜硬币 asymmetric matching pennies

真正的 genuine

违背本性的博弈 games against nature

连续剔除劣策略法 successive elimination of

dominated strategies

老练 sophistication

认知等级 CH, cognitive hierarchy

截短的 truncated

后悔理论 regret theory

失望理论 disappointment theory

随机设定 stochastic specifications

累积前景理论 cumulative prospect theory

"预期效用"理论 "anticipated utility" theory

参考点 reference point

防护带假设 protective belt assumptions

等价 equivalence

确定性等价 certainty equivalence

概率等价 probability equivalence

纯的 pure

健康状态诱导 health state elicitation

污染 contaminated

偏好反转现象 preference reversal phenomenon

赌博 P P-bet

确定偏好 definitely preferred

可能偏好 probably preferred

转换点 switch-point

不精确间隔 imprecision intervals

镜像图 mirror-image pattern

现成的 off the shelf

附加项 add-on

可有可无的附加 optional extra

决策场理论 decision field theory

询价 enquiry

第 8 章

公认的 official

民间智慧 folk wisdom

方法论的主张 methodological claims

非现实的 unrealistic

被指责的理论 blame-the-theory

不确定条件下的选择 choice under uncertainty

外部有效性 external-validity

通常规定的立场 often-stated position

目标域　intended domain

首先把报酬弄清楚　gets the payoffs right first

异常　anomaly

其他条件不变的不明确条款　vague ceteris pari-
bus clauses

小异象　small anomalies

假说演绎的　hypothetico-deductive

事前和事后的假设　prior and ex post hypothe-
ses

类似性　similarities

激励相容　incentive compatible

与任务相关的激励　task-related incentives

非激励　nonincentivized

准则　precepts

杜赫姆—奎恩问题　Duhem-Quine problem

内部有效性　internal validity

在实地中　in the field

实验中的展示　experimental exhibits

共同比率效应　common ratio effect

社会偏好　social preferences

相互的内部有效性　mutual internal validity

阿莱悖论　Allais paradox

禀赋效应　endowment effect

陈述偏好　stated preference

理论科学　pure science

应用科学　applied science

考虑因素　consideration

科学的直觉　scientific intuition

应用理论　application

强互惠　strong reciprocity

团队推理　team reasoning

人名表

尼古拉斯·巴德斯利　Nicholas Bardsley

罗宾·库彼特　Robin Cubitt

格雷姆·鲁姆斯　Graham Loomes

皮特·莫法德　Peter Moffatt

克里斯·斯塔莫　Chris Starmer

罗伯特·萨格登　Robert Sugden

第1章

弗里德曼　Friedman

罗文斯坦　Loewenstein

埃尔文·罗斯　Alvin Roth

斯坦利·尤文斯　Stanley Jevons

萨格登　Sugden

弗朗西斯·埃奇沃思　Francis Edgeworth

维尔弗雷多·帕累托　Vilfredo Pareto

哈罗·马斯　Harro Maas

布鲁尼　Bruni

路易·瑟斯顿　Louis Thurstone

莫里斯·阿莱　Maurice Allais

爱德华·张伯伦　Edward Chamberlin

西德尼·西格尔　Sidney Siegel

伊若桑堤　Innocenti

赫特维希　Hertwig

奥特曼　Ortmann

理查德·利普西　Richard Lipsey

马塞尔·博曼斯　Marcel Boumans

乌尔斯·菲施巴赫尔　Urs Fischbacher

史密斯　Smith

肯·宾默尔　Ken Binmore

史蒂文·莱维特　Steven Levitt

约翰·李斯特　John List

阿里尔·鲁宾斯坦　Ariel Rubinstein

阿夫纳·史克德　Avner Shaked

卡格尔　Kagel

凯莫勒　Camerer

哈蒙德　Hammond

阿莫斯·特维斯基　Amos Tversky

丹尼尔·卡尼曼　Daniel Kahneman

詹姆斯·布莱恩　James Bryan

玛丽·安·特斯特　Mary Ann Test

莱因哈德·泽尔腾　Reinhard Selton

劳里　Laury

斯塔莫　Starmer

雅各布·格瑞　Jacob Goeree

夏尔·霍尔特　Charle Holt

巴苏　Basu

恩斯特·费尔　Ernst Fehr

西蒙·盖科特　Simon Gächter

约翰·摩根　John Morgan

瓦里安　Varian

雪莉·鲍尔　Sheryl Ball

杜赫姆　Duhem

奎恩　Quine

博尔顿　Bolton

施密特　Schmidt

巴德斯利　Bardsley

金德尔伯格　Kindleberger

加弗　Garver

曼昆　Mankiw

普罗索　Plosser

斯塔德勒　Stadler

金　King

雷贝洛　Rebelo

哈里森　Harrison

斯托克　Stock

亚伯拉罕　Abrahan

霍尔蒂万格　Haltiwanger

贺加斯　Hogarth

海伊　Hey

奥姆　Orme

韦德·汉斯　Wade Hands

理查德·博伊德　Richard Boyd

南希·卡特赖特　Nancy Cartwright

托尼·劳森　Tony Lawson

威拉德·凡·奥曼·奎恩　Willard Van Orman Quine

奥托·诺伊拉特　Otto Neurath

库恩　Kuhn

第 2 章

科林·凯莫勒　Colin Camerer

法鲁克·古尔　Faruk Gul

沃尔夫冈·帕森道夫　Wolfgang Pesendorfer

凯芙琳　Caplin

斯格特　Schotter

伯恩海姆　Bernheim

鲁斯蒂奇尼　Rustichini

史密斯　Smith

米尔顿·弗里德曼　Milton Friedman

嘉兰　Guala

梅奥　Mayo

查尔斯·普洛特　Charles Plott

肯·宾默尔　Ken Binmore

格伦·哈里森　Glenn Harrison

斯塔莫　Starmer

库彼特　Cubitt

戴蒙德　Diamond

瓦泰尼　Vartiainen

弗里德曼　Friedman

波普尔　Popper

休谟　Hume

维尔德　Wilde

弗农·史密斯　Vernon Smith

巴德斯利　Bardsley

莱维特　Levitt

李斯特　List

萨缪尔森　Samuelson

施拉姆　Schram

努赛尔　Noussair

乌斯卡利·梅基　Uskali Mäki

雷亚德　Ledyard

费尔　Fehr

盖科特　Gächter

哈堡　Harbaugh

丹尼尔·豪斯曼　Daniel Hausman

卡特维尔　Caldwell

贝尔德　Bird

查尔默斯　Chalmers

罗斯　Roth

艾莫·拉卡托斯　Imre Lakatos

弗林·凯拉德　Finn Kydland

爱德华·普利斯科特　Edward Prescott

哈特利　Hartley

莫里斯·阿莱　Maurice Allais

毕替　Beattie

鲁姆斯　Loomes

布拉加　Braga

潘尼　Payne

斯洛维奇　Slovic

贺加斯　Hogarth

艾尔利　Ariely

布恩　Bone

蔡内斯　Charness

库科斯　Cox

格雷瑟　Grether

萨格登　Sugden

海伊　Hey

萨姆菲尔　Humphrey

玛雅科夫　Myagkov

蔡勒　Zeiler

凡·迪·库勒　van de Kuilen

瓦克尔　Wakker

马费罗蒂　Maffioletti

萨托尼　Santoni

尼奇　Knetsch

利希滕斯坦　Lichtenstein

阿克洛夫　Akerlof

耶伦　Yellen

古德　Gode

桑德尔　Sunder

霍尔蒂万格　Haltiwanger

伍德曼　Waldman

泰兰　Tyran

乔治·罗文斯坦　George Loewenstein

博格　Berg

朱　Chu

伊万斯　Evans

戴维斯　Davis

霍尔特　Holt

安德烈奥尼　Andreoni

奥斯博尼　Osborne

鲁宾斯坦　Rubinstein

第 3 章

拉卡托斯　Lakatos

皮埃尔·杜赫姆　Pierre Duhem

威拉德·凡·奥曼·奎恩　Willard Van Orman Quine

弗农·史密斯　Vernon Smith

格伦·哈里森　Glenn Harrison

约翰·格劳斯　John Cross

维维安·雷　Vivian Lei

伊利·扎哈尔　Elie Zahar

莫滕·索伯格　Morten Søberg

鲁宾斯坦　Rubinstein

卡尔·波普尔　Karl Popper

费耶拉本德　Feyerabend

麦克洛斯基　McCloskey

布劳格　Blaug

豪斯曼　Hausman

汉斯　Hands

弗里德曼　Friedman

萨缪尔森　Samuelson

海塞　Hesse

托马斯·库恩　Thomas Kuhn

德·马奇　De Marchi

哈奇森　Hutchison

罗伯特·萨格登　Robert Sugden

凯莫勒　Camerer

沃纳·居特　Werner Güth

泰勒　Thaler

蒂茨　Tietz

戴维斯　Davis

霍尔特　Holt

宾默尔　Binmore

费尔　Fehr

施密特　Schmidt

博尔顿　Bolton

奥肯菲尔斯　Ockenfels

登弗伯格　Dufwenberg

卡斯托夫可奇斯特杰　Kirchsteiger

加里·蔡内斯　Gary Charness

马修·拉宾　Matthew Rabin

威伯尔　Weibull

摩根　Morgan

阿莱　Allais

斯塔莫　Starmer

马基纳　Machina

格雷姆·鲁姆斯　Graham Loomes

特维斯基　Tversky

卡尼曼　Kahneman

菲什伯恩　Fishburn

奎根　Quiggin

利希滕斯坦　Lichtenstein

斯洛维奇　Slovic

林德曼　Lindman

格雷瑟　Grether

普洛特　Plott

塞德尔　Seidl

库彼特　Cubitt

大卫·贝尔　David Bell

皮特·菲什伯恩　Peter Fishburn

第 4 章

萨格登　Sugden

约翰·斯图尔特·密尔　John Stuart Mill

罗宾斯　Robbins

米勒　Mueller

波普尔　Popper

弗里德曼　Friedman

丹尼尔·豪斯曼　Daniel Hausman

迈克尔·马默特　Michael Marmot

梅奥　Mayo

布鲁尼　Bruni

弗农·史密斯　Vernon Smith

张伯伦　Chamberlin

莫里斯·阿莱　Maurice Allais

丹尼尔·艾斯伯格　Daniel Ellsberg

丹尼尔·卡尼曼　Daniel Kahneman

阿莫斯·特维斯基　Amos Tversky

杰克·尼奇　Jack Knetsch

贝特曼　Bateman

乔伊斯·博格　Joyce Berg

约翰·迪克哈特　John Dickhaut

凯文·麦凯布　Kevin McCabe

托马斯·谢林　Thomas Schelling

史密斯　Smith

阿里尔·鲁宾斯坦　Ariel Rubinstein

大卫·贝尔　David Bell

彼得·菲什伯恩　Peter Fishburn

鲁姆斯　Loomes

萨格登　Sugden

莎拉·利希滕斯坦　Sarah Lichtenstein

保罗·斯洛维奇　Paul Slovic

马修·拉宾　Matthew Rabin

阿莱　Allais

马克·马基纳　Mark Machina

巴特勒　Butler

约翰·海伊　John Hey

卡特赖特　Cartwright

真希　Maki

奎根　Quiggin

费尔　Fehr

施密特　Schmidt

巴卡拉克　Bacharach

夏尔·霍尔特　Charles Holt

伊丽莎白·霍夫曼　Elizabeth Hoffman

詹姆斯·安德烈奥尼　James Andreoni

巴德斯利　Bardsley

莫法德　Moffatt

柏兰多　Burlando

弗朗西斯科·嘉兰　Francesco Guala

菲施巴赫尔　Fischbacher

盖科特　Gächter
查尔斯·普洛特　Charles Plott
凯瑟琳·蔡勒　Kathryn Zeiler
约翰·李斯特　John List
科林·凯莫勒　Colin Camerer
南希·巴肯　Nancy Buchan
乌斯卡利·梅基　Uskali Mäki
玛丽·摩根　Mary Morgan
谢林　Schelling
宾默尔　Binmore
克伦佩雷尔　Klemperer

第5章

乌斯卡利·梅基　Uskali Mäki
摩根　Morgan
泽尔腾　Selten
弗农·史密斯　Vernon Smith
格伦·哈里森　Glenn Harrison
努赛尔　Noussair
霍尔特　Holt
布雷斯纳汉　Bresnahan
阿尔姆　Alm
福赛思　Forsythe
普洛特　Plott
弗里德曼　Friedman
吉伯德　Gibbard
瓦里安　Varian
豪斯曼　Hausman
布劳格　Blaug
莫里森　Morrison
萨格登　Sugden
卡特赖特　Cartwright
莱因哈德·泽尔腾　Reinhard Selten
约翰·格林伍德　John Greenwood
施拉姆　Schram
弗朗西斯科·嘉兰　Francesco Guala
诺齐克　Nozick
查尔默斯　Chalmers
克拉克　Clarke

斯塔莫　Starmer
利希滕斯坦　Lichtenstein
斯洛维奇　Slovic
格雷瑟　Grether
博格　Berg
塞德尔　Seidl
朱　Chu
罗森塔尔　Rosenthal
侯美婉　MaeWan Ho
巴泽曼　Bazerman
萨缪尔森　Samuelson
卡格尔　Kagel
莱文　Levin
西卡塔瑞斯　Siakantaris
迪尔曼　Dilman
哈里　Harre
西科德　Secord
泰勒　Taylor
瑟尔利　Searle
霍利斯　Hollis
鲍尔　Ball
巴德斯利　Bardsley
阿林厄姆　Allingham
山德莫　Sandmo
托尔格勒　Torgler
阿尔姆　Alm
蒂特马斯　Titmuss
福瑞　Frey
奥博候黎姿—奇　Oberholzer-Gee
格尼茨　Gneezy
鲁斯蒂奇尼　Rustichini
阿黛尔　Adair
马丁·奥恩　Martin Orne
霍夫曼　Hoffman
亚当·斯密　Adam Smith
韦布里　Webley
格林　Green
伯恩斯坦　Bornstein
赫特维希　Hertwig

奥特曼　Ortmann

尼奇　Knetsch

布莱恩　Bryan

特斯特　Test

约翰·李斯特　John List

达夫诺　Duflo

德拉·维格纳　DellaVigna

乔治·阿克洛夫　George Akerlof

库伯　Kube

比尤利　Bewley

特维斯基　Tversky

卡尼曼　Kahneman

麦克尼尔　McNeil

伯恩斯坦　Bornstein

埃尔默　Emler

彭妮·伯恩斯　Penny Burns

亨里奇　Henrich

奥斯特贝克　Oosterbeek

欧贝尔　Orbell

第 6 章

科林·凯莫勒　Colin Camerer

罗伯特·贺加斯　Robert Hogarth

拉尔夫·赫特维希　Ralph Hertwig

安德列亚斯·奥特曼　Andreas Ortmann

拉丰　Laffont

马赫蒂摩　Martimort

里德瓦尔　Rydval

丹尼尔·瑞德　Daniel Read

大卫·格雷瑟　David Grether

查尔斯·普洛特　Charles Plott

史密斯　Smith

沃克　Walker

利希滕斯坦　Lichtenstein

斯洛维奇　Slovic

尤里·格尼茨　Uri Gneezy

阿尔多·鲁斯蒂奇尼　Aldo Rustichini

利比　Libby

利佩　Lipe

多门　Dohmen

福尔克　Falk

宾默尔　Binmore

威尔科克斯　Wilcox

海伊　Hey

皮特·莫法德　Peter Moffatt

鲁宾斯坦　Rubinstein

哈里森　Harrison

约翰·卡斯泰兰　John Castellan

蒂特马斯　Titmuss

罗文斯坦　Loewenstein

阿德勒　Adler

库彼特　Cubitt

夏尔·霍尔特　Charles Holt

苏珊·劳里　Susan Laury

卡尼曼　Kahneman

特维斯基　Tversky

萨格登　Sugden

毕替　Beattie

鲁姆斯　Loomes

安徒生　Andersen

孔蒂　Conte

波斯特　Post

约翰逊　Johnson

尼古拉斯·巴德斯利　Nicholas Bardsley

斯塔莫　Starmer

李　Lee

加里·贝克尔　Gary Becker

威廉·维克里　William Vickrey

努赛尔　Noussair

尼奇　Knetsch

布拉加　Braga

乌尔斯·菲施巴赫尔　Urs Fischbacher

泽尔腾　Selten

罗斯　Roth

阿克塞尔罗德　Axelrod

米茨克维茨　Mitzkewitz

内格尔　Nagel

博尔顿　Bolton

克泽尔　Keser

加德纳　Gardner

蔡内斯　Charness

拉宾　Rabin

巴特勒　Butler

布斯迈耶　Busemeyer

布恩　Bone

诺尔　Knoll

布莱恩　Bryan

特斯特　Test

第 7 章

科林·凯莫勒　Colin Camerer

格雷姆·鲁姆斯　Graham Loomes

罗伯特·萨格登　Robert Sugden

约翰·海伊　John Hey

克里斯·奥姆　Chris Orme

巴林杰　Ballinger

威尔科克斯　Wilcox

大卫·哈利斯　David Harless

巴里·索弗　Barry Sopher

加里·吉格利奥提　Gary Gigliotti

古斯塔夫·费希纳　Gustav Fechner

E. H. 韦伯　E. H. Weber

贝特曼　Bateman

布什那　Buschena

西尔伯曼　Zilberman

布拉瓦茨基　Blavatskyy

库彼特　Cubitt

理查德·麦克尔维　Richard McKelvey

托马斯·帕尔弗雷　Thomas Palfrey

格瑞　Goeree

奥克斯　Ochs

奎根　Quiggin

斯塔莫　Starmer

特维斯基　Tversky

卡尼曼　Kahneman

斯托特　Stott

巴特勒　Butler

加夫尼　Gafni

布斯迈耶　Busemeyer

汤森　Townsend

第 8 章

弗农·史密斯　Vernon Smith

巴伯里斯　Barberis

泰勒　Thaler

埃利森　Ellison

宾默尔　Binmore

克伦佩雷尔　Klemperer

施拉姆　Schram

萨格登　Sugden

凯莫勒　Camerer

古尔　Gul

帕森道夫　Pesendorfer

金蒂斯　Gintis

巴卡拉克　Bacharach

参考文献

Abraham, K. G. , and J. C. Haltiwanger. 1995. Real wages and the business cycle. *Journal of Economic Literature* 33: 1215 – 65.

Adair, J. G. 1984. The Hawthorne effect: a reconsideration of the methodological artefact. *Journal of Applied Psychology* 69: 334 – 45.

Akerlof, G. A. 1982. Labour contracts as partial gift exchange. *Quarterly Journal of Economics* 97: 543 – 69.

Akerlof, G. A. , and J. L. Yellen. 1985a. A near-rational model of the business cycle with wage and price inertia. *Quarterly Journal of Economics* 100: 823 – 38.

——. 1985b. Can small deviations from rationality make significant differences to economic equilibria? *American Economic Review* 75: 708 – 20.

Allais, M. 1953. Le comportement de l'homme rationnel devant le risque: critique des postulats et axiomes de l'école américaine. *Econometrica* 21: 503 – 46.

——. 1979. The foundations of a positive theory of choice involving risk and a criticism of the postulates and axioms of the American school. In *Expected Utility Hypotheses and the Allais Paradox* (ed. M. Allais and O. Hagen), pp. 27 – 145. Dordrecht: Reidl. (Paper first published in 1953 as "Fondements d'une

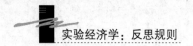

théorie positive des choix comportant un risque et critique des postulats et axiomes de l'école américaine. " In *Econometrie* pp. 257 – 332. Colloques Internationaux du Centre National de la Recherche Scientifique, volume 40. Paris: Centre National de la Recherche Scientifique.)

Allingham, M. G. , and A. Sandmo. 1972. Income tax evasion: a theoretical analysis. *Journal of Public Economics* 1: 323 – 38.

Alm, J. , G. H. McClelland, and W. D. Schulze. 1992. Why do people pay taxes? *Journal of Public Economics* 48: 21 – 38.

Andersen, S. , G. W. Harrison, M. I. Lau, and E. E. Rutström. 2006a. Dynamic choice behavior in a natural experiment. Working Paper 06 – 10, College of Business Administration, University of Central Florida.

——. 2006b. Dual criteria decisions. Working Paper 06 – 11, College of Business Administration, University of Central Florida.

——. 2007. Risk aversion in game shows. In *Risk Aversion in Experiments* (ed. J. C. Cox and G. W. Harrison) . Research in Experimental Economics, volume 12. Greenwich, CT: JAI Press.

Andreoni, J. 1988. Why free ride? Strategies and learning in public goods experiments. *Journal of Public Economics* 37: 291 – 304.

——. 1995. Cooperation in public-goods experiments: kindness or confusion? *American Economic Review* 85: 891 – 905.

Apesteguia, J. , S. Huck, and J. Oechssler. 2007. Imitation—theory and experimental evidence. *Journal of Economic Theory* 136: 217 – 35.

Ariely, D. , G. Loewenstein, and D. Prelec. 2003. "Coherent arbitrariness": stable demand curves without stable preferences. *Quarterly Journal of Economics* 118: 73 – 105.

Axelrod, R. 1984. *The Evolution of Cooperation*. New York: Basic Books.

Bacharach, M. O. L. 1993. Variable universe games. In *Frontiers of Game Theory* (ed. K. G. Binmore, A. Kirman, and P. Tani) . Cambridge, MA: MIT Press.

——. 2006. *Beyond Individual Choice: Teams and Frames in Game Theory* (ed. N. Gold and R. Sugden) . Princeton University Press.

Ball, S. , C. Eckel, P. J. Grossman, and W. Zame. 2001. Status in markets. *Quarterly Journal of Economics* 116: 161 – 88.

Ballinger, T. P. , and N. T. Wilcox. 1997. Decisions, error and heterogeneity. *Economic Journal* 107: 1090 – 105.

Barberis, N. , and R. H. Thaler. 2003. A survey of behavioral finance. In *Handbook of the Economics of Finance* (ed. G. Constantinides, M. Harris, and

R. M. Stulz），pp. 1053 – 128，Elsevier.

Bardsley，N. 2000. Control without deception: individual behaviour in free-riding experiments revisited. *Experimental Economics* 3: 215 – 40.

——. 2005. Experimental economics and the artificiality of alteration. *Journal of Economic Methodology* 12: 239 – 53.

——. 2008. Dictator game giving: altruism or artefact? *Experimental Economics* 11: 122 – 33.

Bardsley，N. ，and P. G. Moffatt. 2007. The experimetrics of public goods: inferring motivations from contributions. *Theory and Decision* 62: 161 – 93.

Bardsley，N. ，and R. Sugden. 2006. Human nature and sociality. In *Handbook of Altruism，Gift Giving and Reciprocity* （ed. S. Kolm and J. M. Ythier），volume 1，pp. 731 – 68. Elsevier.

Bar-Hillel，M. 1980. The base-rate fallacy in probability judgments. *Acta Psychologica* 44: 211 – 33.

Barkan，R. ，and J. R. Busemeyer. 1999. Changing plans: dynamic inconsistency and the effect of experience on the reference point. *Psychonomic Bulletin and Review* 6: 547 – 54.

Basu，K. 1994. The traveller's dilemma: paradoxes of rationality in game theory. *American Economic Review* 84: 391 – 95.

Bateman，I. ，A. Munro，B. Rhodes，C. Starmer，and R. Sugden. 1997. A test of the theory of reference-dependent preferences. *Quarterly Journal of Economics* 112: 479 – 505.

Bateman，I. ，B. Day，G. Loomes，and R. Sugden. 2006. Ranking versus choice in the elicitation of preferences. Working Paper，University of East Anglia.

Bateman，I. ，S. Dent，E. Peters，P. Slovic，and C. Starmer. 2007. The affect heuristic and the attractiveness of simple gambles. *Journal of Behavioral Decision Making* 20: 365 – 80.

Battalio，R. C. ，J. H. Kagel，H. Rachlin，and L. Green. 1981. Commodity-choice behavior with pigeons as subjects. *Journal of Political Economy* 89: 67 – 91.

Bazerman，M. H. ，and W. F. Samuelson. 1983. I won the auction，but don't want the prize. *Journal of Conflict Resolution* 27: 618 – 34.

Beattie，J. ，and G. Loomes. 1997. The impact of incentives upon risky choice experiments. *Journal of Risk and Uncertainty* 14: 149 – 62.

Becker，G. ，M. DeGroot，and J. Marschak. 1963. Stochastic models of choice behaviour. *Behavioral Science* 8: 41 – 55.

——. 1964. Measuring utility by a single-response sequential method. *Behavioral*

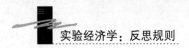

Science 9: 226 - 32.

Bell, D. 1982. Regret in decision making under uncertainty. *Operations Research* 30: 961 - 81.

Bell, D. 1985. Disappointment in decision making under uncertainty. *Operations Research* 33: 1 - 27.

Bellomo, N., M. Delitala, and V. Coscia. 2002. On the mathematical theory of vehicular traffic flow. I. Fluid dynamic and kinetic modelling. *Mathematical Models and Methods in Applied Sciences* 12: 1801 - 43.

Berg, J. E., J. W. Dickhaut, and J. R. O'Brien. 1985. Preference reversal and arbitrage. In *Research in Experimental Economics* (ed. V. L. Smith), volume 3, pp. 31 - 72. Greenwich, CT: JAI Press.

Berg, J. E., J. W. Dickhaut, and K. McCabe. 1995. Trust, reciprocity, and social history. *Games and Economic Behavior* 10: 122 - 42.

Bern, D. J. 1972. Self - perception theory. In *Advances in Experimental Social Psychology* (ed. L. Berkowitz), volume 6. Academic Press.

Bernheim, B. D. 2008. Neuroeconomics: a sober (but hopeful) assessment. Working Paper 13954, National Bureau of Economic Research.

Bernoulli, D. 1738. Specimen theoriae novae de mensura sortis. *Proceedings of the St. Petersburg Imperial Academy of Sciences* 5: 175-92. (See the 1954 translation, Exposition of a new theory on the measurement of risk (transl. from Latin by L. Sommer), *Econometrica* 22: 23 - 36.)

Bewley, T. 2004. Fairness, reciprocity and gift exchange. Discussion Paper 1137, Institute for the Study of Labour (IZA), Bonn.

Binmore, K. G. 1994. *Game Theory and the Social Contract. Volume I: Playing Fair.* Cambridge, MA: MIT Press.

——. 1999. Why experiment in economics? *Economic Journal* 109: F16 - 24.

——. 2007. *Does Game Theory Work? The Bargaining Challenge.* Cambridge, MA: MIT Press.

Binmore, K. G., and P. Klemperer. 2002. The biggest auction ever: the sale of the British 3G telecom licences. *Economic Journal* 112: C74 - 96.

Binmore, K. G., and A. Shaked. 2007. Experimental economics: science or what? Working Paper 263, Centre for Economic Learning and Social Evolution, University College London. (Available at http: //else. econ. ucl. ac. uk/papers/uploaded/263. pdf, posted June 18, 2007.)

Binmore, K. G., A. Shaked, and J. Sutton. 1985. Testing noncooperative bargaining theory: a preliminary study. *American Economic Review* 75: 1178 - 80.

Binmore, K. G., J. Swierzbinski, and C. Proulx. 2001. Does minimax work? An experimental study. *Economic Journal* 111: 445 – 65.

Binmore, K. G., J. McCarthy, G. Ponti, L. Samuelson, and A. Shaked. 2002. A backward induction experiment. *Journal of Economic Theory* 87: 48 – 88.

Bird, A. 1998. *Philosophy of Science*. Abingdon, U. K.: Routledge.

Birnbaum, M. H., and L. A. Thompson. 1996. Violations of monotonicity in choices between gambles and certain cash. *American Journal of Psychology* 109: 501 – 23.

Blaug, M. 1992. *The Methodology of Economics: Or How Economists Explain*, 2nd edn. Cambridge University Press.

——. 1994. Why I am not a constructivist, or confessions of an unrepentant Popperian. In *New Directions in Economic Methodology* (ed. R. E. Backhouse). London: Routledge.

Blavatskyy, P. R. 2007. Stochastic expected utility theory. *Journal of Risk and Uncertainty* 34: 259 – 86.

Blount, S., and M. H. Bazerman. 1996. The inconsistent evaluation of absolute versus comparative payoffs in labor supply and bargaining. *Journal of Economic Behavior and Organization* 30: 227 – 40.

Bohm, P., J. Linden, and J. Sonnegard. 1997. Eliciting reservation prices: Becker De Groot-Marschak mechanisms versus markets. *Economic Journal* 107: 1079 – 89.

Bolton, G. E. 1998. Bargaining and dilemma games: from laboratory data towards theoretical synthesis. *Experimental Economics* 1: 257 – 81.

Bolton, G. E., and A. Ockenfels. 2000. ERC: A theory of equity, reciprocity and competition. *American Economic Review* 90: 166 – 93.

Bolton, G. E., and R. Zwick. 1995. Anonymity versus punishment in ultimatum bargaining. *Games and Economic Behavior* 10: 95 – 121.

Bolton, G. E., J. Brandts, and A. Ockenfels. 1998. Measuring motivations for the reciprocal responses observed in a simple dilemma game. *Experimental Economics* 1: 207 – 19.

Bolton, G. E., K. Chatterjee, and K. L. McGinn. 2003. How communication links influence coalition bargaining: a laboratory investigation. *Management Science* 49: 583 – 98.

Bone, J. D., J. D. Hey, and J. R. Suckling. 1999. Are groups more consistent than individuals? *Journal of Risk and Uncertainty* 8: 63 – 81.

——. 2003. Do people plan ahead? *Applied Economics Letters* 10: 277 – 80.

——. 2009. Do people plan? *Experimental Economics* 12: 12 – 25.

Bonetti，S. 1998. Experimental economics and deception. *Journal of Economic Psychology*. 19: 377 - 95.

Bornstein，B. H. 1999. The ecological validity of jury simulations: Is the jury still out? *Law and Human Behavior* 23: 1, 75 - 91.

Bornstein，B. H. ，and A. C. Emler. 2001. Rationality in medical decision making: a review of the literature on doctors' decision-making biases. *Journal of Evaluation in Clinical Practice* 7: 97 - 107.

Boumans，M. 2003. How to design Galilean fall experiments in economics. *Philosophy of Science* 70: 308 - 29.

Boyd，R. 1983. On the current status of the issue of scientific realism. *Erkenntnis* 19: 45 - 90.

Braga，J. ，and C. Starmer. 2005. Preference anomalies，preference elicitation and the discovered preference hypothesis. *Environmental & Resource Economics* 32: 55 - 89.

Braga，J. ，S. J. Humphrey，and C. Starmer. 2009. Market experience eliminates some anomalies—and creates new ones. *European Economic Review* 53: 410 - 16.

Brandts，J. ，and G. Charness. 2000. Hot vs. cold: Sequential responses in simple experimental games. *Experimental Economics* 2: 227 - 38.

Brandts，J. ，and A. Schram. 2001. Cooperation and noise in public goods experiments: applying the contribution function approach. *Journal of Public Economics* 79: 399 - 427.

Bresnahan，T. 1981. Duopoly models with consistent conjectures. *American Economic Review* 71: 934 - 45.

Brosig，J. ，J. Weimann，and Y. Chun-Lei. 2003. The hot versus cold effect in a simple bargaining experiment. *Experimental Economics* 6: 75 - 90.

Bruni，L. ，and R. Sugden. 2007. The road not taken: how psychology was removed from economics，and how it might be brought back. *Economic Journal* 117: 146 - 73.

Bryan，J. H. ，and M. A. Test. 1967. Models and helping: naturalistic studies in aiding. *Journal of Personality and Social Psychology* 6: 400 - 407.

Buchan，N. ，R. Croson，and R. Dawes. 2002. Swift neighbours and persistent strangers: a cross-cultural investigation of trust and reciprocity in social exchange. *American Journal of Sociology* 108: 168 - 206.

Burlando，R. ，and F. Guala. 2005. Heterogeneous agents in public good experiments. *Experimental Economics* 8: 35 - 54.

Burns，P. 1985. Experience and decision making: a comparison of students and businessmen in a simulated progressive auction. In *Research in Experimental Economics* (ed. V. L. Smith), volume 3, pp. 139 – 57. London: JAI Press.

Buschena, D., and D. Zilberman. 2000. Generalized expected utility, hetero-scedastic error, and path dependence in risky choice. *Journal of Risk and Uncertainty* 20: 67 – 88.

Busemeyer, J. R., and J. T. Townsend. 1993. Decision field theory: a dynamic-cognitive approach to decision making. *Psychological Review*, 100: 432 – 59.

Busemeyer, J. R., E. Weg, R. Barkan, X. Li, and Z. Ma. 2000. Dynamic consequential consistency of choices between paths of decision trees. *Journal of Experimental Psychology: General* 129: 530 – 45.

Butler, D., and G. Loomes. 2007. Imprecision as an account of the preference reversal phenomenon. *American Economic Review* 97: 277 – 98.

Caldwell, B. 1984. *Beyond Positivism: Economic Methodology in the Twentieth Century*, 2nd edn. London: George Allen & Unwin.

Camerer, C. F. 1989. An experimental test of several generalized utility theories. *Journal of Risk and Uncertainty* 2: 61 – 104.

——. 1995. Individual decision-making. In *The Handbook of Experimental Economics* (ed. J. Kagel and A. Roth). Princeton University Press.

——. 2000. Prospect theory in the wild: evidence from the field. In *Choices, Values and Frames* (ed. D. Kahneman and A. Tversky). Cambridge University Press and Russell Sage Foundation.

——. 2003. *Behavioral Game Theory: Experiments in Strategic Interaction*. Princeton University Press.

——. 2007. Neuroeconomics: using neuroscience to make economic predictions. *Economic Journal* 117: C26 – 42.

Camerer, C. F., and T. H. Ho. 1999. Experience – weighted attraction learning in normal form games. *Econometrica* 67: 827 – 74.

Camerer, C. F., and R. M. Hogarth. 1999. The effects of financial incentives in experiments: a review and capital-labor-production framework. *Journal of Risk and Uncertainty* 19: 7 – 42.

Camerer, C. F., and R. H. Thaler. 1995. Anomalies: ultimatums, dictators and manners. *Journal of Economic Perspectives* 9: 209 – 20.

Camerer, C. F., T. H. Ho, and J. K. Chong. 2004a. A cognitive hierarchy model of one-shot games. *Quarterly Journal of Economics* 119: 861 – 98.

Camerer, C. F., G. Loewenstein, and D. Prelec. 2004b. Neuroeconomics: why economics needs brains. *Scandinavian Journal of Economics* 106: 555 – 79.

Camerer, C. F. , G. Loewenstein, and M. Rabin (eds) . 2004c. *Advances in Behavioral Economics*. Princeton University Press.

Camerer, C. F. , G. Loewenstein, and D. Prelec. 2005. Neuroeconomics: how neuroscience can inform economics. *Journal of Economic Literature* 43: 9 – 64.

Capen, E. C. , R. V. Clapp, and W. M. Campbell. 1971. Competitive bidding in high-risk situations. *Journal of Petroleum Technology* 23: 641 – 53.

Caplin, A. , and A. Schotter (eds) . 2008. *The Foundations of Positive and Normative Economics: a Handbook*. Oxford University Press.

Cappelen, A. , E. Sorensen, and B. Tungodden. 2005. Responsible for what? An experimental approach to fairness and responsibility. Working Paper, Norwegian School of Economics and Business Administration.

Carlton, D. W. , and J. M. Perloff. 2005. *Modern Industrial Organization*, 4th edn. Pearson Addison Wesley.

Cartwright, N. 1983. *How the Laws of Physics Lie*. Oxford University Press.

——. 1989. *Nature's Capacities and their Measurement*. Oxford University Press.

——. 2007. The vanity of rigour in economics: theoretical models and Galilean experiments. In *Hunting Causes and Using Them: Approaches in Philosophy and Economics* (ed. N. Cartwright) . Cambridge University Press.

Castellan, N. J. 1969. Effect of change of payoff in probability learning. *Journal of Experimental Psychology* 79: 178 – 82.

Chalmers, A. F. 1993. So the laws of physics needn't lie. *Australasian Journal of Philosophy* 71: 196 – 205.

——. 1999. *What Is This Thing Called Science?* Maidenhead and New York: Open University Press.

Chamberlin, E. 1948. An experimental imperfect market. *Journal of Political Economy* 56: 95 – 108.

Charness, G. , and M. Rabin. 2002. Understanding social preferences with simple tests. *Quarterly Journal of Economics* 117: 817 – 69.

Charness, G. , E. Karni, and D. Levin. 2007. Individual and group decision making under risk: an experimental study of Bayesian updating and violations of first-order stochastic dominance. *Journal of Risk and Uncertainty* 35: 129 – 48.

Chu, Y. -P. , and R. -L. Chu. 1990. The subsidence of preference reversals in simplified and marketlike experimental settings: a note. *American Economic Review* 80: 902 – 11.

Clark, A. E. , P. Frijters, and M. A. Shields. 2008. Relative income, happiness, and utility: an explanation for the Easterlin paradox and other puzzles. *Journal*

of Economic Literature 46: 95 – 144.

Clarke, S. 1995. The lies remain the same. A reply to Chalmers. *Australasian Journal of Philosophy* 73: 152 – 55.

Conte, A., P. G. Moffatt, F. Botti, D. T. Di Cagno, and C. D'Ippoliti. 2008. A test of the rational expectations hypothesis using data from a natural experiment. Working Paper, Quaderni DPTEA no. 146, Department of Economics, LUISS Guido Carli, Rome.

Cookson, R. 2000. Framing effects in public goods experiments. *Experimental Economics* 3: 55 – 79.

Costa-Gomez, M., V. P. Crawford, and B. Broseta. 2001. Cognition and behavior in normal-form games: an experimental study. *Econometrica* 69: 1193 – 235.

Cox, J. C. 2004. How to identify trust and reciprocity. *Games and Economic Behavior* 46: 260 – 81.

Cox, J. C., and D. M. Grether. 1996. The preference reversal phenomenon: response mode, markets and incentives. *Economic Theory* 7: 381 – 405.

Crawford, V. P. 2008. Lookups as the windows of the strategic soul. In *The Foundations of Positive and Normative Economics: A Handbook* (ed. A. Caplin and A. Schotter). Oxford University Press.

Cross, J. G. 1980. Some comments on the papers by Kagel and Battalio and by Smith. In *Evaluation of Econometric Models* (ed. J. Kmenta and J. Ramsey). New York University Press.

Cubitt, R. P. 2005. Experiments and the domain of economic theory. *Journal of Economic Methodology* 12: 197 – 210.

Cubitt, R. P., and R. Sugden. 2001a. Dynamic decision-making under uncertainty: an experimental investigation of choices between accumulator gambles. *Journal of Risk and Uncertainty* 22: 103 – 28.

——. 2001b. On money pumps. *Games and Economic Behavior* 37: 121 – 60.

Cubitt, R. P., C. Starmer, and R. Sugden. 1998a. On the validity of the random lottery incentive system. *Experimental Economics* 1: 115 – 31.

——. 1998b. Dynamic choice and the common ratio effect: an experimental investigation. *Economic Journal* 108: 1362 – 80.

——. 2001. Discovered preferences and the experimental evidence of violations of expected utility theory. *Journal of Economic Methodology* 8: 385 – 414.

Cubitt, R. P., A. Munro, and C. Starmer. 2004a. Testing explanations of preference reversal. *Economic Journal* 114: 709 – 26.

Cubitt, R. P., C. Starmer, and R. Sugden. 2004b. Dynamic decisions under uncertainty: some recent evidence from economics and psychology. In *The Psychology of Economic Decisions. Volume* II: *Reasons and Choices* (ed. I. Brocas and J. D. Carrillo). Oxford University Press/CEPR.

Davidson, D., and J. Marschak. 1959. Experimental tests of a stochastic decision theory. In *Measurement: Definitions and Theories* (ed. C. West Churchman and P. Ratoosh), pp. 233 – 69. New York: Wiley.

Davidson, D., P. Suppes, and S. Siegel. 1957. *Decision Making: An Experimental Approach*. Stanford, CA: Stanford University Press.

Davis, D. D., and C. A. Holt. 1993. *Experimental Economics*. Princeton University Press.

Deci, E. L., R. Koestner, and R. M. Ryan. 1999. A meta-analytic review of experiments examining the effects of extrinsic rewards on intrinsic motivation. *Psychological Bulletin* 125: 627 – 68.

DellaVigna, S. 2007. Psychology and economics: evidence from the field. Working Paper 13420, National Bureau of Economic Research.

De Marchi, N. 1991. Introduction: rethinking Lakatos. In *Appraising Economic Theories: Studies in the Methodology of Research Programmes* (ed. N. De Marchi and M. Blaug). Cheltenham, U. K.: Edward Elgar.

De Marchi, N., and M. Blaug (eds). 1991. *Appraising Economic Theories: Studies in the Methodology of Research Programmes*. Cheltenham, U. K.: Edward Elgar.

Diamond, P., and H. Vartiainen (eds). 2007. *Behavioral Economics and Its Applications*. Princeton University Press.

Dilman, I. 1996. Science and psychology. In *Verstehen and Human Understanding* (ed. A. O'Hear). Cambridge University Press.

Di Telia, R., R. MacCulloch, and A. J. Oswald. 2001. Preferences over inflation and unemployment: evidence from surveys of happiness. *American Economic Review* 91: 335 – 41.

Dohmen, T., and A. Falk. 2006. Performance pay and multi-dimensional sorting: productivity, preferences and gender. Discussion Paper 2001, Institute for the Study of Labour (IZA), Bonn.

Duflo, E. 2006. Field experiments in development economics. Working Paper, Massachusetts Institute of Technology.

Dufwenberg, M., and G. Kirchsteiger. 2004. A theory of sequential reciprocity. *Games and Economic Behavior* 47: 268 – 98.

Duhem, P. 1954. *The Aim and Structure of Physical Theory* (transl. P. P. Wie-

ner). Princeton University Press. (Originally published in French by Chevalier et Rivière in 1906.)

Edgeworth, F. Y. 1881. *Mathematical Psychics*. (See the 1967 Kelley edition.)

Ellison, G. 2008. Bounded rationality in industrial organisation. In *Advances in Economics and Econometrics: Theory and Applications, Ninth World Congress of the Econometric Society* (ed. R. Blundell, W. Newey, and T. Persson), volume 2. Cambridge University Press.

Ellsberg, D. 1961. Risk, ambiguity, and the Savage axioms. *Quarterly Journal of Economics* 75: 643 – 69.

Erev, I., and A. E. Roth. 1998. Predicting how people play games: reinforce-ment learning in experimental games with unique mixed strategy equilibria. *American Economic Review* 88: 848 – 81.

Evans, D. A. 1997. The role of markets in reducing expected utility violations. *Journal of Political Economy* 105: 622 – 36.

Falk, A., E. Fehr, and U. Fischbacher. 2003. On the nature of fair behavior. *Economic Enquiry* 41: 20 – 26.

——. 2008. Testing theories of fairness—intentions matter. *Games and Economic Behavior* 62: 287 – 303.

Farquhar, P. H. 1984. Utility assessment methods. *Management Science* 30: 1283 – 300.

Fechner, G. T. 1860. *Elemente de Pyschophysik*. Amsterdam: Bonset. (Reprinted in 1966 by Holt, Rinehart and Winston, New York.)

Fehr, E., and A. Falk. 2002. Psychological foundations of incentives. *European Economic Review* 46: 687 – 724.

Fehr, E., and U. Fischbacher. 2002. Why social preferences matter—the impact of non-selfish motives on competition, cooperation and incentives. *Economic Journal* 112: C1 – 33.

Fehr, E., and S. Gächter. 2000. Cooperation and punishment in public goods experiments. *American Economic Review* 90: 980 – 94.

Fehr, E., and K. M. Schmidt. 1999. A theory of fairness, competition and cooperation. *Quarterly Journal of Economics* 114: 817 – 68.

——. 2003. Theories of fairness and reciprocity: evidence and economic applications. In *Advances in Economics and Econometrics: Theory and Applications; Eighth World Congress of the Econometric Society* (ed. M. Dewatripont, L. P. Hansen and S. J. Turnovsky), volume 1. Cambridge University Press.

Fehr, E., and J. R. Tyran. 2005. Individual learning and aggregate outcomes.

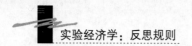

Journal of Economic Perspectives 19: 43 – 67.

Fehr, E., G. Kirchsteiger, and A. Riedl. 1993. Does fairness prevent market clearing? An experimental investigation. *Quarterly Journal of Economics* 108: 437 – 59.

Festinger, L., and J. M. Carlsmith. 1959. Cognitive consequences of forced compliance. *Journal of Abnormal and Social Psychology* 58: 203 – 11.

Feyerabend, P. 1975. *Against Method: Outline of an Anarchistic Theory of Knowledge*. London: New Left Books.

Fischbacher, U. 2007. Z-tree: Zurich toolbox for ready-made economic experiments. *Experimental Economics* 10: 171 – 78.

Fischbacher, U., and S. Gächter. 2006. Heterogeneous social preferences and the dynamics of free riding in public goods. CeDEx Discussion Paper 2006 – 1, University of Nottingham.

Fischbacher, U., and S. Gächter. Forthcoming. Social preferences, beliefs, and the dynamics of free riding in public good experiments. *American Economic Review*, in press.

Fischbacher, U., S. Gächter, and E. Fehr. 2001. Are people conditionally cooperative? Evidence from a public goods experiment. *Economics Letters* 71: 397 –404.

Fishburn, P. C. 1978. On Handa's "New theory of cardinal utility" and the maximization of expected return. *Journal of Political Economy* 86: 321 – 24.

——. 1982. Nontransitive measurable utility. *Journal of Mathematical Psychology* 26: 31 – 67.

Forsythe, R., R. B. Myerson, T. A. Rietz, and R. J. Weber. 1993. An experiment on coordination in multi-candidate elections: the importance of polls and election histories. *Social Choice and Welfare* 10: 223 – 47.

Forsythe, R., J. Horowitz, N. E. Savin, and M. Sefton. 1994. Fairness in simple bargaining experiments. *Games and Economic Behavior* 6: 347 – 69.

Frey, B. S. 1997. *Not Just for the Money: An Economic Theory of Personal Motivation* Cheltenham, U. K.: Edward Elgar.

Frey, B. S., and F. Oberholzer-Gee. 1997. The cost of price incentives: an empirical analysis of motivation crowding-out. *American Economic Review* 87: 746 – 55.

Frey, B. S., and A. Stutzer. 2002. *Happiness & Economics: How the Economy and Institutions Affect Human Well-Being*. Princeton University Press.

——. 2006. Environmental morale and motivation. Working Paper 288, Institute for Empirical Research in Economics, University of Zurich.

Frey, B. S., A. Stutzer, M. Benz, S. Meier, S. Luechinger, and C. Benesch.

2008. *Happiness: A Revolution in Economics*. Cambridge, MA: MIT Press.

Friedman, M. 1953. The methodology of positive economics. In *Essays in Positive Economics*, pp. 3 – 43. Chicago University Press.

Gafni, A. 2005. The standard gamble technique. In *Encyclopaedia of Biostatistics*. New York: Wiley.

Garber, P. M. 2000. *Famous First Bubbles: The Fundamentals of Early Manias*. Cambridge, MA: MIT Press.

Garnweidner, E. 1994. *Mushrooms and Toadstools of Britain and Europe* (transl. M. Shaffer-Fehre). London: HarperCollins.

Gibbard, A., and H. Varian. 1978. Economic models. *Journal of Philosophy* 75: 664 – 77.

Gintis, H., S. Bowles, R. Boyd, and E. Fehr (eds). 2005. *Moral Sentiments and Material Interests*. Cambridge, MA: MIT Press.

Gjerstad, S., and J. M. Shachat. 2007. Individual rationality and market efficiency. Working Paper 1204, Krannert Graduate School of Management, Purdue University.

Gneezy, U., and J. A. List. 2006. Putting behavioral economics to work: testing for gift exchange in labor markets using field experiments. *Econometrica* 74: 1365 – 84.

Gneezy, U., and A. Rustichini. 2000a. Pay enough or don't pay at all. *Quarterly Journal of Economics* 115: 791 – 810.

——. 2000b. A fine is a price. *Journal of Legal Studies* 29: 1 – 17.

Gode, D. K., and S. Sunder. 1993. Allocative efficiency of markets with zero-intelligence traders: markets as a partial substitute for individual rationality. *Journal of Political Economy* 101: 119 – 37.

Goeree, J., and C. A. Holt. 2001. Ten little treasures of game theory and ten intuitive contradictions. *American Economic Review* 91: 1402 – 23.

Goeree, J., C. A. Holt, and T. Palfrey. 2003. Risk averse behavior in generalized matching pennies games. *Games and Economic Behavior* 45: 97 – 113.

Green, K. C. 2002. Forecasting decisions in conflict situations: a comparison of game theory, role-playing and unaided judgement. *International Journal of Forecasting* 18: 321 – 44.

Greenwood, J. D. 1982. On the relation between laboratory experiments and social behaviour: causal explanation and generalisation. *Journal of the Theory of Social Behaviour* 12: 225 – 49.

——. 1990. The social constitution of action: objectivity and explanation. *Philoso-*

phy of the Social Sciences 20：195 - 207.

Grether, D. M. , and C. R. Plott. 1979. Economic theory of choice and the prefer-
ence reversal phenomenon. *American Economic Review* 69：623 - 38.

Grüne-Yanoff, T. , and P. Schweinzer. 2008. The roles of stories in applying game
theory. *Journal of Economic Methodology* 15：131 - 46.

Guala, F. 1998. Experiments as mediators in the non-laboratory sciences. *Philo-
sophica* 62：57 - 75.

——. 2001. Building economic machines：the FCC auctions. *Studies in the History
and Philosophy of Science* 32：453 - 77.

——. 2002. On the scope of experiments in economics：comments on Siakanta-
ris. *Cambridge Journal of Economics* 26：261 - 67.

——. 2005a. *The Methodology of Experimental Economics*. Cambridge University
Press.

——. 2005b. Economics in the laboratory：completeness versus testability. *Journal
of Economic Methodology* 12：185 - 97.

——. 2006. Has game theory been refuted? *Journal of Philosophy* 103：239 - 63.

Gul, F. , and W. Pesendorfer. 2008. The case for mindless economics. In *The
Foundations of Positive and Normative Economics：A Handbook* (ed. A. Caplin
and A. Schotter) . Oxford University Press.

Güth, W. , and R. Tietz. 1990. Ultimatum bargaining behavior：a survey and compari-
son of experimental results. *Journal of Economic Psychology* 11：417 - 49.

Güth, W. , R. Schmittberger, and B. Schwarze. 1982. An experimental analysis of
ultimatum bargaining. *Journal of Economic Behavior and Organization* 3：
367 - 88.

Güth, W. , S. Huck, and W. Mueller. 2001. The relevance of equal splits in ulti-
matum games. *Games and Economic Behavior* 37：161 - 69.

Hagen, E. H. , and P. Hammerstein. 2006. Game theory and human evolution：a
critique of some recent interpretations of experimental games. *Theoretical Popu-
lation Biology* 69：339 - 48.

Haltiwanger, J. C. , and M. Waldman. 1984. Rational expectations and the limits of ra-
tionality：an analysis of heterogeneity. *American Economic Review* 75：326 - 40.

Hammond, P. J. 1998. Objective expected utility. In *Handbook of Utility Theory*
(ed. S. Barbera, P. J. Hammond, and C. Seidl) . Dordrecht：Kluwer.

Hands, D. W. 2001. *Reflection without Rules：Economic Methodology and Con-
temporary Science Theory*. Cambridge University Press.

Harbaugh, W. T. , K. Krause, and T. R. Berry. 2001a. GARP for kids：on the develop-

ment of rational choice behavior. *American Economic Review* 91: 1539 – 45.

Harbaugh, W. T. , K. Krause, and L. Vesterlund. 2001b. Are adults better behaved than children? Age, experience and the endowment effect. *Economics Letters* 70: 175 – 81.

Harless, D. W. , and C. F. Camerer. 1994. The predictive utility of generalized expected utility theories. *Econometrica* 62: 1251 – 89.

Harré, R. , and P. Secord. 1972. *The Explanation of Social Behaviour*. Oxford: Basil Blackwell.

Harrigan, J. 2003. Specialisation and the volume of trade: do the data obey the laws? In *The Handbook of International Trade* (ed. J. Harrigan and K. Choi). Oxford: Basil Blackwell.

Harrison, G. W. 1986. An experimental test for risk aversion. *Economics Letters* 21: 7 – 11.

——. 1989. Theory and misbehavior of first price auctions. *American Economic Review* 79: 749 – 63.

——. 1992. Theory and misbehavior of first price auctions: reply. *American Economic Review* 82: 1426 – 43.

——. 1994. Expected utility theory and the experimentalists. *Empirical Economics* 19: 223 – 53.

Harrison, G. W. , and J. A. List. 2004. Field experiments. *Journal of Economic Literature* 62: 1009 – 55.

——. 2008. Naturally occurring markets and exogenous laboratory experiments: a case study of the winner's curse. *Economic Journal* 118: 822 – 43.

Harrison, G. W. , E. Johnson, M. M. McInnes, and E. E. Rutström. 2005. Risk aversion and incentive effects: comment. *American Economic Review* 95: 897 – 901.

Harsanyi, J. , and R. Selten. 1988. *A General Theory of Equilibrium Selection in Games*. Cambridge, MA: MIT Press.

Hartley, J. E. , K. D. Hoover, and K. D. Salyer. 1997. The limits of business cycle research: assessing the real business cycle model. *Oxford Review of Economic Policy* 13: 34 – 54.

Hausman, D. M. 1992. *The Inexact and Separate Science of Economics*. Cambridge University Press.

——. 2005. Testing game theory. *Journal of Economic Methodology* 12: 211 – 23.

Hayek, F. A. 1945. The use of knowledge in society. *American Economic Review* 35: 519 – 30.

Hennig-Schmidt, H. , B. Rockenbach, and A. Sadrieh. 2005. In search of workers'

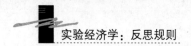

real effort reciprocity—a field and a laboratory experiment. GESY Discussion Paper 55, University of Mannheim.

Henrich, J., R. Boyd, S. Bowles, C. F. Camerer, E. Fehr, H. Gintis, and R. McElreath. 2001. In search of homo economicus: behavioral experiments in 15 small-scale societies. *American Economic Review* (Papers and Proceedings) 91: 73 – 78.

Hertwig, R., and A. Ortmann. 2001. Experimental practices in economics: a methodological challenge for psychologists. *Behavioral and Brain Sciences* 24: 383 – 403.

——. 2003. Economists' and psychologists' experimental practices: how they differ, why they differ, and how they could converge. In *The Psychology of Economic Decisions* (ed. I. Brocas and J. Carrillo), volume 1, pp. 253 – 72. Oxford University Press.

Hesse, M. B. 1970. Quine and a new empiricism. In *Knowledge and Necessity* (foreword by G. N. A. Vesey). Royal Institute of Philosophy Lectures, volume 3, pp. 191 – 209. London: Macmillan.

Hey, J. D. 1995. Experimental investigations of errors in decision making under risk. *European Economic Review* 39: 633 – 40.

——. 1998. Experimental economics and deception: a comment. *Journal of Economic Psychology* 19: 397 – 401.

——. 2001. Does repetition improve consistency? *Experimental Economics* 4: 5 – 54.

——. 2002. Experimental economics and the theory of decision making under risk and uncertainty. *Geneva Papers on Risk and Insurance Theory* 27: 5 – 21.

——. 2005a. Why we should not be silent about noise. *Experimental Economics* 8: 325 – 45.

——. 2005b. Do people (want to) plan? *Scottish Journal of Political Economy* 52: 122 – 38.

Hey, J. D., and J. A. Knoll. 2007. How far ahead do people plan? *Economic Letters* 96: 8 – 13.

Hey, J. D., and J. Lee. 2005a. Do subjects separate (or are they sophisticated)? *Experimental Economics* 8: 233 – 65.

——. 2005b. Do subjects remember the past? *Applied Economics* 37: 9 – 18.

Hey, J. D., and C. Orme. 1994. Investigating generalizations of expected utility theory using experimental data. *Econometrica* 62: 1291 – 326.

Ho, M. W. 1998. *Genetic Engineering: Dream or Nightmare?* Bath, U. K.: Gateway.

Hoffman, E., K. McCabe, K. Shachat, and V. L. Smith. 1994. Preferences, pro-

perty rights, and anonymity in bargaining games. *Games and Economic Behavior* 7: 346 – 80.

Hoffman, E., K. McCabe, and V. L. Smith. 1996. Social distance and other-regarding behavior in dictator games. *American Economic Review* 86: 653 – 60.

——. 2000. The impact of exchange context on the activation of equity in ultimatum games. *Experimental Economics* 3: 5 – 9.

Hogarth, R. M. 2005. The challenge of representative design in economics and psychology. *Journal of Economic Methodology* 12: 253 – 63.

Hollis, M. 1998. *Trust Within Reason*. Cambridge University Press.

Holt, C. A. 1985. An experimental test of the consistent conjectures hypothesis. *American Economic Review* 75: 314 – 25.

——. 1986. Preference reversals and the independence axiom. *American Economic Review* 76: 508 – 14.

——. 1995. Industrial organization: a survey of laboratory research. In *The Handbook of Experimental Economics* (ed. J. H. Kagel and A. E. Roth). Princeton University Press.

Holt, C. A., and S. K. Laury. 2002. Risk aversion and incentive effects. *American Economic Review* 92: 1644 – 55.

——. 2005. Risk aversion and incentive effects: new data without order effects. *American Economic Review* 95: 902 – 4.

Horowitz, J., and K. McConnell. 2003. Willingness to accept, willingness to pay and the income effect. *Journal of Economic Behavior and Organization* 51: 537 – 45.

Hrobjartsson, A., and P. C. Gotzsche. 2004. Is the placebo powerless? Update of a systematic review with 52 new randomized trials comparing placebo with no treatment. *Journal of International Medicine* 256: 91 – 100.

Hume, D. 1739 – 40. *A Treatise of Human Nature*, books 1 – 3. London: John Noon and Thomas Longman. (See the 1978 Clarendon edition for page references.)

——. 1748. *An Enquiry Concerning Human Understanding*.

Humphrey, S. J. 2001. Non-transitive choice: event-splitting effects or framing effects? *Economica* 68: 77 – 96.

——. 2006. Does learning diminish violations of independence, coalescing and monotonicity? *Theory and Decision* 61: 93 – 128.

Innocenti, A. 2008. How can a psychologist inform economics? The strange case of Sidney Siegel. Working Paper 8, Department of Economic Policy, Finance and Development, University of Siena.

Isoni, A. , G. Loomes, and R. Sugden. 2009. The willingness to pay-willingness to accept gap, the "endowment effect," subject misconceptions, and experimental procedures for eliciting valuations: replication and reassessment. Working Paper, University of East Anglia.

Jevons, W. S. 1870. On the natural laws of muscular exertion. *Nature* 2: 158 – 60.

——. 1871. *The Theory of Political Economy*. London: Macmillan. (See 1970 Penguin edition for page references.)

Johnson, C. , J. Engle-Warnick, and C. Eckel. 2007. Adaptively eliciting risk preferences through an incentive compatible mechanism. Working Paper, University of Arizona.

Johnson, J. G. , and J. R. Busemeyer. 2001. Multi-stage decision making: the effect of planning horizon length on dynamic consistency. *Theory and Decision* 51: 217 – 46.

Jones, S. R. G. 1992. Was there a Hawthorne effect? *American Journal of Sociology* 98: 451 – 68.

Kaas, K. P. , and H. Ruprecht. 2006. Are the Vickrey auction and the BDM mechanism really incentive compatible? Empirical results and optimal bidding strategies in cases of uncertain willingness-to-pay. *Schmalenback Business Review* 58: 37 – 55.

Kachelmeier, S. J. , and M. Shehata. 1992. Examining risk preferences under high monetary incentives: experimental evidence from the People's Republic of China. *American Economic Review* 82: 1120 – 41.

Kagel, J. H. , and D. Levin. 1986. The winner's curse and public information in common value auctions. *American Economic Review* 76: 894 – 920.

Kagel, J. H. , and A. E. Roth (eds) . 1995. *The Handbook of Experimental Economics*. Princeton University Press.

Kagel, J. H. , R. C. Battalio, H. Rachlin, and L. Green. 1981. Demand curves for animal consumers. *Quarterly Journal of Economics* 96: 1 – 16.

Kahneman, D. , and A. Tversky. 1979. Prospect theory: an analysis of decision under risk. *Econometrica* 47: 263 – 91.

Kahneman, D. , and A. Tversky (eds) . 2000. *Choice, Values and Frames*. Cambridge University Press/Russell Sage Foundation.

Kahneman, D. , J. L. Knetsch, and R. H. Thaler. 1986. Fairness and the assumptions of economics. *Journal of Business* 59: S285 – 300.

Karni, E. , and Z. Safra. 1987. Preference reversals and the observability of preferences by experimental methods. *Econometrica* 55: 675 – 85.

Keser, C., and R. Gardner. 1999. Strategic behavior of experienced subjects in a common pool resource game. *International Journal of Game Theory* 28: 241 – 52.

Keser, C., and F. van Winden. 2000. Conditional cooperation and voluntary contributions to public goods. *Scandinavian Journal of Economics* 102: 23 – 39.

Kienle, G. S., and H. K. Kiene. 1997. The powerful placebo effect: fact or fiction? *Journal of Clinical Epidemiology* 50: 1311 – 18.

Kindleberger, C. P. 1996. *Manias, Panics and Crashes: A History of Financial Crises*, 3rd edn. Basingstoke, U. K.: Macmillan.

King, R. G., and S. T. Rebelo. 1999. Resuscitating real business cycles. In *Handbook of Macroeconomics* (ed. J. B. Taylor and M. Woodford), volume 1B. Elsevier.

Knetsch, J. L. 1989. The endowment effect and evidence of nonreversible indifference curves. *American Economic Review* 79: 1277 – 84.

Knetsch, J. L., F.-F. Tang, and R. H. Thaler. 2001. The endowment effect and repeated market trials: is the Vickrey auction demand revealing? *Experimental Economics* 4: 257 – 69.

Kube, S., M. A. Maréchal, and C. Puppe. 2007. Wages and working morale- positive versus negative reciprocity in the field. Working Paper, University of St. Gallen, Switzerland.

Kuhn, T. 1962. *The Structure of Scientific Revolutions*. University of Chicago Press.

——. 1970. Reflections on my critics. In *Criticism and the Growth of Knowledge* (ed. I. Lakatos and A. Musgrave), pp. 231 – 78. Cambridge University Press.

Kydland, F. E., and E. C. Prescott. 1982. Time to build and aggregate fluctuations. *Econometrica* 50: 1345 – 69.

Laffont, J. -J. and D. Martimort. 2002. *The Theory of Incentives: the Principal-Agent Model*. Princeton University Press.

Lakatos, I. 1970. Falsification and the methodology of scientific research programmes. In *Criticism and the Growth of Knowledge* (ed. I. Lakatos and A. Musgrave). Cambridge University Press.

——. 1973. *Lectures on Scientific Method*. (Reprinted in 1999 in *For and Against Method* (ed. M. Motterlini). University of Chicago Press.)

——. 1978. The methodology of scientific research programmes. In *Philosophical Papers* (ed. J. Worrall and G. Currie), volume 1. Cambridge University Press.

Laury, S. K. 2006. Pay one or pay all: random selection of one choice for payment. Working Paper 2006 – 24, Georgia State University.

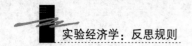
Lawson, T. 1997. *Economics and Reality*. London: Routledge.

Layard, P. R. G. 2005. *Happiness: Lessons from a New Science*. London: Penguin.

Ledyard, J. O. 1995. Public goods: a survey of experimental research. In *The Handbook of Experimental Economics* (ed. J. H. Kagel and A. E. Roth). Princeton University Press.

Lei, V., C. Noussair, and C. R. Plott. 2001. Non-speculative bubbles in experimental asset markets: lack of common knowledge of rationality vs actual irrationality. *Econometrica* 69: 831 – 59.

Levitt, S. D., and J. A. List. 2007. What do laboratory experiments measuring social preferences tell us about the real world? *Journal of Economic Perspectives* 21: 153 – 74.

Libby, R., and M. G. Lipe. 1992. Incentives, effort, and the cognitive processes involved in accounting-related judgements. *Journal of Accounting Research* 30: 249 – 73.

Lichtenstein, S., and P. Slovic. 1971. Reversals of preference between bids and choices in gambling decisions. *Journal of Experimental Psychology* 89: 46 – 55.

——. 1973. Response-induced reversals of preference in gambling: an extended replication in Las Vegas. *Journal of Experimental Psychology* 101: 16 – 20.

——. 2006. The construction of preference: an overview. In *The Construction of Preference* (ed. S. Lichtenstein and P. Slovic). Cambridge University Press.

Lindman, H. 1971. Inconsistent preferences among gambles. *Journal of Experimental Psychology* 89: 390 – 97.

Lipsey, R. G. 1979. *An Introduction to Positive Economics*, 5th edn. London: Weidenfeld and Nicolson.

List, J. A. 2002. The more is less phenomenon: preference reversals of a different kind. *American Economic Review* 92: 1636 – 43.

——. 2003. Does market experience eliminate market anomalies? *Quarterly Journal of Economics* 118: 41 – 73.

——. 2004. Neoclassical theory versus prospect theory: evidence from the marketplace. *Econometrica* 72: 615 – 26.

——. 2006. Field experiments: a bridge between lab and naturally occurring data. *Advances in Economic Analysis & Policy* 6 (2): article 8. (Available at http://www.bepress.com/bejeap/advances/vol6/iss2/art8.)

Loewenstein, G. 1999. Experimental economics from the vantage-point of behavioural economics. *Economic Journal* 109: F25 – 34.

Loewenstein, G. and D. Adler. 1995. A bias in the prediction of tastes. *Economic Journal* 105: 929 – 37.

Loewenstein, G., T. O'Donoghue, and M. Rabin. 2003. Projection bias in predicting future utility. *Quarterly Journal of Economics* 118: 1209 – 48.

Loomes, G. 2005. Modelling the stochastic component of behaviour in experiments: some issues for the interpretation of data. *Experimental Economics* 8: 301 – 23.

Loomes, G., and R. Sugden. 1982. Regret theory: an alternative theory of rational choice under uncertainty. *Economic Journal* 92: 805 – 24.

——. 1983. A rationale for preference reversal. *American Economic Review* 73: 428 – 32.

——. 1986. Disappointment and dynamic consistency in choice under uncertainty. *Review of Economic Studies* 53: 271 – 82.

——. 1987. Some implications of a more general form of regret theory. *Journal of Economic Theory* 41: 270 – 87.

——. 1995. Incorporating a stochastic element into decision theories. *European Economic Review* 39: 641 – 48.

——. 1998. Testing different stochastic specifications of risky choice. *Economica* 65: 581 – 98.

Loomes, G., C. Starmer, and R. Sugden. 1989. Preference reversals: information processing or rational non-transitive choice? *Economic Journal* (Supplement) 99: 14 – 51.

——. 1991. Observing violations of transitivity by experimental methods. *Econometrica* 59: 425 – 39.

——. 1992. Are preferences monotonic? Testing some predictions of regret theory. *Economica* 59: 17 – 33.

Loomes, G., P. G. Moffatt, and R. Sugden. 2002. A microeconometric test of alternative theories of risky choice. *Journal of Risk and Uncertainty* 24: 103 – 30.

Loomes, G., C. Starmer, and R. Sugden. 2003. Do anomalies disappear in repeated markets? *Economic Journal* 113: C153 – 164.

Maas, H. 2005. Jevons, Mill and the private laboratory of the mind. *The Manchester School* 73: 620 – 49.

Machina, M. J. 1982. "Expected utility" theory without the independence axiom. *Econometrica* 50: 277 – 323.

Maffioletti, A., and M. Santoni. 2005. Do trade union leaders violate subjective expected utility? Some insights from experimental data. *Theory and Decision* 59: 207 – 53.

Mäki，U. 1992. On the method of isolation in economics. *Poznań Studies in the Philosophy of Science and the Humanities* 26：316 – 51.

——. 2002. Some non-reasons for non-realism about economics. In *Fact and Fiction in Economics*：*Models，Realism，and Social Construction* (ed. U. Mäki) . Cambridge University Press.

——. 2003. "The methodology of positive economics" does not give us the methodology of positive economics. *Journal of Economic Methodology* 10：495 – 506.

——. 2005. Models are experiments，experiments are models. *Journal of Economic Methodology* 12：303 – 15.

Mandler，M. 2005. Incomplete preferences and rational intransitivity of choice. *Games and Economic Behavior* 50：255 – 77.

Mankiw，N. G. 2007. *Macroeconomics*，6th edn. New York：Worth.

Marmot，M. 2004. *Status Syndrome*：*How Your Social Standing Directly Affects Your Health and Life Expectancy*. London：Bloomsbury.

Mayo，D. G. 1991. Novel evidence and severe tests. *Philosophy of Science* 58：523 – 52.

——. 1996. *Error and the Growth of Experimental Knowledge*. University of Chicago Press.

McCloskey，D. N. 1983. The rhetoric of economics. *Journal of Economic Literature* 21：481 – 517.

McDaniel，T.，and C. Starmer. 1998. Experimental economics and deception：a comment. *Journal of Economic Psychology* 19：403 – 9.

McKelvey，R.，and T. Palfrey. 1995. Quantal response equilibria for normal form games. *Games and Economic Behavior* 10：6 – 38.

——. 1998. Quantal response equilibria for extensive form games. *Experimental Economics* 1：9 – 41.

McKelvey，R.，T. Palfrey，and R. Weber. 2000. The effects of payoff magnitude and heterogeneity on behavior in 2×2 games with unique mixed strategy equilibria. *Journal of Economic Behavior and Organization* 42：523 – 48.

McNeil，B. J.，S. G. Pauker，H. C. Sox，and A. Tversky. 1982. On the elicitation of preferences for alternative treatments. *New England Journal of Medicine* 306：1259 – 62.

Mehta，J.，C. Starmer，and R. Sugden. 1994. The nature of salience：an experimental investigation. *American Economic Review* 84：658 – 73.

Mill，J. S. 1843. *A System of Logic*. (See the 1967 Longman edition for page references.)

Mitzkewitz, M., and R. Nagel. 1993. Experimental results on ultimatum games with incomplete information. *International Journal of Game Theory* 22: 171 – 98.

Moffatt, P. G. 2005. Stochastic choice and the allocation of cognitive effort. *Experimental Economics* 8: 369 – 88.

——. 2007. Models of decision and choice. In *Measurement in Economics: A Handbook* (ed. M. Boumans). Elsevier.

Morgan, J., H. Orzen, and M. Sefton. 2006. An experimental study of price dispersion. *Games and Economic Behavior* 54: 134 – 58.

Morgan, M. S. 1990. *The History of Econometric Ideas*. Cambridge University Press.

——. 2005. Experiments versus models: new phenomena, inference and surprise. *Journal of Economic Methodology* 12: 317 – 29.

Morgan, M. S., and M. M. Morrison. 1999. *Models as Mediators*. Cambridge University Press.

Mosteller, F., and P. Nogee. 1951. An experimental measure of utility. *Journal of Political Economy* 59: 371 – 404.

Mueller, D. 2003. *Public Choice*, volume 3. Cambridge University Press.

Muller, L., M. Sefton, R. Steinberg, and L. Vesterlund. 2008. Strategic behavior and learning in repeated voluntary-contribution experiments. *Journal of Economic Behavior and Organization* 67: 782 – 93.

Myagkov, M. and C. R. Plott. 1997. Exchange economies and loss exposure: experiments exploring prospect theory and competitive equilibria in market environments. *American Economic Review* 87: 801 – 28.

Neurath, O. 1937. Unified science and its encyclopaedia. *Philosophy of Science* 4: 265 – 77.

Noussair, C. N., C. R. Plott, and R. G. Riezman. 1995. An experimental investigation of the patterns of international trade. *American Economic Review* 85: 462 – 91.

——. 1997. The principles of exchange rate determination in an international finance experiment. *Journal of Political Economy* 105: 822 – 61.

Noussair, C. N., S. Robin, and B. Ruffieux. 2004. Revealing consumers' willingness-to-pay: a comparison of the BDM mechanism and the Vickrey auction. *Journal of Economic Psychology* 25: 725 – 41.

Nozick, R. 1981. *Philosophical Explanations*. Oxford: Clarendon Press.

Ochs, J. 1995. Games with unique mixed strategy equilibria: an experimental study. *Games and Economic Behavior* 10: 202 – 17.

Oosterbeek, H., R. Sloof, and G. van de Kuilen. 2004. Cultural differences in ultimatum game experiments: evidence from a meta-analysis. *Experimental Economics* 7: 171 – 88.

Orbell, J., R. Dawes, and A. Van de Kragt. 1988. Explaining discussion-induced cooperation. *Journal of Personality and Social Psychology* 54: 811 – 19.

Orne, M. T. 1962. On the social psychology of the psychological experiment: with particular reference to demand characteristics and their implications. *American Psychologist* 17: 776 – 83. (Reprinted in 2002 in *Prevention and Treatment*, volume 5, article 35.)

——. 1973. Communication by the total experimental situation. In *Communication and Affect* (ed. P. Pliner, L. Krames, and T. Alloway), 2nd edn, pp. 157 – 91. London: Academic Press.

Osborne, M. J., and A. Rubinstein. 1994. *A Course in Game Theory*. Cambridge, MA: MIT Press.

Oswald, A. J. 1997. Happiness and economic performance. *Economic Journal* 107: 1815 – 31.

Oxoby, R. J., and K. N. McLeish. 2004. Sequential decision and strategy vector methods in ultimatum bargaining: evidence on the strength of other-regarding behavior. *Economics Letters* 84: 399 – 405.

Pareto, V. 1906. *Manuale d'economia politica con una introduzione alia scienza sociale*. (For an English translation see the Kelley 1971 *Manual of Political Economy*.)

Park, E. -S. 2000. Warm-glow versus cold-prickle: a further experimental study of framing effects on free-riding. *Journal of Economic Behavior and Organization* 43: 405 – 21.

Pawson, R., and N. Tilley. 1997. *Realistic Evaluation*. London: Sage.

Payne, J. W., J. R. Bettman, and E. J. Johnson. 1993. *The Adaptive Decision Maker*. Cambridge University Press.

Payne, J. W., J. R. Bettman, and D. A. Schkade. 1999. Measuring constructed preferences: towards a building code. *Journal of Risk and Uncertainty* 19: 243 – 70.

Plosser, C. I. 1989. Understanding real business cycles. *Journal of Economic Perspectives* 3: 51 – 78.

Plott, C. R. 1982. Industrial organisation theory and experimental economics. *Journal of Economic Literature* 20: 1485 – 527.

——. 1991. Will economics become an experimental science? *Southern Economic Journal* 57: 901 – 19.

——. 1996. Rational individual behaviour in markets and social choice processes: the discovered preference hypothesis. In *The Rational Foundations of Economic Behaviour* (ed. K. J. Arrow, E. Colombatto, M. Perlman, and C. Schmidt). Basingstoke, U. K.: Macmillan.

——. 1997. Laboratory experimental testbeds: application to the PCS auction. *Journal of Economics and Management Strategy* 6: 605 – 38.

Plott, C. R., and K. Zeiler. 2005. The willingness to pay-willingness to accept gap, the "endowment effect," subject misconceptions and experimental procedures for eliciting valuations. *American Economic Review* 95: 530 – 45.

Pommerehne, W., F. Schneider, and P. Zweifel. 1982. Economic theory of choice and the preference reversal phenomenon: a re-examination. *American Economic Review* 73: 569 – 74.

Popper, K. 1934. *Logik der Forschung*. (See Hutchinson & Co. 's *The Logic of Scientific Discovery* (1959) for Popper's own translation of his 1934 German text.)

——. 1963. *Conjectures and Refutations: The Growth of Scientific Knowledge*. London: Routledge & Kegan Paul.

Post, T., M. J. van den Assem, G. Baltussen, and R. H. Thaler. 2008. Deal or no deal? Decision making under risk in a large-payoff game show. *American Economic Review* 98: 38 – 71.

Quiggin, J. 1982. A theory of anticipated utility. *Journal of Economic Behavior and Organization* 3: 323 – 43.

Quine, W. V. O. 1951. Two dogmas of empiricism. *Philosophical Review* 60: 20 – 43.

——. 1953. *From a Logical Point of View*. New York: Harper and Rowe.

Rabin, M. 1993. Incorporating fairness into game theory and economics. *American Economic Review* 83: 1281 – 302.

Read, D. 2005. Monetary incentives, what are they good for? *Journal of Economic Methodology* 12: 265 – 76.

Reilly, R. J. 1982. Preference reversal: further evidence and some suggested modifications in experimental design. *American Economic Review* 73: 576 – 84.

Robbins, L. 1935. *An Essay on the Nature and Significance of Economic Science*, 2nd edn. London: Macmillan.

Rosenthal, R. 1966. *Experimenter Effects in Behavioral Research*. New York: Appleton-Century-Crofts.

Roth, A. E. 1995a. Introduction to experimental economics. In *The Handbook of*

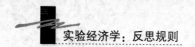

Experimental Economics (ed. J. H. Kagel and A. E. Roth), pp. 3 – 109. Princeton University Press.

——. 1995b. Bargaining experiments. In *The Handbook of Experimental Economics* (ed. J. H. Kagel and A. E. Roth). Princeton University Press.

Rubinstein, A. 2001. A theorist's view of experiments. *European Economic Review* 45: 615 – 28.

——. 2007. Instinctive and cognitive reasoning: a study of response times. *Economic Journal* 117: 1243 – 59.

Rustichini, A. 2005. Neuroeconomics: present and future. *Games and Economic Behavior* 52: 201 – 12.

Ryan, R. M., and E. L. Deci. 2000. Self-determination theory and the facilitation of intrinsic motivation, social development and well-being. *American Psychologist* 55: 68 – 78.

Rydval, O., and A. Ortmann. 2004. How financial incentives and cognitive abilities affect task performance in laboratory settings: an illustration. *Economics Letters* 85: 315 – 20.

Samuelson, L. 1997. *Evolutionary Games and Equilibrium Selection*. Cambridge, MA: MIT Press.

——. 2002. Evolution and game theory. *Journal of Economic Perspectives* 16: 47 – 66.

——. 2005. Economic theory and experimental economics. *Journal of Economic Literature* 43: 65 – 107.

Sauermann, H., and R. Selten. 1959. Ein Oligopolexperiment. *Zeitschrift für die Gesamte Staatswissenschaft* 115: 427 – 71.

Schelling, T. C. 1960. *The Strategy of Conflict*. Cambridge, MA: Harvard University Press.

Schram, A. 2005. Artificiality: the tension between internal and external validity in economics experiments. *Journal of Economic Methodology* 12: 225 – 38.

Searle, J. R. 1995. *The Construction of Social Reality*. London: Allen Lane.

Seidl, C. 2002. Preference reversal. *Journal of Economic Surveys* 6: 621 – 55.

Selten, R. 1967. Die Strategiemethode zur Erforschung des eigeschrankt rationalen Verhaltens im Rahmen eines Oligopolexperiments. In *Beitrage zur Experimentellen Wirtschaftsforschung* (ed. H. Sauermann), pp. 136 – 68. Tubingen: J. C. B. Mohr.

Selten, R., M. Mitzkewitz, and G. Uhlich. 1997. Duopoly strategies programmed by experienced players. *Econometrica* 65: 517 – 55.

Selten, R. , A. Sadrieh, and K. Abbink. 1999. Money does not induce risk neutral behavior, but binary lotteries do even worse. *Theory and Decision* 46: 211 – 49.

Selten, R. , T. Chmura, T. Pitz, S. Kube, and M. Schreckenberg. 2007. Commuters route choice behavior. *Games and Economic Behavior* 58: 394 – 406

Siakantaris, N. 2000. Experimental economics under the microscope. *Cambridge Journal of Economics* 24: 267 – 81.

Siegel, S. , and L. Fouraker. 1960. *Bargaining and Group Decision Making: Experiments in Bilateral Monopoly*. New York: McGraw-Hill.

Slovic, P. 1975. Choice between equally-valued alternatives. *Journal of Experimental Psychology: Human Perception and Performance* 1: 280 – 87.

——. 1995. The construction of preference. *American Psychologist* 50: 364 – 71.

Slovic, P. , and S. Lichtenstein. 1968. Relative importance of probabilities and payoffs in risk taking. *Journal of Experimental Psychology: Monograph Supplement* 78: 1 – 18.

Slovic, P. , D. Griffin, and A. Tversky. 1990. Compatibility effects in judgment and choice. In *Insights in Decision-Making* (ed. R. M. Hogarth), pp. 5 – 27. University of Chicago Press.

Smith, V. L. 1962. An experimental study of competitive market behavior. *Journal of Political Economy* 70: 111 – 37.

——. 1976. Experimental economics: induced value theory. *American Economic Review* 66: 274 – 79.

——. 1982a. Microeconomic systems as an experimental science. *American Economic Review* 72: 923 – 55.

——. 1982b. Markets as economizers of information: experimental examination of the "Hayek hypothesis." *Economic Inquiry* 20: 165 – 79.

——. 1994. Economics in the laboratory. *Journal of Economic Perspectives* 8: 113 – 33.

——. 2002. Method in experiment: rhetoric and reality. *Experimental Economics* 5: 91 – 110.

——. 2008. *Rationality in Economics: Constructivist and Ecological Forms*. Cambridge University Press.

Smith, V. L. , and J. M. Walker. 1993. Rewards, experience and decision costs in first price auctions. *Economic Inquiry* 31: 237 – 44.

Smith, V. L. , G. Suchanek, and A. Williams. 1988. Bubbles, crashes and endogenous expectations in experimental spot asset markets. *Econometrica* 56: 119 – 51.

Søberg, M. 2005. The Duhem-Quine thesis and experimental economics. *Journal of*

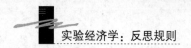

Economic Methodology 12: 581 - 97.

Solnick, S. J. 2007. Cash and alternate methods of accounting in an experimental game. *Journal of Economic Behavior and Organization* 62: 316 - 21.

Sopher, B. , and G. Gigliotti. 1993. Intransitive cycles: rational choice or random error? An answer based on estimation of error rates with experimental data. *Theory and Decision* 35: 311 - 36.

Stadler, G. W. 1994. Real business cycles. *Journal of Economic Literature* 32: 1750 - 83.

Stahl, D. , and P. Wilson. 1995. On players' models of other players: theory and experimental evidence. *Games and Economic Behavior* 10: 218 - 54.

Starmer, C. 1992. Testing new theories of choice under uncertainty using the common consequence effect. *Review of Economic Studies* 59: 813 - 30.

——. 1999a. Experiments in economics: should we trust the dismal scientists in white coats? *Journal of Economic Methodology* 6: 1 - 30.

——. 1999b. Experimental economics: hard science or wasteful tinkering? *Economic Journal* 109: F5 - 15.

——. 1999c. Cycling with rules of thumb: an experimental test for a new form of non-transitive behaviour. *Theory and Decision* 46: 141 - 58.

——. 2000. Developments in non-expected utility theory: the hunt for a descriptive theory of choice under risk. *Journal of Economic Literature* 38: 332 - 82.

Starmer, C. , and R. Sugden. 1989. Violations of the independence axiom in common ratio problems: an experimental test of some competing hypotheses. *Annals of Operations Research* 19: 79 - 102.

——. 1991. Does the random-lottery system elicit true preferences? *American Economic Review* 81: 971 - 78.

——. 1998. Testing alternative explanations of cyclical choices. *Economica* 65: 347 - 61.

Stock, J. H. 1988. A re-examination of Friedman's consumption function puzzle. *Journal of Business and Economic Statistics* 6: 401 - 7.

Stott, H. 2006. Cumulative prospect theory's functional menagerie. *Journal of Risk and Uncertainty* 32: 101 - 30.

Sugden, R. 1982. On the economics of philanthropy. *Economic Journal* 92: 341 - 50.

——. 1984. Reciprocity: the supply of public goods through voluntary contributions. *Economic Journal* 94: 772 - 87.

——. 1986. *The Economics of Rights, Cooperation and Welfare.* Oxford: Basil Blackwell. (Second edition published in 2004 by Palgrave Macmillan.)

——. 1991. Rational choice: a survey of contributions from economics and philosophy. *Economic Journal* 101: 751 – 85.

——. 1999. Alternatives to the neoclassical theory of choice. In *Valuing Environmental Preferences: Theory and Practice of the Contingent Valuation Method in the US, EC and Developing Countries* (ed. I. Bateman and K. Willis), pp. 152 – 80. Oxford University Press.

——. 2000. Credible worlds: the status of theoretical models in economics. *Journal of Economic Methodology* 7: 1 – 31.

——. 2003. Reference-dependent subjective expected utility. *Journal of Economic Theory* 111: 172 – 91.

——. 2004a. The opportunity criterion: consumer sovereignty without the assumption of coherent preferences. *American Economic Review* 94: 1014 – 33.

——. 2004b. Alternatives to expected utility: foundations. In *Handbook of Utility Theory. Volume 2: Extensions* (ed. S. Barbera, P. J. Hammond, and C. Seidl), pp. 685 – 755. Dordrecht: Kluwer.

——. 2005. Experiments as models and experiments as tests. *Journal of Economic Methodology* 12: 291 – 302.

——. 2006. Hume's non-instrumental and non-propositional decision theory. *Economics and Philosophy* 22: 365 – 92.

——. 2008. The changing relationship between theory and experiment in economics. *Philosophy of Science* 75: 621 – 32.

——. Forthcoming. Neither self-interest nor self-sacrifice: the fraternal morality of market relationships. In *Games, Groups and the Global Good* (ed. S. Levin). Springer.

Sugden, R. and I. Zamarrón. 2006. Finding the key: the riddle of focal points. *Journal of Economic Psychology* 27: 609 – 21.

Taylor, C. 1971. Interpretation and the sciences of man. *Review of Metaphysics* 25: 3 – 51.

Taylor, M. P. 2003. Purchasing power parity. *Review of International Economics* 11: 436 – 52.

Thaler, R. H. 1988. Anomalies: the ultimatum game. *Journal of Economic Perspectives* 2: 195 – 206.

Thaler, R. H., and E. Johnson. 1990. Gambling with the house money and trying to break even: the effect of prior outcomes on risky choice. *Management Science* 36: 643 – 60.

Thurstone, L. 1931. The indifference function. *Journal of Social Psychology* 2:

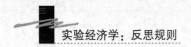

139 – 67.

Tirole，J. 1988. *The Theory of Industrial Organization*. Cambridge，MA：MIT Press.

Titmuss，R. M. 1970. *The Gift Relationship*. London：Allen & Unwin.

Torgler，B. 2002. Speaking to theorists and searching for facts：tax morale and tax compliance in experiments. *Journal of Economic Surveys* 16：657 – 58.

Tversky，A. 1969. Intransitivity of preferences. *Psychological Review* 76：31 – 48.

Tversky，A.，and D. Kahneman. 1981. The framing of decisions and psychology of choice. *Science* 211：453 – 58.

——. 1986. Rational choice and the framing of decisions. *Journal of Business* 59：S251 – 78.

——. 1991. Loss aversion in riskless choice：a reference-dependent model. *Quarterly Journal of Economics* 106：1039 – 61.

——. 1992. Advances in prospect theory：cumulative representation of uncertainty. *Journal of Risk and Uncertainty* 5：297 – 323.

Tversky，A.，S. Sattath，and P. Slovic. 1988. Contingent weighting in judgment and choice. *Psychological Review* 95：371 – 84.

Tversky，A.，P. Slovic，and D. Kahneman. 1990. The causes of preference reversal. *American Economic Review* 80：204 – 17.

van de Kuilen，G. and P. P. Wakker. 2006. Learning in the Allais paradox. *Journal of Risk and Uncertainty* 33：155 – 64.

van Dijk，F.，J. Sonnemans，and F. van Winden. 2002. Social ties in a public good experiment. *Journal of Public Economics* 85：275 – 99.

Varian，H. R. 1980. A model of sales. *American Economic Review* 70：651 – 59.

Vickrey，W. 1961. Counter speculation，auctions and competitive sealed tenders. *Journal of Finance* 16：8 – 37.

Wager，T. D.，J. K. Rilling，E. E. Smith，A. Sokolik，K. L. Casey，R. J. Davidson，S. M. Kosslyn，R. M. Rose，and J. D. Cohen. 2004. Placebo-induced changes in FMRI in the anticipation and experience of pain. *Science* 303：1162 – 67.

Wallis，W. A.，and M. Friedman. 1942. The empirical derivation of indifference functions. In *Studies in Mathematical Economics and Econometrics in Memory of Henry Schultz* (ed. O. Lange，F. McIntyre，and T. O. Yntema)，pp. 175 – 89. University of Chicago Press.

Webley，P.，A. Lewis，and C. Mackenzie. 2001. Commitment among ethical investors：an experimental approach. *Journal of Economic Psychology* 22 (1)：27 – 42.

Weibull, J. 2004, Testing game theory. In *Advances in Understanding Strategic Behavior* (*ed.* S. Huck) . New York: Palgrave.

Wilcox, N. T. 1993. Lottery choice: incentives, complexity, and decision time. *Economic Journal* 103: 1397 – 417.

——. 1994. On a lottery pricing anomaly: time tells the tale. *Journal of Risk and Uncertainty* 7: 311 – 24.

——. 2008. Stochastic models for binary discrete choice under risk: a critical primer and econometric comparison. In *Research in Experimental Economics. Volume* 12: *Risk Aversion in Experiments* (ed. J. C. Cox and G. W. Harrison) . Greenwich, CT: JAI Press.

Wilde, L. 1980. On the use of laboratory experiments in economics. In *The Philosophy of Economics* (ed. J. Pitt) . Dordrecht: Reidel.

Wittgenstein, L. 1953. *Philosophical Investigations*. Oxford: Blackwell.

Zahar, E. 1983. The Popper-Lakatos controversy in the light of "Die beiden Grundprobleme der Erkenntnistheorie. " *British Journal for the Philosophy of Science* 34: 149 – 71.

Experimental Economics: Rethinking the Rules

By Nicholas Bardsley, Robin Cubitt, Graham Loomes, Peter Moffatt, Chris Starmer and Robert Sugden.

图书在版编目（CIP）数据

实验经济学：反思规则/（美）巴德斯利（Bardsley, N.）等著；贺京同等译. —北京：中国人民大学出版社，2015. 6
ISBN 978-7-300-21485-6

Ⅰ. 实…　Ⅱ.①巴…　②贺…　Ⅲ.①经济学　Ⅳ.①F069. 9

中国版本图书馆 CIP 数据核字（2015）第 132901 号

"十二五"国家重点图书出版规划
行为和实验经济学经典译丛
实验经济学：反思规则
尼古拉斯·巴德斯利（Nicholas Bardsley）　　罗宾·库彼特（Robin Cubitt）
格雷姆·鲁姆斯（Graham Loomes）　　皮特·莫法德（Peter Moffatt）　　　著
克里斯·斯塔莫（Chris Starmer）　　罗伯特·萨格登（Robert Sugden）
贺京同　柳　明　付婷婷　等　译
贺京同　校
Shiyan Jingjixue：Fansi Guize

出版发行	中国人民大学出版社		
社　　址	北京中关村大街 31 号	邮政编码	100080
电　　话	010 - 62511242（总编室）		010 - 62511770（质管部）
	010 - 82501766（邮购部）		010 - 62514148（门市部）
	010 - 62515195（发行公司）		010 - 62515275（盗版举报）
网　　址	http://www.crup.com.cn		
	http://www.ttrnet.com（人大教研网）		
经　　销	新华书店		
印　　刷	涿州市星河印刷有限公司		
规　　格	185 mm×250 mm　16 开本	版　　次	2015 年 7 月第 1 版
印　　张	20.25　插页 2	印　　次	2015 年 7 月第 1 次印刷
字　　数	420 000	定　　价	69.00 元

版权所有　侵权必究　印装差错　负责调换